全国纺织行业管理创新成果

经典案例之二

（2016～2018）

中国纺织工业企业管理协会　组织编写

QUANGUO FANGZHI HANGYE GUANLI
CHUANGXIN CHENGGUO
JINGDIAN ANLI ZHIER

中国纺织出版社有限公司

内 容 提 要

本书是全国纺织行业管理创新成果案例的第二辑，案例选自第五届、第六届、第七届“全国纺织行业管理创新成果”评选活动中的获奖企业。书中的二十家企业全部为纺织行业的成功企业，具有行业特征，集中代表纺织企业在新时期、新形势下所取得的成功经验和典型做法。案例来源于纺织企业管理实践活动的客观事实，内容真实客观，相关分析与结论可信，通过理论梳理，进一步探索当今企业管理发展规律，以期促进转型升级中的纺织企业在管理思想、管理组织、管理方法以及管理手段等方面不断提升，实现现代化管理。

本书注重理论与实践相结合，具有很强的实用价值，既可作为企业相关管理工作提升改善的指导用书，又可作为培养管理人才的案例参考用书。

图书在版编目（CIP）数据

全国纺织行业管理创新成果经典案例．二，2016－2018/中国纺织工业企业管理协会组织编写．--北京：中国纺织出版社有限公司，2020.5

ISBN 978－7－5180－6913－2

Ⅰ.①全…　Ⅱ.①中…　Ⅲ.①纺织工业—工业企业管理—案例—中国—2016－2018　Ⅳ.①F426.81

中国版本图书馆 CIP 数据核字（2019）第 238467 号

策划编辑：孔会云　　责任编辑：范雨昕　　责任校对：江思飞
责任印制：何　建

中国纺织出版社有限公司出版发行
地址：北京市朝阳区百子湾东里 A407 号楼　邮政编码：100124
销售电话：010—67004422　传真：010—87155801
http：//www.c-textilep.com
中国纺织出版社天猫旗舰店
官方微博 http：//weibo.com/2119887771
天津千鹤文化传播有限公司印刷　各地新华书店经销
2020 年 5 月第 1 版第 1 次印刷
开本：710×1000　1/16　印张：20.25
字数：338 千字　定价：98.00 元

凡购本书，如有缺页、倒页、脱页，由本社图书营销中心调换

编 委 会

以管理创新为抓手　推动企业高质量发展

夏令敏会长在中纺企协十届一次理事会上的讲话摘要

中国纺织工业企业管理协会（简称中纺企协）是我国纺织行业较早成立的协会，至今已走过38个春秋，工作重心从成立之初的抓改革延伸到如今的管理创新。多年来，中纺企协秉承“面向企业，发挥桥梁纽带作用，更好地为企业和企业家服务”的宗旨，在国务院国有资产监督管理委员会、民政部、中国纺织工业联合会等上级主管单位的指导下，在会员单位的支持下，以为企业和企业家服务为主线开展工作，致力于成为企业和政府间的桥梁纽带、企业管理创新的公共平台、企业家成长的摇篮。

管理是企业永恒的课题。改革开放40多年来，我国纺织企业经历了从国有企业为主到民营企业占企业总数95%以上的巨大变化。作为国民经济的传统支柱产业、重要的民生产业和国际竞争优势明显的产业，纺织业进入了从高速增长转为高质量发展、从要素和投资驱动转为创新驱动的发展阶段。随之而来的是具有不同时代特征的改革和管理内容的变迁，全面质量管理、扁平化管理等不同时期的管理创新主题，先后成为推进企业转型升级的引擎。

近年来，在国际贸易摩擦加剧、市场需求增长放缓、成本压力倍增等诸多不确定因素的影响下，我国纺织企业坚持不懈推进改革与管理工作，通过信息化建设加强自身管理，实现降本增效。在这一过程中，企业面貌发生了很大变化，企业家的社会影响力与日俱增。

目前，我国已拥有世界较完善的现代纺织产业制造体系，产业链各环节制造能力与水平均位居世界前列。我国纺织工业除个别指标稍落后于世界先进水平外，绝大多数已接近甚至领先于世界先进水平。“纺织强国”目标已基本实现，正在加速向创新驱动的科技产业、文化引领的时尚产业和责任导向的绿色产业迈进。

在收获成绩的同时，我们也要清醒地认识到面临的问题和挑战。当今世界正处于百年未有之大变局，突如其来的新冠肺炎疫情给纺织行业的发展带来巨大冲击，国际市场不确定、不稳定因素陡然增多，国内经济下行压力增大、消费增速减慢、有效投资增长乏力。以民营和中小微企业为主的纺织行业面临着要素成本上升、资源环境约束、国际竞争加剧等一系列问题，整体管理水平和自主创新能力亟待提升。解决这些问题绝非朝夕之功，我们既要有打破藩篱的决心，也要有久经磨砺的耐力。

特别是在当今时代，随着信息技术的广泛应用，管理信息化正在向综合集成方向发展，延伸到设计、工艺和生产环节。“两化融合”支撑的个性化定制、网络化协同、服务型制造等新模式应用明显增长。数字经济新趋势、创新驱动新动能、高质量发展新目标和互联网时代新生产方式交互作用，使得企业发展与社会发展、市场机制，以及全球化条件下跨国资源的结合日益紧密。这对企业的管理水平和人才队伍建设提出了新要求。纺织企业管理创新工作亟须厘清发展思路、探明发展路径。

利用数字技术推动企业转型升级，不仅是被新技术时代裹挟下的必然选择，更多是管理战略迭代升级的重要手段，有利于培养新增长基因，增强发展韧性。建立在以信息化管理为导向，科技进步和以人为本基础上的管理创新，信息化与企业战略、资源管理、业务管控、项目管理的深度融合，是企业提质增效、实现高质量发展的重要驱动力。我们看到，在疫情防控期间，不少企业通过提高供应链柔性和弹性，灵活调整生产节奏，及时协调商流、物流、信息流和资金流，从而得以渡过难关乃至化危为机。

面对新时代的新挑战，我们要坚持创新、协调、绿色、开放、共享的新发展理念，顺应全球制造业数字化、网络化、智能化以及协同化、服务化和绿色化趋势，充分发挥协会紧密联系企业、汇集多方资源的优势，继续研究、总结和推广纺织企业现代化管理实践经验，进一步推动新一代信息技术与纺织企业管理创新工作深度融合。重点围绕企业数字化、智能化转型，互联互通、工业软件等数字化技术在企业的应用普及，进一步提升关键工序数控化率；提高信息化综合集成应用能力和应用水平；加快供应链全流程数字化进程。此外，聚焦企业转型升级关键环节，特别是管理上的关键问题，加强企业咨询服务工作。促进企业向管理现代化迈进，提升企业竞争力，让纺织企业用更好的产品和服务更好地满足消费者的需求，增强人民群众获得感、幸福感、安全感，为实现“两个一百年”目标贡献更大力量。

目　录

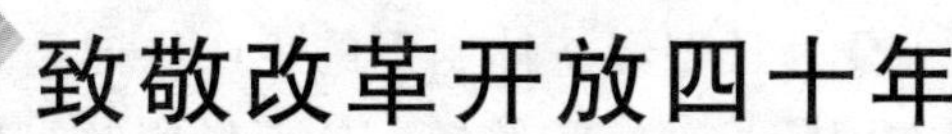

致敬改革开放四十年

——回望纺织企业管理变迁

没有改革开放，就没有纺织品极大丰富的今天。作为我国国民经济支柱产业和重要的民生产业，纺织工业在计划经济体制主导向市场经济体制主导的转变中不断发展壮大。如今，中国纺织产业建立起了全世界最完备的现代制造体系，产业链各环节制造能力与水平均位居世界前列，成为名副其实的世界第一纺织大国。

九层之台，起于垒土。我国纺织工业今天的地位是数以万计纺织企业兢兢业业、努力奋斗的成果。改革开放四十年来，国有企业改革经历了放权让利、转换经营机制、利改税、建立现代企业制度等阶段，取得了巨大成就。民营企业从小到大、由弱变强，在稳定增长、促进创新、增加就业、改善民生等方面发挥了重要作用，成为推动经济社会发展的重要力量。

改革开放四十年来，纺织企业管理创新工作始终与经济体制改革密切相关，经历了翻天覆地的变化。党的十九大报告为广大纺织企业的发展指明了方向——深化国有企业改革，发展混合所有制经济，培育具有全球竞争力的世界一流企业。在新一轮全球化进程中，伴随着中国纺织服装企业相继“走出去”，管理模式也将得到进一步检验和发展，在不断调整和创新中形成良性循环。

回望过去的岁月，虽然我国纺织企业管理创新工作在不同的经济体制下形成不同模式、呈现不同特点，但同样为推动我国经济社会发展做出了巨大贡献。

一、探索起步阶段

（一）第一阶段

从 1949 年新中国成立到党的十一届三中全会召开，是探索社会主义建设规律、不断战胜困难和挫折的三十年。我国要逐步实现国家的社会主义工业化，并逐步实现国家对农业、对手工业和对资本主义工商业的社会主义改造。全国所有私营纺织业都纳入公私合营的轨道，职工主人翁积极性得以充分发挥。纺织企业努力增产，不断改善人民群众缺衣少被状况。1956 年，纺织工业提前一年实现了棉纱、棉布的发展目标，建成了北京、石家庄、邯郸、郑州、西安五个新型棉纺基地，共建有19个棉纺厂，总规模达161万锭。

这一时期，纺织企业管理主要为计划经济体制下的生产导向型，既发挥了积极作用，也暴露出弊端。在国家长期统购统销、凭票供应纺织品的背景下，国有经济无法有效配置资源，劳动者缺乏积极性和主动性，企业缺乏活力。

（二）第二阶段

1. 企业管理现代化起步

纺织企业管理的进步与改革开放密切相关，改革开放后企业同时面向国内市场和国际市场配置资源，产品也面向两个市场，相应的纺织企业管理工作内容也越来越丰富。以党的十一届三中全会召开为起点，随着经济管理体制改革的日益深入，我国走出了衣被凭票供应的短缺时代。在从计划经济向市场经济过渡进程中，一些着手摆脱传统体制束缚的政策，如对国营企业“松绑”“放权让利”“经营管理自主权”“利润留成”“投资拨改贷”“解决企业社会负担过重”“利改税”等，产生了积极的生产推动力。在战略调整和国有企业“三改”（改革、改组、改制）“一加强”（加强企业管理）的双重作用下，在变学习边实践的过程中，纺织企业管理脱离传统的工厂管理层面，确定了市场导向。随着企业领导体制改革的深入以及企业作为自主经营、自负盈亏的商品生产者和经营者地位的确定，如何当好厂长已成为厂长们面临的一个新课题。在由厂长抓好内部管理的同时，赋予厂长新的经营内容，丰富了管理的内涵，拓展了管理的外延。

这一时期，全面质量管理从美国、日本引入中国，拉开了引进吸收现代化管理经验的序幕。纺织行业质量管理小组工作方法始于基层、生产一线，并从基层逐渐延伸到中层、决策层，成为以国营企业为主的纺织企业的重要管理手段。

2. 非公经济逐渐壮大

在对外开放过程中，我国纺织服装业在东部沿海地区吸引外资，三来一补，引进技术，发展三资企业，率先崛起成为中国国际竞争力最强的产业。非国有经济逐渐成为纺织经济三分天下（国营、乡镇、合资）有其二的新格局。20世纪80年代初期，港澳台地区的资本、技术大量进入珠三角，随后又扩展到长三角。技术、资本的引进，也带来了先进的管理理念。在此后相当长一段时期内，以强化组织的顾客满意意识和创新活动、追求卓越经营绩效的美国企业管理模式，以大规模精益制造、全面质量管理等为核心内涵的日本企业管理方式，对我国纺织企业管理现代化工作产生深远影响。

围绕行业对管理工作提升的迫切需要，1981 年，中国纺织工业企业管理协会（简称中纺企协）相继成立了经营管理学组、经济责任制学组、管理现代化方法学组、电子计算机应用学组、设备管理学组、全面质量管理学组、企业管理资讯学组和纺织情报（信息）中心，先后举办了各类培训班和讨论会。中纺企协及各学组举办了 50 多期，各地纺织企协举办了 290 期，参加学习人数达 96000 多人次，为纺织企业培训了大量的管理干部，为纺织行业推进企业管理现代化，提高企业的管理水平做出了贡献。

1981 年 12 月，全面质量管理学组与纺织工业部生产司在四川省第一棉纺厂召开了“全国棉纺织行业全面质量管理研讨会”，起草了《纺织工业企业全面质量管理实施细则》。经历一段时间的积累后，中纺企协编辑出版了第一部比较全面、实用性较强的企业管理论文和经验汇编——《纺织工业企业管理文选》，为行业管理现代化工作的有序推进提供了可资借鉴的范本。

3. **国企改制影响深远**

1983 年，中央提出以搞活企业为核心，主要解决企业自负盈亏、自主经营、自我发展等问题。1984 年 10 月，党的十二届三中全会《关于经济体制改革的决定》确定社会主义经济是“公有制基础上有计划的商品经济”。1987 年 10 月，党的十三大报告进一步提出“新的经济运行机制，总体上来说是国家调节市场，市场引导企业”。自此，国营企业变为国有企业，所有权与经营权分离，企业真正成为相对独立的社会主义商品生产者和经营者，成为具有一定权利和义务的法人。国家不再给新建企业投入资本金，国有企业进行股份制试点，上海、深圳先后建立了股票柜台交易市场，部分国企开始上市。

20 世纪 90 年代中后期，许多国有企业由于在长期僵化体制下面临内部的沉重负担和外部的竞争压力，积累了沉重的包袱，连年亏损，甚至资不抵债。1995 年 9 月，党的十四届五中全会指出：“要着眼于搞好整个国有经济，通过存量资产的流动和重组，对国营企业实施战略性改组。”要以市场和产业政策为导向搞好大的，放活小的，择优扶强、优胜劣汰。在各地加快国有小企业改革放活的同时，一大批新型民营企业从自身发展的需要出发，参与国有企业改革。通过兼并、收购、投资控股、承包、租赁、委托经营等改革举措，将非公有制经济的管理理念和管理方式融入国有经济运行中，盘活了大量国有资产。当时的宁波维科集团、石家庄常山纺织集团、上海纺织控股（集团）公司等都在改革开放调整中，压缩落后生产能力的同时，逐步建立起一整套规范的运行制度，管理现代化工作得到空前加强。

总的来讲，这一阶段的企业管理是从计划向市场导向经营模式转化的进程中，以学习引进国外管理的具体方法开始，吸收融合于国有、民营企业中。

二、推广应用阶段

1997年，党的十五大确立了公有制为主体、多种所有制经济共同发展的基本经济制度，按照建立现代企业制度，积极推进国有企业改革和国有经济布局的结构调整。作为国企改革解困的突破口，纺织工业为整个国企改革起到重点突破、取得经验、带动全局的作用。一批国企重组建立现代企业制度，一批国企退出。这一阶段，随着改革的深化，纺织企业视野越来越宽广，开始有意识地去做理论的选择、工具的选择，以我为主，兼容并蓄，为我所用。

1. 努力落实中央的各项改革工作部署，紧跟改革开放步伐

这段时间，国有企业在机制体制上存在的问题充分暴露，在市场经济日益强化、竞争局面日益激烈的过程中，国有企业改革进入了攻坚阶段。1997年，中央决定把纺织行业作为国企改革工作的突破口，并开展了以压锭、减人、扭亏为主要内容的攻坚战。到2000年底，纺织行业已发展形成仪征化纤、华源集团、华联发展、中纺机集团、吉林化纤集团、安徽华茂集团、浙江中汇集团、杉杉集团等近百家规范运作的企业集团，在沪深上市的纺织类股份有限公司也达到90多家，占全国上市公司的8%以上，总计募集资金总量280亿元，占全国募集资金总量的近6%。

2. 坚持不懈抓管理，努力推进行业企业管理现代化前行

全面质量管理一直是这一阶段纺织行业抓管理的重要内容，特别是设备管理，成为重中之重。由于抓住管理工作不放松，许多优秀企业管理水平不断提高。1994年，有16家企业获得管理优秀的“金梭奖”，2000年，20家企业获得“全国纺织企业管理优秀企业”称号。2001年4月，“全国企业设备管理经验交流会”在苏州召开，表彰了荣获“全国设备管理先进企业”称号的华茂集团、经纬纺机厂等9家企业，55家企业获评“纺织行业设备管理先进企业”。这些优秀企业对全行业提高设备管理水平起到了很好的榜样和表率作用。至今，像无锡第一棉纺织厂、华茂集团等仍然是全国纺织行业设备管理优秀的企业，竞争力持续提升。

3. 融入全球化竞争后，企业管理体制发生较大变化

1997年亚洲金融危机的爆发暴露了纺织经济高速发展背后的深层次问题，倒逼企业进行结构调整和转型升级，对上市公司、企业集团、国际化经营、现代化管理等培训要求更加迫切。特别是纺织行业，老企业多，思想、观念、管

理方式，比较陈旧，亟须大量接触、学习市场经济运作的规律、方法。当时，纺织行业出现了“南学华茂，北学吉化”的风潮，这两家现代化管理优秀企业在“科学管理、从严治厂”等方面得到全国纺织企业的普遍赞扬和认可。到目前为止，这两家企业在企业管理和管理创新等方面在全国纺织行业中仍具有相当大的影响力。

这一时期，国有改制企业形成了具有中国特色的管理模式。这种模式是中国企业在引进吸收西方管理方法并融入中国传统文化后形成的独家管理模式，并在快速发展的大型民营企业中广泛应用。

三、创新发展阶段

进入21世纪后，我国开始融入全球经济一体化，参与国际市场竞争，逐步发展成为世界第一纺织大国。2008年，全球金融危机爆发后，国际市场需求的萎缩对一大批外向型纺织企业影响较大。2013年，我国纺织行业步入增速趋缓、结构趋优、动力转换的经济新常态时期，从追求快速成长转向追求质量提升，要实现从数量驱动、要素驱动为主转向效率驱动、创新驱动为主的动力变革。

日益激烈的市场竞争促使企业向品牌要效益、向科技创新要效益、向降低成本要效益，而这一切都归结于向管理要效益。相应的，这一阶段的企业管理现代化工作进入消化吸收再创新层面，将西方标准融入中方理念，让西方先进管理模式去协同、匹配中国模式、中国道路、中国制度，创造出适合自身发展需要的，独具特色的企业管理模式。这一时期，创新成为企业管理的主旋律。

（一）管理和管理创新

纺织企业管理体系逐渐成熟，企业根据自身特点和需求明确了管理模式和发展战略，调整完善了组织机构，经营导向日益细化（产品导向、质量导向、成本导向、技术领先、品牌导向、平台企业、制造加服务、精益化），管理工具十分丰富（TQC、6S管理、6西格玛、卓越绩效、目标管理、精益管理、ERP、TPS）。特别是通过信息管理系统，企业把设计、采购、生产、制造、财务、营销、经营、管理等各个环节集成起来，共享信息和资源，达到降低库存、提高生产效能和质量、快速应变的目的，增强市场竞争力。

管理者强烈意识到，管理创新有助于提高生产力所有要素的使用质量和系统的整体效益。在学习借鉴国外先进企业管理实践基础上，我国纺织企业结合自身实际不断创新，形成了一大批优秀的企业管理创新成果。

在这种机遇与挑战共存的形势下，纺织企业的管理工作逐渐转到以提高竞争力为核心的轨道上来。以往凭借兼并重组或投资扩大产能、用规模效益提高竞争力的办法逐渐式微，企业转而依靠战略创新、制度创新、企业文化创新提高纺织企业的竞争力。企业管理工作在发展战略、科技研发、产品升级换代、创新商业运营模式、创新经营管理模式、资本运营、开发国际市场、企业文化建设等方面取得了显著成效。

1. 战略创新

企业战略必须是依据企业外部环境和自身条件的状况及其变化来制定和实施。对于企业来说，战略是工具，战略是手段，战略是目标。无论是体制创新还是企业文化创新，最终都反映在战略创新上。

（1）战略一体化

①纵向一体化。纵向一体化是企业的一种基于获取长期竞争优势的战略性行为。通过纵向一体化，企业可以将产业链各个环节的技术开发、采购、生产、销售等活动整合起来，强化企业在各个经营环节上的控制能力和差异化能力，降低企业经营的不确定性。

多数中小纺织服装企业在从代工到创品牌的道路上实施了前向一体化战略。在为其他服装品牌代工的同时，雅戈尔、红豆、杉杉等企业不满足于贴牌生产，通过在全国开设专卖店、设立专柜等特许销售点，从以贴牌销售和加工为主的服装加工企业转化为以服装加工为基础，品牌营销为主的复合型业态服装企业。

作为后向一体化的成功典型，荣盛集团、恒逸集团、盛虹集团、恒力集团等坚持走“高投入、高产出”之路，进一步加大结构调整和技改投入，在积极引进国际先进设备、扩大产能的同时，不断向产业链上游延伸，由以前的纺织、加弹织造向 PTA、涤纶长丝、聚酯瓶片、锦纶及炼油等产品延伸。

如意集团、联发集团、溢达集团等先后将产业链延伸到棉花种植环节。如意集团收购澳大利亚库比棉场，不仅获得稳定的、高品质的棉花来源，还将在澳大利亚棉花生产和出口定价上赢得主动。联发集团在埃塞俄比亚发展棉花种植产业链，致力于创建达到国际一流水平的大型现代化棉花种植示范园区。

②横向一体化。横向一体化战略主要是为了实现规模经济，平衡单一产品和渠道风险，降低产品成本，巩固市场地位。全球价值链背景下，企业之间的并购行为呈现新的特点，龙头企业的并购是更为常见的并购扩张形式，其在全球范围的跨国并购具有代表性。

波司登集团立足海外融资、融智，扩大国际影响和销路，产品早已成功进入日本、美国、加拿大、俄罗斯、瑞士等国家，提升了波司登在海外零售市场和金融界的知名度，为探索符合中国纺织服装品牌的海外扩张之路，为中国品牌走向世界积累更多的经验。

（2）多元化

多元化战略是企业采取在多个相关或不相关产业领域中谋求扩大规模，获取市场，创造效益的长期经营方针。

雅戈尔创立于1979年，从服装业起家到以服装生产、地产开发、股权投资为核心的三大业务并驾齐驱，渐渐地从服饰生产商变成了服饰跨国集团。在房地产和投资业务受阻后，雅戈尔服装业务发挥着主心骨作用，加速了精细化、定制化的高端成衣与大规模智能化的工业生产的结合。通过推行创新战略、平台战略和智能化战略以及产业的重新布局，雅戈尔将低端产业转移到海外，中端产业转移到国内其他地区，高端产业留在宁波，能耗大幅下降，产值、效益、税收稳定增加。

（3）国际化

一些纺织服装企业报造出国内知名品牌后，积极开拓国际市场，通过出口贸易、OEM、直接建厂等方式进入国际市场并逐渐扩大其品牌知名度，在国际市场上建立或塑造一个与目标市场有关的品牌形象。

在国家“一带一路”倡议的号召下，如意集团、鲁泰集团、天虹集团、阳光集团、无锡一棉等企业加速在“一带一路”沿线国家的市场开发和布局。以如意集团为例，从宁夏到新疆，从新疆的北疆到南疆，沿着这条产业链进而又到了巴基斯坦和孟加拉国。通过这样的产业布局，如意集团从毛纺领域迈进棉纺领域，形成毛纺和棉纺直至服装品牌两条完整的产业链。同时，如意集团2010年收购日本瑞纳（Renown），收获品牌运营与管理经验，获得成衣销售先进经验，实现更为均衡的产业链。2016年，如意收购法国轻奢品牌母公司SMCP，实现了在全球范围内配置资源，加快了服装品牌培育与零售网络建设步伐。

2. 制度创新

在竞争激烈的市场环境下，企业需要从内部管理入手，积极调整组织结构，明确发展方向。对企业制度中与市场发展不相适应、阻碍企业管理创新的制度进行梳理剔除，并以此作为创新切入点。尤其是在信息化环境下，企业的发展不再拘泥于陈旧的生产模式和规模限制，需要稳抓机遇，找准创新突破口促进企业制度的创新，尝试以新的管理模式融合到生产经营中。

红豆集团、桐昆集团、同和纺机等企业积极探索现代企业制度+企业党建

+企业社会责任的管理模式，使企业管理更加科学、规范。淄博大染坊丝绸集团有限公司改制后坚持在民营体制下建立和完善“党委领导、工会主导、舆论引导、积极倡导”的建设体系，坚持以党建统领全局，不断完善企业的奖惩制度，并成立了工会进行救助帮扶工作，增强了企业的凝聚力。盛虹集团印染新厂区打破传统印染操作模式，多方位、多角度采用自动化设备，创新性提出“智能化印染”的概念，建立起了一个智能化、自动化、高效率、节能减排技术先进的现代化印染生产基地。

3. 企业文化创新

企业文化作为企业制度和经营战略在人的价值理念上的反映，一方面要作为企业活力的内在源泉而存在，成为规范企业和员工行为的内在约束力；另一方面要与时俱进，不断在理念、观念等方面创新，以彰显其强大的生命力。企业文化建设具有明显的时代性，不同类型和不同环境下的企业，有不同的企业文化个性，其中的共性因素就是建设先进企业文化的主题：一是以人为本，二是崇尚科学，三是理性与道德，四是与时俱进。

山东孚日集团、达利丝绸（浙江）有限公司、绵阳佳联印染有限公司、德州恒丰集团等诸多企业把企业精神文明建设贯穿于生产经营、企业管理的各个方面。德州恒丰集团打造了以“恒丰仁和、仁和恒丰”为核心理念的恒丰文化，倡导“快乐工作、幸福生活”的行为理念，关注员工培育，提出了“生产了不起的产品，培育了不起的员工”的育人目标，构建了独具特色的员工成长六大通道。集团建有企业运营、人力资源管理、战略管理的实效管理模式，形成了规范化、高效化、持续化运营的企业生态循环体系。

4. 组织结构创新

组织结构创新，就是采用新的适应环境变化的组织结构，原因在于组织结构是引起企业危机的主要原因，必须随时代的变化而做出调整。通过成功的变革可以使组织对环境做出更迅速、灵活、积极的响应，实现组织内部之间有效地协调和运作，增强组织的凝聚力和竞争力。建立科学合理的组织结构并且与战略相匹配，实现组织业务重组、权力的再分配，能够使组织便于管理，易于监控，有利于保证企业与市场息息相通，提高服务效能。

（1）网络化

网络化是指由若干个相互独立的组织通过外包、分立、联合、并购等方式形成的网络状组织结构。网络化组织结构的成员不断变动，更多的工作被称为“项目”，由临时性的团队成员来完成，以此适应不断变化的环境。

青岛纺联物流有限公司提出建设基于品牌价值的虚拟供应链整合模式，和多家服饰、家纺、户外品牌商合作，同运营20多个品牌，通过建设虚拟供应链来创新供应链协同体系结构，以虚拟供应链的概念为基础，基于品牌运营和增值，建立虚拟供应链的一种创新体系结构。以虚拟供应链信息流、物流的服务系统作为支撑，包括客户、供应商、制造商、承运商、分销商、零售商和其他合作伙伴等参与者共同创造新的商业模式和赢利模式。

（2）扁平化

组织结构的扁平化即合理压缩管理层次，减少中间层次，增大管理幅度，促进信息与知识的横向传递与沟通，使其更快传播。“扁平化”管理较好地解决了等级式管理的“层次重叠、冗员多、组织机构运转效率低下”等弊端，加快了信息流的速率，提高决策效率。特别是现代信息技术的发展、计算机管理信息系统的应用，加速了企业组织机构“扁平化”的趋势。

红领集团在转型前期，实行的是成本领先战略，对部门进行了细化分工，采用机械式组织结构与之匹配；从低成本向差异化战略转变后，原有的科层式组织结构无法快速响应顾客需求，所以组织结构由高度集权、高度职能化、高度正规化的机械式组织向相对分权、边界相对模糊、沟通渠道畅通的非正规化的有机式组织转变。最终公司通过成熟的技术和数据驱动实现了定制与批量的结合，随之形成了扁平化的组织体系，更好地实现资源的合理利用。

（3）阿米巴

以各个阿米巴（小组）的领导为核心，让其自行制定各自的计划，并依靠全体成员的智慧和努力来完成目标。阿米巴经营模式的本质是一种量化的赋权管理模式，与“经营哲学”“经营会计”相互支撑。在阿米巴经营方式下，企业组织也可以随着外部环境变化而不断“变形”，调整到最佳状态，即能适应市场变化的灵活组织。

韩都衣舍、云幅集团、浙江嘉名染整有限公司等通过实施阿米巴模式，让第一线的每一位员工都能成为主角，主动参与经营，进而实现“全员参与经营”。

2009年起，韩都衣舍开始组建买手小组，即稻盛和夫的“阿米巴”，而以买手小组制为核心的运营体系是韩都衣舍成为电商黑马的根本。这些买手小组结构完整、有充分自主权并需承担相应责任。公司根据排名对每个小组进行奖惩，这些都推动买手小组积极提升自身竞争力，实现利益最大化。

随着中国纺织强国建设的推进，越来越多的像青岛红领“源点论”、韩都衣舍“把公司变成云”、绵阳佳联的“精益管理”、云蝠集团的“云蝠哲学”等具有中国特色的管理创新成果涌现出来，为全球纺织企业管理发展提供中国方案。

（二）企业家和企业家精神

党和国家领导人指出："我们全面深化改革，就要激发市场蕴藏的活力。市场活力来自于人，特别是来自于企业家，来自于企业家精神。"企业家作为最稀缺和最宝贵的人力资源，是市场经济中最活跃的因子，是创新的主体。企业家精神作为与市场经济相适应的一种宝贵资源和生产要素，是创新的原动力，是新实体经济时代最重要的供给因素，是推动经济发展、创造社会财富的重要驱动力。企业家精神是企业核心竞争力的重要来源。西方公认的企业家精神有：创新、敬业、诚信、坚持、学习、合作、冒险等。这些特质融入中国文化后形成了纺织企业家各具特色的精神力量。改革开放四十年来，纺织行业涌现出诸多个性鲜明、成就突出的企业家，大致可分为三个阶段来归纳。

（1）1978～1997 年，随着经济体制改革由计划经济体制向市场经济体制过渡，涌现出一批国有企业改革先行者，形成极具开拓、拼搏和奉献精神，勤劳务实的初代创业者队伍。

吉林化纤集团股份有限公司原党委书记、董事长付万才把人生的追求与事业紧紧地连在一起，先后领导企业进行了 10 次技术改造，少则投资几千万元，多则数亿元，上一个成功一个，上一个盈利一个，探索出一条在发展社会主义市场经济条件下搞活国有大中型企业的新路。

鲁泰集团原党委书记兼董事长刘石祯带领公司由建厂初期员工不足 300 人、两万纱锭的棉纺小厂逐步发展成为全球最具规模的高档色织面料生产商和国际一线品牌衬衫制造商。他在工作中表现出强烈的敬业精神和开拓创新意识，确立"以人为本、严谨科学、顾客导向、诚信共赢"的企业价值观，努力创建学习型企业，积极探索企业发展方略，在企业管理中形成了行之有效的管理模式、独具特色的品牌文化和企业文化。

安徽华茂纺织股份有限公司原董事长兼总经理华冠雄不懈创新，领导企业重视引进国外先进技术，促进内涵创新，走高质量、高档次、高附加值的精品发展道路，同时不断探索"走出去"经验，引领企业在全球进行资源配置。

宁纺集团董事长苏瑞广在把企业做大做强的同时，定期向当地企业家传授管理经验，听过他讲课的有 360 多家企业的员工共 1.2 万多人次，带动了当地一批企业的发展壮大。

青岛即发集团控股有限公司董事长、党委书记陈玉兰，把中国传统文化与国际先进管理经验紧密结合，逐步形成了以人为本、诚实守信的即发特色的管理文化，创立了适合自己企业实际的"全方位质量管理法"，两度把企业从危险关头拉回，带领企业实现销售收入、利税、出口创汇稳步快速增长。

河北省保定一棉纺织集团有限公司原负责人马恩华凭借自身胆识和才干，带领职工顽强拼搏，锐意改革，使一度陷入生产经营困境的企业扭亏为盈，效益不断提高。

富润控股集团有限公司党委书记、董事局主席赵林中坚守“富国润民”的不懈追求，推行体制改革，把濒临破产的小厂变成浙江省百强企业。围绕思想政治工作的一系列做法，富润公司形成了《经常性思想政治工作条例》并多次修订，内容涵盖党建群团、职工生产劳动、工作学习、家庭生活等 8 个方面，共 60 项具体规定，员工亲切地称它为《六十条》。

（2）1998 ~2008 年，在一系列开放搞活政策支持下，民营纺织企业迅速发展，涌现出一批善于学习、精于钻研，极具国际化视野的企业家。

阳光集团董事长陈丽芬钻技术、勤实践，常与科技人员泡在一起研究攻关，“把产品当作精密仪器来做”是阳光集团奉行的质量价值理念，正是这种精益求精的精神和在品质上达到极致的追求，让阳光集团从名不见经传的小厂成为今天享誉全球的跨国企业。

波司登股份有限公司董事长高德康是伴随改革开放成长起来的农民企业家。他以对服装市场的敏锐洞察力和永不满足的进取精神，使波司登成长为亚洲规模最大、技术最先进的品牌羽绒服装制造商。

缪汉根带领盛虹集团致力于科技创新，从一家只有一些淘汰设备的小企业，发展成为拥有国际领先设备和技术支持体系的染整航母。

凭借过人的勤奋、务实的作风和敏锐的观察力，李如成带领雅戈尔一步一个脚印，从一个靠自带尺子、剪刀、小板凳拼凑起来的手工作坊，发展成为拥有两万员工的亚洲最大、最先进的衬衫、西服生产基地和上市企业之一。

浙江荣盛控股集团有限公司董事长李水荣创业初期便确立了以“市场定产品”的经营策略，在发展瓶颈期凭借过人的胆识和魄力带领企业迎难而上，攻关涤纶加弹丝项目，走高投入高产出之路，不断研发新产品、新技术。

家族企业是我国民营纺织企业的主要形态特征，随着创业一代企业家年龄的增长，民营企业纷纷步入代际传承时期，其中最重要的是将一代企业家精神传承下去，进一步丰富和强化浸润了企业家个人特质的企业文化。

（3）2008 ~2018 年，随着创新驱动战略的实施，重视研发、重视技术领先、重视创新、敢于冒险、注重社会责任成为这一阶段企业家精神的重要特色。

周海江把诚实守信确立为企业发展的准则，带领红豆集团从乡镇小作坊发展成为集多种经营领域于一体的国际化企业，在民营企业中率先通过社会责任体系认证。他以诚立身、以诚兴业，生动诠释了一名民营企业家的责任担当。

福建七匹狼实业有限公司董事长周绍雄创新营销思路，最早推行专卖店营销和代理制商业模式，开创了服装行业渠道营销模式先河。凭借敏锐的市场嗅觉，他带领企业于2003年和2005年两度携手“皇马”中国行，成为国内首屈一指的成功体育营销案例。

荣获2014年国家科技进步一等奖的“筒子纱数字化自动染色成套技术与装备”是康平纳集团董事长陈队范带领他的团队用了八年多时间研制成功的。集中反映了企业家坚持和坚守的精神。

青岛红领集团在董事长张代理的带领下，用十余年摸索出了一套C2M新方案，把工业标准化流水线开发成定制生产的柔性生产线，开创了“互联网＋服装定制”的发展路径，实现了从草根代工厂到高端定制智能工厂的华丽转身。

旭荣集团董事长黄信峯家族对社会责任工作的重视程度，深刻影响了公司的体制创新、快速反应、企业社会责任策略。多年来，旭荣坚持发布企业社会责任报告白皮书，从单一制造业思维提升至以员工、客户、环境三位一体的社会型企业。

爱慕集团董事长张荣明一直深耕东方文化，精攻服装主业，致力于做好一个产品、做大一个产业、做强一个服装文化生态圈，把爱慕从一叶扁舟壮大成一艘巨轮。

在世界经济深度调整的背景下，中国经济一方面实现着从传统的经济向工业化、后工业化和信息化经济的转型，另一方面实现着从社会主义计划经济体制向社会主义市场经济体制的转型。创新特别是管理创新是这一时期的重要工作，而企业家精神是推进两个转型的重要动力之一，引领广大纺织企业通过转型升级，实现科技创新、体制创新、管理创新、营销创新。企业家精神与管理创新以相辅相成的姿态，共同促进了纺织企业的进步和发展，促进了纺织行业的健康可持续发展。

四、新时期企业管理新趋势

经历了改革开放四十年的巨大变迁，纺织产业在需求高质量发展之路上砥砺前行。创新驱动的新动能、高质量发展的新要求、互联网时代的新生产方式，促使企业管理的内容更加复杂，与宏观经济体制、微观经济体制、市场机制，以及全球化条件下跨国资源的结合日益紧密，促进了管理人才的成长。面临新形势、新问题和新挑战，纺织企业管理创新工作亟须厘清发展思路、探索发展路径。

（一）企业管理面临的问题

在每季度进行一次企业经营者调查问卷的基础上，中纺企协与东华大学共同开展了纺织企业管理现状调研工作，得到广大企业的支持。从调查结果来看，我国纺织企业现阶段的管理工作面临以下问题：

（1）相当大一部分中小企业所有权与经营权重叠。高层管理人员的管理能力不能适应企业发展速度，成为企业的发展瓶颈。

（2）重经营，轻管理。中高层人员是由业务骨干或专业岗位提拔上来，缺乏对管理角色的认识和必要的管理技能。

（3）对培训的认识远远不够，奉行拿来主义，不注重自身团体的培养和凝聚。

（4）企业文化价值观与市场经济体制下价值对利益对等原则相违背，导致人力资源问题不能有效解决。

（5）忽视细节，不重视员工工作体验指数。大部分中小企业发展瓶颈往往在细节上，缺乏对员工工作体验的关注成为造成我国纺织企业招工难的原因之一。

（6）缺乏社会责任感。员工在企业只是“过客”，难以形成志同道合的利益共同体，企业难以持续发展。

总之，企业在管理工作中应注意在不同的发展阶段和不同的产业环境中，应根据不同需要因地制宜选择管理模式。

企业现阶段面临的生存和发展难题亟须通过加强管理创新工作纾解。首先，充分认识五大发展理念和高质量发展的内涵和重要意义，增长动能要由资源和资本投入向知识、创新和人力资本等高等级要素转变。其次，实现高质量发展的重要因素是机制体制改革，要使企业管理变得更简单，摒弃大量形式化工作，让制度执行变成员工自觉的行动。再次，要在产品和服务的专、精、特上下功夫，避免同质化、低价竞争，充分认识到没有哪家企业能做所有产品、占领所有市场。第四，要加强设备的智能化和数字化升级，能用机器替代的操作尽可能使用机器，提高生产线柔性制造水平。第五，切实改善员工劳动条件，提高员工工作体验感，解决纺织行业和园区招工难的问题。

（二）企业管理创新工作发展趋势

随着居民可支配收入持续增长，消费持续扩大升级，消费者从注重量的满足走向追求质的提升。特别是在技术不断更新迭代的助攻下，消费需求的日益个性化对产品的文化内涵、功能性等有了新要求，传统的生存型、物质型消费开始让位于发展型、服务型等新型消费，消费越来越多被注入精神内核，成为满足消费者精神世界的外向延伸。这些都促使企业管理工作不断创新和拓展。必须注意以下新趋势。

1. 发展战略从外延式增长转向内涵式增长

伴随着纺织产业逐渐向价值链高端升级的进程，企业管理对质量战略、设计研发、品牌战略、社会责任的诉求日益突出，但是我国纺织企业在管理水平上的巨大差距仍然存在，低价和成本领先战略仍是部分企业的重要战略。

2. 组织结构深入变革

随着互联网技术的迭代发展，互联网与企业生产经营各环节的深度融合成为推进企业组织变革的必然因素。技术所带来的变化推动客户在产品、服务及工作方式等方面的改变，更大程度上重构了组织的价值创造方式。在万物互联的时代，个体变得越来越强大，赋能成为组织管理的关键词，共生成为互联网时代的组织逻辑。

3. 生产线日益智能化、精细化、标准化

一方面，随着信息技术的推广应用和信息资源的不断开发利用，管理信息化正在往广度和深度发展，导致信息管理在整个管理中地位的提升。另一方面，受德国企业定制设计和强大的工程师技能系统影响，我国纺织企业更多地致力于通过持续的技术升级改造，发挥新生产线信息化、智能化、自动化的技术水平，维护品质安全，提高生产效率。技术设备升级的同时，相配套的管理也走向精细化和标准化。

4. 人力资源管理柔性化

在管理方式上，现代管理更强调用柔的方法，尊重个人的价值和能力，通过激励、鼓励人，以感情调动职工积极性、主动性和创造性，通过机制体制创新，变堵为疏，更加充分地调动所有员工的工作积极性，以实现人力资源的优化及合理配置。

（三）行业组织责任

中国纺织工业企业管理协会自 1981 年成立以来，始终以推进纺织企业管理创新、弘扬企业家精神为己任，重视发现、推广企业家先进管理经验，总结、综合企业家经营智慧，为广大纺织企业提升管理水平贡献力量。

为了推进纺织企业加强管理工作，中纺企协把总结、宣传管理工作先进典型作为主要手段。2011 年至今，中纺企协成功组织了第七届全国纺织企业管理创新成果奖总结推广工作。在前六届活动中，有 37 家企业获得“全国纺织行业管理创新成果大奖”；25 家企业获得“全国纺织行业管理创新成果优秀奖”；40 位纺织管理者获得“全国纺织行业管理创新成果主创者”荣誉称号。通过总结企业生产经营管理各环节、各领域可复制、可推广的成功经验，出版了《全国纺织行业管理创新成果经典案例》及《中国纺织行业管理创新成果蓝皮书》，为行业创新管理模式、加快技术改造、拓展发展思路提供了借鉴。这项工作的开展对推动我国纺织企业不断深化改革、加强管理、促进创新发展起到了积极作用。

新时代赋予我们新任务，中纺企协将继续发挥自身的平台窗口优势和桥梁纽带作用，为纺织服装企业讲好中国故事，贡献中国方案贡献力量。

（1）继续研究、总结和推广纺织企业现代化管理实践经验，推动中国纺织企业管理创新体系的完善和发展；

（2）围绕纺织企业的热点、难点问题，开展调查研究，为政府制定政策提供依据报告，当好参谋和助手；

（3）推动纺织企业员工队伍建设，提高企业整体素质，促进纺织企业家队伍成长；

（4）沟通企业与企业、企业与政府间的联系，发挥桥梁纽带作用；加强国际交流合作，组织国内纺织企业开展与国外知名企业、行业组织，政府部门之间的合作交流；

（5）总结推广纺织企业先进经验、管理创新成果，依照相关规定经批准，推荐推广纺织行业优秀企业家和管理创新成果的创造人；

（6）开展行业培训、管理咨询、信息交流、宣传推广等多项服务功能，创新工作模式、拓展服务领域，开创中纺企协工作新局面。

中国纺织工业企业管理协会秘书处
二〇一八年十二月十日

让听得见炮声的人做主

——韩都衣舍电子商务集团股份有限公司

摘要 如何满足人们日益增长的物质和文化需求，是社会主义的建设目标，也是纺织服装企业在市场中模式创新的改革方向。互联网经济释放了中国压抑千年的消费热情，演绎出了“自主与从众、个性与同质、多样化需求和品牌忠诚度、理想和现实、互动性”等互联网时代既矛盾冲突又协调统一的需求特征。韩都衣舍以其独创的“以产品小组制为核心的单品全程运营体系（IOSSP）”，在对接外部市场和内部管理中取得了积极的效果。本案例真实地展现韩都衣舍在互联网时代背景下所进行的极具前瞻性的理论开创与实践探索以及该模式对于其战略转型的推动作用。

关键词 互联网时代；电子商务；组织创新

一、案例正文

0. 引言

韩都衣舍创立于2006年，是互联网品牌生态运营集团，截至2016年9月，员工人数超过2000名，拥有58个部门，运营品牌52个，孵化品牌20个。

2012～2015年，连续四年，韩都衣舍在中国互联网服装品牌中综合排名名列前茅。2016年，韩都衣舍旗舰店成为天猫首个粉丝收藏破千万的旗舰店。2016年7月，集团成为互联网服饰品牌第一股。

集团已全面整合资源进行集成运营，开展代运营、中外合资等多种延伸业务，并进一步建立和完善基于阿里巴巴、京东等“一级生态”基础设施上的“二级生态”。目前，韩都衣舍的“二级生态”模式已经取得阶段性成功，并得到了阿里巴巴集团的高度认可。

在保持自有品牌产品销售额稳定增长的同时，韩都衣舍将为越来越多的企业和创业团队提供全方位服务，向着打造“一级生态＋二级生态＋品牌集群”的电子商务新型产业环境的方向全速前进。

多元、快速、巨量是互联网消费者的需求，这考验着线上品牌的线下组织能力，传统供应链上的每个环节几乎都倒下过一大批互联网企业，甚至一些曾经势头猛进的互联网品牌也夭折在混乱的线下管理体制中，不过，也有品牌脱颖而出，不仅成功应对了考验，还开创了新的组织管理模式。如何经营一家互联网服装品牌，韩都创始人赵迎光说："让听得见炮声的人做主"。就是授权第一线，让听到"炮声"的人做出决策，召唤"火炮"，调动企业所有资源，决胜终端客户，战胜对手。韩都衣舍的核心竞争力是"单品全程运营体系"。

1. 韩都衣舍实施背景

1.1 传统的管理模式已不能适应韩都衣舍"多款少量"的特点

韩都衣舍实行多品牌战略，定位于韩风快时尚，以"款式多、更新快"为特色。在发展壮大的过程中，传统的产品设计生产流程已经不能满足韩都衣舍"多款少量"的需求，尤其是随着服装市场大环境下产品类目的增多，韩都衣舍进行了及时的转型升级，对于产品推出模式转变的需求就越来越迫切。

1.2 传统管理模式集权于高层，容易出现决策失误等问题

对于一家传统的服装公司来讲，其管理运营模式与其他行业的企业并没有什么本质上的不同——集权于最高层，各部门分工明确、各司其职，并且全部向最高层汇报工作，重要决策也全部交由最高层来完成（图 1）。而韩都衣舍对于自己产品的细节和品质要求较高，若每种款式的服饰均需要最高层的确认，然后再次修改、确认，极有可能出现决策失误的问题，这将大大影响生产效率，使整个流程停滞不前。

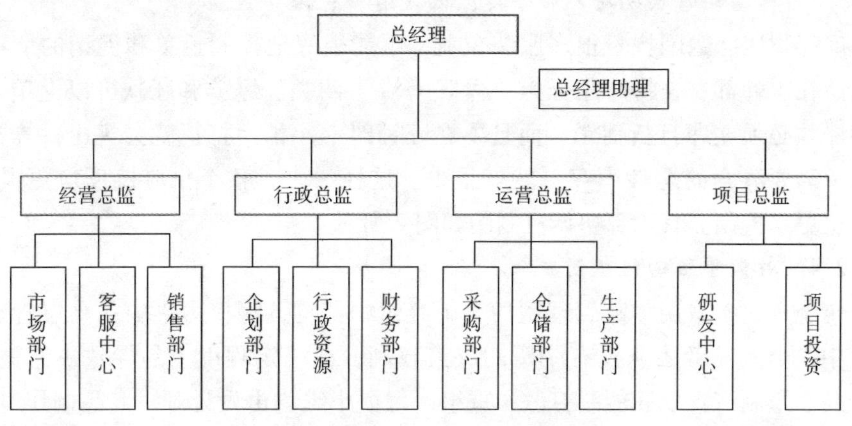

图 1 传统企业管理模式架构图

1.3 新一代员工重视参与、渴求最大化发挥自身价值

在韩都衣舍创立初期就面临着这样的难题：2008 年，几个不懂服装的创业者，如何在一个产业资源优势并不明显的环境里，带领一群大学生，与全国的同行同台竞技。

而在互联网时代，越来越多的年轻人对产品、对电子商务有自己的理解和看法，他们宁愿失业，也不能容忍自己的价值被忽略；崇尚参与，而不是自外而内的灌输和命令，新一代员工希望作为管理者直接参与企业的运营和战略规划，成为“主导者”。

2. 产品小组制的运作模式

产品小组制的运作模式主要分为数据分析、订单下达、销售节奏把控等几个阶段。

2.1 企划中心进行数据分析

为了防止小组之间恶性竞争，提高运营效率，韩都衣舍成立了企划中心。它会根据历史数据，在年初的时候，参考年度的波峰波谷节奏，制订目标，然后分解到各个小组。每个小组在月度、季度、年度，都有细分的考核指标。企划部是韩都衣舍的数据中心，协调各小组之间的竞争。

2.2 产品小组预估销售量和备货量

为避免盲目跟风推出不适应市场需求的产品，产品小组需根据企划中心提供的数据，进行参考和评估，在下达订单时遵循少量多次的原则，根据自身经验确定风险库存。

2.3 根据销售状况对产品分类，把握销售节奏

库存积压问题困扰着很多服装企业，不能很好地控制返单和促销的节奏是症结所在。韩都衣舍将产品分为“爆旺平滞”四类。爆款和旺款可以返单，平款和滞款必须立即打折促销，而且要在旺销时期，稍一打折就会售出，等到了季末，需要清仓的恶性库存自然就很少。这样一来，整个供应链反应更灵敏，品质也更易控制。其内部协调机制图如图 2 所示。

2.4 打散重组的组织创新

传统企业多采用垂直管理型的上下级组织架构，将权力集中在高层管理人员手中，个人或者团队没有一定的决策权利，在一定程度上易导致决策失误。而产品小组制将直线职能制打散、重组，每个小组均由设计师、商品制作专员，订单管理专员组成（每个小组 2～3 人），每 3～5 个小组产生 1 个主管，每 3～5 个主管产生 1 个部门经理。管理模式对比图如图 3 所示。

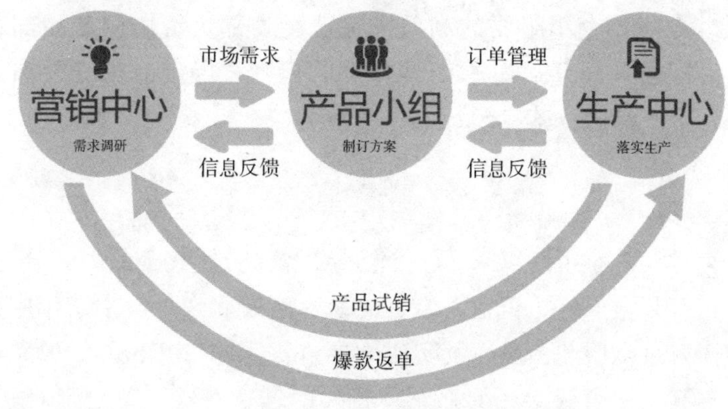

图2 内部协调机制图

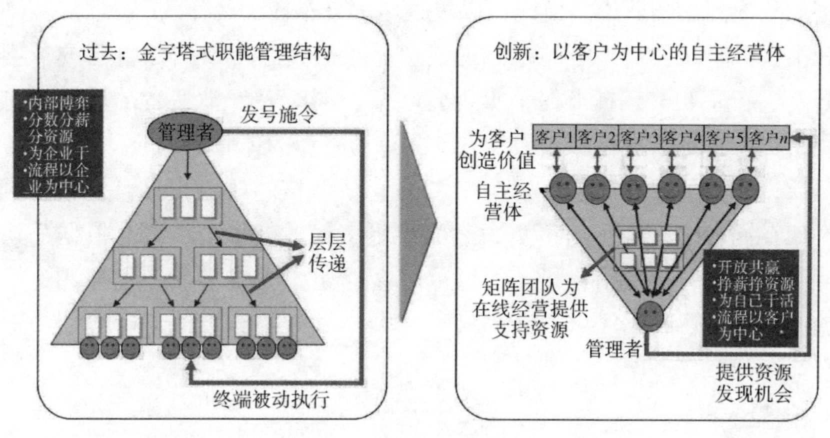

图3 管理模式对比图

2.5 产品小组制订方案

公司规定最低定价标准，具体产品定价、生产数量、具体款式、促销时机和价格等，基本全部由小组自己决定。

2.6 集团提供支撑保障

为保证产品小组安全度过成立初期，每人都有2万~5万元的初始资金使用额度。此后，本月小组资金使用额度是上个月销售额的70%。根据毛利润以及库存周转率，计算提成。小组内提成分配，由组长决定，报部门经理和分管总经理批准。对部门主管和经理的考核，部门销售额占50%，后进小组或者新成立小组的成长速度占50%。

同时，为了避免小组各自为战，恶性竞争，设立企划部对品牌整体风格进行把关，同时协调各个小组间的利益冲突。企划部负责协调产品部各个部门，做产品规划。即公司每年、每季产品开发的规则，规定上货波段和下市节奏，然后分配到各个产品部，落实到每个产品小组。

3. 实施效果

韩都衣舍自实施小组制以来，至今已经运营超过 40 个品牌，分为韩风、东方风和欧美风等几大风格，覆盖女装、男装、童装、户外、中老年服装全品类，每年可上线 3 万余款服装新品，其实质效果主要体现在以下几个方面。

首先，提高了运营效率。韩都衣舍及时的转型升级，营造了对于款式的数量要求较高的经营氛围，而韩都衣舍对于自己产品的细节和品质要求也较高，因此，基于以上现状，韩都衣舍急需将权力下放，将前期设计、打样、生产的工作决策分配到小团队中，由此可以极大地提升整体的运作效率。

其次，只要在公司规定的框架内，产品小组完全可以按照自己的节奏控制产品开发、新品上架、打折促销等运营环节，同时对于消费者的反馈，也有自主权利，对产品不断进行修正和改进，提升消费者的体验。

最后，降低了库存风险。每个小组的业绩考核的核心指标，是销售额、毛利率和库存周转率，为了获得更大利润、更多提成，每个小组会根据公司提供的各种参考数据，预估销售量，下订单时会遵循“少量多次”的原则，严格控制风险库存。

4. 结论

韩都衣舍的成功是基于对“单品全程运营体系”模式的探索而展开的，创始人赵迎光表示，基于互联网的特点，韩都衣舍独创了“以产品小组为核心的单品全程运营体系”，而这也是韩都衣舍的核心竞争力。韩都衣舍一直致力于成为新时代的服装企业，在“单品全程运营体系”下，每个小组都会成为了公共平台上的“自主经营体”，直面从中遇到的各种问题，而这帮助韩都衣舍培养了大批具有经营思维的产品开发和运营人才，为集团多品牌战略做好准备。但随着规模的扩大，韩都衣舍的产品小组是否能无限扩张，当小组达到一定数量，“小前端”的量变必然会引发整个组织机构的质变，此时原有的“大平台”就有失控的风险。未来充满了太多的未知因素，转型，仍在路上；探索，也永不止步。与此同时，对于其他纺织服装同仁，韩都衣舍的模式当然值得借鉴，但在借鉴和学习的过程中，也应该结合企业自身的实际情况，从而才能真正地发挥“单品全程运营体系”模式的理论与实践价值。

二、案例分析思路与逻辑

1. 启发思考题一

1.1 问题

韩都衣舍为什么要实施“单品全程运营体系”（产品小组制）？其组织结构的创新逻辑是什么？

1.2 分析思路

互联网时代的企业有三个特点，核心的关键词是快。一是企业要有非常强的学习能力，对于市场的任何变化，从基层到高层整个组织要有非常快的学习能力。二是学习了之后要用各种方式在第一时间进行试错，而且效率要非常高。三是快速迭代，迭代的效率也要高。互联网企业对效率的要求跟传统企业有很大的不同，如果效率慢会被效率快的公司在很短时间内超过。也就是说，互联网企业的生命周期可能比原来传统企业缩短一半以上。

传统部门制度的设计零售企业，采取垂直管理手段，产品负责人不能很好地把控一件产品整体的状态，如生产数量、产品定价、销售节奏等，而基于产品小组制的单品全程运营体系，注重品质提升、交期达成、订单数量，优化综合管控能力。在这一模式的驱动下，产品款式多、更新快，平均每天上新近百款，在架销售的商品达5000余款，当季规划开发新品约4500款。在此背景下，韩都衣舍售罄率高达95%。

1.3 理论依据及分析

创新的效率与其组织形式显著相关。在企业创新过程中，主要的组织形式有现行组织模式、并行和交叉组织模式、小组制组织模式、矩阵组织模式。近年来，随着互联网的兴起，出现了虚拟组织、网络型组织等新型组织形式。企业究竟采取何种组织形式，应因地制宜、因时制宜，适应不同的发展阶段、规模，一切从实际出发，而不应盲目照搬别人的模式。两种典型的组织变革模式是激进式变革和渐进式变革。激进式变革力求在短时间内对企业组织进行大幅度的全面调整，以求彻底打破初态组织模式并迅速建立目的态组织模式。渐进式变革则是通过对组织进行小幅度的局部调整，力求通过一个渐进的过程，实现初态组织模式向目的态组织模式的转变。

1.4 关键要点

结合相关理论对互联网时代的商业模式进行思考。韩都衣舍的人单合一模式是对传统的颠覆，它重新定义了企业、客户以及员工，同时也对他们之间的关系赋予新的意义。深入理解韩都衣舍人单合一模式的概念以及其内涵，把握该模式得以实施的关键以及支撑，将有助于思考互联网时代下的商业新模式。通过对韩都衣舍人单合一模式具体内容的梳理，引导学员把握互联网时代下企业该“如何进行商业模式创新”。

2. 启发思考题二

2.1 问题

韩都衣舍“单品全程运营体系”（产品小组制）为什么能够取得成功？

2.2 分析思路

2015 年以来，国家提出“互联网＋”和“大众创业、万众创新”，这对于线上和线下品牌来讲都是难得的机遇。

韩都衣舍积极响应国家创新需求的号召，在以互联网技术为核心的新商业基础设施上，以商业智能为依托、以大数据为驱动，致力于时尚品牌的创意、设计、孵化与运营，不断满足市场对个性化时尚品牌爆发式的海量需求，立足打造时尚生活系列领导品牌的目标，搭建以创意、质造、金融投资为要点，以营销、智能储运、专业客服、互联网传媒、培训等为要素的时尚品牌孵化与运营的生态系统。

产品小组制模式能够实现全员参与经营，以核算作为衡量员工贡献的重要指标，实行高度透明的经营，通过自上而下和自下而上的整合，培养有能力把控全局的产品管理者和领导人。

2.3 理论依据及分析

互联网的三个特征——零距离、去中心化和分布式，分别颠覆了泰勒的“科学管理理论”、马克斯·韦伯的“科层制理论”以及法约尔的“一般管理理论”。第一，零距离颠覆了“科学管理理论”，泰勒的理论与实践催生了工业时代的流水线生产，在整个工业时代，大规模制造是其最显著的特征，但是到了互联网时代，企业只有做到和用户零距离才能满足用户个性化的需求，大规模制造注定要被大规模定制所取代；第二，去中心化颠覆了“科层制理论”，企业的组织结构由正三角形被颠覆为倒三角形，传统的层级结构将会被扁平化和网络化的结构所取代，在互联网时代，员工的自我价值和主张将得到空前的释放，每一个员工都将是企业的中心；第三，分布式的特征颠覆了“一般管理理论”，法约尔的一般管理理论强调的是企业内部职能的再平衡，传统管理理论的重点是企业内部，但是在互联网时代，聪明的人永远在企业外部，同时互联网连接了全世界优质的资源，这就要求企业必须从封闭走向开放。

2.4 关键要点

结合相关理论对互联网时代的商业模式进行思考。韩都衣舍的“单品全程运营体系”模式是对传统的颠覆，它重新定义了企业、客户以及员工，同时对他们之间的关系赋予了新的意义。主要特征是涉及创新的主要人员，如研发人员、生产人员、营销人员等在一个小组内工作，目的是更进一步加强工作沟通和责任感，提高产品创新速度。小组制组织模式需要有一个素质好的项目经理推动创意商业化并进入市场。小组制组织模式的优点是可以加快创新的速度以应对迅速变化的市场，但它同时要求项目经理有足够的权限，小组成员的团队精神较强。

（天津工业大学：王亚超教授、丁志忠研究员）

CPS 架构下的聚酯长丝智能制造升级

——新凤鸣集团股份有限公司

摘要 面对世界纺织市场给涤纶行业带来的极大挑战，新凤鸣跳出同质化价格竞争的老套路，以将公司建设成国内乃至世界最专业的差别化功能性涤纶生产企业之一为战略，提出了 CPS 架构下的聚酯长丝智能制造升级目标。为此，成立专门的领导小组，搭建基于嵌入式信息物理系统网络（CPS）技术架构，在产品卷绕至包装入库环节建立机器人流水线，再造落筒、信息流等流程；优化升级 ERP 系统并接入 CPS，实现全流程生产自动化；在库存管理、定期作业、设备维护、品种结构等方面开展精细化的生产过程管理；并从岗位设置、人才队伍建设、考核标准等方面提供保障。新凤鸣专注长丝制造的全流程自动化，形成了数据化产品及精细化管理的高效、高品质长丝制造特色，实现降本增效和提升企业竞争力。

关键词 智能制造；市场价值；精益化管理；产业升级

一、案例正文

0. 引言

2019 年 6 月 24 日，中央电视台的《新闻联播》播出了“坚持高质量发展 笃定前行”系列报道，以 26 秒的时长展示了新凤鸣集团“5G 智慧工厂”长丝生产车间，一排排化纤丝筒从生产线整齐有序地产出，搬运机器人来回跑动，所有生产景象都以超高清影像同步传输到公司的工业互联网平台上，并实现对全集团的装置生产进行集中管控、作业调度和专家处理。

值得注意的是，作为纺织行业与互联网融合发展的样本之一，2017 年，新凤鸣启动“55211”信息化工程项目，力争 2025 年底前全面完成智能工厂建设，打造行业一流的信息化能力。2019 年 4 月 12 日，新凤鸣携“凤平台”参展参赛全球（首届）工业互联网博览会，引起业界极大关注，得到了省级相关领导的肯定。眼下，正在完善构建“丝路易达”（智慧物流）、“敦煌易购”（电子商务及供应链金融）和“五疆发展”（信息科技）三个平台，更好地支撑向上拓展产业链、横向打通供应与物流链、向下延伸金融与服务链，有序构建以互联网 + 化纤的数字新生态，持续推进公司高质量发展。目前，新凤鸣“55211”信息化工程（二期）项目正在有条不紊地推进中。

新凤鸣董事长庄奎龙表示，十余年来，新凤鸣人秉承“团结、诚信、稳健、创新”的企业精神，脚踏实地，专心专注，从一个名不见经传的小厂走到今天销售超百亿规模的集团公司，其中经历的苦楚艰辛，到如今换来了“值得”二字。

1. 新凤鸣实施管理创新的背景

1.1 纺织行业在我国国民经济中的重要地位

纺织行业是国民经济的支柱产业，纺织工业增加值占全国工业的 5.6%，出口占全国的 12.8%；而化纤占纺织纤维总量比重达到 70% 以上，化纤业作为纺织工业的重要组成部分，在近 10 年时间年均复合增长率达到 12.2%，截至 2013 年底，化纤产量达到 4122 万吨，占全球比重达 67.7%。

1.2 纺织管理发展面临的新形势和新挑战

自工业革命以来，现代技术和管理范式发展总是呈现出从刚性向柔性，从量变到质变的过程。蒸汽机和纺纱机大大提高了生产力，不只是因为动力和机械的强大，更因为将资本劳力等要素从土地上解放出来而重新组合，市场打破了束缚；同样的，内燃机和电动机要比蒸汽机更强大、更灵活，这使得更高效、更灵活的福特装配流水线生产组织方式得以产生。管理柔性更重要地体现在生产关系和社会关系上，如福特的工资倍增计划和福特流水线一起被称为福特革命，突破了当时的社会矛盾和发展困境。

20 世纪中后期开始的精益生产敏捷制造（JIT）和纺织服装的快速反应系统（QR）是新工业革命管理创新。简约（simplity）、灵动（mobility）和柔性（flexibility）的理念，将意大利纺织服装业推到了世界时尚产业顶峰，这就是纺织业新的境界：上善若水。

化纤是第二次工业文明的产物，突破了天然纤维生产限制，开创了材料科技的新纪元，象征着人类智慧和力量。满足了至今人类日益增长的衣食住行的需要，工业化时代化纤产业的管理是与产业本身特征有关：强调规模化、批量化、标准化、高速度、高效率、低成本和品种同质化。

随着全球社会经济发展，新常态下的化纤产业面临困境：石化资源匮乏，国际贸易下滑，全球产能过剩，市场竞争加剧，劳动力成本上升；而需求侧消费者和买家趋向于多样化、个性化、高品质、小批量、快交货期。这对体量大、产品同质化、新产品开发与品种启动成本高、周转慢、对市场反应迟滞的化纤业是极大的挑战。

1.3 公司现行管理体制与公司发展之间的矛盾日益突出

公司在项目实施前（2011 年），员工 5771 名，人均产量 171 吨/（人·年），最重工作岗位一个人一个班需要搬运 10 吨产品，员工流失率居高不下。部分岗位容易罹患腰椎部位的职业病，高强度和高流动性使得工作质量难以保证。面临新的行业形势主要在以下三个方面亟待公司做出改变。

1.3.1 应对成本上涨、切实降低成本的迫切需要

化纤企业在产品落筒、搬运、包装等劳动强度大的岗位均是人工操作，占企业员工总数的比例高达 70% 以上。传统长丝操作岗位劳动强度很大，像包装岗位一个班需要搬运 8 吨/人，卷绕岗位需要落筒搬运 200 只 15 千克丝饼，此外还需要进行生头、装纸管等作业；传统长丝操作岗位工作环境差，像卷绕岗位噪声达 90dB，岗位环境温度达 35℃以上；长期工作在这些岗位的职工也容易患职业病，如卷绕岗和包装岗位容易患腰椎部位的疾病。由于以上这些因素，这些岗位员工流失率高，个别企业一个月员工的流失率曾高达 15%，企业一般通过给员工加薪的办法来满足招工和留人的要求。在江浙一带的化纤企业，员工工资一般都超过 7500 美元/年，与东南亚一带相比，工资成本已经处于明显劣势。由于国内自动化程度低、用工多，与韩国、中国台湾、印度尼西亚等地相比，产品的人工成本也已经没有任何优势。近 5 年，新凤鸣年均人工支出增长率超过 8%，人均支出已经高于 5 万元/年，2014 年员工 6589 人，人工支出超 3.5 亿元。企业一方面需要考虑提升国际竞争力，另一方面也面临其他行业工资上涨带来的人员跳槽压力，减少用工、降低长丝产品单位人工成本已成为企业持续发展的迫切需求。

首先，化纤企业的熔体直纺都是连续运转的，每套装置生产能力在 15 万～33 万吨/年，这种连续运行模式一般在非检修时段全年不停车，一套装置发生一次意外停车时的损失高达数百万元，所以长周期稳定运转是公司管理的一大难题；其二，化纤企业品种多、变化快，品种管理直接涉及企业经济利益，依赖人工获取信息、统计，再进行各品种的量本利分析，工作量大，且难实时变更，无法快速决策以适应快速变化的市场需求；其三，化纤企业生产线多、品种多，各品种的消耗、品质等指标通过人工收集、统计，错误多，耗时耗力，而针对人员考核的相关产品信息数据的缺乏使得考核粗放，这也是化纤企业管理难以提升的一个重要方面。新凤鸣集团一天同时生产 400 多个批号，每天变更 50 多个批号，合计加工 43 万只丝饼，员工 6589 人，加上连续高品质保证特征，精细考核到个人、品种及班组是化纤企业的基本要求。而庞大考核数据量只有依靠物

流和信息流的自动化进行数据采集、分类统计，才有可能满足大规模生产需要。

1.3.2 管控品质、减少人工差错的现实需要

化纤企业的熔体直纺长丝工艺路线在聚合和纺丝两大工序实现了过程的自动控制，但从卷绕至入库则主要由人工负责，产品在人工落筒、搬运、标识、检验、包装、入库及统计时均容易导致产品受损、混包、混装等问题，每个丝饼信息的人工标识、收集和统计工作量巨大，也容易发生差错，也无法提供产品追溯。此外，化纤企业的产品都是丝饼打包好出售，一只丝饼纤维长度一般在 10 万 ~ 180 万米之间，一只有质量问题的丝饼作为经线织成面料，损失可能高达百万元，而一家年产 100 万吨的企业，一天的丝饼生产数量可达 20 万只以上，20 万只丝饼中哪怕出现一只丝饼造成经线质量问题，对企业生存都将构成极大威胁。而长丝企业的客户一般都是长期用户，客户都是企业或经销商，出现质量问题不能妥善处理将直接影响产品销售。所以产品质量的稳定性是长丝企业的生命保证，品质管控是长丝企业十分重要的管理任务。新凤鸣产品为 POY、FDY 及 DTY 三大系列，2014 年公司平均每天加工三大系列 400 多个批号合计产品 43 万只，每只丝饼 5 ~ 15 千克。并且这 400 多个批号均是同时在线生产。仅依靠人工识别、分等、统计，品质管控，人员多，工作难度很大，出错频繁，产品质保体系难以有效运行。为保证产品品质，实现化纤企业的品牌转型，在物流自动化的同时实行产品信息流的自动化是现代规模化长丝制造企业的必由之路。

2. 新凤鸣基于 CPS 架构进行智能制造升级的主要内容

新凤鸣是国内大规模聚酯企业中专注长丝制造的一家企业，经过企业规模连续十多年的扩大，面临工人工资支出上涨、国际竞争力优势下降、生产管理难度加大等行业难题。基于此，在多个环节已实施自动化的背景下，采用国际领先的嵌入式信息物理系统网络（CPS）技术，与赛龙捷、优时等多家公司合作开发软硬件系统，对长丝产品由生产设备至仓库的全流程实施智能分级运送及包装，并实施信息与物流的同步，实现了全流程的自动化，利用产品及流程的数据化，进一步开展生产的精细化管理。项目实施显著提升了企业竞争力，也为引领传统行业转型升级探索了一条新途径。2014 年，公司在人员增长不足 1% 的情况下实现长丝产量增长 53%，人均产值达到 256 吨，万吨产品客诉次数下降 5.5 倍。2015 年，人均产量高达 294.9 吨。由于该成果的推广应用，公司在行业低谷率先实现了逆势高速增长，2015 年利润总额达到 3.8 亿元。

2.1 确立战略目标和定位，成立领导小组

纵观国内发展到50万吨/年规模以上的化纤企业，都纷纷做出了战略抉择，有些选择产业链上下游整合，有些选择横向拓展，也有选择多元化发展，都以围绕转型升级、提升综合竞争力为目标的方向发展。新凤鸣总结自身特色，结合多年行业经验和积累，经过慎重研究，认为化纤行业长远发展前景依旧广阔，化纤制造仍有很大潜力可挖，公司仍将聚焦长丝制造不动摇，以提升企业综合竞争力为出发点，以扩大产品差别化比例、提高产品附加值、打造低碳节能型企业为目标，进一步加大科技创新与技改投入，努力参与国内国际两个市场竞争，力争实现“产业基地化、生产规模化、产品精细化、技术专业化、管理科学化”产业升级目标，将公司建设成国内乃至世界最专业的差别化功能性涤纶纤维生产企业之一。

为有效支撑企业战略，新凤鸣提出了CPS架构下的聚酯长丝智能制造升级目标：一是集团50%以上产能在2014年底前实现全流程自动化和产品的数据化；二是人均产值突破200万元，员工年流失率在4%以内，品质提升0.5%，高端客户比例30%以上。2012年初，公司成立CPS架构下的聚酯长丝智能制造升级领导小组，并制订各部门在CPS架构下的聚酯长丝智能制造升级工作中的目标和职责。领导小组由集团董事长亲自挂帅，下设各部门负责具体工作的落实，信息科负责制定具体实施方案，人力资源科负责人才选聘、培养及考核，由项目部负责设备采购、工程施工及安装调试，生产部负责ERP、自动化运营管理等，财务部负责资金支持、预算和核算等，研究院负责项目优化、项目设计等。

CPS架构下的聚酯长丝智能制造升级领导小组组织治理与管理机构如图1所示。

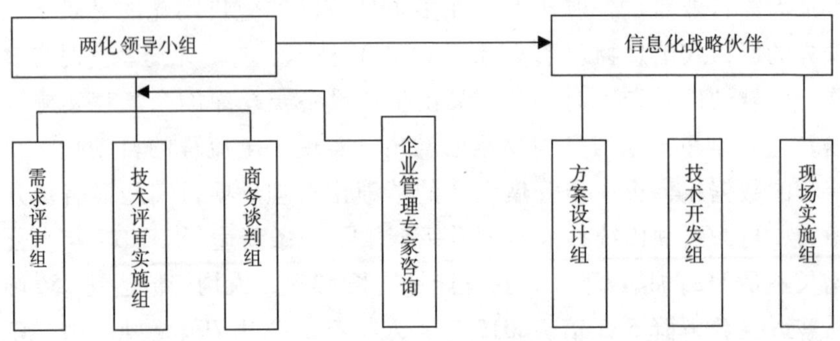

图1 两化领导小组组织治理和管理机构

2.2 搭建CPS架构，再造生产流程

2.2.1 在产品卷绕至包装入库环节建立基于CPS架构的机器人流水线

新凤鸣通过采用CPS架构的机器人流水线用于丝饼的自动落筒、标识、包装、入库，同时采用分层控制和模块控制网络技术对产品信息、生产信息、销售消息等进行联网联控。该系统由新凤鸣集团和意大利赛龙捷联合开发，选择西门子软件，借鉴国内外成功经验和失败教训，采用目前国际先进的CPS架构，该架构具有分层管理，人机交互，多重传感与识别，WIFI和有线通信的有机结合五项基本特征，数据高速传输。

（1）分层管理：系统分为三个层级，基础层级为设备检测和自控，第二层级为工序间协调控制，第三层级为数据传输和控制。各层级制订的规则程序，各层级间既可以相互联系，也可避免各层级间的干扰，保证局部故障不影响流水线停车和数据丢失。如图2所示。

（2）人机交互：每台机器人均有良好的人机界面，在机器人发生故障时可以方便人工查询和下达指令，在机器人发生故障时，也可以进行人工操作，避免因设备故障造成自动线的卡停。

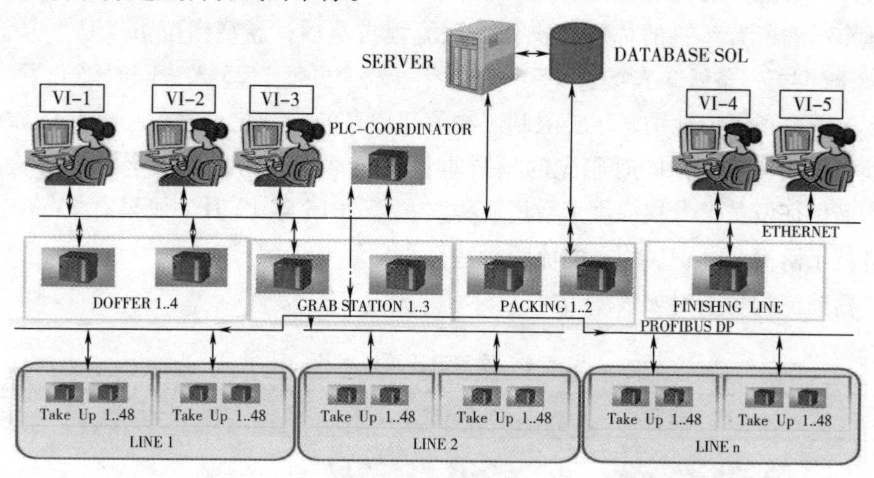

图2 分层管理图构架

（3）多重传感与识别：根据现场条件设置多种传感器和识别：小车和托盘配置RFID、机器人和移动小车定位配置条形码识别、机器人防撞设置超声雷达识别、丝饼和包装箱采用二维码识别、包装线采用激光、机械限位等传感识别。全系统采用多重传感，实现自动识别。

（4）WIFI和有线通信的有机结合：根据各机器人特点，固定设备采用有线通信，移动机器人采用WIFI无线通信，确保通信高效无碍。

（5）数据高速传输：由于每套装置丝饼量达到每天5万～12万个，每个丝饼携带了大量生产信息，数据信息量大，每个20万～30万吨/年装置的小系统均配置了2GB/s高速信息传输能力。

在CPS架构下，卷绕至包装入库的物流自动化和产品实现全数据化，达成从聚合、纺丝、卷绕、包装入库的全流程自动化和产品的数据化，提升了生产效率，降低了企业人工成本和损耗，提升了产品品质，使化纤企业管理精细、透明和高效，进一步提升了化纤企业的国际竞争力。

2.2.2 开展相应生产流程再造

流程再造针对卷绕落筒、丝饼重量检测、套袋、打印纸管内标签、套袋、码垛、捆包、缠绕膜及入库工序，以往全部手工完成改成全部由机器人或流水线完成。

一是落筒流程再造。自动落筒线设置两台自动落筒机，其中一台自动落筒机主要负责从卷绕头将丝饼落筒并送至缓存站，另一台自动落筒机负责将丝饼从缓存站转载至丝饼小车。另每条线配置一个丝饼缓存站、一台丝车旋转称重装置和一台打印机。改造后丝饼全部由CPS系统和自动落筒机自动完成自落筒至丝车上的所有丝饼的称重和操作。该流程再造后，卷绕岗位员工从一条线8人/班减少至一条线3人/班，75条线合计可减少员工1125人。同时降低了劳动强度，取消了岗位性别、年龄限制。物流和信息的自动化也避免了产品的碰伤、混规格等质量问题，同时原先的丝饼重量人工抽测改为机器人全数自动检测，为产品保证及员工考核提供了数据支撑。截至2015年12月，成果有75条生产线进行了落筒、标识、称重的流程再造。

落筒流程再造对如表1所示。

表1 落筒流程再造对比

流程	传统长丝业作法	长丝制造新流程	说明
落筒	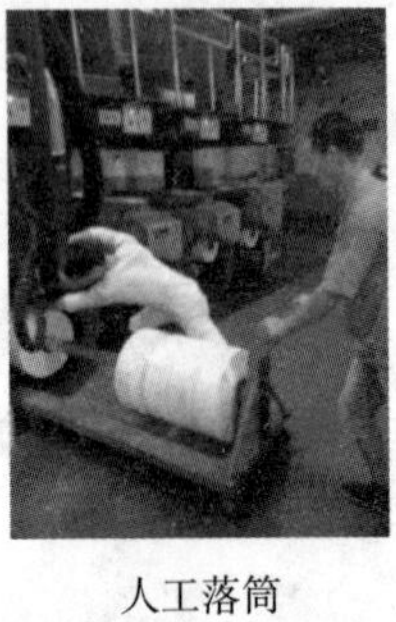 人工落筒	 自动落筒	人工落筒改为自动落筒，避免了人为损伤丝饼，减少用工

续表

流程	传统长丝业作法	长丝制造新流程	说明
装车	 人工装车	 自动装车	人工装车改为自动装车和丝饼重量全检功能，避免人为误放和损伤，增加质量监控手段，减少用工
整车同批缓存	 丝车缓存	 挂架缓存	丝车缓存改为挂架缓存，可节约场地和用工，自动识别和存取，避免人为误放
套袋	 人工套袋	 自动套袋	人工套袋改为自动套袋，改进套袋效果，更好地保护丝饼不受损，减少用工
装箱	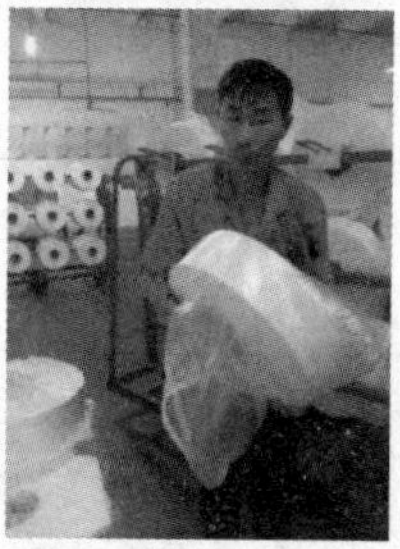 人工装箱	 自动装箱	人工装箱改为自动装箱，避免丝饼受损，提升包装质量，减少用工

续表

流程	传统长丝业作法	长丝制造新流程	说明
穿带捆包	 人工穿带捆包	 自动穿带捆包	人工穿带捆包改为自动穿带捆包，提升捆包质量，减少用工
缠绕膜	 半自动缠绕膜	 全自动缠绕膜	半自动缠绕膜改为全自动缠绕膜，提升捆包质量，减少膜用量和用工
入库	 人工叉车入库	 无人电动小车入库	人工叉车入库改为无人电动小车入库，减少用工，提升效率
包装	 人工包装效果	 自动包装效果	改为自动打包后，避免了由于包装箱歪斜造成装卸、运输的损伤，同时也改善了产品形象设计

客户在使用产品时，如果需要知道产品相关信息，可以根据二维码查询追溯产品生产的原料、工艺、工位、作业人员及加工包装时间等信息。为质量改进提供了便利。

二是信息流程再造。信息流程再造不仅节约了电脑录入、统计员工，累计节约员工 90 人，而且避免了产品的混包、混发等问题，所有产品信息和 ERP 系统无缝实时对接，也为生产、品管、营销等提供了经营分析、绩效评估等提供了大量数据支撑。截至 2015 年 12 月，本成果共对 28 万只丝饼产品，在加工至包装出厂过程中的产品信息生成、识别、分类、传送等进行了流程再造。

信息流程再造对比如表 2 所示。

表 2 信息流程再造对比

	传统长丝业作法	长丝制造新流程	说明
丝饼内标签打印	 人工录入打印	 系统自动导入打印	人工输入信息打印改为系统信息导入自动打印，避免人为错误、减少用工
识别	 人工识别	 RFID、条码及二维码的识别	人工识别改为 RFID、条码或二维码识别，减少用工和错误
丝饼内标签	 人工录入标签	 二维码标签	人工录入标签改为二维码标签，便于识别和追溯

截至2015年12月，成果共对75套装置共148万吨/年的长丝产能进行流程再造，丝饼处理量达到28万只/天，所有丝饼从卷绕至包装入库全部由机器人流水线自动完成，产品信息也与产品同步。

2.3 优化升级ERP系统并接入CPS，实现全流程生产自动化

新凤鸣与杭州优时软件有限公司合作时间已长达八年，对前期已经上线的信息化项目进行优化升级。主要包括以下内容。

一是建成新凤鸣产品数据化平台。主要包括对新凤鸣集团各子公司的产品及包装管理进行扫描监控，配置先进的二维码扫描仪，使用二维码进行条码管理，大幅的增加了扫描效率与精确度，是业内首批采用二维码管理的企业之一，如图3所示。

图3 集团统一的产品包装二维码标签

二是增加售后服务管理模块。对客户投诉（图4）、现场情况跟踪报告、质量情况反馈、后期赔偿处理都纳入系统进行处理，使整个售后流程都做到清晰、透明，落实到专人专事。

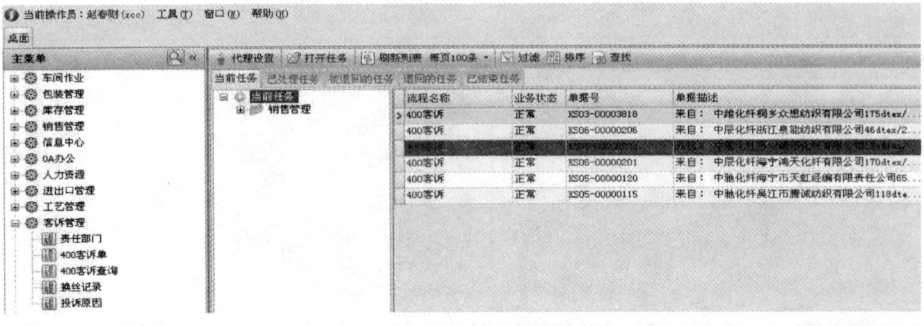

图4 400客户投诉模块

三是部署移动办公平台。公司投入大量的资源与杭州优时软件一起，成功在苹果（Ios）系统和安卓（Android）系统上研发了移动办公平台，使公司人员随时随地都能在手机上处理公司日常业务，由传统的纸质、PC 端电脑审批变成手机和平板审批，大幅度提高办公效率，如图 5 所示。

图 5　手机 APP 界面

四是财务系统集成。与杭州优时软件公司、嘉兴金蝶公司合作，开发财务总账接口，打通两套系统之间的数据封闭，使优时 ERP 中的数据能直接传入金蝶财务系统中生成凭证。至此新凤鸣使用的 ERP 与 CPS 自动化网络系统、金税开票系统、金蝶总账系统都实现实时无缝对接，构建成完整的内部企业管理信息链，从产品生产到打包、入库、出库、提货、开票、财务做账都纳入信息化范围；增加进出口手册管理模块，使手册使用情况纳入 ERP 管理，杜绝由于人为操作不规范引起的少量、缺量情况，避免企业损失；增加精细化库位管理模块，使系统更加直观地显示库存情况，每箱货物情况、摆放位置一目了然。

2.4　基于全流程自动化生产数据，开展精细化管理

流程自动化和产品数据化后，管理各个层面均有了大量数据资源可以利用，为开展生产精细化管理创造条件。

2.4.1　库存精细化管理

高库存是长丝企业的利润杀手，但库存过低又容易发生客户配货问题，在一些急用产品上需要保证一定库存。由于品种多，化纤企业在库存管理上凭人工记录和统计方法，不仅工作量大，也做不到实时更新，经常发生一些产品长时间积压，而一些产品缺货的问题。新凤鸣利用产品的数据化，实施库存各规格的天数和库位管理，设置多级库存报警机制，集团根据库存报警机制制订了相应的销售策略和排产计划，从而确保了集团库存天数长期处于行业内极低水平，如图 6 所示。

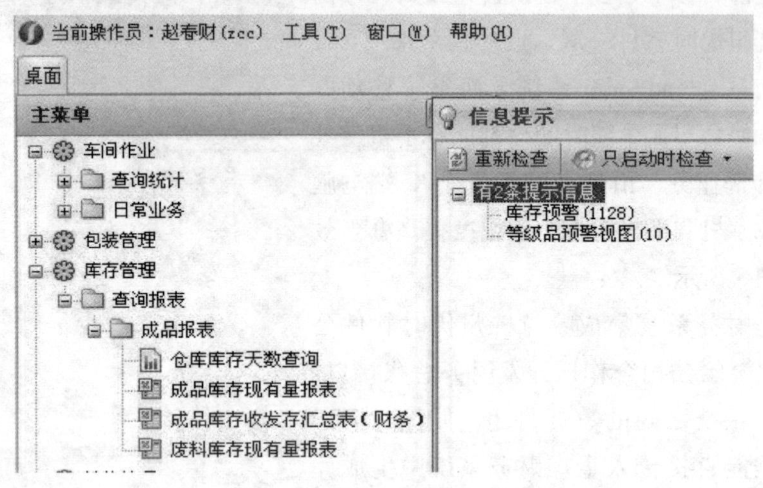

图6 库存精细化管理

2.4.2 定期作业精细化管理

长丝行业由于生产设备多，定期作业量大，管理难度高。仅组件在机数量就达5万多件，冷却滤网等2万多件，这些部件的定期作业对产品质量有十分重要的影响。实施自动化后，定期作业内容上线，利于提前制定定期作业计划，对所有生产设备的定期作业状态均能在线被相关部门监控，实现定期作业的网络可视化管理，保证定期作业不超期，使得生产管理上了一个新台阶。

2.4.3 实时高效的数据化设备维护

熔体直纺特点的流程较长，生产线多，产能大，一旦停车损失很大，因此及时排除故障不影响全流程卡停十分重要。该成果将流程中的关键设备（5200台卷绕设备和450台物流系统设备）实施联网，工程师或国外供应商可以通过网络在家或在国外接受在线故障信息，可远程查询、分析诊断及排除故障，大大提高故障排除效率，最大限度地保证生产流程的稳定运行。项目投运后，由于设计方案科学合理、选型得当、维护及时，至今未发生一起由于自动化造成全线停车的事故。

2.4.4 优化品种结构

新凤鸣一天在线生产400多个品种规格，每个规格的效益都有一定差别，各装置生产的最适合品种也有区别，合理快速优化品种结构是化纤企业的一项难题，也是企业营利能力的重要因素之一。成果利用产品数据资源，建立产品量成本利润和客户分析的模型，快速决策安排品种的调换，避免了各子公司的恶性竞争，充分发挥各套装置的特性，在企业利润最大化和稳定客户两者之间寻求平衡。品种快速决策和变更已成为集团在市场快速变化和激烈竞争环境下的一项重要技能。

2.4.5 绩效考核数据化、透明化

传统化纤业由于数据收集困难或不齐全，考核粗放，难以发挥员工积极性。成果利用生产和产品数据资源，对一线各岗位操作工、班长、车间主任及子公司进行数据化考核并在网络上公布考核成绩，考核到每位基层员工，绩效和奖金挂钩，及时完善考核办法，激发员工比拼，通过几年的考核，考核机制已日趋完善，各级员工积极性显著提升，车间废丝率、综合能耗、生产效率、产品品质等指标水平已跃升至长丝行业前列。

3. 智能制造升级顺利实施的保障措施

3.1 重新梳理设置岗位，优化人力资源和操作流程

引入自动化和数据化后，各岗位工作内容发生了很大变化，很多人工操作、识别、统计等工作内容由机器人负责，各岗位需要根据工作强度、工作内容进行重新设置，取消部分岗位，新增部分岗位，人员数量大幅减少，工作强度大大降低，但对人员素质要求有一定提升。全流程自动化的生产精细化管理项目领导小组联合各部门协商，各子公司新增机电一体化设计岗位、安装岗位和维修岗位。减少卷绕落筒岗位、称重、套袋、包装、叉车岗位人员，并对数十个岗位职责进行了重新界定。流程及岗位重新设置后，提高了生产效率，生产流程变得更加科学合理。

3.2 锻炼既懂管理技术又过硬的复合型人才

新凤鸣现有九套装置均为大容量熔体直纺装置，该装置具有连续化、大容量等特点，单套装置发生停车事故，直接损失巨大，并且带来生产、人员、品质、市场等多方面的负面影响。因此管理现代化创新工作要求高度可靠性，不能出现大故障，小故障必须快速排除，确保不影响停车等生产事故。这个特点要求新凤鸣必须具备一支既懂管理，技术又过硬的人才队伍。通过与高校合作，成立了省级企业研究院、院士专家工作站，项目组联合各部门及子公司骨干组成管理队伍，并通过引聘选拔哈工大、浙大等院校毕业生，赋予管理、技术人员明确的目标和责任，经过项目磨炼、交流培训、淘汰考核等，已建立起一支长丝行业内一流的两化管理和技术人才队伍。

3.3 建立完整的操作、维护及考核标准

为适应各岗位的工作，根据工作内容，领导小组组织各岗位作业指导书的制订或修订工作，新制订各岗位机器人作业指导书、程序说明书、故障清单及

对策、安全注意事项等，共制订落筒机器人、卸载机器人、缓存站、套袋机等26个相关机器作业岗位机器人的相关资料，对职责变动或新增的岗位制订或修订作业指导书，共制修订卷绕、检验、分级、包装、叉车等15个岗位作业指导书。为利于自动化达到长周期稳定，发挥其效能，项目组主持制订了各岗位新考核标准，指定相关负责人及监督者。

3.4 持续创新和投入，确保系统不断优化

根据集团战略，公司财务部拟定了CPS架构下的聚酯长丝智能制造升级项目预算，保障每年不少3000万元用于CPS架构下的聚酯长丝智能制造升级专项建设或升级改造，近三年集团在CPS架构下的聚酯长丝智能制造升级项目实际投入超过3100万元，主要用于机器人硬件、软件的购买。在持续的资金保障下，自动化程度和系统可靠性稳步提升。

4. 基于CPS架构下聚酯长丝智能制造升级的成效

成果优化组合各生产要素，集团企业管理和整个企业面貌得到很大改善，提高了生产工作效率，提高了产品质量，降低了生产经营成本，提升了企业在客户和同行中的形象，进一步拓展了市场占有率，促进了企业持续健康发展，引领行业实现长丝制造的升级转型。具体成果有以下几个方面。

4.1 初步探索出一条化纤企业降本增效的新路径

新凤鸣专注长丝制造的全流程自动化，以CPS系统架构、系列功能机器人联网协同运行，完成了大容量多品种熔体直纺长丝全流程自动化制造的可靠设计，建成了5.5套合计75条生产线、12条包装流水线，形成了数据化产品及精细化管理的高效高品质长丝制造特色，探索了一条传统化纤降成本增效益的新路径。成果获得5项实用新型专利，成为2013年度国家科技进步二等奖项目“超大容量高效柔性差别化聚酯长丝成套工程技术开发”关键技术成果之一，为行业转型升级起到了示范引领作用，带动行业朝着高效、优质、自动化方向健康持续发展。

4.2 大幅提升生产效率和产品品质，有效降低人工成本和人员流失率

在生产效率方面，在卷绕、包装等几个用工最多的岗位实现了自动化，这些岗位裁撤的熟练工参与公司新增产能，基本实现了增产不增人的目的。2014年在集团长丝产量增长53%的情况下，人员增加不足1%，2014年，人均产量增长幅度达到42.9%，人均产量达到256吨，2015年人均产量已超294.9吨。如图7所示。

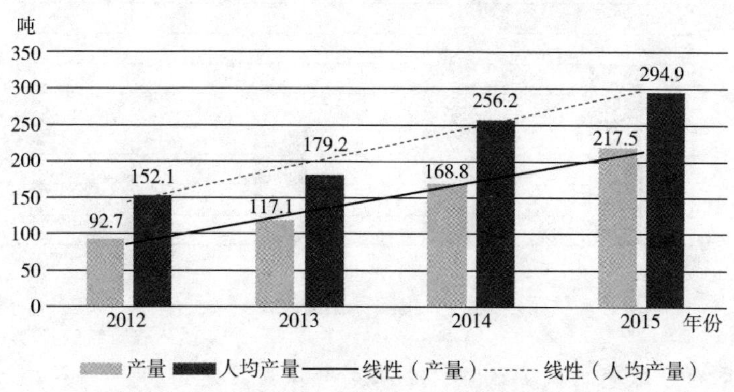

图 7　产量及人均产量趋势

在产品质量方面，2014 年，该成果基本覆盖 POY 系列品种，由于降低了差错率及人为对品质的损伤，综合优等率提升 0.5%，产品内在品质显著提升，企业制造的理念得到国内外高端客户的认可，高端客户比重由 20% 上升到 35%。2014 年，集团长丝产量增加 51.7 万吨，客户数量增长 44%，全流程自动化的生产精细化管理的高品质保证为拓展客户提供了保障，产品销售率稳定在 99% 以上，在客户数量大幅增加的同时，客户投诉次数由 0.33 次/万吨下降至 0.06 次/万吨以下，在 10 个月时间客户投诉次数下降了 5.5 倍，2015 年客户投诉继续下降至 0.04 次/万吨。如图 8 所示。

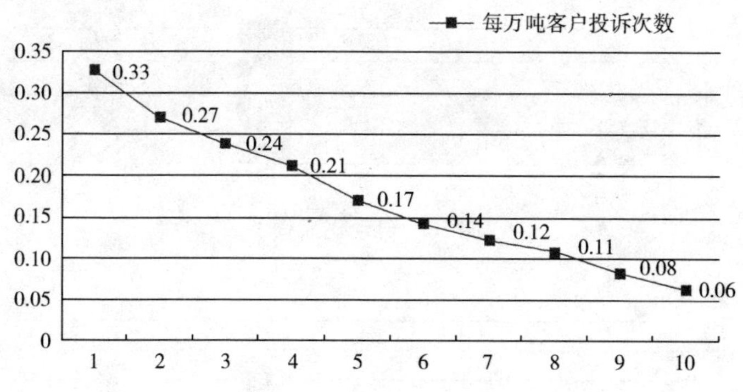

图 8　2014 年月客户投诉次数

在员工劳动强度和流失率方面，高强度工作岗位由机器人替代，员工劳动强度显著降低，对员工性别、年龄要求也有所降低，2014 年员工流动率由 2013 年的 7.22% 降低至 3.8%，2015 年继续下降至 2.3%。降低了企业招工难度，节约了培训时间和费用，熟练工的稳定也为企业正常生产提供了保障。如图 9 所示。

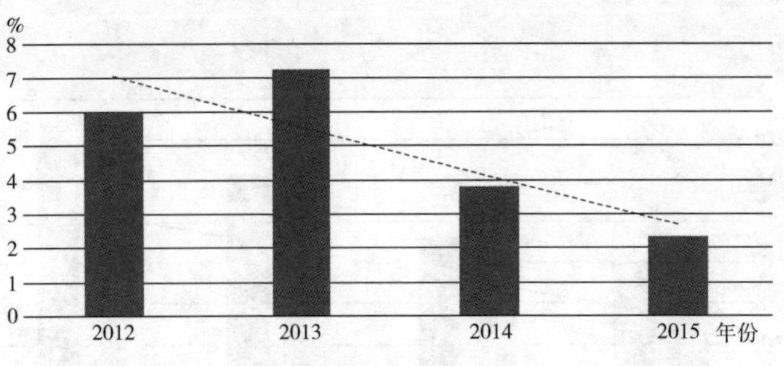

图 9　集团员工流动率

4.3　**取得了较好的经济效益，企业竞争力明显提升**

通过实施 CPS 架构下的聚酯长丝智能制造升级项目，新凤鸣在近几年获得快速发展，聚酯长丝规模已位列全球第二，企业竞力和影响力有了显著提升。一是全流程自动化自 2009 年启动以来，在近三年时间发展迅猛，2014 年，自动化规模达到 85 万吨，已占集团的 50.3%，2015 年，自动化规模达到 148 万吨，占集团总规模的 68%，见图 10。二是在全行业不景气的背景下，由于该成果的推广应用，集团在行业低谷保持良性稳健增长，2014 年和 2015 年利润总额均超 3.8 亿元，见图 11。

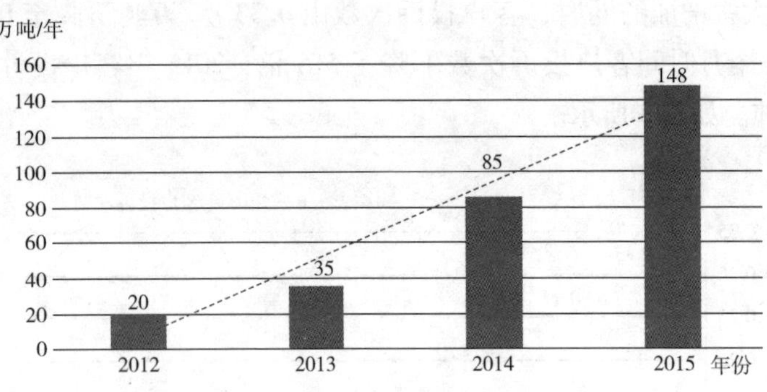

图 10　自动化规模

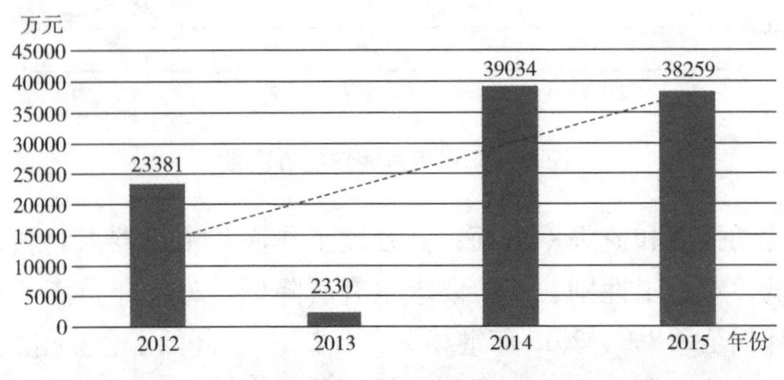

图 11　利润总额

5. 结论

新常态下的创新不只是简单地将高级要素、先进的设备、信息数据技术、雄厚财力与物力堆砌起来，而是需要技术、装备、财力、智力、信息等在全新的架构下组织集成，需要工程逻辑、经济理性、管理策略、市场智慧等融合，才能达到新境界。

新凤鸣集团不但能够坚持将本业做好，拓深市场，做精技术，把纤维产品做到极致。更为可贵的是其不为投机暴利行当所动，不与同业顶着干，避免在“红海”式竞争。同时又保持着对新技术发展的敏感，引进智能机器人等先进装备，建设智能控制物理系统，开发柔性化直纺技术，研制超细、差别化产品，为客户定制，通过流程再造大幅度降低能耗，开发新品种，缩短前置期一半，最小批量百千克，最大程度降低库存，提高价值。这些都是新凤鸣管理智慧的体现。

化纤行业的特征是规模化、量产化、高效力与低成本，而弱项是无法小批量、多品种，无法应对市场波动与时尚流行。特别是对于新凤鸣这样年产量两百万吨以上的大型化纤企业，面对快速变化的市场和需求的多元化，依靠不断开发新品种激发市场需求，以自动化和智能化管理扩大品种，均衡供需，大大提高柔性化生产水平，快速市场反应能力，降低制成品库存，降低新品种开发成本，不断渗入缝隙市场，避免同质化竞争，开辟新市场。正是新凤鸣能深刻理解新常态下产品与市场，供与需的特征，应时顺势，事善能，动善时，刚柔共济，以柔克刚。

十几年来成就的发展跨越，既承载着新凤鸣人太多的艰辛与梦想，更见证了新凤鸣人勇于开拓、不断进取的拼搏精神。回顾发展历程，是铸剑的沉默、磨剑的艰辛换来了今日亮剑的风采；展望美好未来，新凤鸣人将以锐意进取的勇气、励精图治的毅力实现长空和鸣、万里腾飞。

二、案例分析思路与逻辑

1. 启发思考题一

1.1 问题

基于 CPS 架构智能制造升级的完成是新凤鸣在市场中能够乘风破浪的制胜之匙，试分析新凤鸣是如何实现这一系列流程的再造。

1.2 分析思路

面临行业环境的不友好和企业自身发展的局限性，新凤鸣能以精益化的化纤技术、柔性化流程管理的生产组织、差异化的产品深度渗透市场隙缝，依靠智能制造和技术与管理创新，以柔克刚化解困境。在这一过程中，新凤鸣不但对生产流程进行再造，在管理上也进行了颠覆式创新。

1.3 理论依据及分析

企业流程再造理论主要是强调对企业现有的核心业务流程进行颠覆性的再思考和设计，从而使企业的资源得以实现以流程为中心进行再次整合，最终达到提高企业的运营效率和经营业绩的目的。在管理学上，企业流程再造是将在20世纪80年代出现的各种重组、重建等思路和方法，与资讯技术结合起来，并在Michael Hammer和James Champy于1993年出版的经典性著作*Reengineering the Corporation*中，予以系统性地整合并发展。该书强调，企业流程再造应包括四个要素：根本、彻底、显著和流程。

企业流程再造在通常意义上包括以下几个阶段：第一阶段，准备阶段，锁定目标，搭建团队；第二阶段，自检阶段，系统诊断，判断症结；第三阶段，设计阶段，营造环境，设计方案；第四阶段，推进阶段，以点带面，强力推行；第五阶段，调校阶段，完善规范，持续推行。

企业的管理应该是流程驱动的管理，现代商业社会的发展日新月异，市场竞争异常激烈，市场信息瞬息万变。实施流程管理，而且管理得当的企业，确实可以在日常的管理过程中，适时对流程进行修正、调适，所以，这种企业的流程往往适应性比较强，其市场竞争力也相对广阔。

1.4 关键要点

针对传统化纤制造业劳动力密集、品质保证体系不完善等问题，一直以来缺少行之有效的解决方案，新凤鸣集团采用当前国际领先的工业4.0嵌入式信息物理系统网络（CPS）技术，与赛龙捷等多家公司合作开发软硬件系统，对长丝产品自生产设备至仓库的全流程实施智能化分级运送及包装，并实施信息与物流的同步。在全流程信息化数据的基础上，开展精益化管理。由于这种管理创新模式的推广应用，公司在行业低谷率先实现了逆势高速增长。为纺织行业尤其是化纤行业的管理提供了新思路和新方法。

2. 启发思考题二

2.1 问题

新凤鸣获得非同寻常的成就和绩效，使企业经济和社会效益同步升级，这与他们的管理模式是分不开的。试分析新凤鸣集团管理上的优越性体现在哪里。

2.2 分析思路

新凤鸣能在逆势下保证销售与利润持续增长，能在市场低迷的状态下使产品供不应求，能使产量规模大幅增加而用工却大幅降低，能使生产率上升而使劳动负荷降低，并让企业员工增效增收，品质和价值持续提高，完成企业经济和社会双升级下的内涵式产业升级。

2.3 理论依据及分析

企业的管理创新是在企业内部形成一创造性思想并将其转换为有用的产品、服务或作业方法的过程。也即，富有创造力的组织能够不断地将创造性思想转变为某种有用的结果。

什么是创新？在许多员工看来，创新就是新产品、新服务、新业务的挖掘，是高层的事，是市场部门的事，所以当公司进行创新运动的时候，要么无动于衷，要么无从下手。真实意义上的创新应该至少包括两个方面的含义，一个是字面上的所谓新东西，但不容易找到，找到也不太容易展开，对企业来说，真的是需要高层来想的问题。另外一个就是发现现有工作流程、工作方法中的问题，并通过管理的方式解决它。

为解决现有问题，新凤鸣首先从技术革新的角度入手，利用新技术开辟新路径，公司主要采用熔体直纺生产技术，引进当今世界先进的聚酯装置和纺丝设备，主要生产各类中高档差别化涤纶长丝，其中代表当前行业最先进生产力的熔体直纺约占99%以上。同时依托省级企业研究院，积极与东华大学等院校和科研机构合作，公司多项新产品新技术被列入国家火炬计划等国家及省部级计划，累计获得国家授权专利200余项，荣获2013年度国家科技进步二等奖。

2.4 关键要点

新凤鸣跳出同质化价格竞争的老套路，以信息化、智能化引领先进制造，以持续的产品开发提高市场价值，以柔性化技术快速应对市场变化，以信息系统精益化管理降低库存和缺货成本，以科学和人性化的人力资源和绩效管理激发全公司高中层和基层劳动者的积极性。

（西安工程大学：郭伟教授、姜铸副教授）

互联网+全成形经编定制生产技术及智能制造助推行业工业4.0发展

——五洋纺织机械有限公司

摘要　随着我国“互联网+”、供给侧改革、产业互联网等浪潮的迭起，对传统纺织机械行业的生存提出了“改革、升级、转型”的要求，顺势而动，在不远的将来，互联网系统将使纺织服装行业实现智能化，并取代传统的机械和机电一体化产品。本案例从现代纺织装备制造发展趋势分析、中国纺织产品结构调整的主导方向、纺织装备信息化建设及国家政策四个方面详细描述了行业背景。在助推纺织行业工业4.0发展的过程中，五洋纺织机械有限公司围绕技术与管理创新的双轮驱动，以信息化技术为手段，结合全成形智能化经编装备，自主研发“高效智能化经编生产线管理系统”，形成高效织造经编生产线，实现智能化管理和生产，并致力于打造网络化、智能化、绿色化、服务化的新型数字化智能车间。五洋纺织机械有限公司的探索具有引领和示范作用，其成果助推针织行业工业4.0发展。

关键词　互联网+；智能制造；网络化协同；服务型制造

一、案例正文

0. 引言

2015年，在国家提出“互联网+”战略的背景下，五洋纺织机械有限公司（简称五洋纺机）已经开始着手实现如何将公司现有的业务与国家提出的“互联网+”“中国制造2025”战略进行深度融合，用信息技术创新推动企业的管理变革，从而保持自己的行业竞争地位。为此，五洋纺机提出了一系列的变革，实现全成形经编服饰的个性定制、网络化协同制造、服务型制造……

1. 项目背景

1.1　现代纺织装备制造发展趋势分析

在《十二届全国人大四次会议政府工作报告》和《国务院关于积极推进“互联网+”行动的指导意见》指导下，推进“中国制造+互联网”，建设制造业创新平台，实施智能制造示范成为当前国家关注的重点，鼓励企业开展个性化定制、柔性化生产，培育精益求精的工匠精神，增品种、提品质、创品牌成为当前国家和企业共同奋斗的目标。

因此，为满足全球高端纺织装备愈来愈多的市场需求，结合“互联网+”大力提高高端纺织装备制造业创新能力，实现由集中式控制向分散式增强型控制的基本模式转变，建立高度灵活的个性化和数字化的产品与服务生产模式，推动高端纺织装备制造业向智能化转型成为纺织装备行业目前的主要任务。通过培育新型纺织机械智能化制造和终端产品生产的智能化管理，有望带动整体智能装备水平的提升，推进生产过程、生产方式和产业模式的全面提升，推进纺织装备行业的企业的研发、生产、管理和服务的智能化水平的全面提升。

1.2 中国纺织产品结构调整与突破市场困境的主导方向

随着纺织机械装备国际竞争的不断加剧，从近几届的国际纺织机械展览会（ITMA）的展出明显可以看到，国内外高端生产商如德国特吕茨勒集团、中国经纬纺织机械股份有限公司的纺织机械产品设计及制造正在向高精度、高质量、低能耗、低成本、智能化发展。而我国制造业劳动成本不断上升，市场对制造成本、产品质量等环节的要求不断提高，纺织机械行业作为传统产业也必须“创新驱动、转型升级”，双针床经编机的制造也必须向着数字化、网络化、集成化、智能化和绿色化方向发展。五洋纺机一直致力于双针床经编机技术装备的多品种个性化定制、柔性化生产和生产全过程监控等关键技术的研究和应用，开发出全成行系列经编机及经编智能管理系统来满足下游客户的迫切需求，为互联网+纺机智能制造与纺织智能生产提供支撑。因此，开发高附加价值产品已成为中国纺织产品结构调整与突破市场困境的主导方向。

1.3 加强纺织装备信息化建设是实现结构调整和产业升级的重要途径

传统经编设备的主控系统主要是单机版模式，经编设备生产过程中的监测与控制数据都由本机系统来控制，生产过程中的数据无法与企业ERP系统实时对接，缺乏实时监测的能力。物联网概念的出现，带来了一系列相关技术的应用，加强了在线实时采集和处理数据的能力。将整经设备、智能化经编设备、缝剪设备、染色设备、定型设备、自动包装设备组成一个生产线整体，通过各类传感器、监控设备实现对生产线运行时产生的各种信息进行采集，通过网络传输至服务器进行存储，再由软件系统进行分析、管理以及输出，实现生产线的智能化，可保证产品质量，极大地提高生产效率。

1.4 国家政策的要求

基于市场需要，五洋纺机研发的智能全成形经编机及管理系统将实现基于物联网技术的全成形产品生产，完全符合中国纺织工业联合会在《纺织工业“十二五”科技进步纲要》中提出的将“新型成形编织技术”“短纤维经编技术”“高端智能纺机装备”列为重点任务和实施内容中的研发重点的要求，也符合“十二五”国家战略性新兴产业发展规划中发展高端装备制造产业的重点发展方向和主要任务的要求，同时也符合中国工业4.0规划——《中国制造2025》提出的十大发展方向。

2. 五洋纺机转型升级创新之路

2.1 转型升级的整体思路及目标

一是成立强有力的管理与技术团队。围绕技术与管理创新的双轮驱动，成立以五洋纺机董事长王敏其为总负责人的全成形智能化装备技术与管理开发小组，以公司中国双针床产品研发中心为载体，依托以东华大学教授、南京理工大学教授、中国科学院沈阳自动化研究所总工程师为主的技术团队为成果的实施和完成奠定了坚实的基础。如图1所示。

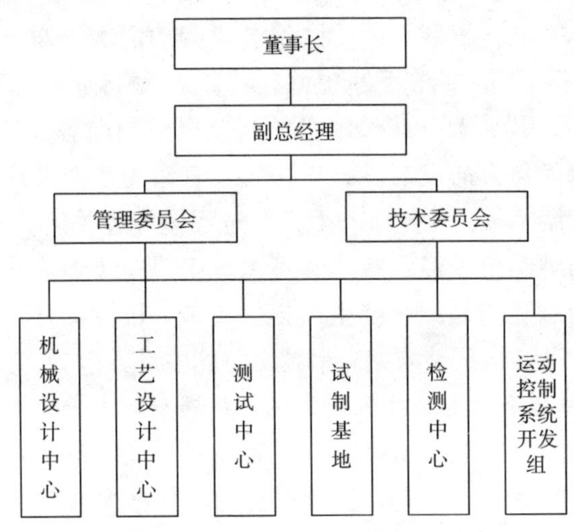

图1 管理与技术团队组织架构

二是以信息化为手段。信息化技术是现代科技最突出的成果，信息化技术应用薄弱是导致制造业整体管理水平难以提升的重要因素。以信息化技术为手段，结合全成形智能化经编装备，自主研发“高效智能化经编生产线管理系统”，形成高效织造经编生产线，实现智能化管理和生产。

三是全成形智能化经编装备的自主研发。突破全成形智能经编关键技术，完成全成形类经编机的研发，使其具有一次立体成形的特点，改变针织服饰产品从坯布织造到裁剪、缝制的传统生产模式，实现单台装备从纱线上机、立体编织到服饰一次成形编织完成的全新生产模式，大幅度提高劳动生产率，显著提升产品的档次和附加值，又符合时尚、个性化的消费趋势，实现传统针织服装产业的转型升级。

四是全成形智能化经编装备的数字化生产。借助德国“工业4.0”技术，打造网络化、智能化、绿色化、服务化的新型数字化智能车间，以提升全成形智能经编机核心竞争能力和服务水平。包括面向产品研发制造的纵向集成、面向企业供应链（SCM）的横向集成、数字化工厂的自动物流系统和工厂绿色运行保障的智能远程检测监控维护系统。

2.2 技术与管理创新实施过程

2.2.1 全成形服饰高效工艺设计软件的开发及应用

软件开发的主要问题在于软件数据库的建立及其与机器工控机的连接及数据的传输，在全成形织物的工艺设计软件开发过程中，需要对大量的数据进行处理和操作。在设计的不同阶段，还需要调用各种工艺参数。在这个系统中，各个子系统之间经常还要进行数据交换。如何对这些数据进行高效率的管理是该系统的重要问题。系统采用数据库管理系统（DBMS），实现全成形服饰工艺的高效设计。

2.2.2 实现全成形经编服饰的个性定制

突破全成形精细化加工技术，适应了服装小批量、多品种、个性定制的智能生产新需求，颠覆了原来从织布、打板、裁剪、缝制等工序做成服装的传统模式，实现纱线上机，一体编织，一次成形，根据客户需求随时调整样式和细节，颠覆传统的生产流程。

个性化案例：某客户下了1万件全成形运动背心的订单，按生产计划在生产线上已经开始生产，客户及时发现市场波动（入秋之后长袖运动上衣呈热销态势），紧急要求更改订单。公司生产部第一时间调整生产计划，一个小时后，工艺员工艺修改完毕，直接将指令发给车间，半天的时间，样衣就摆在服装部经理的桌上。临时将背心款式改成高领长袖，传统的生产模式需要重新采购面料、重新裁剪，全成形经编定制生产技术的应用，实现了已开工产品样式的个性修改，为客户极大地挽回了损失。

2.2.3 网络化协同制造

五洋纺机倾力打造环球经编网（www.jingbian360.com）（图2），立足整个经编产业链，以变革经编资源流通贸易模式、助力经编行业转型升级为愿景，以创新服务、成就客户为宗旨，与行业协会组织、经编产业集群、高等专业院校、经编上下游企业建立密切的合作关系，为行业用户提供专业全方位的行业资讯、人才、培训、原材料、技术、装备、终端产品等一站式增值服务。装备制造协同行业平台，实现为客户提供品牌、渠道、创客、创新、品质等的高端定制服务。

图2 环球经编网页面展示

该平台于2015年9月24日由工信部在五洋纺机召开的全国针织行业智能制造现场会上正式上线，已服务会员超过2000多家，构建企业店铺超1000家，正处在快速发展阶段。公司力争到2017年把环球经编网做成经编行业顶级的B2B平台。

2.2.4 服务型制造

五洋纺机以国家“十二五”首批智能项目为契机，打造高效织造智能化经编生产线，从三维全成形服饰的原料、工艺、编制方法、成本、价格管理等方面创新投入、引领市场，为客户提供装备的同时实现数据共享、技术共享，有效降低客户投资风险、创新风险。通过智能经编技术的应用实践，为行业的发展起到积极的促进作用。见图3。

图3 高效织造智能化经编生产车间

五洋纺机与南京理工大学等高校合作解决MES、异构网络融合、数据集成、智能数据处理与反演、基于机器视觉的质量监控、基于RFID的产品回溯等技术，将智能经编管理系统成功运用于经编生产线，通过对生产线组成装备的每个生产环节进行全程的数据采集、传输、控制和运行，实施远程监控、远程诊断和远程维护，并为客户提供远程服务，通过网络实时掌握从订单下达到仓储交货的全部信息，实现针织工厂的智能化管理。

作为经编装备制造商，公司致力于装备的数字化、智能化升级，同时结合智能经编管理系统为客户提供了整套智能制造解决方案，实现从传统制造到服务制造的转型升级。如图4所示。

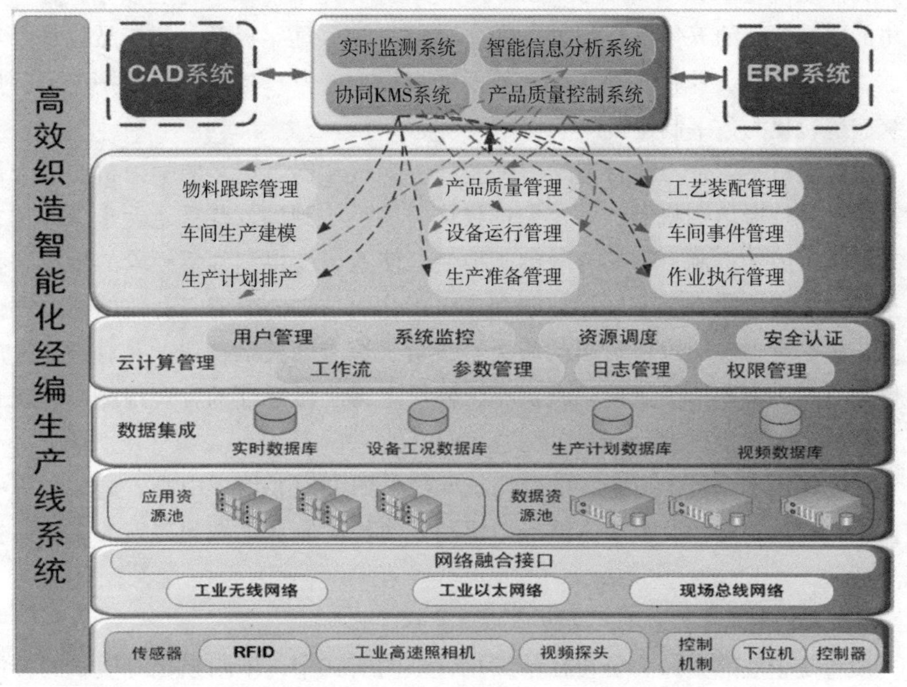

图4 高效织造智能化经编生产线管理系统

个性化案例：山东新光毛毯采购五洋纺机110英寸[1]，平均转速900r/min的数字化毛绒毛毯经编机18台，替代原有的192英寸大经编机（平均转速500r/min），一台小机器达到一台大机器的产量，而原来两人操作一机到现在一人能操作多机，用工成本、场地租金等大幅降低，同时采购成本只需原来的四分之一。公

[1] 1英寸=2.54cm。

司同时为其量身打造生产线管理系统，助力其智能车间建设，实现数字化、智能化管理。

目前，五洋纺机正进一步对国内大量经编生产企业的旧设备进行翻新升级，从装备、技术、品种等方面带动下游企业的转型升级。

2.3 创新组织和支撑保障

2.3.1 创新企业文化，增强员工凝聚力

五洋纺机以战略发展规划为纲领，培育具有特色的企业文化，以“心系客户，合作共赢，百年五洋”为宗旨，“以人为本”为理念，塑造员工对企业的共同愿景。

五洋纺机在2011年率先提出二次创业理念，邀请专家、行业领导、客户代表协助编制公司的五年发展规划，确立“员工收入逐年提升、新产品数量每年增加、产品性能、专利数量”等十项发展指标，着力“建设一个数字工厂，把传统制造转化为数字制造”。

五洋纺机不遗余力地打造学习型企业，为员工创造更多的学习机会，为每位员工量身打造培训机制，并定期选拔优秀的员工到国外优秀企业学习，建立有效的员工成长机制：切实有效的师徒制，使新员工得到师傅经验的传承和技术指导，能快速适应企业环境并顺利步入工作岗位；公司建立有效的绩效评估机制，依据员工各岗位所负担的职责给予员工应有的奖酬待遇，并对符合发展目标的员工，定期给予适度薪资调整，使员工得到激励性的合理报酬，体现企业良好的公平竞争机制。

在公司内部，员工宿舍、健身房、网吧、图书室、培训中心、篮球场等一应俱全，为员工的业余生活提供一切便利，使员工能真正做到“安心工作、快乐生活”。

2.3.2 强化特色管理，助力产品质量精细化

质量是企业的生命。公司在精细化管理的实践中，不断强化对质量的控制认识，切实从细节出发，进行严格有效管理，已通过ISO 9001、ISO 14001等体系认证，质量管理工作实现标准化、系统化。

2013年，公司在企业内部持续推广实施广义6S管理。广义6S管理是五洋纺机对6S管理理念的创新性扩展，在整理（SEIRI）、整顿（SEITON）、清扫（SEISO）、清洁（SEIKETSU）、素养（SHITSUKE）、安全（SECURITY）6个项目的基础上，根据企业现场管理的需要和特点，加入其他管理要素。强调企业全员参与、高层重视、中层推动、基层配合、落实考核。通过广义6S管理活动的实施，有效提升现场管理水平，车间秩序井井有条，工作环境显著改善，有

效提升企业形象，减少危险隐患，提高了职工素质和工作效率。

2.3.3 把握市场脉搏，加强创新能力建设

五洋纺机加强与中国科学院、东华大学、东南大学、江南大学、常州大学、武汉纺织大学等高等院校和科研院所的产学研合作，成立江苏省经编机运动控制工程技术中心，江苏省企业技术中心、中国纺织机械器材工业协会双针床经编机产品研发中心，保证科研开发的软硬件投入占销售收入的比重达到5%以上，并逐步提升，充分保证自主创新所需的各类资源。

近年来，公司先后成功开发了数控多梳经编机、贾卡压纱板经编机、双针床提花经编机、全成形智能服饰经编机等系列产品，并以每年3~6个新产品的成功推出而引领市场。公司产品列入国家科技部和江苏省科技厅“火炬计划”2项，国家星火计划项目1项；全国工商联科技进步优秀奖，中纺联科技进步一等奖、二等奖各1个，江苏省优秀新产品金奖1个，省创新科技产品2个，省高新技术产品15个；销售收入连续多年保持30%以上的增幅。五洋纺机耗费六年时间研制的高速复合针单针床经编机，生产出应用在太阳能充电帆板上的关键材料——半钢性玻璃纤维网格基布和卫星天线，已应用于“天宫”系列和北斗卫星，成功打破了国外在这些领域的垄断。目前，公司正与国内多家高科技企业合作，研制更高性能、更高档次的产品，如反无人机智能网具、鱼雷拦截系统、智能多功能捕捞网等。

3. 实施效果

3.1 管理水平实现质的飞跃

通过装备的数字化、管理的智能化，各个生产环节设备的运行状况得到实时反馈，实现异常数据的实时监控与修正，并实时发送生产指令，为远程会诊提供数据，生产效率大大提高；通过对终端产品的运行参数采集、质量检查、分析，提升终端产品的成品率，将原先的成品率从95.5%提升到99.5%，提高4个百分点。在生产现场管理与产品统计环节，由原人均管理设备3台提高到人均管理台数达到9台，生产管理效率提高3倍。

3.2 实现传统制造向服务制造的转变

数字化装备结合自主研发的“智能化经编生产线管理系统”，为客户提供远程会诊、远程传输、远程维护的同时，提供整套的智能制造解决方案；依托公司大力打造的“环球经编网”行业平台，为客户提供专业全方位的行业资讯、人才信息、原材料、技术等一站式增值服务，实现传统制造向服务制造的转型升级。

3.3　经济和社会效益

五洋纺机全成形智能化经编系列经编机已累计销售300台，新增销售额26560万元，新增利润4630万元，新增税收4100万元，应用推广和经济社会效益良好。截至2017年，该系列装备需求量超过了300台/年，三维全成形服饰达到10亿件/年以上的生产销售规模。

“互联网+全成形经编定制生产技术”系列成果的实施完成获得了多项具有自主知识产权的核心和关键技术，在高端纺织机械装备和在经编及织物成形技术上是一个重大突破，成果的完成促进了传统纺织机械向高性能纺织机械重大技术装备和高端智能纺织装备发展，打破了国外同类设备的垄断，对提升我国纺织机械智能装备和制造水平及提升国产高端智能经编装备竞争力，均具有重大战略意义。同时，经编智能生产线管理系统的应用将会使国产针织智能工厂管理系统性能达到质的飞跃，可大幅提高劳动生产率和降低劳动强度，进一步提升纺织品质量，进而不断地提高终端产品市场竞争力，有效地促进我国纺织企业的转型和升级。

2015年9月，国家工业和信息化部消费品工业司、江苏省经济和信息化委员会、中国针织工业协会特在五洋纺机召开了针织行业智能制造现场交流会，数百家企业参加，2016年8月，中央电视台、新华社、《人民日报》、《光明日报》、中国新闻社等主流媒体对成果和该公司转型升级举措进行了集中、大篇幅的报道，为在纺织行业内宣传和推广智能制造，促进产业转型升级起到很好的示范作用。

4. 结论

五洋纺机的创新成果属于纺织机械高端智能装备制造与纺织成形织造技术领域，涉及互联网、机电一体化与智能技术等跨学科领域。基于互联网技术的应用及全成形经编定制生产技术的突破，结合全成形经编装备、经编智能生产线管理系统，“环球经编网”行业平台实现智能化的生产、管理和服务，促使企业从传统制造向服务型制造的转型升级，助推针织行业工业4.0发展。

（1）突破了全成形精细化加工技术。研究高机号（E28及以上）全成形编织技术和电子贾卡、电子横移技术、多速多段电子送经技术和电子牵拉控制技术，开发织物花型计算机辅助设计系统，实现以化纤及天然纤维为原料的密实全成形服饰产品的编织，且可进行任意花型编织。

（2）创新了全成形经编智能控制技术。基于自主知识产权的多维精协嵌入式智能控制系统，实现全成形花型设计、机构控制、编织成形的一体化协同控制，采用工控计算机、高速现场总线和高精度动态响应伺服系统等，实现经编机高速、高精度协调在线控制和整机机电一体化，提高整机的自动化和智能化水平。

(3) 基于物联网技术的经编全成型生产线智能化、网络化管理与控制。整体由整经设备、智能化经编设备、缝剪设备、染色设备、定型设备、自动包装设备组成。通过各类传感器、监控设备实现对生产线运行时产生的各种信息进行采集，通过网络传输至服务器进行存储，再由软件系统进行分析、管理以及输出，实现生产线的智能化和远程监控、信息交换，极大地保证了产品质量，提高了生产效率。

在五洋纺机的转型升级过程中，获得专利15项，其中发明专利6项；已获软件著作权5项；成果整体技术处于国际先进水平，对高端智能经编装备的全成形技术突破及"互联网+技术"在纺机行业的应用发展具有重要意义。

二、案例分析思路与逻辑

1. 启发思考题一

1.1 问题

五洋纺机实现了传统制造向服务型制造的转变，增强了企业的核心竞争力，体现在哪里?

1.2 分析思路

服务型制造是制造企业为适应技术发展与市场变革、更好地满足用户需求、增强市场竞争力，通过采用先进技术、优化和创新生产组织形式、运营管理方式和商业模式而形成的一种新型产业形态。发展服务型制造是推动产业升级的有效途径，能够增强制造企业的竞争力。

制造企业开展服务型制造需要对产品的研发设计与生产制造有深厚的积累，能够深刻理解产品的架构、性能和潜在价值，从而要求制造企业在包括产品的研发设计、生产设备、工艺流程、供应链组织等各个价值链环节都要有持续的研发投入、创新和能力积累；另一方面，借助新一代信息技术，制造企业不但可以实时监控产品工况，还可以通过数据分析获取用户的个性化需求，依托可重构和柔性化生产线开展个性化产品定制。

1.3 理论依据及分析

为什么服务型制造能够增强制造业竞争力？一个重要原因在于发展服务型制造，通过制造企业在研发设计、加工制造等环节积累的技术和能力向服务领域延伸，能够增强产品差异化、增加用户黏性，实现向价值链高端攀升。在本案例中，五洋纺机突破了全成形精细化加工技术，适应了服装小批量、多品种、个性定制的智能生产新需求，颠覆了原来从织布、打版、裁剪、缝制等工序做成服装的传统模式，实现纱线上机，一体编织，一次成形，根据客户需求随时调整样式和细节，颠覆传统的生产流程。

另外，发展服务型制造将产品与服务融合，将一次性交付的产品销售收入转变为持续性的服务收入，企业可以通过向产品用户提供服务获得源源不断的现金流。同时还要看到服务型制造使得在制造业部门中有更多服务化内容，在同样的产出下资源、能源消耗少；个性化定制模式会使供需更加匹配，减少因为产品滞销、积压而造成的浪费；通过在线监测、全生命周期管理等，五洋纺机可以利用自己的专业技能提高设备的运转效率，这些都会促进纺织产业的下游用户生产和使用过程的高效化、绿色化。

1.4 **关键要点**

产品的模块化、企业的专业化以及市场竞争的白热化，使得最终产品在质量、功能、外形等方面的差异越来越小，同质化问题越发突出，不但造成客户的转换成本降低，制造企业获得和维护客户的成本不断提高，制造企业的利润率不断被摊薄。在这种情况下，客户在服务方面的差异化需求为制造企业的竞争力提供了新的增长空间。为了逐步加强服务型制造的核心竞争力，五洋纺机积极整合资源延伸服务。作为经编装备制造商，公司致力于装备的数字化、智能化升级，同时结合智能经编管理系统为客户提供了整套智能制造解决方案，实现从传统制造到服务制造的转型升级。

2. 启发思考题二

2.1 **问题**

在应用五洋纺机的成果助推针织行业工业4.0发展中，互联网+制造起到了什么作用？

2.2 **分析思路**

互联网+制造是为了促进互联网和制造业的深度融合，提高制造业的智能化、数字化水平，发展基于互联网的协同制造模式，打造具有高智能化的定制公共服务平台。在互联网+制造模式下，制造企业将不再进行自上而下的控制生产、设计研发、生产制造、营销服务等环节不再是单独的个体，进而转向从顾客的个性化需求为出发点，通过互联网实现各个生产环节的即时沟通、通信，确保生产的最终产品能够满足大多数客户的定制需求。

2.3 理论依据及分析

互联网+制造模式帮助企业内部及企业之间实现智能管理。企业内部的智能管理从根本上来说就是使各个生产环节和要素变得更加智能化。随着信息技术的不断进步和发展，很多企业在不同时期会应用不同的生产管理体系，以实现不同阶段的功能生产。现在对于制造企业的制造要求越来越高，依靠工人进行简单的信息输入，已不能满足工业化的需求，这要求企业的工业化生产必须加强生产环节之间的智能化联系，实现信息的传递和共享。

在未来的工业化发展中，每个企业是工业化生产的独立要素，虽然每个企业都有自己单独的生产管理系统，但企业之间的数据流通日益频繁，对智能化水平的要求也越来越高，要实现工厂之间的便捷调度，就要求加强企业间的相互协调，确保信息供给的及时性。

五洋纺机倾力打造的基于互联网的协同行业平台于2015年9月24日工信部在五洋纺机召开的全国针织行业智能制造现场会上正式上线，已服务会员超过2000多家，构建企业店铺超1000家，正处在快速发展阶段。该平台为行业用户提供专业全方位的行业资讯、人才、培训、原材料、技术、装备、终端产品等一站式增值服务。装备制造，实现为客户提供品牌、渠道、创客、创新、品质等的高端定制服务。通过平台使得企业能够建立与行业协会组织、经编产业集群、高等专业院校、经编上下游企业建立密切的合作关系。

2.4 关键要点

“互联网+全成形经编定制生产技术”系列成果的实施完成获得了多项具有自主知识产权的核心技术和关键技术，在高端纺织机械装备和在经编及织物成形技术上是一个重大突破，成果的完成促进了传统纺织机械向高性能纺织机械重大技术装备和高端智能纺织装备发展，打破了国外同类设备的垄断，对提升我国纺织机械智能装备和制造水平及提升国产高端智能经编装备竞争力，均具有重大战略意义。

（天津工业大学：王亚超教授、王洪秀博士）

基于生态（绿色）设计理念的毛绒产品全生命周期管理体系

——宁波康赛妮毛绒制品有限公司

摘要　在国内外市场对生态纺织品的准入制度及消费者对纺织品安全性能要求的压力下，羊绒羊毛纺织品生态设计将形成快速发展的高潮。宁波康赛妮毛绒制品有限公司（简称康赛妮）将生态设计和绿色制造理念纳入企业百年发展战略，将创建绿色生态示范企业作为长期目标，并设立生态设计组织机构和完善相关制度，推动企业构建基于生态（绿色）设计理念的全生命周期管理体系，对产品概念、产品性能、产品制造、产品包装、原料开发、后产品处理以及供应链打造等进行生态（绿色）设计，从而达到人与产品、人与自然、产品与自然的协调发展。实现了良好的经济效益、生态效益和社会效益，提高了产品竞争力，促进了企业的可持续发展。

关键词　生态（绿色）设计产品；全生命周期管理；可持续发展

一、案例正文

0. 引言

康赛妮位于历史悠久、商贾云集的浙江省宁波市江北区，毗邻姚江，同时，又处在沪、杭、甬高速公路宁波—上海跨海大桥的入城口，距机场仅20分钟车程，距离驰名中外的天然深水大港——北仑港仅45分钟车程。这里山清水秀，交通便捷、气候湿润，是纺织业的天然乐土。近二十年来，康赛妮人在这片土地上不懈耕耘，依托意大利和中国工程师的智慧，康赛妮已经形成集染色、制条、粗纺、精纺、半精纺、花式纱线设计开发、制衣、物流、进出口于一体的产业集团。在特邀世界设计师的配合和指导下，其品种和颜色引导着世界高端市场的新潮流，为传统的毛纺业注入了新的活力。

1. 实施背景

1.1　康赛妮生态（绿色）设计管理创新的价值定位

1.1.1　符合国家发展要求

“创新、协调、绿色、开放、共享”成为指导“十三五”时期的发展理念，国际金融危机冲击和深层次影响在相当长时期依然存在，国内经济发展进入新常态，向形态更高级、分工更优化、结构更合理阶段演化的趋势更加明显。为参与全球市场竞争、走可持续发展道路，国家连续出台《国务院关于加强环境保护重点工作的意见》（国发〔2011〕35号）、《国务院关于印发“十二五”节能减排综合性工作方案的通知》（国发〔2011〕26号）和《国务院关于印发节能减排“十二五”规划的通知》（国发〔2012〕40号）等文件，指导企业开展工业产品生态设计工作，要求企业将生产方式、消费模式向绿色低碳、清洁安全模式转变。同时，在国内外市场对生态纺织品的准入制度及消费者对纺织品安全性能要求的压力下，羊绒羊毛纺织品生态设计将形成快速发展的高潮，并将逐步从“传统产品设计”向“生态（绿色）产品设计”方向推进。生态（绿色）产品创新是企业可持续发展的必由之路。

1.1.2 与企业发展理念相符合

康赛妮核心价值观是爱国、爱企业、爱生活，企业的管理理念是美丽的康赛妮，就应该从事与之相配的事业，生产与之相匹配的产品。企业在自身谋发展、促建设的同时，为社会、员工创造美好的生活方式和条件是不可推卸的社会责任。生态（绿色）设计是实现企业与社会和谐发展的先进理念和有效方法。康赛妮的决策者将生态（绿色）设计理念纳入企业百年发展战略中，在企业第三个五年计划中作为企业可持续健康发展的理论基础和各项工作开展的指导方针。

1.1.3 生态（绿色）设计在发达国家已得到快速发展

在纺织产业领域，欧盟的一些纺织服装企业将生产、研发重点放在新型功能纺织产品方面，利用计算机辅助设计工具，实现最优化的产品设计，提高服装产品的附加值和竞争力；借助染色排水处理的新技术开发，确立了纺织纤维生态化管理模式，同时也建立一些技术和贸易壁垒，限制了发展中国家纺织品企业的进步和发展。生态设计在我国起步比较晚。在毛纺行业，由于羊绒羊毛纺织品与人们的生活密切相关，其生产加工过程和废弃后处理对生态环境影响较大，在使用过程又直接与人体健康相关，我国羊绒羊毛纺织品生态设计研究与实践还有较大的发展空间，也面临着重大挑战。中国纺织企业克服技术和贸易壁垒，必须通过生态（绿色）设计的捷径，进入和融合国际高端纺织市场中，提升自主品牌的影响力，提高产品标准的话语权。

1.2 康赛妮生态（绿色）设计实施面临的问题

1.2.1 生态（绿色）设计意识欠缺

行业面临的最主要问题是产品全生命周期设计、绿色工艺流程再造、绿色循环发展、智能制造、集约生产等理念和意识还没有广泛而深入地被接受。大多企业只重视短期经济效益，并缺少长期战略发展规划，对生态设计投入不够重视。

1.2.2　生态（绿色）设计能力欠缺

一是信息化技术和计算机辅助设计工具应用比较少，特别是在传统的纺织行业；二是原材料研究、工艺开发、产品制造等方面经验技术积累不够；三是缺乏能够全面了解产品生态设计理念，又能够熟练掌握先进的设计工具和方法，具有实战经验的管理和研发人员；四是节能降耗、清洁生产等配套方法、技术、工艺、设备等比较欠缺；五是受经济发展水平限制，绿色产品消费能力不足。

1.3　**生态（绿色）设计的目标**

生态（绿色）设计作为一种新型管理模式，在具体实施过程中，主要通过四个方面来实现。

第一，着力推进信息化与工业化“两化融合”工作。通过强化提升企业选料、染色、纺纱、服装一系列工艺生态设计技术开发导入，利用生产环节自动化信息化全过程控制与覆盖，达到原辅料利用率的提高和废料全回收利用的生态设计控制要求与目标。

第二，将绿色设计、节能减排和防污降耗理念贯穿于企业的生产与经营过程。并在工业副产品应用上与农林牧渔产业延伸对接，为羊绒羊毛产品整个生命周期的循环生态建设创建智能型生态设计方案。

第三，将创建绿色生态示范企业纳入企业长期经营战略。依托自身强大的产业链硬件优势和品牌软实力，引进国际顶端生态设计理念，并以设计为源头，驱动企业内部生态系统建设，着力打造行业精品工厂和顶级研发基地，创立核心品牌竞争优势，成为引领行业绿色发展的典范。

第四，通过示范作用，倡导、培养、影响一批有理想、有抱负的上下游毛纺织行业配套企业走智能化现代化生态环保发展之路，为中国的纺织民族工业和社会发展做出应有的贡献。

2. 基于生态（绿色）设计的产品全生命周期管理体系

运用产品全生命周期理论，对产品概念、产品性能、产品制造、产品包装、原料开发、产品后处理以及供应链打造等多方面，进行生态（绿色）设计，从而达到人与产品、人与自然、产品与自然的协调发展，在保护环境的前提下，提高产品竞争力，降低产品生产成本，在全产业链加强工业、信息、农林业相互融合。

2.1　**建立产品概念设计创新体系**

企业紧紧围绕客户需求，在全产业链考虑工业化、信息化、农林业三结合，提高产品的生态设计技术开发，提高产业链智能化水平与产品的轻量化科技化水平，提高开发符合生态绿色概念的全新替代化产品，以迎合客户对低碳绿色产品爆发式需求。

形成全产品链概念的设计方案，应用于企业规划建设和企业标准建设等重要领域，实现高效、绿色、生态、可持续发展的目标。见图1、图2。

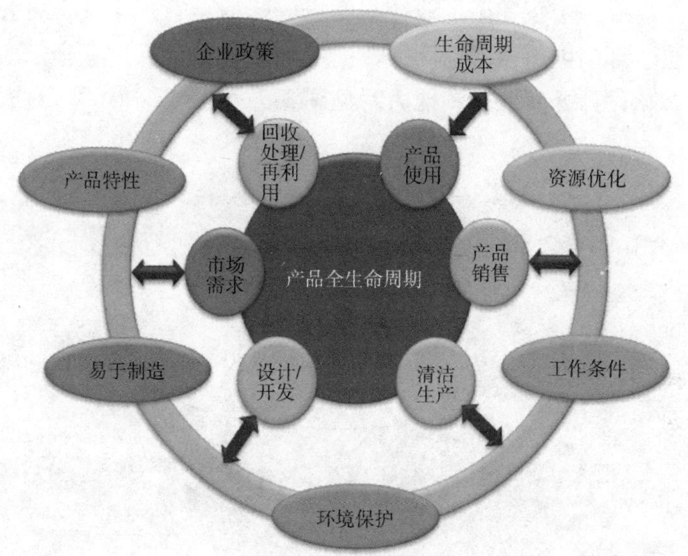

图1　产品全生命周期

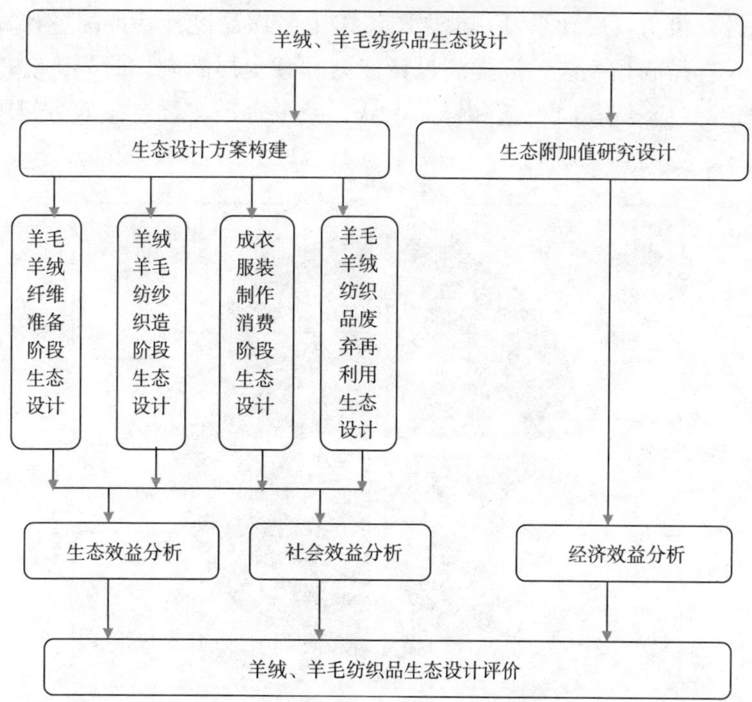

图2　羊绒、羊毛纺织品生态设计

加强生态（绿色）设计工具的开发与应用，构建以核心层、汇聚层为主干的网络体系，实现了内部协同办公和外部信息资源共享。完备ERP系统和LCA数据库建设。建成一个覆盖全产业链高度集成的信息管理系统，将公司领导层、各部门管理层、部门内部及部门间的数据资源整合，生产过程全部实现数字化，提高产品生态化设计开发效率和能力。见图3。

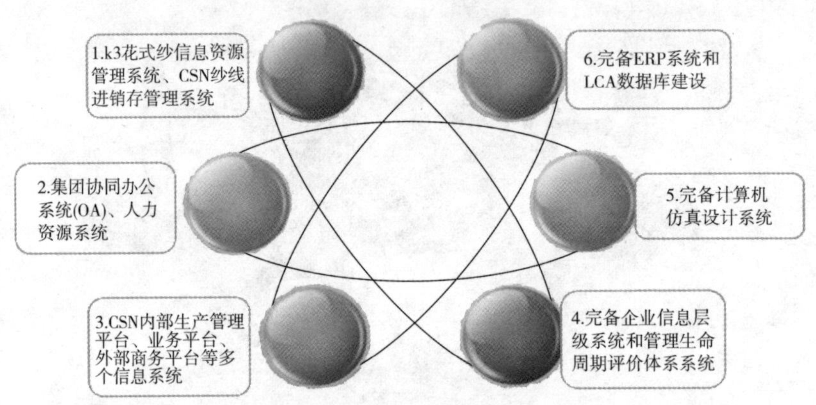

图3　以核心层、汇聚层为主的网络体系

导入计算机仿真设计系统，根据羊绒羊毛纺织品设计特点配置计算机辅助设计系统及样品制作系统，以提高设计能力和减少样品制作时间，实现国内外计算机测色配色系统实时更新和样品确认，减少寄送实物色样的时间周期，提高工作效率。见图4。

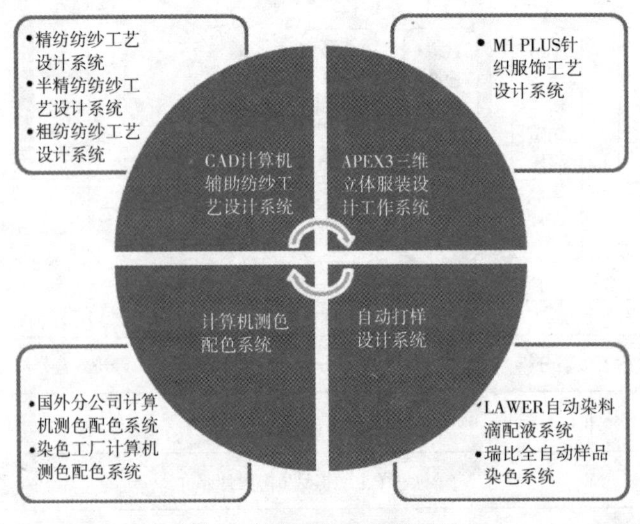

图4　计算机仿真设计系统

2.2 积极探索面向产品性能的设计与管理

2.2.1 延长服装使用寿命

向消费者提供预期的产品寿命信息和维护的信息，提供如何清洗服装以及如何保持良好的外观的有效信息。

2.2.2 模块化结构设计

模块化结构允许快速拆卸和组装，可局部进行拆卸并单独清洗，可以帮助该服装减少整体洗涤次数，这样在服装的整个使用环节中碳足迹排放较大的洗涤阶段，可以显著降低碳排放。

2.2.3 服务性设计

量身订制的成衣服装可以保证质量、实用性和性价比，把消费者的附属情绪和祝愿融入设计中，确保产品和用户间的深层联系，同时增加延长产品寿命的可能性。

2.3 致力于材料的开发、选择以及生命周期末端设计与管理

2.3.1 羊绒、羊毛等天然动物纤维原料的选用

改变羊群为绒山羊圈舍饲养模式以缓解草畜矛盾，有利于草原生态环境。制定羊绒、羊毛等纤维原料生态设计选配原则，优先选用从圈舍饲养的绒山羊上抓取的羊绒以及获得生态认证和可生物降解的动物蛋白质纤维、植物纤维素纤维等天然纤维和再生纤维作为原料。

2.3.2 染化料助剂的使用

企业使用的染化料助剂严格执行企业 Q/CSN－GS18—2012《染化料、助剂的优选、使用和处理规定》的要求，满足 GB/T 18885—2009《生态纺织品技术要求》和 OEKO－TEX STANDARD 100 测试项目限量表第 II 类直接接触皮肤的指标要求。并通过 Q/CSNGM－JZ31－2012《染化料助剂检验规程》检验合格。避免使用含有有害物质的助剂，如偶氮/致癌/致敏染料、甲醛、杀虫剂、重金属、六价铬（CrⅥ）等。

2.3.3 生产过程废料再利用的生态设计

以羊毛下脚料、石蒜提取废渣为主料，以秸秆粉、稻壳粉或/和稻糠为辅料，配以菌剂和水，经混合、好氧发酵和厌氧发酵，晾干、包装，应用到农林业有机肥料，实现废物利用。

2.3.4 产品生命周期末端的设计与管理

通过在品牌服装企业及社区组织进行旧羊绒、羊毛纺织品的收集，采用废旧纺织品分拣、分解技术设备进行回收处理，处理后的羊毛、羊绒纤维作为纺织原料回用。纺纱生产过程中采用环锭纺与气流纺相结合的方式纺纱，再用纱

线制成面料出口销售。废旧纺织品回收利用也基本形成回收—分拣—加工（开松分解）—销售（利用）的循环产业链。

2.4 研究开发面向生产和制造环节的设计与管理

2.4.1 染色阶段生态设计

选用环保型的毛用活性染料代替具有严重六价铬污染的媒介染料。使用具有知识产权的羊绒快速低温染色技术，羊绒天然染料染色技术，绒条羊毛条免复洗等染色技术工艺，选用节能高效的染色设备提高染色生产效率，改善生态环境。

低浴比染色设备见图5。

图5 低浴比染色设备

2.4.2 染色过程集成控制系统

实现染色车间染缸（染色机）集中控制，通过对每台染色机的监控，集中控制室能完全掌握车间染色全过程，记录染色全过程的数据，从而大大减少染色控制过程中人为因素造成的缸差、色差，预防因设备故障引起的质量事故和安全事故，能快速、有效地分析产品质量、生成统计报表、管理染色加工工艺等。

2.4.3 染化料助剂集中称料配送系统

采用先进的封闭罐式染料自动称重、自动调温溶解输送系统，将生产过程当中需要用到的各种类型的染料定量计量，并输送到相应染缸助剂加料缸中，由中央控制系统自动控制加入，染料的称量精度可以达到0.02克。大大降低人工称量的人为出错概率，杜绝了粉尘对空气和环境的污染。

染化料助剂集中称料配送系统示意图见图6。

图6 染化料助剂集中称料配送系统示意图

2.4.4 纺纱阶段生态设计

纺纱油剂使用通过 Oeko - Tex Standard 100 国际生态纺织品认证和签订《生态环保品质保证书》的供应商提供的和毛油、抗静电剂、纱线强力增强剂、纺纱蜡等助剂。

纺纱绩效考核指标可以提高纺纱原料利用率，完成各类纱线制成率考核要求。分类收集纺纱过程中产生的各类下脚料，并按规范分拣各工序产生的回毛、回丝、废料等，按照《下脚料处理和收集规定》回用是纺纱阶段的重要生态设计指标。

2.4.5 绿色包装设计与管理

包装（包括原材料采购、生产过程和产品销售所有环节）生态设计遵循减少包装材料消耗、包装容器的再充填使用、包装材料的回收循环使用及包装材料具有可降解性。应选择易拆解、可回收利用或循环再生的环保材料，使其具有保护产品和易于分解回收的双重性质。

2.5 探索应用节能降耗和污染减排设计与管理

按《用能单位能源计量器具配备和管理通则》（GB 17167—2006）要求，配备一定数量的计量器具，每月对水、电、气用量进行统计、分析，找出耗能环节，制订解决措施。加强节能管理和能源统计管理，建立产品能耗定额考核指标和建立能源消耗统计台账，对各类统计数据及报表实行电脑网络化管理。

2.5.1 生产过程余热利用设计

印染生产过程中多伴有加热的过程，废水流出设备常保持较高温度，生产热废水未经热回收工序直接进入污水处理系统，所含热量浪费严重，另外，蒸汽凝结水也含有相当可观的热量，若能回收，将在一定程度上削减生产能耗，从而降低生产成本。

余热回用示意图见图7。

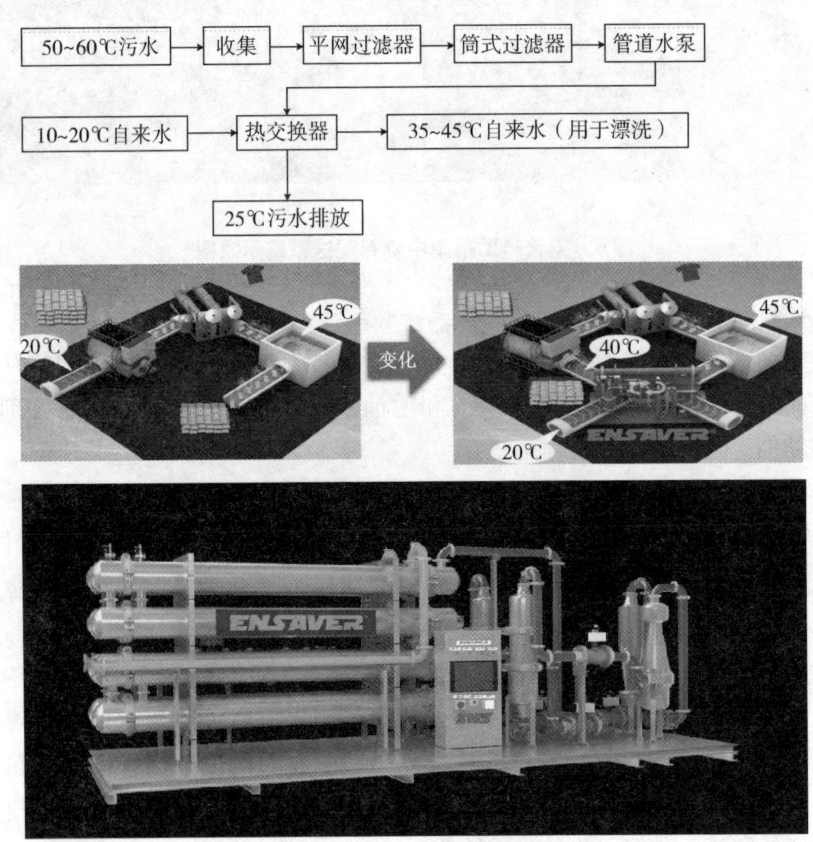

图7 余热回用示意图

2.5.2 生产过程水资源利用设计

企业工业用水根据各产品设计产能、设备操作浴比、进排水次数、工艺用水纯/中水使用比例等参数计算，中水回用系统示意图见图8。

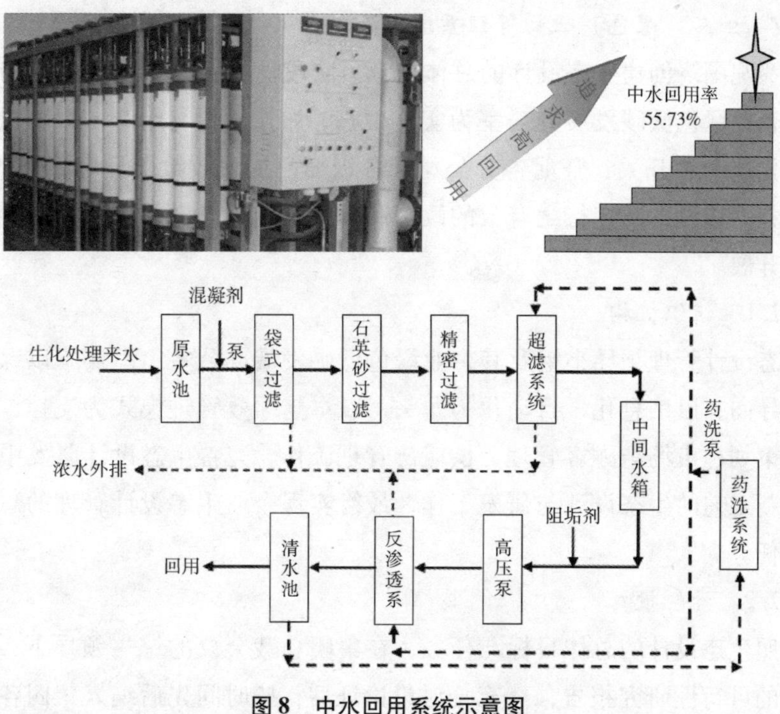

图8　中水回用系统示意图

2.6　完善生态设计管理制度

设立生态设计组织机构承担生态设计管理制度的制订和实施工作。集团成立生态设计管理领导小组，由集团总裁作为组长，统筹企业生态发展战略，研究和部署重大生态设计项目的实施，研究确定生态设计项目评价分析及奖惩。

设立绿色低碳发展办公室负责生态产品设计、制度建设、评价分析、考核奖惩等，以生态设计示范企业创建为目标地开展工作。

生态设计组织机构示意图见图9。

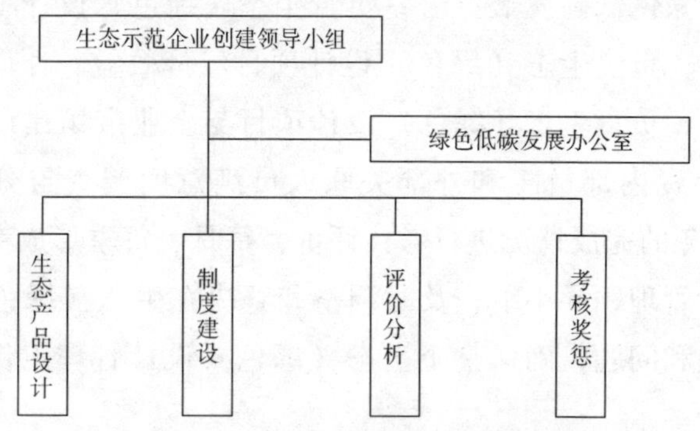

图9　生态设计组织机构示意图

2.7 生态（绿色）设计管理系统建设

康赛妮围绕创建生态设计的总体目标、阶段性目标及其主要任务与时间进度，以企业绿色低碳发展办公室为实施中心，加强领导与组织，牢牢扭住信息化自动化这个总开关，督促各分公司和各级部门加强政策引导和生态（绿色）设计能力的建设，制定行之有效的政策和保障措施，以推动生态设计管理工作的深入开展。

2.7.1 组织机构

生态设计管理领导小组及其企业绿色低碳发展办公室组织实施以绿色低碳战略为导向，以信息化、自动化为龙头，以卓越绩效管理模式为支撑，完善企业战略策划、市场与顾客管理、供应链管理工作，完善生态设计研发中心的新产品、新工艺的生态设计与研发工作，最终实现企业生态设计管理的总体目标与主要任务。

2.7.2 资金投入

按照生态设计的总体目标与任务，在集团总裁会议的统一领导下，编制有关项目的可行性研究报告，经充分讨论论证后，按时间先后编入集团各个年度预算计划，保障生态设计管理工作的需要。

2.7.3 人力资源

稳定的高素质员工团队，集团高薪聘请英国、意大利高层次设计人员，每年从国内各大院校引进高素质人才，与西安工程大学建立了产学研合作机构，为企业每年输送50～80名优秀人才和业务骨干，提高了企业在生态设计、自动化信息化、研发创新等各方面的管理技术实力。

2.7.4 评价考核

企业设立的绿色低碳发展办公室负责生态（绿色）设计项目应用推广的信息收集和分析，负责生态（绿色）设计项目经济效益、环境效益、社会效益的分析与评价，负责生态（绿色）设计项目与企业市场建设和品牌建设的关联度分析，负责内部员工和外部关联人员满意度调查与分析。根据生态（绿色）设计任务的完成情况进行考核评价，每月、每季形成考核报告提供集团公司生态设计管理领导小组，及时调整和解决在生态（绿色）设计管理工作中出现的偏差和问题，确保整个生态（绿色）设计管理工作有序、高效的运作。

3. 实施效果

康赛妮实施生态（绿色）设计项目后，年产值 34850 万元，年经济效益 3950 万元，提高产品市场占有率至 15%。年节约气、水、电、煤等成本 531.4 万元，并显著降低污染物排放并改善了环境，提高了产品档次、附加值和品牌影响力，提升了国际高端市场中品牌的影响力和竞争力。

3.1 大幅度提升企业经济效益

在生态（绿色）设计理念指导下规划的项目逐步实施后，在人员精简、节能减耗、减少物料损耗、提高设备利用率等方面取得良好的经济效益，年生产值收入为 34850 万元，年生产经济效益为 3950 万元。见表 1、表 2。

表 1　项目达产或完成的产生产值收入表

序号	项目名称	达产或完成年度	新增产值（万元）
1	毛纺染整配套清洁生产项目	2014 年	13000
2	特种毛纺生态设计研发中心	2014 年	2500
3	营销网络与品牌知名度建设	2014 年	6000
4	服装服饰配套清洁生产项目	2015 年	11000
5	羊绒羊毛纺织品废弃回收系统建设项目	2015 年	2300
6	纺织废渣、污泥在生态农林业中的应用项目	2015 年	50
	合计		34850

表 2　项目达产或完成产生效益表

序号	项目名称	达产或完成年度	产生效益（万元）
1	毛纺染整配套清洁生产项目	2014 年	1300
2	特种毛纺生态设计研发中心	2014 年	400
3	营销网络与品牌知名度建设	2014 年	500
4	服装服饰配套清洁生产项目	2015 年	1200
5	羊绒羊毛纺织品废弃回收系统建设项目	2015 年	460
6	纺织废渣、污泥在生态农林业中的应用项目	2015 年	90
	合计		3950

康赛妮产值及经济效益趋势图见图10、图11。

图10　康赛妮产值趋势图

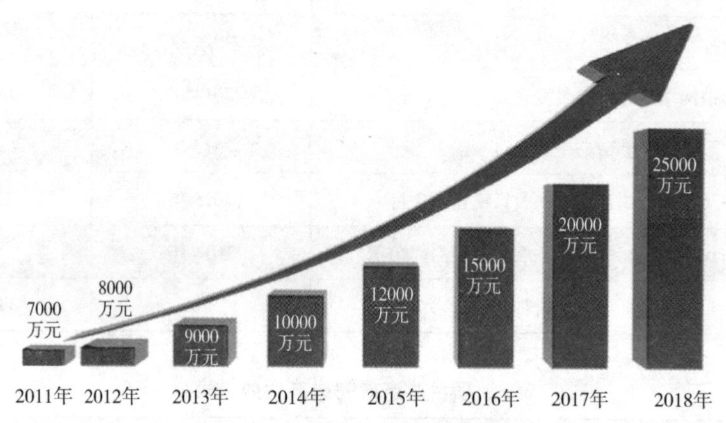

图11　康赛妮经济收益趋势图

综上所述，康赛妮增加信息化全环节覆盖率至90%，增加自动化全环节覆盖率至85%，企业年销售产值增加3.48亿元，增加利税总额3950万元，节省成本开支1034.4万元，提高产品市场占有率至15%。

3.2　显著降低污染物排放和改善环境

通过实施，2014年、2015年共实现年节约蒸汽38147吨、节约用水47.35万吨、节约用电210.35万度/年，折标煤4109吨，共可以节约成本531.4万元/年。减少COD排放量94.7吨，减少NH_3排放量1.013吨，减少SO_2排放量67.61吨，减少NO_x排放量63.93吨。

企业先后获得国家生态（绿色）设计试点企业、浙江省绿色企业、浙江省清洁生产阶段性成果企业和宁波市园林式单位等称号。

3.3 促进区域经济、社会效益良性发展

生态（绿色）设计项目的实施对提高企业综合竞争力，促进区域经济、社会、环境良性发展，推进经济结构调整和增长方式的转变具有重要意义。

生态（绿色）设计项目的实施在减少企业员工劳动强度、增加劳动力就业、提高企业产品竞争力、发展区域经济等方面产生显著的社会效益。

3.3.1 降低员工劳动强度

通过智能信息化管理系统的应用和清洁法生产项目的升级改造，提高了生产设备和各个环节的自动化水平，美化了工作场所与环境，为员工降低劳动强度和提升身心健康创造了良好条件，增强了员工的主人翁意识和社会责任感，实现了员工有尊严工作的企业目标。

3.3.2 拓宽劳动力就业空间

项目实施将为社会提供就业机会，能够带来300余个长期就业机会，人年均创收100万元以上，同时将进一步带动上下游企业及产销、运输等各行业就业机会。

3.3.3 提高企业产品竞争力

通过项目实施，可以提高产品档次和附加值，可以有效降低企业的生产成本，有利于提高企业的国际市场竞争力，提高企业出口创汇的能力，有效避开欧美国家的绿色贸易壁垒，有利于企业迅速扩大欧美市场份额。

3.3.4 促进区域经济发展

项目实施对宁波市乃至周边地区发展循环经济，促进地方经济发展，推进经济结构调整，转变增长方式，实现经济又好又快发展具有重要作用。同时还可增加地方政府财税收入。

3.4 提升在国际高端市场中品牌影响力

企业通过生态（绿色）设计管理的创新，提升生产技术水平，提升产品档次，满足中高端消费层次的使用要求。同时围绕企业文化，挖掘和提炼康赛妮品牌内涵，走专业品牌之路，制订品牌推广策略，使品牌与文化个性鲜明，积累与提升康赛妮品牌附加值。与国际一线名牌深度合作，为自创国际品牌建设提供国际化体验与运作而打下良好的基础。

康赛妮企业以国际化视觉和全新的生态（绿色）设计理念，将品质优良、设计时尚的高端纱线奉献给国际社会。康赛妮集团作为各大顶级时尚流行纱线展的常客，厚积薄发，向全世界传递着一种纺织纱线产业的实力，与国际顶尖时尚品牌战略合作，引导国际纺织服装发展潮流。

在国际羊绒交易会、SPINEXPO 上海国际流行纱线展、美国纽约布鲁克林秋冬纱线流行趋势展、意大利佛罗伦萨纱线展以及法国巴黎纱线展，都有康赛妮优质高档品牌纱线的倩影。康赛妮集团精彩纷呈的高档羊绒纱线和花式纱线产品，受到众多国际客户的一致赞誉，国际高端市场客户络绎不绝。

康赛妮集团多次在美国纽约举行 The Consinee New York Night 豪华游轮推介晚会，邀请品牌设计师、同行业人士及纽约当地主流媒体等 600 余名嘉宾，推介博大精深的中国传统文化中国和质优时尚的中国产品，让全世界共同目睹了康赛妮的强劲实力和宏大格局。康赛妮集团在日本东京市中心有着悠久历史的东京帝国酒店内，邀约包括成衣公司、商贸公司、企划设计公司、大学教授、织研报社等日本商界、纺织服装界逾 350 位嘉宾莅临，共赏康赛妮之美。康赛妮集团大规模、高规格的展示推介会，受到日本业界的高度重视。提高了康赛妮品牌在日本纺织、成衣领域的知名度和美誉度。

康赛妮集团作为羊绒业界翘楚，完成企业国际化布局。通过在美国、德国、英国、日本、中国香港等地的分公司与国际著名品牌建立长期共生的战略联盟，形成时尚纱线品牌供应链。康赛妮纱线产品在国际高端市场的美誉度和市场占有率大幅度提升。与康赛妮集团建立产业链的国际高端市场合作伙伴见图 12。

HERMÈS PARIS	LOUIS VUITTON	CHANEL	RALPH LAUREN	ST.JOHN
BOSS HUGO BOSS	PRADA	COACH AN AMERICAN LEGACY	KENZO	MaxMara
GIORGIO ARMANI	TIGER	ESCADA	BALENCIAGA	Paul Smith
Boden	J.CREW	theory	MARKS & SPENCER	BCBG

图 12　康赛妮合作伙伴

4. 总结

在经济新常态下，康赛妮将企业自身利益与国家利益相结合，为我国可持续发展做出了一定贡献。基于生态（绿色）设计理念，通过毛绒产品全生命周期管理体系的构建，推动了企业绿色发展，提高了企业的经济效益和社会效益，提升了企业的综合竞争力。提高了产品档次、附加值和品牌影响力，提升了国际高端市场中品牌的影响力和竞争力。先后获得“国家高新技术企业”“国家生态（绿色）设计试点企业”“中国羊绒羊毛行业十强企业”等多项荣誉，康赛妮品牌纱线被授予全国羊绒羊毛行业极具市场价值产品奖。

康赛妮在管理创新方面探索出一条中国纺织服装企业在经济新常态背景下的绿色发展路径，通过管理创新推进企业可持续发展，增强了企业的发展动力，为推动我国纺织工业开展绿色制造、由大变强树立了一个标杆。公司坚持生态（绿色）设计理念，推进毛绒产品全生命周期管理体系建设，提升了企业综合竞争力，实现了良好的经济效益、生态效益和社会效益，促进了企业的可持续发展。康赛妮的管理创新模式，对于行业内的其他纺织企业及行业外的企业适应新常态、引领新常态的实践，对于促进工业文明与生态文明协调发展，具有较强的示范效应和推广价值。

二、案例分析思路与逻辑

1. 启发思考题一

1.1 问题

如何看待康赛妮公司对于生态（绿色）设计管理系统的建设？

1.2 分析思路

任何企业的发展都需要一定的制度和组织支持，本案例中，企业想要改变自身发展方式，稳步向新的发展模式过渡，离不开企业多方面支持。因此，康赛妮围绕创建生态设计示范企业的总体目标、阶段性目标、主要任务与时间进度，设立生态设计组织机构承担生态设计管理制度的制订和实施工作。设立绿色低碳发展办公室，负责生态产品设计、制度建设、评价分析、考核奖惩等，以生态设计示范企业创建为目标地开展工作。编制生态设计管理的年度预算，确保资金投入。通过产学研合作、高薪聘请等方式，引进高素质生态设计管理人才，打造专业团队。建立生态设计绩效考核制度，确保生态设计工作高效运行。相关制度和组织机构的建设，有力地推动了企业生态（绿色）设计工作。

1.3 理论依据及分析

企业科技创新活动与企业内部环境密切相关，康赛妮组织制度创新为企业创新驱动发展战略的实施提供了内部环境的保障。通过技术创新，为创新驱动发展战略实施提供了技术支持；通过企业管理的创新，为科技创新驱动发展战略实施提供制度保障；通过组织层级结构的创新，为科技创新驱动发展战略实施提供机制保障。

康赛妮通过积极的创新活动去改变企业内部环境和氛围，在企业内部形成绿色发展的思潮，将绿色发展的观念根植于企业员工的头脑中，同时也建立了科学的评级考核机制，逐渐在企业内形成生态发展的意识，让生态发展习惯化并成为一种团队精神。将可持续发展作为企业文化来建立，在企业内形成注重可持续发展的理念，树立可持续发展的意识，学会用可持续发展的思维去分析和解决问题，这样才能以不变的思维应对变化的市场。

为实现创新目标，必须利用必要的创新手段。创新手段包括要素创新、要素组合方法创新、要素组合结果创新。要素创新是企业生产过程中劳动者利用劳动手段作用于劳动对象，使之改变物理形式、化学性质的过程，这个过程的要素包括材料和设备。要素创新即是对材料和设备的创新。要素组合方法创新即指生产方式创新，利用一定方式将不同生产要素加以组合是产品形成的先决条件，包括生产过程和生产工艺的时空组织两个方面。要素组合结果创新即指产品创新，生产要素组合的结果是形成产品，企业通过不断创新产品来谋求生存和发展，包括品种创新和产品结构的创新。

康赛妮在管理及人才政策上进行了一系列的创新，最终目标是在企业内形成生态发展的意识以及科学的管理方式。

1.4 关键要点

康赛妮围绕创建生态设计的总体目标、阶段性目标及主要任务与时间进度，以企业绿色低碳发展办公室为实施中心，加强领导与组织，牢牢把控信息化自动化这个总开关，各级部门加强政策引导和生态（绿色）设计能力的建设，制订行之有效的政策和保障措施，以推动生态设计管理工作的深入开展。

2. 启发思考题二

2.1 问题

如何看待康赛妮通过构建全生命周期管理体系，增强内生发展动力的做法。

2.2 分析思路

任何市场决策的前提都是基于市场环境分析，本案例的市场环境核心在于产业原先处于高污染、高耗能的状态，对于企业以及行业的可持续发展存在极大的不利。基于国家发展战略以及市场发展的需要，企业如仍采取忽视环境污染、忽视消费者需求的做法，将使盈利能力持续下降，因此，转型势在必行。采取新型生产理念及管理体系，对于企业来说是一次变革，而且是一次从上到下的变革。所以，首先要准确把握市场动态，精准掌握消费者的需求，要敢于在行业中率先尝试新理念，培育新生机。

2.3 理论依据及分析

产品战略分为三个部分：第一要为买方提供价值，第二要为企业提供强有力的利润源，第三要采用所有各方都有动力的方式去执行。而三个部分中价值主张又排在首位，企业必须能够给予顾客创新的价值组合。现代消费者将产品安全放在第一位。紧密围绕客户需求，建立产品概念设计创新体系，也是我国经济发展的根本要求。

康赛妮在产品设计开发阶段系统考虑原材料选用、生产、销售、使用、回收、处理等各个环节，均需要考虑对资源环境造成的影响，力求产品在全生命周期中最大限度地降低资源消耗、尽可能少用或不用含有毒有害物质的原材料，减少污染物产生和排放，从而实现对环境的保护。

在原料方面，优先选用圈舍饲养的绒山羊羊绒原料，选用环保型的毛用活性染料，染色过程集成控制，染化料助剂集中称料配送，纺纱、包装也按照生态设计管理。在生产工艺上，康赛妮注重节能降耗和污染减排设计与管理，对生产过程中的余热和水资源进行科学合理的回收利用。加强生态（绿色）设计工具的开发与应用，完善 ERP 系统和 LCA 数据库建设。

此外，为提升产品生命周期，提高资源利用率针对产品生命周期末端，注重在品牌服装企业及社区进行旧羊绒、羊毛纺织品的收集，形成废旧纺织品回收利用循环产业链。依靠品质优良、设计时尚的高端纱线，拓展国际市场，与一批国际顶尖时尚品牌战略合作，提高了产品的美誉度。

2.4 关键要点

康赛妮要具有市场主动权，就要拥有自主知识产权的技术和产品，就要掌握核心技术、关键技术。以生态（绿色）设计为基础，全方位提升产品生命周期，在产品从原料到成品、再到回收都投入大量精力，注重细节，研发设计集绿色、生态、高技术含量为一体的生产链条。在产品设计及生产工艺上，企业技术创新和管理创新齐头并进，共同拉动康赛妮在绿色、生态、可持续发展的道路上不断前进。

（西安工程大学：郭伟教授、姜铸副教授）

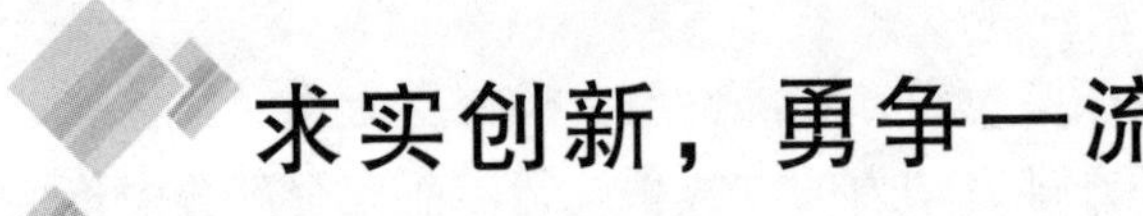

求实创新，勇争一流

——魏桥纺织股份有限公司

摘要 魏桥纺织股份有限公司（简称魏桥纺织）的前身是魏桥一家小型油棉加工厂，它的起点很低，通过持续的制度创新、管理创新、技术创新，魏桥纺织不仅实现了企业制度的转型，而且赶超了行业的领先者。魏桥纺织的发展坚持实事求是，一切从实际出发，准确把握世情、国情、企情变化，抢抓机遇，乘势而上。魏桥纺织实施集约化管理，采用先进的管理技术，将企业的财力、物力、人力等资源集中在一起，建立统一的政策，有效增强对企业的掌控能力和资源优化配置能力，提高市场竞争力，降低经营风险，促进企业提质增效，使魏桥纺织健康、稳定、高速发展。

关键词 制度创新；技术创新；管理创新；集约化

一、案例正文

0. 引言

魏桥纺织主要从事棉纱、坯布及牛仔布的生产、销售及分销，是一家大型棉纺织企业，是中国企业500强和山东省26户特大型企业之一。在过去十多年来把握中国经济快速增长的契机，建立了庞大的生产规模，结合先进的技术装备，在全球棉纺织市场奠定了稳固的基础。

魏桥纺织位于山东省，生产规模庞大，集团产量约3.94万吨棉纱、9210万米坯布及740万米牛仔布，庞大的规模使魏桥纺织在行业处于有利位置。作为一家综合棉纺织生产商，魏桥纺织用自己生产的棉纱，织造坯布和牛仔布。魏桥纺织的产品种类齐全，超过2000种，均以知名的“魏桥”商标在海外和国内销售。

魏桥纺织在三十多年的发展历程中，创立了一套科学的治厂方针、经营方针和战略方针。通过自觉实践这套方针，使魏桥纺织形成了独特的竞争优势和成长方式，步入持续营利、快速增长的良性发展轨道。

“管理从严、生产抓紧、质量从优、经营搞活、生活关心”是魏桥纺织的治厂方针。“雄关漫道真如铁，而今迈步从头越。”面对新的挑战和机遇，魏桥纺织只要居安思危、科学应对，扎扎实实地贯彻执行这套科学方针，就能确保在世界经济一体化的发展潮流中抢立潮头、步步领先。

魏桥纺织总经理张红霞在新年致辞中指出：魏桥纺织“欲立潮头先言勇，敢立潮头唱大风”。魏桥人将牢固树立敢于竞争，敢于胜利的坚定信心，抢抓机遇，艰苦创业，推动魏桥纺织持续、快速、健康发展，以一流的技术、一流的管理、一流的产品、一流的服务回报客户、奉献社会。

“拼搏进取，求实创新，快速高效，勇争一流”的企业精神铸就魏桥纺织成功之道。

1. 魏桥纺织管理创新实施背景

魏桥纺织由一家小型油棉加工厂，一步步发展至今，始终坚持实事求是，一切从实际出发，准确把握世情、国情、企情变化，抢抓机遇，乘势而上。魏桥纺织最初是单一的油棉加工，1984 年，抓住国家对棉花市场统管理、对油料市场放开的有利时机，果断进入油料加工领域，开了全国棉花加工行业的先河，改变了棉花加工企业“半年开工半年闲”的窘况，一举成为全国规模最大、效益最好的油棉加工企业之一。1985 年前后，全国棉花大丰收，出现卖棉难，为解决棉花加工业的生存发展问题，魏桥纺织上马毛巾厂，用棉花换棉纱，生产毛巾。毛巾厂投产后，为解决原料问题，1988 年，魏桥纺织抓住全国棉纺织行业跌入谷底、纺机价格最低的机遇，果断决策，利用建设毛巾厂积累的利润，自筹资金 1000 多万元，建设了 1.6 万纱锭规模的纺纱厂，开始进入棉纺领域。此后魏桥纺织抓住国家放开自营进出口权、放开棉花经营权、加入世贸组织以及加快“三无一精”为主的技术改造和产业升级的历史机遇，先后进入织布、色织牛仔布、印染、针织、家纺、服装领域，从而实现了“做大做强，缔造全球最大棉纺织企业”的战略目标。

中国纺织行业已进入增长速度放缓的新常态，规模以上企业的主要经济增长指标均由两位数增长进入个位数增长，发展压力加大。企业无论大小，普遍感觉到生存难度加大，由依靠投资驱动、要素驱动，逐步转化为依靠科技、品牌、管理、体制、机制及经营模式的创新来推动行业转型升级。魏桥纺织要取得持续发展，创新是引领发展的第一动力，必须把创新摆在企业发展全局的核心位置，不断推进理念创新、制度创新、管理创新、技术创新、文化创新等各方面创新，让创新贯穿企业改革发展的一切工作，运用新的理论指导企业管理，在变化中求生存，在创新中求发展。

2. 求实创新，勇争一流——集约化统筹管理模式促进企业提质增效

魏桥纺织高度重视创新，持续推进创新，把增强自主创新能力作为战略抓手，全面构筑全方位创新产业高地，靠创新保持产品开发的领先水平，靠创新为企业发展提供不竭动力，靠创新走出一条具有自身特色、保持创新驱动内生增长的发展之路。

2.1 制度优

2.1.1 集约统筹 创新模式

集约化统筹管理是魏桥纺织提高效率与效益的一大亮点。在战略规划、项目决策、技改工程、能源供应、物资采购、市场营销、生产计划、人力资源、财务、信息化建设等方面实行高度统一的管理体制，加强总部的控制力度，形成集约、节约型的成熟经营创新管理模式，原材料、水、电、气等各项消耗指标在全国同行业均处于较低水平，全员劳动生产等经济技术指标均处于全国同行业先进水平。

公司目前的集约化管理格局是在企业发展过程中逐步探索形成的，从企业实际出发，形成独特体系，表现出其强大生命力。公司现在已经形成完善的宏观调控机制和科学的管理体系，在组织、生产、经营等方面实行高度统一的管理体系，形成集约、节约型的成熟经营创新管理模式。在组织管理方面，公司打破传统固有界限，坚持任人唯贤，实现“贤者上，庸者下”；坚持干部选拔合理流动，保证选拔德才兼备的干部，加强总部统一管理和调动，从而进一步加强总部控制力，真正实现“民主集中”；根据企业发展规模变化，坚持以实用为目的，合理设置岗位和人员，杜绝“机构臃肿，人效低下”，保持组织效率始终在高水平运作，精简高效，精干实用。在生产管理方面坚持艰苦奋斗、纪律严明和勇于创新，狠抓质量管理，严格纪律管控，坚持创新发展，公司每年的创新成果真正体现了“勇于创新、善于创新”的发展理念。在采购管理方面，公司采用高度集中的采购模式，将各分公司的采购量集中起来，既可以充分发挥采购数量大的优势，在价格谈判中占据有利地位，又可以减少重复购买造成的资源浪费，最大限度发挥人力、物力、财力作用，便于总部统一管理和监督，有效提高物资材料周转效率，减少物资配件积压，提升资金使用效率，体现“供应围绕生产办，计划围绕效益变”的治企方针。在安全管理方面，公司始终保持警钟长鸣，坚持“预防为主”的工作方针，从新员工入厂培训到定岗以后的职业安全教育，从职能部门日常监督到专职安全员的岗位设置等各个方面入手，高度重视安全管理；建立科学严密的安全监督机构，采用安全监督部门和生产单位双层监管的无缝覆盖“双保险”监管模式；坚持“一岗双责”原则，

即管生产的必须管安全，单位第一负责人就是安全第一责任人，任务明确，职责清楚，督促到位，在日常管理中统筹协调安全与生产的关系，在保证安全的前提下开展生产工作，使安全的前提作用得到充分保证。

2.1.2 集中管理 资源互补

在集团总部的统一管理调配下，统筹协调，科学调度，把资源利用发挥到极致。例如，魏桥纺织大格局配置的环锭纺与气流纺，使落棉、再用棉得到充分互补利用，还有纺、织分厂在生产过程中产生的大量边纱、回丝、布条、布块等废下脚料，购进清弹处理设备，建设再生棉车间，对下脚料进行弹松，加工成再生棉原料继续回收再利用，年产出再生棉近5000吨，作为原料继续投入使用，真正做到了“吃干榨尽”，不仅大大降低了棉纱原材料成本，也避免了各类下脚料的系列处置问题。2015年，魏桥纺织“纺织废边纱、回丝、纯棉包布加工回收再利用”等6项技术入选中国棉纺织行业《节能减排技术暨创新应用目录》（第二批），评审专家对魏桥纺织的节能减排工作给予高度认可，特别是在废旧纺织品回收再利用方面，已经形成规模化与效益化，在行业处于领先地位。

2.2 成本优

2.2.1 严细实恒 精益管理

一直以来，“严细实恒”是公司对生产工作的核心要求，成本、质量、节俭是贯穿生产管理全过程的三大原则。“严细实恒”是公司于20世纪90年代提出来的生产管理理念，其实早在搞棉花加工和榨油的时候，已经在生产经营中付诸实践。1981年，在企业内部实行承包经营责任制，把岗位变成每名员工的“责任田”，把各工序承包到车间，把传统的级别工资制改为以“六定一包”为主要内容的计件工资制。这一举措比1988年国务院颁布工业企业承包经营责任制暂行条例整整早了7年。之后，又进行了一系列诸如岗位责任制、超额计件制等改革，大胆创新管理思维，切实夯实管理基础，逐步发展，脚踏实地，为保持高效率、快节奏的企业发展之路奠定基础，公司产品成本始终处于行业最低水平。公司始终在生产过程中进行数字化、量化管理，精益管理，用数字把管理的成果表述出来。发挥一切主动因素，降本增效，提高能源利用效率和降低单位生产能耗，严格实行成本管控和科学管理。对于原料、材料、辅料等厉行节约，并在采购环节科学统筹，及时了解国家政策变动或季节性调整，根据国家宏观调控、利率汇率等变动情况，对价格趋势做出准确研判，降低采购成本，增加实用效益。今年以来，公司把下属各纺织工业园区改为独立法人单位进行独立核算，狠抓降本增效工作，努力向管理要效益，进一步激发各单位想方设法节约挖潜，把各项成本降到极致，把生产抓到最好。并通过实施技术创新、对标管理和智能化改造，切实加强绩效考核，人员更加精简高效，进一步降低生产成本，激发广大职工降成本、增效益的积极性。

2.2.2 亮点共享 快速复制

在公司步调一致的管理下，对于各单位出现的有创意、能创效的好点子、好做法、好措施及成熟经验，通过亮点共享、推广，能够起到“以小博大、以新博强”，让“小改革”出“大成效”，在公司发挥出最大作用。为不断提高公司经济效益和管理水平，重新修订“关于小改小革提报、验证、评审及奖励推广工作的规定与奖励办法”，对涉及范畴、指导原则、奖励标准、项目延伸制订了更为具体的实施规则，对全员管理、创新管理起到了良好成效。2015 年，共享小改小革 771 项，推广节约项目 61 大项，实实在在地发挥了良好的提质创收效果。例如，“重定量、大牵伸”高效工艺，就是对传统工艺的一种突破。其核心是“前纺重定量，细纱大牵伸”，通过对半成品如生条、熟条、粗纱工艺定量的加大，同比平均提高 25%，粗纱定量加大后，细纱总牵伸倍数同比加大，通过加大细纱设备整改、工艺参数的优化，积极采用新型专件，在提高整体质量水平的同时，可以大幅减少前纺设备及人员配置，同比减少 10%～15%，实现节约设备投资、节省用工能耗，达到降低生产成本的目的。

2.2.3 信息集成 网络管理

魏桥纺织高度重视信息化建设，通过现代信息化不断改变企业的传统管理模式，实行扁平化管理和网络化管理，设立专门的信息中心，使企业内部和外部的信息传输更为便捷，实现信息资源的共享，使管理者与员工之间、各部门之间以及企业与外部之间的交流和沟通更直接，提高了管理效率，降低了管理成本。

通过信息管理系统把设计、采购、生产、制造、财务、营销、经营、管理等各个环节集成起来，共享信息和资源，部署 BPM 流程审批平台，使魏桥纺织智能办公水平大幅提升。自行研发邮箱信息统计系统，以满足不断扩大的内部邮件应用范围，细致的权限划分和更强的收发控制很好地满足了各部门的业务需求。达到了降低库存、提高生产效能和质量、快速应变的目的。实现扁平化的流水线管理方式，通过这个主线条衔接每个单位、每个工业园、每个生产区的数字化基础，并达到规范化、标准化的要求，管理人员可随时调用生产、采购、财务等部门所有数据，既实现资源共享，又实现实时监控，同时防微杜渐。通过加大信息化建设力度，大大提高了产品研发试制的效率，棉纱、棉布接单后 2 小时内就能安排到机台，棉纱新品种打样时间为 24 小时，棉布新品种打样时间为 3 天，由此抓住了稍纵即逝的市场机遇。

全方位对公司的物流、资金流和信息流进行有效控制和管理，逐步实现网络化对接，通过信息中心研发人员进行攻关，不断创新，不断调整，在计量方面，逐步从机械磅发展到电子磅，从手工过磅发展到计算机过磅，再到计量联网及视频监控，加入信息化融合技术，形成集网络数据传输、图像监控抓拍、自动化称重控制、智能语音提示、车辆信息自动识别、红外定位等各种先进技术于一体的系统化无人过磅创新模式，为自用纱内转、落棉再用棉互转等工作带来了极大的便利。目前这种计量方法在国内企业的应用率并不高，魏桥纺织技术人员经过攻关，已经掌握该系统工程的核心技术，实行自动计量一卡通，减少用工数量，每年可节省人工费百万余元。

2.3 质量优

2.3.1 严抓质量 全面管理

质量是企业发展的保证，公司切实严抓质量管理，严控体系标准，形成全员管理的质量管理氛围。魏桥纺织重视质量管理，始终坚持“质量基石”的信念，全面推行质量管理体系工作，积极推行全面质量管理，实施卓越绩效管理模式，2015 年，获得纺织质量管理大奖；坚持做好质量控制，定期组织员工学习交流，单位之间横向比拼、纵向对比，经验共享，形成质量管理全员覆盖、共享共建新模式。生产过程实施 6S 管理，设备管理实施 TPM 管理，车间 QC 攻关小组 210 个，班组建设行之有效，做到人人参与质量管理。充分发挥职工智慧和能力，积极参与质量把控，坚持用数据说话，应用全面质量管理的科学方法，结合生产技术管理工作实际，围绕工作中出现的各种问题，不断探索质量管理新模式，建立完善监测和测量系统，对过程进行监视和测量，确保控制因素达标，持续完善测试方法，确保过程受控，对质量管控过程中衍生出来的好思路、好方法进行全面推广，复制共享，全员共建，不断推定质量管理迈上新台阶，使公司获得较强的质量控制和质量保障能力。

2.3.2 导入新理念 整合新模式

通过导入先进的质量管理理念，魏桥纺织对原有的质量管理模式进行有机整合，把“一票否决，两个不准，三不放过”的管理办法进一步细化，从原料购进，到生产，再到包装环节，形成层层把关、环环相扣、全过程闭环的网络管理模式，强化了全员的工作责任心、积极性和主动性，确保产品质量及产品档次稳步提升。鼓励员工持续深入开展岗位创新活动，完善职工技术创新工作机制，保障职工技术创新投入，加强职工创新活动的指导、服务和奖励激励。积极开展提升员工技能素质为主的技能竞赛活动，开展小发明、小改造、小革新、小设计、小建议等岗位创新活动，营造良好的创新氛围。大力推进优秀职工创新成果在生产实践中的推广应用，让创新蔚然成风、遍地开花。积极推行精细化管理，落实管理责任，强化管理意识，创新管理模式，强化管理体系，提高执行力，找准关键问题，及时拿出措施，细化每一个战略、决策、计划，责任到人，抓落实，重过程，发挥干部职工主人翁意识，通力配合，全力应对，打造样板化工厂。

2.4 技术优

2.4.1 广泛培训 营造氛围

组织开展岗位练兵、技能竞赛、操作比武等形式多样的活动，是公司建立和完善技术人才选拔机制、促进员工岗位成才、推动技术稳步提升的一条有效途径，在公司内部形成了一种“比、学、赶、帮、超”的学习氛围。每年年初，公司都制订下发《关于广泛开展岗位练兵活动的指导意见》，鼓励各单位经常开展形式多样的岗位练兵和技术比武活动，同时给予必要的技术指导和一定的经费支持，对活动开展较好的单位和个人进行精神和物质奖励。公司人力资源部门和生产技术部门定期组织专业人员到基层检查各单位岗位练兵开展情况，抽查岗位练兵培训效果，有力督促了基层单位对岗位练兵的重视。公司各工业园坚持每年举行春季、秋季操作运动会，努力营造“人人学技能、个个练本领”的良好氛围。为营造浓厚的竞赛氛围，各单位充分利用板报等媒介，宣传先进事迹，推广先进经验，引导员工树立终身学习的理念，学知识、练技术，推广先进的操作技能、先进的技术和绝技绝活。每年劳动节期间，集团公司都隆重召开五大技术能手表彰大会，对在操作、设备、技术革新、生产工艺、节能降耗等领域做出优异成绩的先进个人进行表彰，在全公司大张旗鼓进行宣传，为全体干部职工树立学习榜样。公司选手多次在全省和全国职工技能大赛中取得优异成绩，展示公司深厚的技术功底和良好的风貌，更是为高技能人才的成长搭建了施展才华和展示技术、技艺、技能的舞台，开辟了一条高技能人才成长的快速通道，也极大地鼓舞了技术工人立足岗位、学习技术的热情，不断推动技术水平的提升和稳固，增强了职工的主人翁精神和职业荣誉感。

2.4.2 操作创新 技术升级

公司切实注重操作法创新，以流程再造为平台，加强各环节考核力度，科学管理，创新协调，促进精益化水平不断提升。在日常生产中及时厘清工作思路，不断创新操作方法，如在操作方面采取细纱专人专项操作法与棉条、粗纱整体上下车操作法，取得积极成效。细纱专人专项操作法是由原来的细纱车工自己做清洁自己看车，改为设立专职清洁工统一做清洁，细纱车工专项看车。

工作法改进后，使细纱车工从多年的交接班做清洁“老大难”中解脱出来，减轻了车工的工作量，增加了车工的看台能力，使各项分工更加细化、专业化。此操作法推行前11万纱锭的细纱车间每班需要车工60人，改后需要车工21人、清洁工6人左右，每班减少用工55%。棉条、粗纱整体上下车操作法原来执行的棉条分段换条方法改为整台车集中上棉条、粗纱，原方法中车工看台能力较小，且劳动强度大，落纱认头时存在毛条及违章操作隐患，造成质量波动；原来的宝塔分段换粗纱方法，容易产生空粗纱断头、飘头，造成粗经、粗纬、竹节等纱疵，且车工劳动量较大。工作法改进后，棉条整体上下车的实行，粗纱车工不用再多次分段换条、接头，可以节省出时间做清洁，走巡回，防捉疵点，既减少了毛乱条，又减轻了车工劳动强度，粗纱车工人均看台由原来的2台提高到4台。粗纱整体上下车的实行，使细纱车工人均看台由原来的10台左右增长到20台左右，瞬时断头由原来的2~5根/台降到1根/台之内，提高了产量与效率。

2.4.3 科技投入 创新创造

公司坚持科技投入优先原则，创新投入总量逐年递增，设立专项基金，对做出贡献的员工予以奖励。还通过选送科技骨干赴国外学习进修等形式，激励科技人员为技术创新做贡献。积极拓展创新体系，完善创新能力建设，与一些大中专院校、科研院所保持长期合作关系，共建开发机构，定期进行技术交流，提高技术创新科技含量。探索以培养自主创新能力为基点，以提高全员技术素质、提升企业整体技术水平为中心环节，以“创建学习型组织，争做知识型员工”活动为载体，广泛开展群众性的自主创新、技术革新和科普活动，定期举办技能大赛，通过职工技术创新工程、合理化建议等形式，增强全员创新意识和创新能力，形成创新管理的整体合力，创造了丰硕的科技成果，为企业可持续发展奠定坚实的基础。

根据当今市场产品多元化、结构形态多样化、服用功能化、环保绿色化、生产技术复合化的发展方向，魏桥纺织紧跟市场情形和客户需求，与时俱进，大力推行差别化管理，重点研发用于碳纤维防静电面料的新型环保纤维、差别化纤维、功能性纤维；构思新的织物结构和性能，开发如多元混纺、交织织物、细支轻薄织物、新性能新功能织物；运用新型纺织技术，采用后加工新技术开发纳米技术织物等新产品，自主研发抗菌防病毒功能面料和永久免烫整理面料，填补国内空白。在打造“嘉嘉家纺”品牌的同时，围绕国家把全民健身、全民运动上升为国家战略的契机，充分发挥国家支持体育产业与体育事业良性互动的机遇，充分依托集团完整产业链优势，不断提高深加工产品的比重和附加值，积极向运动服装领域拓展，创立了“向尚运动”品牌，旨在提供质量好、舒适性强、让百姓受惠的运动服装。“向尚运动”产品包括比赛服、训练服、运动休闲服等系列，以其款式新、质量好、档次高、舒适性强，满足人民对运动休闲服装的需求。与国家研发中心合作开发的纳米银纤维系列面料、仪纶系列面料及服装、床上用品等，充分提炼文化精髓，导入文化内涵，使新产品赢得了国内外客户的青睐，满足了市场需求，创造出了良好的经济效益和社会效益。2007~2014年，魏桥纺织自主设计研发《清明上河图》和《奥运圣火吉祥图》《87神仙图》《孙子兵法图像》《威海全景图》《中国梦》《魏桥创业乒乓球俱乐部风采》等彩色大提花工艺布卷，将中华名著等搬上织机。

魏桥纺织切实深化产学研合作，与上海、青岛、武汉等多所大学院校、科研院所建立了产学研合作关系，每年研发新产品4000多个，产品种类日益丰富，并处于同行业领先水平，现有165项创新成果获得了国家专利，多次被中国纺织工业联合会授予新产品开发贡献奖。

2.5 设备优

2.5.1 优化要素配置 发挥规模效应

在设备方面，公司机型多、数量大，以前传统模式是事后状态维修管理，导致基层重操作轻保养、预防维护意识不强，继而出现了拼设备现象，设备故障率逐年增加，设备维修人员基本处于只能“临时救火”的状态。公司通过集约化统筹管理，优化资源配置，强化要素保障，开展了对设备管理系统的创新和改进工作，主要做法如下。

一是实施分类分档次管理：根据设备可靠性、经济因素、年限和新旧状态分为三档次管理，科学调度，统筹协调，达到设备高效利用和有效搭配。二是开展专件精细化和配套维修管理：专件前期采购货比三家，试验对比，优选最佳专件；后期管理针对各类设备机型划定出各自的专件种类，把这部分关键专件建档立册，实施模块化组装，开展专件集中配套维修管理的方法，使这些专件做到整上整下，确保了各专件上机的精密度、标准化、统一化。三是改变以前设备检查单纯为查完好而检查，与工艺指标和操作使用情况脱钩的现状，为此提出了树立以产品质量为中心，设备技术状态以及工艺上机状态和产品质量状态为一体的新观念，构建“三方一体”新模式，结果验证的设备管理架构，通过设备完好检查、质量指标结果验证、操作验证等三方面共同把关会诊，发现的问题或不合格项，重新进行PDCA循环分析或QC攻关，制定不合格不允许开车的开车合格证制度，形成全员参与把关、全过程监控管理的模式。

2.5.2 加大创新力度 加快智能制造

公司对照《中国制造2025》规划纲要，加强智能化改造，引进世界先进设备，加快设备更新换代，不断提高自动化、智能化水平。为加快智能制造步伐，公司投资3亿元建设12万纱锭智能化紧密纺工厂，全部选用当今世界最先进的智能纺纱设备，可实现“生产全程自动化”“控制系统智能化”“在线监测信息化”，整个项目达产后可实现“熄灯生产，织造不断头”的生产状态，极大地提高了生产效率和劳动生产率。其中粗纱工序全部采用粗细联合智能粗纱机系统，粗细联轨道输送为自动模式，细纱机纱架全部被粗细联轨道取代，细纱机换纱采用“整排换纱”模式，整个项目实现粗细络包联，粗细联生产线可以实现从一楼到二楼的自动输送，解决了粗纱跨楼层输送的难题。筒纱输送包装工序选用筒纱智能包装物流系统，该系统实现了从络筒机自动取纱、输送、品种识别、机器人卸纱、堆垛、机械手拆垛、配重筛选、自动套袋、包装线兼容纸箱包装和编织布包装（无人自动缝包）两种模式的包装、自动贴标、自动码垛、自动入库、自动出库，整个流程无任何人员直接参与，是真正的无人智能包装输送系统。

2.6 文化优

2.6.1 凝练思想 深挖内涵

思想是行动的先导，行动是创新的前提。在集团公司三十余年的创业发展中，坚持以“为国创业，为民造福”为核心价值观，以“拼搏进取，求实创新，快速高效，勇争一流”为企业精神，形成广泛认同并认真实践的具有特色内涵和鲜明个性的魏桥创业管理思想，在企业发展中发挥凝聚、激励和导向作用。企业的发展和管理是同步存在的，要保证企业持续发展，就必须保证两者协调统一、兼容互补。发展与管理不同步，发展本身就会失去支撑；发展与管理同步，不仅管理的阻力较小，而且能为发展提供正确的导引力，保证在每一个循环中实现科学、健康、可持续发展。公司在发展中始终秉承“既要量力而行，又要尽力而为；既要在发展中提高，又要在提高中发展”的发展理念，科学进取，竭尽所能，不急功近利、盲目无序，指引公司在发展进程中审时度势、抢抓机遇，顺利完成一次又一次“发展—提高—再发展—再提高”的飞跃。

魏桥创业管理思想以“为国创业，为民造福”的企业核心价值观为旗帜，它的14个命题涵盖了五种思想方法和八项实践要求，构成了完整的思想体系，形成一个有机的整体，在企业经营管理中不断发挥着指导作用，在企业“做对、做大、做强”的实践中不断完善。

2.6.2 品牌引领 创新发展

公司大力实施品牌战略，以品牌战略为抓手，打造品牌优势明显、综合竞争力强的完整产业链条。公司积极创建世界名牌，不断完善运营模式，完善机制建设，以企业品牌市场化建设为着力点，充分挖掘和整合各类要素和资源，打造高附加值品牌产品。积极推行名牌战略，将人才优势、资金优势、技术优势向品牌集中，坚持走质量效益型的名牌发展之路，有力带动了企业的快速发展。在实施名牌战略的过程中，一手抓基础管理，一手抓科技创新，走出一条高效务实的品牌发展之路，通过扎实的质量和市场管理，夯实名牌产品，强化服务，打造名牌，增强市场竞争力，扩大品牌影响力，同时广泛应用各种新闻媒体、社会活动以及互联网等手段，使魏桥品牌在国内外市场的知名度和美誉度不断提升。魏桥品牌连续13年入选“中国500最具价值品牌”排行榜，2016年以431.75亿元的品牌价值名列第63位。魏桥牌纯棉纱线、坯布、牛仔布连续被评为“中国棉纺织行业最具竞争力产品品牌”；“嘉嘉家纺”被评为山东省名牌。

2.6.3 提升文化形态 推动文化创新

自2014年以来，集团乒乓球俱乐部冲入乒乓球中超联赛，在滨州市奥体中心主场作战，名次不断提升，影响不断扩大，带动“嘉嘉家纺”品牌广为人知。围绕提高“向尚运动”品牌的知名度和影响力，先后冠名和赞助部分体育赛事，注入文化基因，支持社会公益，并成为山东女足新赛季冠名赞助商，山东女足冠名为“山东向尚运动女足”，社会影响力不断增强，这一系列的品牌塑造让“向尚运动”品牌更为百姓所知，被消费者认可，极大带动了滨州足球事业的发展，也充分体现魏桥创业集团关心体育事业发展、投身社会公益的企业社会责任感，树立了良好的企业形象和品牌形象。

公司高度重视文体活动的开展，具有开展多种形式的群众性体育运动的优良传统。魏桥纺织领导班子高度重视体育活动开展工作，注重加强基础设施建设，聘请专职教练员、运动员组建专业队伍，多次在全国各级各类体育赛事中取得优异成绩，有力地带动了地方体育事业健康发展。乒超联赛主场设在滨州市奥林匹克体育馆，世界乒乓高手云集滨州，为滨州人民奉献了一系列高水平的精彩比赛。乒乓球俱乐部的队员定期走进企业、校园，让企业员工和学生有幸与优秀国手近距离接触，接受技术指导，开展互动游戏，观摩精彩表演，极大地带动了滨州乒乓球事业的发展。2005～2012年，滨州市举办魏桥创业集团冠名的“魏桥创业杯”男子篮球俱乐部联赛，魏桥创业集团篮球队的组建形式、运作方式、发展模式和领先的实力，给全市篮球运动的发展以极大的启示作用、引领作用和竞争推动作用，为滨州篮球事业的发展做出了重大贡献。

3. **实施效果**

魏桥纺织的持续健康发展得益于不断创新管理新思路，实践管理新方法，以创新为核心，以发展为根本，利用资源优势，实现产品差异化和多样化需求的充分满足。现已形成技术实力雄厚的、产品结构合理、创新制度健全的大格局发展模式，“三无一精”比例远远高于国内同行业平均水平，产品涵盖两纱两布（各类纯棉纱、布，各类涤棉纱、布），高支高密、弹性面料，牛仔布（常规类、弹性类、竹节类），化纤布等十大类1.4万个品种，棉纱最高纱支达到500英支，坯布最高密度达到1800根，各项质量指标均处于国际先进水平，并被中国纺织工业联合会确定为“中国流行面料吊牌会员单位”“国家特宽幅印染产品开发基地”。

4. **结论**

魏桥纺织在三十多年的创业发展历程中，逐步培育并形成了“拼搏进取、求实创新、快速高效、勇争一流”的创业精神。正是这种创业精神造就了魏桥纺织的昨天，支撑着魏桥纺织的今天，激励着魏桥纺织奔向更加灿烂的明天。

魏桥纺织只有在不断创新中才会走得更高、更远、更稳。魏桥纺织将紧跟时代步伐，抢抓机遇，大胆创新，不断创造和拥有更新的思想、更新的观念，不断增强企业核心技术优势，优化、调整企业内部资源配置，充分发掘企业内部潜力，增强竞争实力，促使企业的长远发展。

二、案例分析思路与逻辑

1. 启发思考题一

1.1 **问题**

初创阶段的魏桥纺织非常弱小，为何不仅能够生存下来而且还能够快速成长?

1.2 **分析思路**

魏桥纺织能根据企业外部技术、市场环境、内部经济和技术实力制订出恰当的创新策略。魏桥纺织建厂以来持续不断地技改，制订符合企业自身实际的技改战略：量力而行，滚动发展，跳跃增长，良性循环。技改的周期随着企业经济实力和技术实力的增强逐步缩短，产能的规模则大幅增加。同时将技改管理工作做细做实，实施的技改管理方针是“五同五早”，即土建施工、设备安装、人员培训、产品开发、市场开拓同步进行，早施工、早安装、早投产、早达产、早回报。为了使企业拧成一股绳，魏桥纺织配套的管理从严、生产抓紧、质量从优、经营搞活和生活关心的治厂方针。魏桥纺织注重质量工作，提出“以人为本，求实创新，精纺细织，顾客满意”高标准的质量方针。落实质量方针的同时，制订了一票否决，两个不准，三不放过的质量管理方针，使各项措施落到实处。

我国企业平均寿命很短，之所以会出现这种情况，是因为很多企业没有及时进行二次创业。二次创业对企业来讲是避免过早进入衰退期的必要之举。魏桥纺织成功地进行二次创业，真正在市场中站稳脚跟，获得了真正发展壮大的宝贵机会。

1.3 理论依据及分析

产生创新的资源配置过程是开发性、组织性和战略性的，这意味着在任何时间支持创新的公司治理体系都是由资金承诺、组织整合和内部人控制三个条件构成的。资金承诺是指企业因成功创新活动所产生收益的大部分能被战略性地投入将来的创新活动中去的一种制度支持；组织整合是指一种社会制度支持：它对置身于企业内部复杂劳动分工中的参与者提供激励，使他们放弃在公开市场出售其人力资本的打算，而将技能和精力投入企业。

组织能力是企业整体的组织能力，包括企业的物质设施和人的技能；而其中最重要的是高、中层管理人员的技能，这些技能结合起来是决定企业组织能力的关键因素。管理层对生产和分配的有效协调和控制是锻造企业组织能力的前提条件。

1.4 关键要点

管理创新的目的是为了解决企业当前所面临的独特问题，而非先进管理思想和管理制度本身。首先，要有利于企业创新的公司治理结构，这是企业实施创新的必要条件，如果缺乏相应的制度支持，企业创新难以启动或持续。其次，要有利于企业创新的制度，制度本身并不能保证企业创新的成功，企业创新成功的关键在于对创新过程的管理。最后，单纯的制度创新、管理创新、技术创新并不一定会对企业经营绩效产生直接影响，而是通过组织学习与组织创新打造与公司战略相一致的组织能力，才是企业竞争优势的来源，是解释企业之间长期经济绩效差异的关键变量。

2. 启发思考题二

2.1 问题

魏桥纺织持续不断地创业成功的关键因素是什么？这些关键因素是如何影响企业成长模式的？

2.2 分析思路

管理创新就是要创造一种更有效的资源整合模式，使之与内部和外部环境相协调，从而更好地实现企业目标，实现可持续发展。魏桥纺织就是沿着这样一条道路走向成功的。

现代企业管理创新的定义是，在管理实践过程中，为进一步实现企业目标所产生的管理实践活动、过程、结构或技术的发明和实施。具体步骤是，首先，需要明确在企业中是哪些因素促进企业成员积极探索管理创新；其次，企业以实验的方法来尝试提出可能的解决方法；最后，是在企业内推行新的管理方法的阶段，在这阶段一方面通过试错、监测和调整新的管理方法与现实相悖的地方，并根据行动的后果和干中学有根据地改善新的管理方法，同时在实践过程中不断积累隐性知识进而形成惯例。魏桥纺织的发展诠释了这一管理创新过程，其具体的管理创新成果体现在制度优、成本优、质量优、技术优、设备优、文化优六个方面。

2.3 理论依据及分析

企业在创业过程中为了应对环境变化来提高竞争能力，通常会进行企业内创业，又称二次创业。扎拉（Zahra）认为二次创业是在公司内部创造新事业，以改进组织获利能力和提高公司竞争地位，或者从战略的角度更新现有企业的过程。杰里斯 & 卢克（Jenning&Lumpkin）认为二次创业取决于公司开发新市场或者新产品的程度。伯格曼（Burgelman）给二次创业的定义是通过内部进行新的资源组合来拓展公司竞争领域和发掘相应机会的能力。著名的战略学专家迈克尔·波特在《竞争战略》中指出：差异化战略是企业竞争制胜的法宝。他提出的成本领先、差异化、专注性三大战略都可以归结到差异化战略上来。差异化就是如何能做到与众不同，并能以这种方式提供独特的价值。

2.4 关键要点

（1）魏桥纺织创业者的自身素质决定了创业的成功。在本案例中，创业者身上具备绝大多数成功创业者的优良素质，因此才能领导企业战胜危机，使企业不断发展壮大。

（2）魏桥纺织随着外界环境的变化，不断进行战略调整，善于抓住机遇，给自己创造机会。

（3）魏桥纺织创业成功的关键在于商业模式的成功，尤其是运营模式、营利模式的创新。

（4）魏桥纺织成功的核心因素之一就是市场机会的选择和有效的市场定位。

（天津工业大学：丁志忠研究员、王亚超教授）

不忘“初心”谋发展 “四力合聚”谱新篇

——淄博大染坊丝绸集团有限公司

摘要 淄博大染坊丝绸有限公司从一个负债累累、濒临倒闭的企业重新塑造为全国丝绸行业的排头兵及标杆性企业，公司本着“积极慎重，大胆稳妥，重点突破，逐步推进”的原则，通过机制创新激发企业活力、管理创新提升企业竞争力、研发创新增强企业实力、文化创新增强企业凝聚力，将企业和个人创新的初心融合转化为个人创造力、企业动力和市场竞争力，向改革要动力，向创新要活力，将复兴丝绸、重振纺织付诸实施，值得学习和推广。

关键词 治理结构；创新机制；茧丝绸

一、案例正文

0. 引言

淄博大染坊丝绸集团有限公司紧紧抓住“机制、管理、研发、文化”四个改革创新关键点，以机制改革为突破口，以管理为抓手，以研发为重点，以文化引导育人为依托，不断探索，勇于创新，摸索出了适合大染坊自身发展的改革之路。在短短几年里，把一个负债累累、濒临倒闭的企业重新塑造为全国丝绸行业的排头兵及标杆性企业，实现了涅槃重生，在激烈的市场竞争中迸发出强大的生命力，焕发勃勃生机。

1. 背景

淄博大染坊丝绸集团有限公司坐落于周村，该地区位于鲁中。明清时期丝绸产业极为发达，形成了集教育、科研、机械、缫丝、织造、印染、服装及制品加工、内外贸易、茧丝检验为一体的完整的丝绸产业链条，代表了山东丝绸生产的最高水平，是全国 12 个丝绸工业加工基地之一，产业基础雄厚，素有“丝绸之乡”之称。

企业前身主体是当地众多的私营企业于 1956 年公私合营后组建的淄博丝织一厂、淄博丝绸印染厂等企业。这些企业积累了丰富的丝绸生产经验，又积聚地域丝绸产业优势，在 20 世纪 50 ~ 60 年代为国家出口创汇做出了一定贡献，成为新中国成立后当地知名企业。

但是随着市场经济的快速发展，周村丝绸产业由于体制、管理、产品等多种原因，在经济大潮中逐步走向萧条，产能萎缩，失去了往日的辉煌。

企业前身就是在这种大背景下，通过行政合并、破产重组等多种形式，将原山东淄博丝织一厂、淄博丝绸印染厂、淄博丝绸复制品厂、淄博丝绸批发站四家老国有企业组合成山东天力丝绸有限公司。这种行政化的人为组合，只是在规模和人员方面实行了数量上的叠加，并没有真正触及企业的多种深层次问题，更没有解决国有企业固有矛盾和僵化机制等问题。生产效率低、产能低、成本高、机构臃肿、企业负担重等一系列根本性的矛盾暴露无遗，到2003年，山东天力丝绸有限公司已完全陷入停产和半停产状态，资产负债率高达22998%，严重资不抵债，所有厂房、设备都抵押给银行，欠银行贷款5.7亿元，欠上百家社会单位、个人的建设款、原料款等8000万元，欠职工集资款5000万元，各种债务累计达到7亿元，3700名职工不断上访，迫切要求企业解决生计和企业出路问题。

企业利用三年的时间，边改革边发展，以改革促发展，以发展保改革。三年里企业没有发生一起职工越级上访事件，创造了1500个就业岗位，稳妥地处理了5.7亿元各类债务，妥善安置了4000名下岗职工，使全部职工身份得到了彻底转换。至此，山东天力丝绸有限公司彻底完成了其历史使命，终止运作。

2007年7月1日，淄博大染坊丝绸集团有限公司在原国有企业历经了艰难的改制后，破茧而出，以崭新的姿态开始了新的征程。

2. 方向和目标

企业开启了新的征程，百废待兴，最关键的是选择什么样的机制，既要适应企业自身发展的要求，又要符合当前市场经济规律，通过机制的蜕变和创新，激发企业活力，摆脱企业困境，更重要的是要能通过机制的创新，长期有效地激发和保持活力和灵活性，在市场经济中不断发展壮大，推动企业持续健康发展。经过中高层团队的多次讨论和研究，最终确定了推进"四力合聚"战略，即推进四个层面的创新，机制创新激发活力、管理创新提升竞争力、研发创新提升核心实力、文化创新增强企业凝聚力。

在四个层面的创新中关键是机制创新，机制是一个重要的突破口，更是一个涉及企业长远利益和职工利益的系统工程，机制创新实际也是多种利益的博弈。企业本着"积极慎重、大胆稳妥、重点突破、逐步推进"的原则，确定了构建创新机制的进程和目标。

3. 实践与探索

3.1 创新治理机制激发企业活力

一是创立全新的以产权关系为纽带的有限责任公司，建立符合现代企业制度要求的运作机制。在全体中高层人员、部分营销人员和技术人员、管理骨干人员中募集资金，成立淄博大染坊丝绸集团有限公司。集团公司成立后，制订了“淄博大染坊丝绸集团有限公司章程”“淄博大染坊丝绸集团信托资金管理办法”“淄博大染坊丝绸集团有限公司股东行为公约”三个重要文件，并根据企业发展的需要进一步修订和完善，构筑依法管理、依法约束，依法监督、依法经营、依法进退、依法考核、风险共担、利益共享的运作机制。最大限度地调动了广大干部职工的积极性，使公司中高层人员、技术、管理、营销骨干既是公司的管理者、劳动者又是公司的投资者，形成“船上有水手的货，水手时刻关注潮起潮落”的全新运作机制。二是进一步加强对各参控股公司的资本链接。集团公司通过加大对下属各参控股公司的资本注入，强化资本纽带作用，加强调控和管理，并先后投资成立了淄博鲁商纺织有限责任公司、淄博惠众织物整理有限公司、淄博哈根助剂有限责任公司等10家参控股公司，进一步壮大了企业实力。三是依托“淄博大染坊丝绸集团有限公司信托资金管理办法”，规范股本进出，股本合理科学流动，有效地增强了股本的激励作用。四是制订了严细的“淄博大染坊丝绸集团股东公约”，在制度上细化和规范了股东行为，有效防范损害企业的现象和问题。

三年的时间企业已建立起科学、合理、完善的运作机制，这种机制给企业带来全新的活力。董事长兼总经理陈鲁常常告诫大家：大染坊就是一条在大海里航行的船，但是这条船不是我董事长个人的，我自己仅仅是一名船长，企业高层领导成员分别是大副、二副和三副……，所有股东都是水手，通过我们齐心协力，共同努力，船才能到达胜利的彼岸，所有船员才能享受胜利的成果，如果没有共同的目标，没有齐心协力、全力以赴的精神，我们的企业，我们大家所依存的大染坊这条船就会面临灭顶之灾，我们就会葬身大海。这种同舟共济凝聚全体职工的全新运作机制和理念，成为企业改制后不断壮大实力、增强向心力的“压舱石”。

企业机制创新带来的活力使企业核心实力连年增强，集团公司从最初67万元的募集股本，到2015年企业注册资本扩充到3000万元，10家参控股公司总股本达到了3468万元，集团公司投入1851万元，占总股本的53.37%。合计总股本达到6500万元。

3.2 创新管理机制提升企业竞争力

企业在成功改制后，下属生产经营单位逐步发展到8个事业部，注册成立了10家参控股公司，形成新的经营主体。企业新型机制主要解决了“人”的问题，并不是一劳永逸的，面对复杂的市场经济形势，在灵活快速适应市场经济的同时，要让企业的每一个细胞感受到市场传递的压力和信息，形成快速反应机制和应变能力，才是企业不断壮大成长的根本之路。淄博大染坊丝绸集团有限公司从强化管理机制创新入手，着眼于构建新型的管理运作机制。

一是推船入海。企业的生产事业部原先一直按照公司统一管理，下达生产计划和指标后，完成生产任务，自身并没有与市场接轨，形成了僵化的运行模式。企业第一步就是“推船入海”，让8个事业部全部按照“生产要素法人化、经营运转市场化、内部管理资本化”的基本原则和目标进行运作，建立了“自主经营、自负盈亏、利益共享、风险共担”的模拟法人机制，成为产、供、销、责、权、利相统一的市场竞争主体。

二是对10家参控股公司加强资本链接，进行统一财务管理与核算。建立健全股东会、董事会、监事会，完善法人治理结构，完全按照市场主体运作，使10家参控股公司自觉地运用市场机制约束和调整生产经营行为，企业内部形成更加透明、更加公正、更加合理的竞争机制。

三是建立以资本量化考核为主线的内部核算和监督机制。着重通过资本链接加强对参控股公司的调控，以资产占有量为依据，强化资产增值保值的量化考核。财务核算和审计监督双轨并行，对企业的生产经营进行全方位的财务核算和监督审计，每月召开经济分析会对生产经营成果进行分析，对不良经营行为，出现经营风险的生产经营单位及时预警，进一步细化和量化经营成果、资产增值目标，与经营单位的内部分配和经营者的收入挂钩，各参控股公司和事业部的经营者自觉加强了市场意识、风险意识、自我约束意识和自我发展的意识。

四是建立完善和规范的内部分配机制。通过股本激励、经营成果奖励等灵活的杠杆调节分配，形成了公平、公正的“工资靠岗位、奖金靠业绩、分红按股权”的三位一体的分配机制，个人与企业成为利益相统一的共同体。

3.3 创新研发机制增强企业实力

近年来，建立和完善“全面统筹、系统规划、联合攻关、重点突破、成果共享”的自主创新研发机制。一是每年拨出近50万元专项资金对新产品、新工艺、新成果及合理化建议进行奖励；二是加快产学研步伐，与山东理工大学、山东工艺美术学院、南京大学等高校建立良好的合作关系，与富安娜、梦洁、罗莱、水星、金太阳等国内知名家纺企业建立战略联盟，联合研发新产品；三是发挥产业链完整的优势，统筹协调，快速反应，每年有上百个新产品投放市场，有效地应对了市场的复杂多变。获得4项发明专利，4项实用新型专利。在中国四季丝绸面料创新设计大奖赛上，10个奖项中，公司自主创新研发的《蜿蜒》获得银奖，3个新产品获得创新奖，《云雾飘》和《双弹棉莫代尔斜纹面料》获得2015年度中国流行面料优秀产品奖、铜氨/黏胶/醋酸提花面料荣获2015年度中国印染行业优秀面料二等奖、在“祥业杯”珊瑚绒家纺面料创意设计大赛上，《随心所欲》获得金奖。公司获得中国纺织工业联合会颁发的新产品开发贡献奖。

3.4 创新文化机制增强企业凝聚力

企业文化是管理机制的重要组成部分，是目前职工思想及价值观多元化下，做好凝聚职工队伍，增强企业共振力和向心力的重要思想武器。

淄博大染坊丝绸集团有限公司自改制后坚持在民营体制下建立和完善“党委领导、工会主导、舆论引导、积极倡导”的文化建设体系，以“让更多的个人或更大的团体因大染坊的存在而受益”为终极奋斗目标，在这种体系下，坚持依靠党建工作引领人，工会建设培育人，文化创新凝聚人。形成了以“关怀、公平、忠诚、责任”为核心价值观的企业文化理念，营造出团结、向上、和谐、博爱的良好环境，增强了企业凝聚力。一是坚持以党建统领全局。集团公司党委向全体中高层人员提出了“三个不要忘记”，第一，不要忘记公司的事业和企业是在中国共产党的领导下，虽然企业是一个民营企业，但公司今天所做的一切，不能背离党的路线方针，如果失去政治方向，必然就会走向灭亡；第二，公司是从国有企业改制而来，企业的今天是历代干部职工近百年的奋斗结果。我们这一代人只是抓住了历史机遇，享受到了改革改制的成果，所以永远不能忘记为企业发展做出贡献的几代丝绸人；第三，不要忘记公司绝大多数中高层人员是中共党员，除了应承担的企业责任，还必须承担党和社会赋予我们的政治责任和社会责任。全体党员带头献身企业，忠诚事业，成为公司各项工作的带头人。二是建立“全员参与、覆盖全员”的救助帮扶工作机制。坚持“金秋助学”“两节走访”“难时救急”等一系列关爱职工活动和公益事业，每年救助爱心款达到20余万元，每年一届的“大染坊”杯篮球联赛、羽毛球联赛、乒乓球联赛丰富了职工的业余文化生活。三是实施“拴心留人”工程，不断修订和完善分配机制和激励机制。实施工人技师评聘制度，按照“不唯文凭看水平，不重资历看能力，不管年限看贡献”的原则，评聘初、中、高12名工人技师，对评聘的技师除在分配上采取年终奖励、收入分配倾斜等多种组合式激励政策外，还给予一定比例的持股权。对部分本科以上职工实施弹性工资制。企业自组建以来未有一个关键岗位人员跳槽，未发生一起股东损害企业行为。

4. **成果**

（1）在全国茧丝绸行业中率先创新式地建立符合现代企业制度特征的新型运行机制。经过近三年来的不断探索和完善，企业已逐步建立起适应企业自身发展，符合现代企业制度的新型机制，新型机制使企业充满活力。

（2）产能及规模实现跨越式增长。企业用三年时间实现产能翻番，产能是改制前的三倍以上。用五年时间走在全国丝绸行业的前列，将濒临倒闭的企业发展成为全国丝绸行业领军企业。

（3）跃居国内丝绸产业前列。目前企业丝绸织造总量位居全国前列，是全国宽幅丝绸家纺面料的龙头企业，是具有缫丝、织造、练染印、长车轧染、筒子染色、丝绸工艺品、家纺服饰、内外贸易完整产业链的企业，是江北最大的丝绸印染生产企业之一。跨入淄博市创新50强企业行列，是周村区纺织丝绸行业产业集群的龙头。

（4）软硬实力大幅提升。企业新产品研发保持连年递增态势，8项新技术和新工艺申报了国家专利，新产品产值率占总产值的85%以上，获得了全国纺织行业十大品牌文化企业称号、中国纺织行业新产品开发贡献奖。

（5）取得良好的经济效益和社会效益。企业取得了良好的经济效益，成为当地纺织丝绸行业大户，职工人均收入连年增长。2016年，山东省对包括大染坊丝绸集团在内的山东丝绸产业体制改革，特别是对长期以来丝绸产业以产权为突破口处理“僵尸”企业、稳妥安置职工的做法给予高度评价，作为案例和经验在全省推广。

二、案例分析思路与逻辑

1. 启发思考题一

1.1 问题

“不忘初心，牢记使命”应该是每个人、每个企业的指导思想与行为准则。对于传统的丝绸企业“初心”是什么？企业家的“初心”是什么？如何将每个员工和利益相关者的“初心”融合成为大染坊的发展原动力？

1.2 分析思路

丝绸是世界文明瑰宝，中国丝绸长期居于人类时尚的顶峰。今后中国丝绸必将重新站上世界时尚产业金字塔尖。而过去十多年中，面临着丝绸产业转移和国有企业转型双重压力与挑战。山东大染坊的企业家不忘产业振兴的初心，凝聚管理者、员工、消费者的人心，将初心转化为企业自信、创新热心和发展恒心。

1.3 理论依据及分析

德鲁克认为，健康持续发展工业社会的未来取决于所有人对社会的正确认知和相应的职能发挥，管理的本质就是激发每个人的善意，即管理创新的思路就是让企业所有利益相关者的“初心”相连，让企业和员工心心相印，相向而行。

大染坊创新管理的“初心”之一，就是传承古代丝绸文明，秉承匠心精神，通过技术创新继承发展丝绸产业，复兴丝绸时尚文化。

“初心”之二是专注做好自己的事情，矢志不渝，做专、做精、做极致。

“初心”之三是企业的价值就是要满足消费者日益增长的对时尚美的需求，重点通过创新解决供给和需求的“不均衡，不充分”的问题。

1.4 关键要点

十八届三中全会“决定”明确指出改革的终极目标就是让“一切资本、知识、劳动等要素的活力迸发，让所有财富的源泉涌流”。因此坚持建设纺织强国的初心，坚定企业做好做精丝绸产业的“初心”，精细考虑所有供应商、客户、投资者等所有利益相关者的价值期望，理解所有管理者、员工的切身利益，从而凝聚各方力量，激励所有活力，才能齐心协力相向而行，保证企业高质量可持续发展。

2. 启发思考题二

2.1 问题

淄博大染坊丝绸有限公司如何从一个负债累累、濒临倒闭的企业重新塑造为全国丝绸产业的排头兵和标杆性企业？如何在面临全球丝绸行业困境，东部丝绸产业区转移的挑战下产业逆势上扬？又如何将“初心”转化为实践行动？

2.2 分析思路

将纺织强国梦、丝绸产业复兴计划、企业转型升级、实现高质量持续发展目标付诸实际，关键是将企业、企业家和全体员工的“初心”凝聚在一起，转化为个人创造力，企业的创新动力和市场凝聚力融合在一体，向改革要动力，向创新要活力，向市场要潜力。

2.3 理论依据及分析

德鲁克认为，企业的职能只有两项：创新和将创新转变为市场价值。在产业转折期更是如此。

创新和周期理论的创立者熊彼特认为，创新是经济摆脱衰退走上新一轮增长的唯一动力，他把创新分为五类，产品创新、原材料创新、生产技术流程创新、生产组织创新和市场创新。淄博大染坊则把企业实践的管理创新归结为治理机制创新、研发创新、运营创新和文化创新。

2.4 关键要点

2.4.1 治理制度创新

将国企改制为以产权关系为纽带的有限公司，构建依法治理、风险共担、利益共享的治理结构，公司高管、技术骨干、一线员工同舟共济，激发活力。

2.4.2 研发创新

建立了全面统筹、联合攻关、重点创新、成果共享的自主创新研发机制，完善了“产学研”“产供销”创新组织，增强持续增长动力。

2.4.3 运营创新

大染坊将生产要素法人化、经营运作市场化、内部管理资本化，将事业部推入市场，建立利益共同体和分配机制，提高了对市场的反应能力和竞争力。

2.4.4 文化创新

以“关怀、公平、忠诚、责任”企业文化，营造公司环境，树立行为准则和价值标准，凝聚协同力，增强向心力。

（东华大学：顾庆良教授、刘蕴莹副教授）

基于全产业链创新升级的民族品牌重塑管理实践

——内蒙古鄂尔多斯羊绒集团有限责任公司

摘要　鄂尔多斯是广为人知的羊绒品牌，但面对消费者、渠道商、新品牌和新业态等与日俱增的新挑战和新形势，品牌认知模糊、老化等问题尤为突出，品牌重塑势在必行。鄂尔多斯从消费者的视角出发，确立多品牌细分发展战略；提升产业链的协同创新能力，确保战略有效落地；通过多次阶段性的多方沟通会议，打通从商品企划、开发执行、组货买货，再到终端销售的整个链条，建立“三上三下”新品开发模式；全国渠道进行动态的优化和匹配，并加大终端建设投入，营造完美消费体验；组建鄂尔多斯时尚学院，加大品牌推广力度，塑造品牌新形象。通过基于全产业链创新升级的民族品牌重塑实践，构建线上线下同步的全渠道体系，多品牌区隔经营和综合管理体系初见成效，经济效益显著增长。

关键词　产业链升级；品牌重塑；产业转型

一、案例正文

0. 引言

2017 年 9 月，“第 12 届亚洲品牌盛典”举行，鄂尔多斯集团在参选企业中脱颖而出，一举斩获“亚洲十大影响力品牌”大奖，鄂尔多斯控股集团副总裁、羊绒集团总经理王臻荣获“亚洲品牌十大创新人物”荣誉称号。而早在同年 6 月，由国家工商总局、世界知识产权组织联合举办的中国商标金奖颁奖大会上，鄂尔多斯荣获商标运用金奖，该奖项素有中国商标界的“奥斯卡”美誉。鄂尔多斯是 2017 年内蒙古自治区唯一获此殊荣的企业，也是中国羊绒服装行业唯一获奖的品牌。

2017 年对于鄂尔多斯集团是不平凡的一年，是令人喜悦的一年，也是收获的一年，这让王臻回想起鄂尔多斯全产业链的创新升级与品牌重塑历程时陷入了沉思……

1. 鄂尔多斯发展之路

1.1　鄂尔多斯的起点

鄂尔多斯的前身是伊克昭盟绒毛厂，从 20 世纪 60 年代起就是中国规模最大的山羊绒加工企业之一，但当时产品质量并不出众，而且在产业链中的地位和利润都远远不如国外同行。1979 年，自治区纺织工业公司与日本三井物产采用补偿贸易的合作方式，在原伊克昭盟绒毛厂的基础上，筹建了羊绒衫厂。1981 年，总投资 3355 万元的伊克昭盟羊绒衫厂正式投产，一座年产 500 吨无毛绒和 30 万件羊绒衫的现代化工厂呈现在人们面前，结束了我国只出口原绒和羊绒初加工的历史。

同年 10 月，这个新品牌一炮打响，荣获当年世界服装展示会“全优产品”称号，投产第一年实现的利税比绒毛厂 10 年的总和还多，除了一次性收回总投资之外，当年还创汇 2800 万美元。这份成绩单和改革的效果让所有刚刚睁开眼看世界的国人感到震惊，很快，鄂尔多斯集团毅然进行了管理体制改革和分配体制改革，以公平竞争的市场机制理顺了企业的内部关系，调动所有潜力，为后来的发展打下了坚实的根基。20 世纪 80 年代末，随着国家改革开放进入快车道，伊克昭盟羊绒衫厂获得了自营进出口权，并与伊盟纺织工业公司分立，更名为鄂尔多斯羊绒衫厂，一个新的品牌就此诞生，一段新的传奇即将书写。

彼时，国内的羊绒市场极其混乱，羊绒制品质量参差不齐，外商甚至联合抵制中国羊绒，这便是羊绒工业发展史上的“绒毛大战”。在这个需要有人来扛起大旗、稳定市场的时刻，鄂尔多斯集团站了出来，在内蒙古自治区的支持和协调下，组建了内蒙古 KVSS 羊绒企业集团，这个企业联合体横跨华北和西北六省区，以中国第一羊绒企业的地位引导中国羊绒材料市场，进而改变世界羊绒产业。前后历时五年，终于避免了中国羊绒原料市场“土崩瓦解”的态势。1994 年，羊绒市场再度复苏，鄂尔多斯也一跃成为中国羊绒业之王。

勤劳的鄂尔多斯人没有为眼前的成就沾沾自喜，他们不仅要做中国羊绒之王，还要成为世界羊绒之王，不光要抓住原料生产和销售，还要开拓市场、锻造品牌。从 20 世纪 90 年代起，集团实施“内外销并重”的营销策略，“鄂尔多斯”商标先后在几十个国家和地区注册，数十家营销公司和直销店遍布全球；同时，以 1989 年中央电视台播出“鄂尔多斯羊绒衫温暖全世界”广告语和鄂尔多斯时装艺术团全国巡演为标志，正式开始大力开拓国内市场，在国内建成了数十家销售公司和上千家销售网点，使鄂尔多斯的市场占有率始终保持行业第一。正因为在市场推广和品牌构建上的孜孜不倦，1992 年，“鄂尔多斯”被评为内蒙古自治区著名商标；1999 年，被国家工商总局认定为“中国驰名商标”。

1.2 市场竞争格局下的转型

作为企业，面对的是中速时代和经济结构变化、中产阶级消费升级、个性消费多元化发展、互联网重构产业以及年轻群体消费步入主流的新形势。

进入21世纪，在求新图强上，鄂尔多斯也一直走在前面，2003年，开始向大服装品牌延伸，先后成立了男装、女装等七个专业公司，引入国际水平的创意设计资源，进行四季化和时尚化产品开发。2004年和2006年成功举办了第二、第三届鄂尔多斯国际羊绒商品交易会，羊绒制品的产销规模达到1000万件；2009年，聘请国际名模刘雯为品牌形象代言人。这一系列改革和举措，将鄂尔多斯从功能性服装品牌升级为时装品牌、纺织行业标志性品牌，坐稳了集团在羊绒行业和服装行业的领头羊地位。

鄂尔多斯虽然积聚了30多年的品牌势能，是广为人知的羊绒品牌，但由于品类单一，客群年龄层次偏老，所以使一些消费者形成“保守、偏老化、缺乏特征”的刻板印象，被年轻消费者认为是“上一代人”的品牌，在年轻时尚人群中的接受度较低。面对新形势、新挑战，鄂尔多斯必须审时度势，在保持战略定力的同时，锐意创新、砥砺前行，积极寻求变革。

1.3 产品定位升级转型

2016年，鄂尔多斯羊绒集团经过层层系统设计和科学论证，确立了多品牌细分发展的战略。首先，鄂尔多斯站在消费者的视角，对有着三十多年历史的“鄂尔多斯 ERDOS”进行了战略拆分，将其重塑为两个全新定位的品牌，即代表中国中产阶级人群的时尚羊绒品牌“ERDOS”和定位于成熟人群的专业羊绒品牌“鄂尔多斯1980”。并重新定义了早年鄂尔多斯为探索都市女装而成立的“BLUE ERDOS”品牌，将其定位为面向都市年轻客户群的入门级羊绒时尚品牌；同时，深化发展创建十年之久，开创了在国内外颇具影响力的世界级羊绒奢侈品“1436”品牌。重塑后的鄂尔多斯品牌家族旨在通过四个差异化定位的品牌，服务不同的细分市场，实现对中国主力消费市场既广泛又精准地覆盖，着力打造新时代的“羊绒大王”。

具体来说，鄂尔多斯品牌家族旗下这四个品牌的定位如下。

“1436”是代表极致羊绒的无可争议的世界级奢侈品牌。通过艺术化的创意表现手法和极致的匠心工艺，诠释品牌独立、珍贵且富有内涵的核心价值，为中国以及世界正在快速崛起的一批有独立个性和价值体系的年轻富裕人群提供极致的羊绒体验。

“ERDOS”是代表中国中产阶级人群的时尚羊绒品牌，品牌基于对美和时尚的高度敏锐，完美融合羊绒艺术与时尚风格。聚焦在经济独立、具有良好教育背景与文化修养、注重品质和时尚、有独立审美及服装选择主张的现代都市中产人群。

“鄂尔多斯1980”是为中国广大的成熟人群打造的专业羊绒品牌，品牌基于对品位和舒适穿着的极致追求，演绎经典羊绒与针织工艺的极致追求。聚焦于热爱生活、关注家庭、注重着装舒适度、追求品位但不盲从的高端消费者。

“BLUE ERDOS”是为年轻有态度的消费者推出的高性价比羊绒品牌，定位为“简约而充满活力、自在而物超所值”的入门级羊绒，这是一个巨大的空白市场。核心客户群主要集中在个性独立、注重品质，同时理性消费的都市年轻客户群，抓住当下正在快速成为社会消费主力的“80后”“90后”人群，即全球时尚界都在试图获取的一片新市场。

2. 鄂尔多斯面临的形势

2.1 市场形势分析

近年来，国际局势跌宕起伏、国际金融危机影响仍未消散，全球治理困局凸显，世界经济仍处于缓慢复苏进程中。

在中国经济的新常态下，一是从高速增长转为中高速增长；二是经济结构不断优化升级；三是从要素驱动、投资驱动转向创新驱动。国家经济战略也随着新常态的深化发生了重大调整——从“两个一百年”奋斗目标的提出到中国梦的引领，从“五位一体”总体布局到“四个全面”战略布局。

国内服装行业在结束了黄金十年的高速增长后，更前所未有地经历着来自消费者、渠道商、新品牌和新业态等与日俱增的新挑战。消费者的快速分化，新品牌的不断涌现，电子商务和移动互联网的迅猛发展，零售渠道的转型和分化，渠道和消费者之间，渠道和品牌商之间，消费者和品牌之间，各自的发展和演变，相比以往更剧烈和更快速，无论是品牌商还是渠道商都进入洗牌期。举目可见各服装企业深陷关店潮，一批传统零售巨头举步维艰。

鄂尔多斯虽然积聚了三十多年的品牌势能，是广为人知的羊绒品牌，但由于品类单一，客户群年龄偏高，所以使一些消费者形成“保守、偏老化、缺乏特征”的刻板印象，被年轻消费者认为是“上一代人”的品牌，在年轻时尚人群中的接受度较低。

2.2 行业形势分析

近年来，中国经济增长的减速降档使纺织服装行业在发展过程中感受到了沉重的压力，如何看待和准确把握宏观经济新常态下行业自身所面临的外部形势特征和特点，如何更好地适应新环境、谋求实现更高水平的新发展、依靠创新驱动来促进产业升级，成为行业企业不得不面临的新课题。

一是快时尚品牌的进入加剧了行业竞争，且电商渠道竞争日趋激烈，行业对外出口竞争力仍在维持，但受到东南亚成本比较优势冲击下的市场份额存在进一步下降的压力。成本方面，行业主要原材料价格反弹，同时服装渠道成本仍将位于高位。财务方面，纺织行业整体规模仍将低速增长，财务表现难以实质改善。

二是移动互联网时代是以用户为王、体验为王、速度为王、平台为王的全新时代。而今，又从 IT 过渡到 DT 时代，大数据应用日渐深入和广泛，这是一个随时可能出现颠覆者的时代。那些曾经创造无数辉煌的核心竞争力正在成为企业的束缚，不改变就意味着死亡。

三是 LORO PIANA、BRUNELLO CUCINELLI 等国际一线品牌均进入中国市场，而 Burberry 和 Max Mara 等品牌的羊绒制品也成为消费者愿意投资的经典款式，赢得中国消费者的广泛认知，鄂尔多斯等国内品牌的市场空间受到一定挤压。

一直以来，“鄂尔多斯”已成为高品质羊绒服装的代名词，在全国各地的消费者心目中享有极高的知名度和情感认同，“鄂尔多斯”品牌有着三十多年的积淀。但面对消费升级的新形势和新的消费环境，要想获得可持续健康发展，鄂尔多斯必须升级创新，依靠全产业链优势进一步确定差异化的竞争优势。

3. 鄂尔多斯产业创新升级的新动力

3.1 鄂尔多斯的制胜秘诀

3.1.1 以实际行动诠释大企业的责任与担当

品牌是国家软实力的重要体现，身为民族品牌的代表，在鄂尔多斯的发展历程中，一直以自己的实际行动来体现一家行业领军企业的责任与担当。

当前，面对中国民族服装品牌的诸多困境，在国家振兴民族品牌的背景下，鄂尔多斯首先必须通过自身的品牌重塑升级成为提振内需的重要抓手。同时，把品牌培育与技术创新相结合，形成自己的关键技术，打造民族品牌核心竞争力。

而且，通过自身能力的提高和增长，走出国门，让振兴民族品牌成为提升国家文化软实力的重要内容。在世界百强品牌中，美国拥有超过半数的顶级品牌。中国却有着与经济地位严重不同步的品牌数量，是制造大国也是品牌小国。鄂尔多斯就是要通过自己的努力，让中国品牌走向世界，向世界展现中国自信。

品牌是国家形象的名片，美国以苹果、IBM 等树立了科技强国的国家形象，德国以奔驰、宝马等树立了制造强国的形象，日本以丰田汽车和松下电器等树立了机械强国的形象。品牌助力国家形象，而羊绒作为珍贵稀有的顶级材质，通过不断升级与重塑，鄂尔多斯身为羊绒行业的领军企业，有决心用自己的行动，从产品生产、创新和运营方面做到极致，成为消费者心中的首选品牌，进而发展成为地区的名片、行业的名片、国家形象的名片，在世界各地给广大消费者带来顶级消费体验的同时，让中国产品温暖全世界，让中国品牌享誉世界。

3.1.2 力促变革创新，方能创造未来

比尔·盖茨说："微软离破产永远只有18个月。"这是摩尔定律的周期，也是今天国内外市场需求、产业布局、经济结构都在发生剧变的情况下，企业面对的多重挑战与机遇。

变革、创新对鄂尔多斯未来发展的重要性不言而喻。推动创新、引领创新是赢得市场竞争地位、实现可持续发展的战略性选择。过去的三十多年，鄂尔多斯之所以能实现快速发展，正是因为牢牢把握住国家经济转型发展的趋势，抓住机遇，谋变求新，才奠定了今天的市场地位。

恰逢其时，当前国家在大力推动供给侧结构性改革，供需市场的深度调整为鄂尔多斯的战略转型打开了一扇门。企业上下当在以战略转型为纲，以创造新需求、引导新消费为手段，积极推动生产和服务方式、客户沟通和营销模式的创新，探索新的生意模型；结合客户消费方式的变化，利用互联网、物联网、大数据、云计算等新技术成果，提升产品、服务的参与感，推动鄂尔多斯业务向产业链、价值链的高端攀升。

客户的需求是隐形和动态的，需要企业创造性地发掘，才能使传统业务焕发出新的活力。过去三十多年的发展，鄂尔多斯依靠出色的组织学习能力，实现了快速发展壮大。但是，随着国家经济进入创新驱动增长的发展阶段，能力的薄弱环节也逐渐显现出来。距离国家经济转型的要求，距离自身转型发展的需求，都相差很远。基于全产业链的创新升级与品牌重塑势在必行。

百舸争流，唯创新者进，唯创新者强，唯创新者胜。企业要有"安而不忘危，治而不忘乱，存而不忘亡"的危机意识，要有"丹心未泯创新愿"的追求，要有"风物长宜放眼量"的格局，着眼于更长远的战略发展，把握现在，筹谋未来，让创新蔚然成风。

3.1.3 品牌战略升级蓄势待发

面对市场的诸多困难和未来的深层次挑战，鄂尔多斯深刻地意识到，必须从根本上系统梳理和解决在新市场下鄂尔多斯品牌如何发展的问题。快速变化的消费者塑造着中国服装行业的未来，而要明晰品牌未来发展方向，就必须深

刻洞悉今天的中国消费者。

2015 年，鄂尔多斯首先对全国 35 个城市的 5000 名消费者进行了深度的调查、研究、访谈。调查发现，在消费者眼中，鄂尔多斯一方面存在品牌认知模糊、老化、货品管理和形象管理能力薄弱等问题，但同时，广大消费者是认可鄂尔多斯的，因为消费者相信鄂尔多斯是专业的、有品质的。消费者也愿意为羊绒而投资，消费者对羊绒有期待，有渴望。相比之下，鄂尔多斯比任何厂家都有更大的机会。

这次调研是鄂尔多斯在国内服装行业内进行的规模较大的一次调研，而鄂尔多斯投入资源进行此项工作的目的，就是为了更全面地认识市场和消费者，从而能够在危机中发现机会。

在消费者调研基础上，鄂尔多斯研究行业、市场、品牌竞争和渠道态势，尤其对鄂尔多斯品牌运营与发展的现状进行了深入分析，并系统总结回顾了过去六年转型的经验得失。研究认为，尽管当下中国经济挑战重重，但往前看，中产阶级消费升级、城镇化的进一步发展、个性消费的多元发展、年轻群体消费步入主流，这四大趋势正在创造越来越多的市场机会与发展潜力。而羊绒原料的珍贵和穿着使用的舒适，必将是消费升级的主流选择；作为时装行业的新兵，在个性多元消费的大时尚行业，鄂尔多斯的成长空间毋庸置疑；“80 后”和新生代的强大购买力以及鄂尔多斯对传统客群的深度挖掘和精准服务，同时传统客户群的需求升级，都为品牌发展提供了广阔的空间。

因此，在这个时间节点上，鄂尔多斯鲜明地确立了以市场和消费者为导向的发展方向，明确了品牌重塑战略，即聚焦优势、细分市场、精准定位、精耕细作。

具体而言，在鄂尔多斯三十多年品牌建设的基础上，“鄂尔多斯”等于羊绒代名词这样强大的品类优势基础上，针对新的市场中不同消费人群，打造针对各细分市场更加精准定位的品牌，对不同人群提供更有针对性的系列产品，通过精耕细作，更好地满足不同细分市场的需求，并与其形成更好的品牌共鸣。

综上所述，面对市场的变化和挑战，鄂尔多斯羊绒集团与时俱进，凭着“集智、放胆、拓荒、创新”的企业精神，率先开启羊绒服装产业的转型升级之路。凭借大胆创新的品牌策略、完整强大的产业体系和灵活高效的管理结构，鄂尔多斯羊绒集团在中国宏观经济形势转弱、纺织行业低迷、服装零售业面临深层挑战的大环境下坚定突围，启动品牌重塑战略。

3.2 鄂尔多斯全产业链的创新升级和能力提升

首先，鄂尔多斯站在消费者的视角，对有着三十多年历史的品牌进行了战略拆分，将其重塑为几个全新定位的品牌，即“ERDOS” “鄂尔多斯 1980” “BLUE ERDOS”“1436”。

其次，基于全产业链的创新升级和能力提升，鄂尔多斯羊绒集团根据重塑后的多品牌管理战略和目标，科学设计和及时调整品牌管理架构，强化组织建设，快速搭建起多品牌区隔经营、整体协同的综合管理和运营体系。即各品牌根据各自不同的定位做好设计、企划和生产的同时，利用横向的跨品牌管理平台，为四个品牌提供专业的推广、销售、人才、生产和开发管理等全方位体系化支持。

再次，针对行业管理难题，通过“三上三下”，创新产品开发新模式，让设计、企划、生产及销售部门协同合作，将产品开发的工作整合管理，利用多轮互动沟通，打通从设计到零售的脉络，实现产品开发的准确和高效，最大限度地融合时尚创意与市场需求。利用制度保证设计与品牌形象一致，避免品牌间发生终端产品冲突。

最后，通过强化战略五力，即品牌力、商品力、零售力、渠道力和保障力，确保品牌重塑战略有效实施。

(1) 品牌力。这是火车头，解决多品牌差异化运营和能力建设的问题，明确以各个品牌单元为牵头的整套工作流程，尤其是多个品牌的区隔化传播和推广策略体系，确保品牌从 A 到 Z 的一致性和完整性。

(2) 商品力。商品力是每个品牌各自的核心竞争力，在战略上拆分品牌，就是为了更清晰地规划各品牌的商品和客户群，品牌已经完成拆分后，必须理顺商品开发和终端销售的链接，解决全国市场货品的过度差异化和偏离问题，而建立各个品牌的商品管理和运营体系，就可以有效指导各市场的组货、买货和上市运营，打通渠道规划、销售预算和买货预算以及运营要求之间的定性和定量链接。

(3) 零售力。零售层面要塑造消费者在品牌终端的完整零售体验，为此，鄂尔多斯全面启动了全国统一的会员管理、服务和运营体系建设，并完成全国零售价的统一，同时为全国统一会员管理铺平道路。

(4) 渠道力。品牌升级必须依赖于渠道升级。为了实现 5 年销售翻番的目标，鄂尔多斯启动了渠道体系的全面升级和再造，全面达到品牌定位所要求的最高标准。

(5) 保障力。核心是人才的保障，组织和系统支撑的保障。启动“星辰计划”，优先培养城市经理级的专业零售管理人才以及与品牌战略变革同步，有胸怀、敢追求的全面的复合型人才。同时，建立时尚学院，全方位培养各层级时尚人才等。

3.2.1 产业链的协同创新与能力提升，确保战略有效落地

为确保品牌重塑战略正确执行，鄂尔多斯成立品牌转型项目管理办公室（PMO），统筹管理各个关键项目，推进战略落地。同时在信息化方面投入大量资源，在生产方面引入制造执行系统（MES），提高生产精益化水平，向智能制造目标迈进；在管理层面进行信息化系统建设，协调企业运作；在零售终端采用最新的零售支持软件，强化终端服务；并且建立全新的客户关系管理（CRM）系统，规范全国的会员服务。

通过调整组织结构和信息化建设，鄂尔多斯得以高效整合资源，建立跨品牌的生产管理平台、市场推广平台、销售管理平台，通过平台化的营销管理方式，强化公司的整体业务管理运营能力，支持品牌重塑战略的全面落地。

同时，实施从产业链源头到终端实现园区生产运营一体化、财务业务一体化以及信息化升级改造工程，全产业链装备水平和管理水平上了新的台阶，新的生产运营模式、打样模式、财务一体化管理模式、信息化建设等诸多管理环节进行的创新，从产品供给方面支持了品牌战略的实施和落地。

（1）生产管理体系全面改革，产品快速反应能力明显提升。2014 年，鄂尔多斯新的现代羊绒产业园落成投入使用，这是鄂尔多斯集团重点打造的当代最高水准的现代化新型羊绒产业园，是技术装备精良的高科技、重环保、大规模的新型工业园区，新园区重点是对生产和技术装备的更新换代，从研发、原料分梳、染色、纺纱、成衣织造等全链条实现高效率的自动化生产。

在园区化运营方面，以打造世界级生产运营体系为目标，启动了园区精细化管理运营体系，从生产流程、成本与质量控制到运营管理，建立了严密的管理体系，为全面提升产业的核心竞争能力，为鄂尔多斯品牌的重塑升级夯实了基础。

有了好的基础之后，2015 年开始鄂尔多斯的生产运营体系通过改革生产运营模式、重新测定各工序指标的目标值、建立生产运行数据的月度监测与分析机制及以各环节加工核算为主体的全链条协同运作机制等措施，实现集中管控和统筹运营，使得园区系统效率和产能释放得到有效提升。

重新组建样品厂，构建新的打样模式，将技术研发、设计师款式设计、打样生产与生产体系的协同运营，使样品生产周期下降到 1.5 天，大货保证 100% 合同履约。

（2）技术创新厚积薄发，为品牌发展提供有力支撑。技术创新战略一直是企业发展的重要战略之一。三十多年来，鄂尔多斯羊绒集团成功完成了羊绒分梳技术的革新、羊绒深加工技术的突破、自主创新和产学研合作等方式完成应用领域的延伸以及目前的集成式系统化创新四次具有里程碑意义的技术跨越，使集团一直在同行业保持了技术领先地位。

截至 2016 年底，集团累计完成研发项目 334 项，完成科技成果 182 个，开发新技术、新材料产品 248 种/个。申请国家专利 273 项，获得授权 199 项，其中具有自主知识产权的发明专利 10 项，实用新型专利 10 项，外观专利 38 项；主持制定国际标准 3 项，国家和行业（协会）标准 16 项，企业标准 39 项，承担国家重点新产品 11 项、国家火炬计划 5 项、国家科技支撑计划 3 项、国家 863 计划 1 项，有 13 项成果获得纺织行业及省级以上科技进步奖，成功举办了六届“国际山羊绒检测技术研讨会”。

以上重大技术创新成果对提高我国羊绒行业的技术水平、推动中国羊绒产业走向世界发挥了重要作用。同时对品牌重塑后的鄂尔多斯各品牌的新产品开发等提供了有效保证。

（3）精益生产、持续改进，每天进步一点点。持续改进，合理利用企业管理的各种理念、方法和工具，持续性地提升企业的运营管理水平。鄂尔多斯从 2016 年初开始推进持续改进工作，近年来，取得了显著效果。

通过项目中的不断实践和尝试，在生产管理中大家逐步脱离以经验为主的模式，尝试用系统的科学的专业方法去解决生产管理中的问题。比如用六西格玛中的统计学方法，寻找造成纯绒围巾坯布某种经常性疵点的关键因素（东昌厂，提高精纺纯绒围巾坯布一等品率项目）；用实验设计（DOE）的方法，寻找两个有交互作用的关键影响因素的最佳组合（分梳厂，提高分梳下脚料提取率项目）。

这些项目的成功，不仅给所属企业带来财务上的收益和管理上的提升，同时让员工坚持用专业方法解决生产中的问题，用系统思维去分析和面对问题。专业领域运营管理水平的提升以及相应的专业人才队伍的逐步成型，是持续改进工作在管理创新方面的另一个重大贡献。这些成绩将与其他方面的突破性进步一起，成为企业的核心竞争力，成为打造令客户持久满意的产品的核心基础。

3.2.2 “三上三下”，创新产品开发新模式

在产品开发中，鄂尔多斯创新性地建立了“三上三下”的新品开发模式，让设计、企划、生产及销售部门协同合作，将产品开发的工作整合管理，利用多轮互动沟通，打通从设计到零售的脉络，实现产品开发的准确和高效，最大

限度地融合时尚创意与市场需求。利用制度保证设计与品牌形象一致，避免品牌间发生终端产品冲突。

对于服装品牌来说，适销对路的好产品源于设计和市场的有机结合和高效沟通。设计师有着天马行空的思维和对美感的独到见解，能够设计出美轮美奂的产品，而市场端的买手和销售对市场动态了如指掌，两者的结合和跨部门之间的高效沟通则是服装厂家的理想状态，特别是在多品牌运营的条件之下。但目前来看，效果并不尽如人意，而“三上三下”产品开发模式有效解决了这一问题。

所谓“三上三下”，简单来说就是通过多次阶段性的多方沟通会议，来打通从商品企划、开发执行、组货买货，再到终端销售的整个链条。在“三上三下”体系中企划部门扮演着非常重要的角色，通过项目管理的工具和模式来把控和跟进每一个环节的方向和进度，成为“三上三下”管理模式的中枢。在每次重要节点的会议中，通过沟通达成的共识都是会在企划部门的监督和协调之下有计划执行与实施，并确保最终的实施效果。

鄂尔多斯在战略上拆分品牌，就是为了更清晰地规划各品牌的商品、客户群和市场，品牌拆分完毕，更细化的商品和销售的链接就是重中之重。具体讲就是做好更精准的商品企划方案，更有效地开发执行，把每个品牌的产品品类、波段结构以及风格的差异化想得更清楚，执行得更到位，和市场需求连接得更紧密、更匹配，同时，也要继续推动全国市场掌握正确合理的买货方法和实操的培训指导，再去跟进销售，有效分析数据，反馈到企划和开发上，从而把货品这个链条打通，逐步释放出每个环节上的效率空间，从而提升商品售出率，降低库存，形成良性循环，从根本上改善营销终端的盈利能力，推动品牌的长期发展。

3.2.3　营销渠道逆市拓展，强化战略升级成果

基于四个品牌的策略和市场定位的不同，鄂尔多斯羊绒集团对全国渠道进行动态的优化和匹配，细化制定每个品牌的渠道策略和规划，快速完成全国渠道体系的重塑。

一方面，抓住市场低迷的机会，积极拓展高端优质渠道，提升品牌渠道的地位和占有率。2016 年和 2017 年上半年，在各类服装企业深陷关店狂潮之际，ERDOS 和鄂尔多斯 1980 品牌共新开店 200 家，升级和翻新 122 家；1436 在北京嘉里中心开设旗舰店，与众多国际一线品牌同场竞技。在海外，1436 和 ERDOS 成功进入日本市场，在东京和大阪等核心城市商圈已拥有 8 家门店，为鄂尔多斯品牌的海外拓展迈出坚实的第一步。

在渠道结构上，实现对重点百货的快速进驻以及原有渠道的持续升级，扩大了鄂尔多斯品牌在行业的影响力。同时，在优质购物中心渠道开拓上突破，为未来进一步打开购物中心渠道的市场奠定坚实的基础。

另一方面，建立科学的渠道评估及跟踪体系，制定系统且明确的全国精品渠道开发规划，完成重点市场和重点渠道的开拓目标。在经销商管理上，重新制定经销商授权和管理政策，强化选用预留和淘汰机制，确保了经销商管理体系和品牌转型目标的稳妥有机结合。

进一步梳理品牌渠道信息，建立完善的数据库，优化渠道业务流程，完善渠道发展规划。同时，充分发挥集团品牌家族的优势，建立与各大商业地主与百货连锁集团的战略合作。

从渠道规划、发展与管控的角度，进一步严格开店标准的同时，更有针对性地调整支持政策，能够更加客观、更加精准、更多维度地对新开、升级渠道进行评估。

3.2.4 加大终端建设投入，营造完美消费体验

加速建立完整的零售运营体系，站在消费者的角度，提高品牌信息传达的一致性和整体的零售体验，让消费者因为每一个细节爱上鄂尔多斯。

鄂尔多斯在全国选取数十家重要门店，采用标准化、资源共享、动态反馈的模式运营管理，快速打造新定位下的品牌零售试点店铺，为整个体系带来更好的示范引导作用，新品牌的特点和内涵传达到每个终端。提升品牌的整体形象，标准化管理店铺、店员、广告形象和会员活动，完善消费者体验。

新时期的零售体验，从消费者感知的角度，鄂尔多斯把它分为两个层次：高效便捷和独特体验。

高效便捷是指消费者希望可以在他喜欢的任何渠道与品牌完成交易，并且这些交易完成的时间越短，消费者的满意度就相对越高，因为随着技术手段的提升，人们对于品牌响应速度的忍耐度越来越低了。

独特体验是指消费者希望在实体店可以享受到线上享受不到的特别服务，在这一层次，体验时间越长越成功，因为这是精神层面的绑定，也是很多品牌努力的方向。而如果第二步的体验较好，消费者则会主动在自己的社交圈内进行各种不同形式的分享，进一步增强消费者社交圈与品牌的黏性。

在品牌拆分重塑的背景下，对于“ERDOS”和“鄂尔多斯1980”在品牌形象和终端零售体验方面的统一性、标准化的清晰区隔，就成为更加迫切的现实需求。因此，领峰项目部还建立了终端零售体验的快速测试机制，根据测试结果，在全国不同级别的店铺范围内进行推广复制，在终端建立“ERDOS”和

“鄂尔多斯1980”两大品牌的不同零售体验体系，让消费者更为立体、更为全面的去感受和理解两大品牌独有的特质。

3.2.5　组建鄂尔多斯时尚学院，助推战略全面升级

2015年成立的鄂尔多斯时尚学院，也在2016年品牌重塑年发挥了至关重要的作用，针对拆分后的“ERDOS”与“鄂尔多斯1980”两个品牌，开发差异化的课程体系，包括针对每个品牌，各自统一的包装标准、统一迎宾语、统一服务姿态与销售流程，取得非常好的市场反馈与业绩表现。与此同时，大力开展了全国市场的核心岗位集训，将品牌重塑的关键策略、商品和陈列标准、渠道规划等推广全国，推动品牌标准与规范化落地。

时尚学院作为品牌战略的承接者，要深度落地，成为终端呈现的助推器。时尚学院的团队实现分品牌培训，深度钻研品牌内涵，加强产品专业度的开发及培训，结合外部时尚机构开发产品时尚穿搭理念；深度钻研羊绒专业知识，打造羊绒专家级的终端团队，并培养专业的培训师队伍，从订货买手阶段对产品开发理念的培训到终端对单款的开发、讲解，都要能够准确并专业地解读产品，为消费者带来更加专业的产品建议。服务标准化的实现要联手外部培训机构，对分品牌的服务标准进行升级，并进行标准版视频化制作，保证广度的覆盖和学习，重点城市和店铺深度覆盖、深度指导。

除了时尚学院，鄂尔多斯还针对此特别设计了行动学习的一系列方案，并把整个培养项目命名为“星辰计划”，“星辰计划”不同于其他的学习培训项目，它颠覆传统的课堂培训或模拟培训形式，在学习形式和内容上都进行了多种创新，包括学习形式、参与方式、项目关注点的创新等。让每位学员基于自己平时工作中的挑战及学习区，设定学习项目，在真实中去历练做事，实现学习目标及更具挑战性的业绩目标。

3.2.6　品牌推广强势发力，塑造品牌新形象

品牌和市场方面，鄂尔多斯首先为开发的三个品牌设计了全新的品牌视觉系统、店铺形象系统，并制定差异化的沟通和推广策略。面对当前传统媒体分化、新媒体快速崛起、消费者信息获取碎片化娱乐化的复杂环境，鄂尔多斯果断调整了媒体投放策略，减少了平面媒体的投放，集中资源加大了对具有更高目标顾客到达率和影响力的大型户外、机场以及航机视频的投放。尤其在年末的出行和销售高峰期，投放了首都机场T3航站楼核心区的巨幅广告，这两块广告牌自投入使用以来一直为国际奢侈品所占据，“1436”以及“ERDOS”品牌成为首个在这里发布的中国品牌，投放引起了强烈的市场反响。

2016年，鄂尔多斯初次尝试了电影贴片、网络视频贴片广告，并投放百度

品牌专区，全面推广四个品牌。在广告投放保证品牌形象正面、高频次、有效露出的前提下，通过明星合作、明星品类重点推广、时尚跨界合作等多种公关活动，加强与消费者的沟通和互动，2016 年，与时尚、生活方式类 KOL 合作，推出多篇具有很高阅读率和转发率的微信文章，从各个角度解读品牌焕新、产品形象，消费者充满温情和肯定的评论也让我们倍受鼓舞。

2016 年 9 月 1 日，“绒耀新生”品牌联合发布在北京成功举办，这是鄂尔多斯羊绒集团历史上最大规模的品牌活动，明星、媒体主编、品牌好友、名模、全国大型商业集团领导、品牌 VIP 等到场嘉宾 700 余人。这次大型活动，在品牌传播和消费者沟通层面，强势塑造了鄂尔多斯家族品牌的新起点、新高度，为 2016 年及未来的品牌升级吹响了最强的集结号。

2017 年 8 月 29 日，ERDOS 品牌于北京农业展览馆发布 2017 秋冬新品，以“逐光 D'LIGHT”为主题带来一场光影魅生的品牌大秀。

同一天，“鄂尔多斯 1980”品牌于北京西五艺术中心倾心构筑全新羊绒艺术生活方式——羊绒生活家，呈现高品质羊绒与艺术化生活交融的时光之旅，温情传递羊绒生活理念：对羊绒的钟爱，对温情的期待，如云般温暖柔软，如家般自在随心，相伴相随，一日好时光。“鄂尔多斯 1980”品牌以此向市场传递对尊贵材质的珍视与对品质的精益求精以及世代传承的巧思技艺，追求严谨的工匠精神。

可以说，“绒耀新生”之后，鄂尔多斯的品牌推广平台全面发力，塑造了鄂尔多斯品牌家族的新形象。品牌推广平台在数字媒体和传统媒体的宣传也全面铺开。根据新品牌定位和核心价值，建立各品牌的传播体系，完成各品牌 VI 视觉识别和品牌的故事，制定各品牌上市传播方案；通过明星 KOL（关键意见领袖，Key Opinion Leader）、跨界合作、品牌赞助等方式层层发力。在延续原品牌知名度的同时，清晰地传播新品牌，在消费者心智中和市场生态中建立明确的市场认知。不仅有效避免了品牌重塑带给消费者的认知迷惑，而且成功展示鄂尔多斯品牌与时俱进，敢于创新的时尚态度。

4. 鄂尔多斯的转型成效

通过品牌升级战略，鄂尔多斯羊绒集团完成了鄂尔多斯品牌家族的全面升级，打造出全新的品牌时尚形象，不仅跨越了常规品牌换标可能带来的业绩风险，而且取得了超预期的强劲市场表现。

4.1 经济效益显著增长

2016 秋冬全国市场的售出率创历史新高，秋冬新品销售同比增长 30% 以上。

2017 春夏新品表现也非常突出，全国春夏货品的售出率也已创历史新高，全国市场销售整体实现了同比 19% 的增长。在全国渠道销售取得喜人成绩的同时，品牌总部的电商和奥莱业务也都实现了量和质的同步飞跃，电商平台的 2017 春夏新品销售同比增长达 100% 以上。重新定位后的 BLUE ERDOS 更是华丽转身，快速完成全国重点城市覆盖，2016 秋冬和和 2017 春夏的新品销售同比增长 3 倍以上。

4.2 线上线下同步的全渠道体系

从渠道来看，2016 年和 2017 年上半年，在各类服装企业深陷关店狂潮之际，“ERDOS”和“鄂尔多斯 1980”品牌共新开店 200 家，升级和翻新 122 家；“1436”品牌在北京嘉里中心开设旗舰店。在海外，“1436”和“ERDOS”成功进入日本市场，在东京和大阪等城市商圈已拥有 8 家门店，为鄂尔多斯品牌的海外拓展迈出坚实的第一步。在渠道结构上，2017 年上半年实现了对重点百货的快速进驻以及原有渠道的持续升级，扩大了鄂尔多斯品牌在行业的影响力。同时，在优质购物中心渠道开拓上突破，为未来进一步打开大型购物综合体的市场奠定坚实的基础。

除了线下渠道，鄂尔多斯积极探索和大胆尝试电商运营，打造线上线下同步的品牌渠道体系，2016 年，电商业务的业绩增长率达到 67%，“双 11”单日的销售业绩也实现了 135% 的增长，摸索出一条高端时尚品牌线上发展和数字化营销之路。

总之，品牌重塑战略显著提升了经济效益，鄂尔多斯羊绒集团正在稳步实现“五年销售翻番”的奋斗目标。“ERDOS”和“鄂尔多斯 1980”双品牌自发布以来，连续四季订货数量和订货金额稳步增长，当季新品销售率维持两位数的提升；BLUE ERDOS 品牌成功打开年轻客户群的入门级羊绒市场，实体店和网店销售火爆。全新的形象让品牌获得市场的广泛认可，不仅在低迷的市场中实现渠道逆市拓展，开设新店的同时，打造数十家精品形象店，搭建品牌官网和天猫“鄂尔多斯官方旗舰店”，成功打造了线上线下同步的全渠道体系。

4.3 多品牌区隔经营和综合管理体系初见成效

在集团运营层面，多品牌区隔经营和综合管理体系初见成效。品牌转型项目管理办公室统筹管理、推进计划，“三上三下”的开发体系高效运作，跨部门的功能平台为旗下多品牌打造出从视觉形象到产品体系、从经销商管理到终端零售体系的一整套品牌管理和运营标准。鄂尔多斯的全链条产业体系得到优化，在材料、工艺和成品等方面不断创新，以满足多品牌的需要。

5. 结论

鄂尔多斯羊绒集团品牌重塑战略的成功，是民族纺织行业在产业升级、消费升级的时代趋势下企业转型成功的优秀案例。看着一路走来的不易，每一步都和鄂尔多斯人的努力、善于创新密切相关，鄂尔多斯羊绒集团在战略转型的过程中，与时俱进，凭着“集智、放胆、拓荒、创新”的企业精神，从品牌拆分到产品优化、从创新管理思路到调整团队架构，每一步都是严谨调查、周密准备和大胆创新的成果，最终探索出一条企业以品牌为核心，在新经济形势下实现产业升级的成功道路。

二、案例分析思路与逻辑

1. 启发思考题一

1.1 问题

在产品转型之前，鄂尔多斯羊绒集团面临的主要困境是什么?

1.2 分析思路

任何市场决策的前提都是基于市场环境和行业形势的分析，本案例的市场环境核心在于国内服装行业在结束了黄金十年的高速增长后，更前所未有地经历着来自消费者、渠道商、新品牌和新业态等与日俱增的新挑战，行业电子商务中移动互联网的迅猛发展，零售渠道的转型和分化，渠道和消费者之间、渠道和品牌商之间、消费者和品牌之间各自的发展和演变，比以往更剧烈，也更快速，无论是品牌商还是渠道商，都进入剧烈的洗牌期，转型对于逆境中的企业可能比顺境中的企业更加容易。对于企业来说是一次变革，而且是一次从上到下的变革。

1.3 理论依据及分析

市场分析是对市场供需变化的各种因素及其动态、趋势的分析。分析过程是：搜集有关资料和数据，采用适当的方法，分析研究、探索市场变化规律，了解消费者对产品品种、规格、质量、性能、价格的意见和要求，了解市场对某种产品的需求量和销售趋势，了解产品的市场占有率和竞争单位的市场占有情况，了解社会商品购买力和社会商品可供量的变化，并从中判明商品供需平衡的不同情况，为企业生产经营决策——合理安排生产、进行市场竞争，和客观管理决策——正确调节市场，平衡产销，发展经济提供重要依据，通过对纺织行业的市场进行分析，从而进一步明确市场定位，做出鄂尔多斯羊绒集团更好的决策。

行业分析是对行业经济的运行状况、产品生产、销售、消费、技术、行业竞争力、市场竞争格局、行业政策等行业要素进行深入的分析，从而发现行业运行的内在经济规律，进一步预测未来行业发展的趋势，通过对纺织行业之间如何更好地适应新环境，谋求实现更高水平的新发展，进而促进企业的产业升级。

1.4 关键要点

行业竞争加剧，一是快时尚品牌的进入加剧了行业竞争，且电商渠道竞争日趋激烈，行业对外出口竞争力仍维持，但受东南亚成本比较优势冲击市场份额存在进一步下降的压力。成本方面，行业主要原材料价格反弹，同时服装渠道成本仍将位于高位。财务方面，纺织行业整体规模仍将低速增长，财务表现难以实质改善。二是大数据应用日渐深入和广泛，那些曾经创造无数辉煌的核心竞争力正在成为企业的束缚，不改变就意味着死亡。三是国际一线品牌均进入中国市场，赢得中国消费者的广泛认知，鄂尔多斯等国内品牌的市场空间受到了一定挤压。

2. 启发思考题二

2.1 问题

面对困境，鄂尔多斯羊绒集团进行了怎样的品牌重塑战略？

2.2 分析思路

鄂尔多斯羊绒集团创立多品牌细分发展的战略。对有着三十多年历史的“鄂尔多斯 ERDOS”进行了战略拆分，将其重塑为两个全新定位的品牌，并重新定义了早年鄂尔多斯为探索品牌，将其定位于面向都市年轻客户群的入门级羊绒时尚品牌；同时，深化发展在国内外颇具影响力的世界级羊绒奢侈品。重塑后的鄂尔多斯品牌家族旨在通过 4 个差异化定位的品牌，服务不同的细分市场，实现对中国的主力消费市场既广泛，又精准地覆盖，将打造新时代的“羊绒大王”。

2.3 理论依据及分析

品牌是目标消费者及公众对于某一特定事物心理的、生理的、综合性的肯定性感受和评价的结晶物。一些意识超前的企业纷纷运用品牌战略的利器，取得了竞争优势并逐渐发展壮大，从而确保企业的长远发展。在科技高度发达、信息快速传播的今天，产品、技术及管理诀窍等容易被对手模仿，难以成为核心专长，而品牌一旦树立，则不但有价值并且不可模仿，因为品牌是一种消费者认知，是一种心理感觉，这种认知和感觉不能被轻易模仿。品牌战略的关键点是管理好消费者的大脑，在深入研究消费者内心世界、购买此类产品时的主要驱动力、行业特征、竞争品牌的品牌联想的基础上，定位好以核心价值为中心的品牌识别系统，然后以品牌识别系统统帅企业的一切价值活动。通过所谓多品牌决策，是指企业决定同时经营两种或两种以上相互竞争的品牌，扩大销售范围，提升企业竞争力。

2.4 关键要点

为了更好地切合消费者需求，鄂尔多斯羊绒集团进行了一次大规模调研，而鄂尔多斯投入资源进行此项工作的目的，就是为了更全面地认识市场和消费者，从而能够在危机中发现机会。

在消费者调研基础上，鄂尔多斯通过对行业、市场、品牌竞争和渠道态势，尤其对鄂尔多斯品牌运营与发展的现状进行了深入分析，在鄂尔多斯三十多年品牌建设的基础上，在鄂尔多斯等于羊绒代名词这样强大的品类优势基础上，针对新的市场中不同的消费人群，打造针对各细分市场的更加精准定位的品牌，对不同人群提供更有针对性的系列产品，对品牌进行细分定位，更好满足不同细分市场的需求，并与其形成更好的品牌共鸣，启动品牌重塑战略。

3. 启发思考题三

3.1 问题

面对众多的竞争压力，鄂尔多斯羊绒集团是怎样进行全产业链创新升级的民族品牌重塑的?

3.2 分析思路

鄂尔多斯虽然积聚了三十多年的品牌势能，是广为人知的羊绒品牌，但由于品类单一，客户群年龄层次偏老，所以使一些消费者形成“保守、偏老化、缺乏特征”的刻板印象，在年轻时尚人群中的接受度较低。通过自身能力提升，走出国门，让振兴民族品牌成为提升国家文化软实力重要内容，在世界百强品牌中，美国拥有超过半数的顶级品牌，企业上下当在以战略转型为纲，以创造新需求、引导新消费为手段。但随着国家经济进入创新驱动增长的发展阶段，能力的薄弱环节也逐渐显现出来。距离国家经济转型的要求，距离自身转型发展的需求，都还远远不够，基于全产业链的创新升级与品牌重塑势在必行。

3.3 理论依据及分析

进行品牌重塑必须要提高到战略高度，以正确的品牌观念为导向，并将品牌重塑观念贯彻于公司整体。应该从品牌诊断入手，分析品牌现阶段存在的问题和具备的优势资源，并在此基础上进行品牌再造：借助多种品牌传播手段，针对两类典型消费者进行有效的品牌传播，使品牌顺利突围：品牌重塑并不是最终目的，而是品牌扩张的起点，在品牌重塑的基础上，品牌应积极探寻品牌扩张之路。品牌重塑战略是羊绒集团用消费者的视角打造品牌，改变运营模式的管理创新。以自身的强大产业体系为保障，大胆转型，逐步形成多品牌区隔经营，整体协同的综合管理体系。

鄂尔多斯深刻地意识到，必须从根本上系统梳理和解决在新市场下鄂尔多斯品牌如何发展的问题。快速变化的消费者塑造着中国服装行业的未来，而要明晰品牌未来发展方向，积极推动生产和服务方式、客户沟通和营销模式的创新，探索新的生意模型；结合客户消费方式的变化，利用互联网、物联网、大数据、云计算等新技术成果，提升产品、服务的参与感，推动鄂尔多斯业务向产业链、价值链的高端攀升。

3.4 关键要点

基于全产业链的创新升级和能力提升，鄂尔多斯羊绒集团根据重塑后的多品牌管理战略和目标，科学设计和及时调整品牌管理架构，强化组织建设，快速搭建起多品牌区隔经营、整体协同的综合管理和运营体系。

（1）确立多品牌细分发展战略，通过四个差异化定位的品牌，服务不同的细分市场，实现对中国的主力消费市场既广泛又精准地覆盖。

（2）通过调整组织结构和信息化建设，高效整合资源，建立跨品牌的生产管理平台、市场推广平台、销售管理平台，通过平台化的营销管理方式，强化公司的整体业务管理运营能力，支持品牌重塑战略全面落地。

（3）在产品开发中，创新性地建立“三上三下”新品开发模式，让设计、企划、生产及销售部门协同合作，将产品开发的工作整合管理，利用多轮互动沟通，打通从设计到零售的脉络，实现产品开发的准确和高效，最大限度地融合时尚创意与市场需求。

（4）在渠道结构上，实现对重点百货的快速进驻以及原有渠道的持续升级，扩大品牌在行业的影响力。同时，在优质购物中心渠道开拓上突破，为未来进一步打开购物中心渠道的市场奠定坚实基础。另外，建立科学的渠道评估及跟踪体系，制定系统且明确的全国精品渠道开发规划，完成重点市场和重点渠道的开拓目标。进一步梳理品牌渠道信息，建立完善的数据库，优化渠道业务流程，完善渠道发展规划。

（5）加速建立完整的零售运营体系，提高品牌信息传达的一致性和整体的零售体验，让消费者因为每一个细节爱上品牌，鄂尔多斯在全国选取数十家重要门店，采用标准化、资源共享、动态反馈的模式运营管理，快速打造新定位下的品牌零售试点店铺，为整个体系带来更好的示范引导作用，新品牌的特点和内涵传达到每个终端。

（6）组建鄂尔多斯时尚学院，助推战略全面升级，时尚学院作为品牌战略的承接者，成为终端呈现的助推器。

（7）品牌推广强势发力，塑造品牌新形象，品牌和市场方面，鄂尔多斯首先为新生的三个品牌设计了全新的品牌视觉系统、店铺形象系统，并制订差异化的沟通和推广策略。

（西安工程大学：郭伟教授、姜铸副教授）

全流程数字化的印染生产管理模式

——华纺股份有限公司

摘要 面对印染行业存在生产效率不高、产品质量波动、单耗较高、环保压力大及员工流动性大等问题，华纺股份有限公司（以下简称华纺）经过多年实践，通过管理技术创新和模式创新，推动信息技术在生产管理中的应用，构建了全流程数字化的印染生产管理模式。借力信息技术，ERP与生产一线融合，实现无缝对接：建立了覆盖全流程生产过程的染整生产参数监控数据链和自积累工艺知识库、染化料助剂自动配送平台、印染生产计划自动排程系统；构建了基于互联网+印染数字化制造的管理模式研究模型（HFIMS模型），提出数字化制造管理系统整体解决方案，实现了人机料物环的互联互通。数字化印染生产模式的应用，实现了节能减排，降低了能源消耗，提升了企业的产品质量和经济效益，促进了印染精益化生产。

关键词 数字化印染；印染全流程；信息技术；两化融合

一、案例正文

0. 引言

华纺股份有限公司坐落于黄河三角洲滨州市，至今已有41年历史，2001年9月在上交所挂牌上市（股票代码：600448）。它是中国纺织印染行业的龙头骨干企业，资产总额达20亿元。华纺以“一体两翼”为发展布局，产业领域涉及纺织、印染、家纺成品、服装、热电、房地产及金融和信息服务等。主要产业项目年产能分别为：印染布2.8亿米，花色品种达10000余个；现有环锭纺4万锭；床品类产品2070万件（套）；服装300万件，产品出口比重80%以上。华纺具有综合竞争优势，全力推进“智慧华纺”建设，在产品开发、技术创新、质量提升、节能减排、市场开拓、品牌运营和企业文化建设等方面协同推进，拥有国家认定企业技术中心、纺织工业（山东）纺织品检测中心，建有工程技术研究院、博士后工作站、“智慧纺织”实验室、“中国印染产品开发基地”。企业先后由中国建设银行山东分行授予“AAA级信用企业”，中国海关认定为“海关AA类管理企业资格”。企业有35项新技术、新产品通过省部级科技成果鉴定，其中1项达到国际领先水平，17项达到国际先进水平，17项达到国内领先水平，拥有授权专利37项，其中发明专利33项。

1. 华纺发展之路

华纺股份有限公司是由华诚投资有限公司与山东滨州印染集团有限责任公司等五家国内优势纺织企业于1999年9月共同发起创立。

2001年9月3日在上海证券交易所正式挂牌上市。目前，公司固定资产13亿元，拥有漂、染、印、整全功能生产线21条，年产各类印染布2亿米，产品远销美国、欧盟、非洲、东南亚等50多个国家和地区。年实现销售收入20亿元，出口创汇1.7亿元。

公司先后获得"2005年度中国纺织工业协会科学贡献奖""中国纺织企业文化建设知名企业""中国纺织最佳经济效益企业""中国纺织工业印染行业竞争力前50位""中国纺织工业全行业出口前100位""中国纺织工业印染行业销售收入前10位"。连续十年蝉联中国印染行业"十佳企业"。并通过了ISO 9002质量管理体系认证，ISO 14001环境管理体系认证，OHSMS 18001职业健康安全管理体系认证。

公司拥有省级技术开发中心和世界一流的试验设备和生产线，是首批国家纺织产品开发中心设立的"国家印染产品开发基地"，中国质量检验协会授予的"打假扶优重点保护企业"，美国杜邦"莱卡"纤维策略联盟核心会员。技术中心严格按照ISO/IEO 17025标准建设，拥有高标准实验室、化验室6个，标准计量室1个，信息中心1个，进口及国产检测仪器50台套，具有对54个科目86个项目标准进行检测的能力，拥有AATCC、ASTM、BS、BIN等国际公认的检验标准，可进行耐洗色牢度，耐氯色牢度，耐熨烫色牢度，耐光色牢度，甲醛含量检测，弹性恢复性能测试，并承担国外包括沃尔玛、杜邦等知名公司的新产品开发的前期实验。目前，华纺股份有限公司已向中国实验室国家认可委员会（CNAL）申请实验室认可。

2. 华纺面临的行业形势

印染行业是纺织工业重要组成部分，是纺织产业链中产品深加工、提升品质、功能和价值的重要环节，是高附加值服装面料、家用纺织品和产业用纺织品等产业的重要技术支撑。印染又具有生产方式离散、产品种类繁多、生产工艺复杂、工艺切换频繁等特点。

目前我国多数印染企业存在生产效率不高、产品质量容易波动、产品单耗较高、环保压力较大及员工流动性大等现象，造成印染企业利润率低。

世界经济、国际市场走势仍然难以预料，长期积累的矛盾也在凸显。受东南亚等纺织印染的发展和欧美国家保护壁垒影响，未来印染企业的竞争会逐年进一步加强。因此印染企业的营利能力较弱，内部结构性、素质性矛盾凸显，迫切需要转型升级。

华纺通过实施全流程数字化印染促进印染精益化生产，提升综合竞争能力。华纺已建立了数字化印染生产示范基地和全流程数字化印染示范车间1个。全流程数字化印染示范车间实现设备关键参数采集率100%，单位产品平均能耗降低15%以上、用工降低20%以上。

3. 印染生产管理模式的内涵和主要做法

信息技术的发展，为印染生产管理模式的创新提供了依据。华纺在自身40年来印染生产精益管理的基础上，通过信息技术的创新与整合，开创了华纺印染生产管理的新模式（图1）。

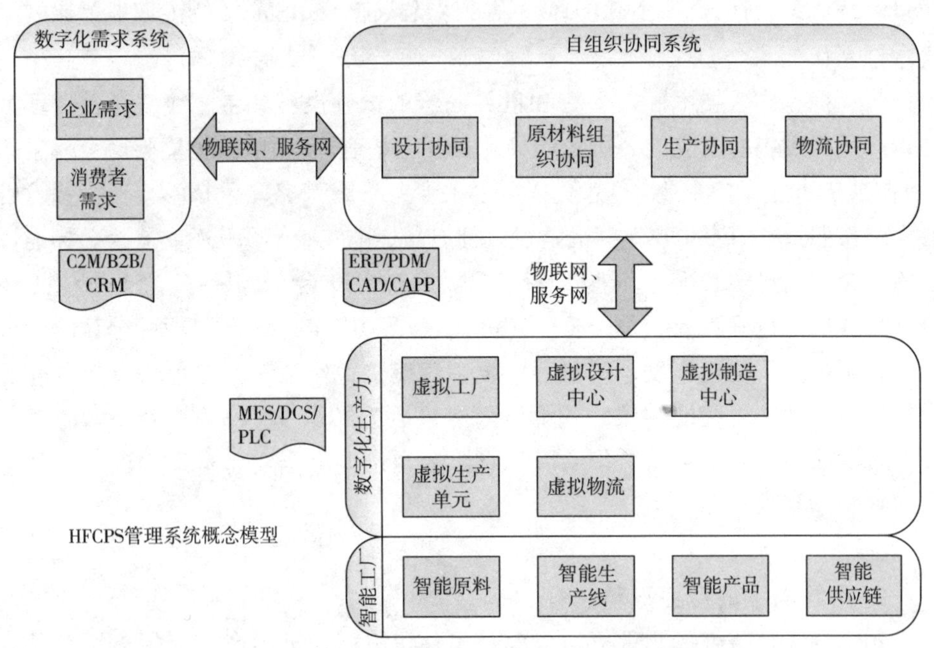

图1　华纺全流程数字化印染生产管理模型

华纺印染生产管理是一种由智能机器和人类专家共同组成的人机一体化生产管理模式，它突出了在制造诸环节中，以一种高度柔性与集成的方式，借助计算机模拟的人类专家的智能活动，进行分析、判断、推理、构思和决策，取代或延伸制造环境中人的部分脑力劳动，同时，收集、存储、完善、共享、继承和发展人类专家的制造智能。由于这种制造模式，突出了知识在制造活动中的价值地位，而知识经济又是继工业经济后的主体经济形式，所以智能制造就成为影响未来经济发展过程的制造业的重要生产模式。

华纺在生产参数实时快速在线监测及反馈控制、染化料助剂精准自动配送、生产计划自动排程方面实现管理突破。具体在在线监测和闭环控制印染生产全过程的生产工艺参数，实现全流程印染生产数字化控制。面对新的信息技术和测控技术的应用，原来针对传统生产的管理模式已经完全不适用于对数字化工厂的管理。通过物联网技术（IOT）和集散控制系统（DCS）来管控生产过程的运行情况，并通过高级计划排程系统（APS）技术，对生产任务进行排程。生产工艺运行参数和在制品物流都得到有效的管控，一些初级的数字化技术和系统开始应用。工厂的效率更高、能耗更低、工人劳动强度得到很大的改善。基于数字化制造的智慧工厂开始有了一定的自动运行能力，在数据采集、分析方面，在计划任务合理的自动安排方面都有了很大的提高。系统各生产单元协同性高，并具有灵活的可扩充性。人机结合、协同合作局面初步形成（图 2）。

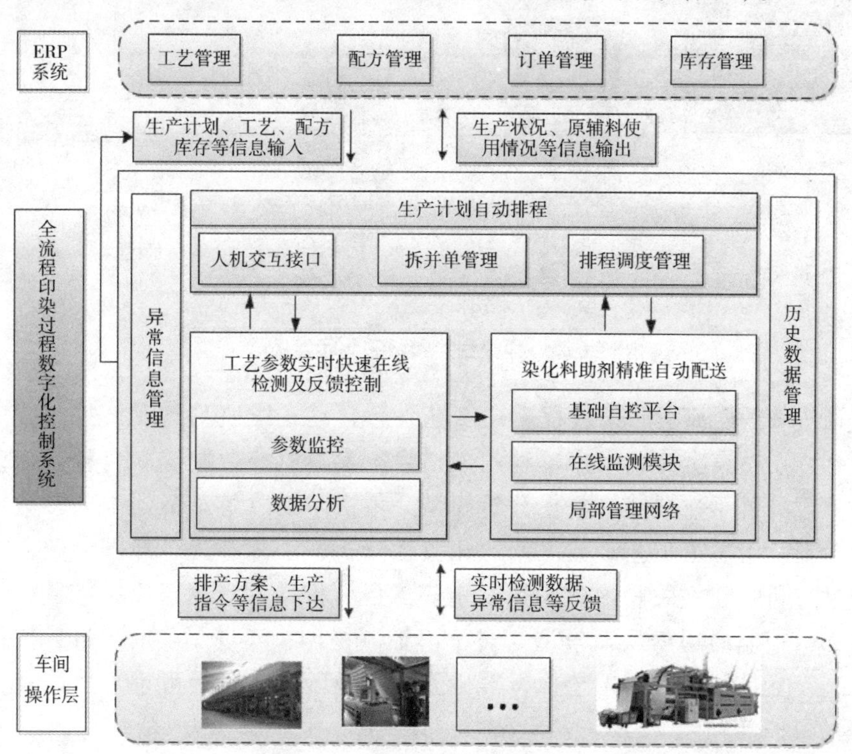

图 2 印染智能制造层次架构

3.1 管理技术创新

3.1.1 全流程生产工艺参数自动在线监测及反馈控制（图3）

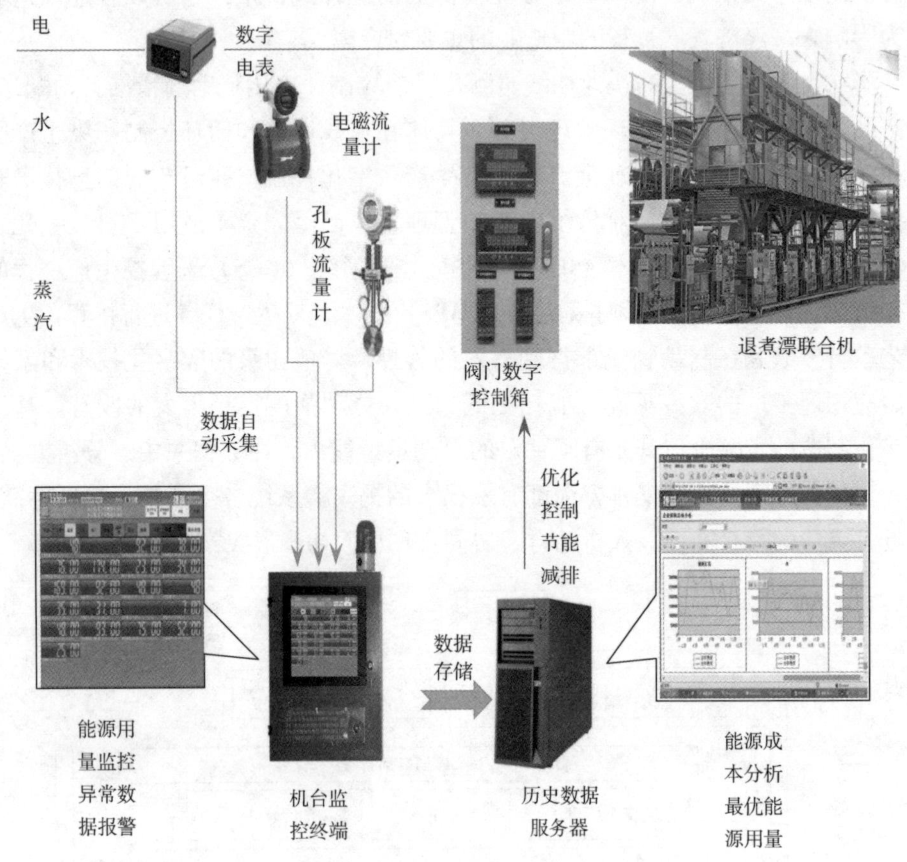

图3 印染生产参数采集示意图

通过破解全流程印染过程生产工艺参数自动在线监测与反馈控制技术难题，建立了覆盖全流程生产过程的染整生产参数监控数据链和自积累工艺知识库。设计基于数据链的数据分析模型，包括印染质量对不同工艺参数的敏感性分析，上下道工艺参数之间的相关性分析，工艺参数与外围参数之间的相关性分析，建立关联函数和关联矩阵。将分析结果应用于反馈控制，设计工艺参数控制的远程反馈模型与自学习控制机制，实现了实时、准确、稳定的工艺参数控制，提高工艺执行准确性，实现印染工艺的可重现性以及印染质量的可控性。

3.1.2　染化料助剂精准自动配送

通过解决染化料助剂自动配送关键技术问题，建立了染化料助剂的自动配送平台，全面提升生产流程（包括原料称量、化料搅拌、上料、储存、发料、检测、反馈、加料等环节）的自动化程度；实现了染化料助剂的在线监测，有效采集、处理、存储以及反馈相关信息，确保助剂和染液在浓度、黏度等方面达到预期标准，提高染化料助剂配送的精度和效率；实现了染化料助剂配送系统的一体化管理网络，建立系统内各模块的通信网络，形成具有数据处理、管理控制、自适应学习、参数预测等能力的局域网，并且能够与生产总线、自动排程系统保持紧密联系和实时通信，实现高效管理。图 4 为印染染化助剂系统示意图。

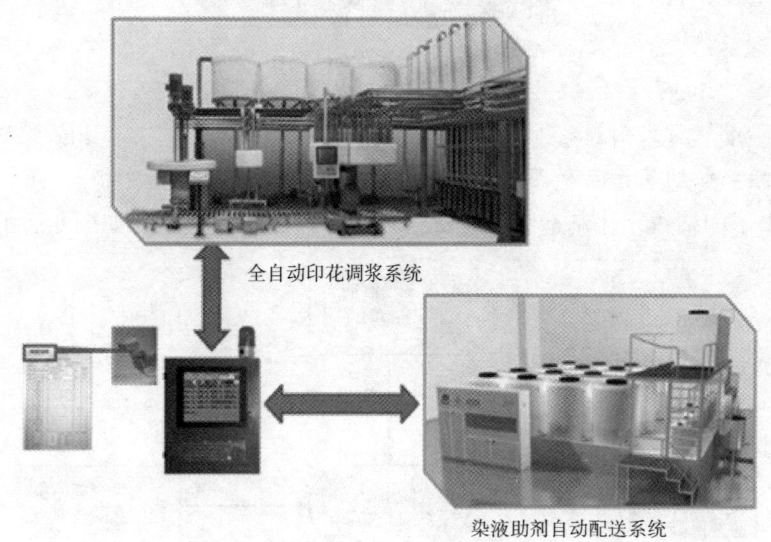

图 4　印染染化助剂系统示意图

3.1.3　印染生产计划自动排程

设计印染生产计划排程的调度模型，创建原辅料需求量、机台设备特征、人员配备等参数与订单交货期、客户类型、成品类型、效率、效益以及印染生产流程特点等相关联的数学关系，设计高效算法确定最优生产计划，搭建支持多目标（包括订单交期、效益、效率、能耗等）、高效、可扩展（灵活定制调度目标和约束条件）的生产计划自动排程系统，解决现有生产调度方法在实际应用中的性能瓶颈，包括调度模型的扩展性、算法运行的高效性、系统部署的灵活性等问题，并通过应用于实际印染加工过程，增强了企业的自动化管理水平，在提升成品质量、保证订单交期、提高生产效率、增加效益的同时减少生产能耗。印染智能制造控制中心如图5所示。

图5　印染智能制造控制中心

3.2　管理模式创新

3.2.1　归纳基于互联网+印染数字化制造的管理模式研究模型

提出了印染数字化制造管理系统（HFIMS）的管理模型，如图6所示。

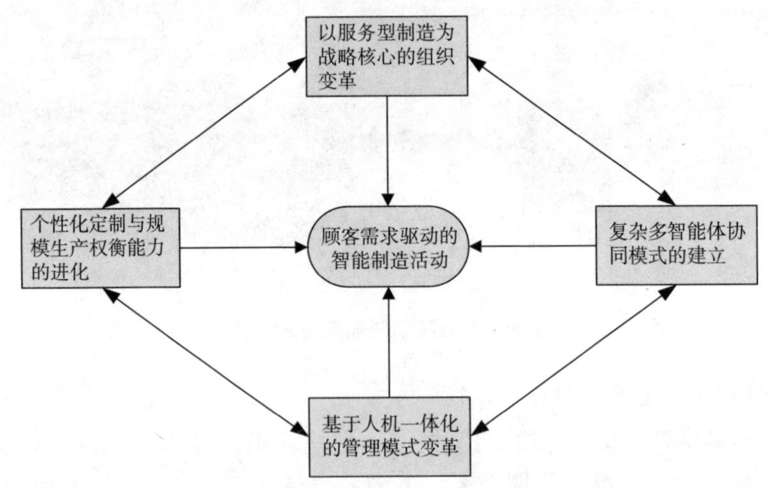

图6　HFIMS管理理论研究模型

模型提出在互联网+数字化制造等技术发展下的企业数字化制造活动为核心的企业管理的变革，从智慧型组织、企业间的生产协同、个性化定制与规模生产权衡、人机一体化的管理变革四个方面去指导企业如何借助互联网+数字化制造技术创新去实现企业的转型升级。

3.2.2 整理了基于此模型的数字化制造管理系统整体解决方案（图7）

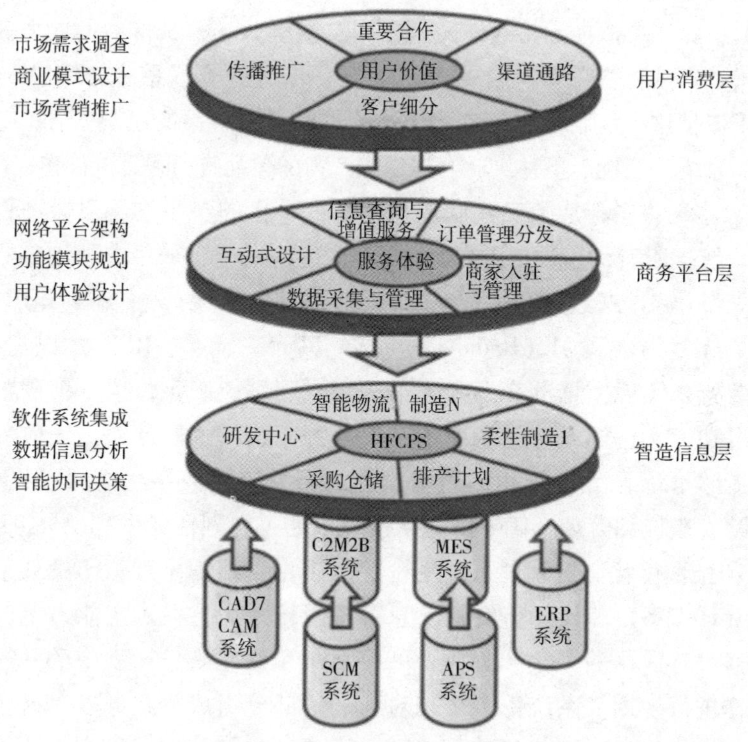

图7 印染智能制造整体解决方案

（1）数字化生产力融入数字化制造管理系统平台。生产力数字化是印染数字化制造。生产力的数字化就意味着与生产制造相关的所有环节，比如工艺、计划、物流、仓储等都要实现各自的数字化。在使用ERP、PLM等软件时实现了所有软件的互联互通以及虚拟和现实的交互。生产力数字化使得企业的所有与生产相关的资源，都将虚拟成为网络世界中的一个个的服务。这些服务可以参与网络世界的整合和重组。生产设备之间也可以进行信息的交互与共享，这样所有融入这个网络世界的企业的制造效率都会得到相应的提高来缩短产品上市时间。要建立数字化工厂，就要使得原来的制造系统、设计系统、采购系统、物流系统、营销系统、仓储系统这些原先割裂的系统联系起来，需要让它们自动地进行数据交互和智能的交互判断。这将是工厂的未来模式。数字化工厂作为一个必经阶段，最后需要完全打通每个生产制造环节，这同样是一个漫长的建设过程。

（2）数字化的需求驱动数字化制造管理系统平台。顾客通过个性化定制服务来满足个性的需求。任何人都会得到完全不同的消费体验。这种量身定做，供需平衡的活动，也让生产企业完全可以按需生产，进而在整个社会经济运行过程中，实现供需的完美统一，保证市场经济稳定运行。个性化定制给顾客带来前所未有的美妙体验，顾客更倾向于将这种体验在朋友圈里分享，其传播的放大效应可以使得这种模式得到更快的推广。通过印染数字化制造管理系统（HFIMS）平台，华纺股份可以把这个定制化服务转化为系统可以自主辨识的定制任务，这些定制任务再根据系统的匹配、下达给所有提供生产力的单元进行设计、制造、配送等。

（3）数字化物料形成数字化制造管理系统平台的自主物流。通过物联网相关协议，华纺把所有的事物与 Internet 相连接，这里华纺采用多种传感器来感知事物，比如条码扫描枪、GPS 系统、红外传感器、二维码生成器（QR CODE）识别装置、无线射频识别（Radio Frequency Identification，RFID）识别装置等。通过这些装置，实现数据的交互和通信来完成识别、确定位置、全程跟踪、监管和控制等功能。这样华纺就构建了一个万物互联的物联网络。任何事物在物联网上都能够不依靠人来互相沟通与交流。当系统的数字化物料可以被识别、定位、跟踪、监控和管理，HFIMS 系统就可以通过计划任务去实现自组织物流。

（4）印染数字化制造管理系统平台的定制化自组织生产。印染数字化制造管理系统（HFIMS）相比于传统的信息管理系统来说，在自主能力上有了质的改变，能通过对数据的采集和分析，可以判断和处理业务过程中的问题，并对将来的工作进行规划。系统由多个相对独立的部分组成，并可以对这些独立部分进行最佳结构组织，形成可协同、可重构的能力，并便于扩充。此外，系统在学习能力和自我维护能力方面也有提升。因此，数字化工厂在人与设备的协同工作上取得了突破，本质上实现了人机交互。

4. 对传统产业和管理模式进行改造后的成效

4.1 大幅度提升企业的产品质量和经济效益

在印染信息化技术实施后，人员精简，员工劳动强度降低，美化工作场所与环境，工作效率提高，品质得到提升。

4.1.1 成本降低

（1）生产周期缩短。平均缩短 20% 时间，至少可减少收款时间 20% 以及由此带来的资金占用成本。

（2）在制品流转加快。平均降低 50%，可减少由此带来的在制品库存的资金积压。

（3）库存减少。平均减少 10% ~20%，订单合理流转降低了成本的库存周期，同步降低了相应的资金成本。

（4）劳动力节约。平均作业效率提升20%，降低对作业人数的依赖，直接降低相应的人工成本支出。

（5）管理费用节约。实时的数据采集统计核算满足即时的管理需求，可平均降低一线员工、管理人员在原始记录、统计分析、核算等工作上80%的时间。

（6）品质提升。平均降低返修率5%～10%，减少了因工时浪费、产品料耗增加所带来的成本损失。

4.1.2 收入增长

（1）生产效率提升。平均效率增加20%，可为公司增加有效产出15%～20%，实现产值增加15%～20%。

（2）订单交率提升。可降低因延期和缺货所导致的销售损失，平均可提升准交率5%～10%。

4.2 实现节能减排、利于环境保护

能源消耗是印染成本的重要组成部分，准确及时地掌握每个订单、每个产品的能源消耗情况以及车间每台设备的能源消耗情况，有助于分析影响成本的主要因素，进而提升管理效率。系统的应用可以及时准确采集订单产品的能源消耗，为节约减排提供决策支持。

4.3 促进印染信息化技术发展，加速印染行业向精细化管理的过度

（1）管理层面。管理模式得到升级，通过数字化工厂系统的使用，改变滞后式管理模式为即时化管理，带动转型升级。

（2）顾客层面。工作效率的提升，出错率的降低，使客户抱怨减少，客户忠诚度增加，客户投诉率快速反馈，提高满意度。

（3）战略层面。信息系统的使用大大提升管理水平和工作效率，带动了企业核心竞争力的提升；数据准确率提升和信息流的加速对决策的准确制定提供了很大支持。

5. 结论

由中国印染行业协会举办的2019年度“中国印染行业优秀面料”评选活动中，公司3套作品从参评的384个产品中脱颖而出，获得表彰。其中，浅墨化蝶面料产品获得一等奖，凤尾花面料和幻影面料获得二等奖，这也是公司面料产品再一次获得行业的表彰和认可。

创新是企业发展的不竭动力，是企业转型升级的重要保障。华纺在不断发展的同时，始终注重对产品的创新研发投入，建设工程技术研究院，成立创意中心，培养适应企业发展的技术型人才。提高新产品创新研发力度，使公司从

跟着市场走逐渐转变为引领市场新趋势，提高了公司的综合竞争力，也为公司产品结构优化和产业升级奠定了基础。

二、案例分析思路与逻辑

1. 启发思考题一

1.1 问题

华纺大力推动企业科技进步，用信息化改造生产流程，使企业综合竞争力明显增强，对企业管理也带来了革命性变化，华纺在技术创新上究竟实现了哪些突破?

1.2 分析思路

华纺在40年来印染生产精益管理的基础上，通过信息技术的创新与整合，开创了华纺印染生产管理的新模式。把客户需求作为管理创新的落脚点，工业化、信息化深度融合，高度集成，体现了企业从标准化生产转向大规模定制，从传统生产销售转向生产服务的转型升级。

1.3 理论依据及分析

两化融合是信息化和工业化的高层次的深度结合，是指以信息化带动工业化、以工业化促进信息化，走新型工业化道路；两化融合的核心就是信息化支撑，追求可持续发展模式。信息化与工业化主要在技术、产品、业务、产业四个方面进行融合。也就是说，两化融合包括技术融合、产品融合、业务融合、产业衍生四个方面。

技术融合是指工业技术与信息技术的融合，产生新的技术，推动技术创新。例如，汽车制造技术和电子技术融合产生的汽车电子技术，工业和计算机控制技术融合产生的工业控制技术。

产品融合是指电子信息技术或产品渗透到产品中，增加产品的技术含量。例如，普通机床加上数控系统之后就变成数控机床，传统家电采用了智能化技术之后就变成智能家电，普通飞机模型增加控制芯片之后就成为遥控飞机。信息技术含量的提高使产品的附加值大大提高。

业务融合是指信息技术应用到企业研发设计、生产制造、经营管理、市场营销等各个环节，推动企业业务创新和管理升级。例如，计算机管理方式改变了传统手工台账，极大地提高了管理效率；信息技术应用提高了生产自动化、智能化程度，生产效率大大提高；网络营销成为一种新的市场营销方式，受众大量增加，营销成本大大降低。

产业衍生是指两化融合可以催生出的新产业，形成一些新兴业态，如工业电子、工业软件、工业信息服务业。工业电子包括机械电子、汽车电子、船舶电子、航空电子等；工业软件包括工业设计软件、工业控制软件等；工业信息服务业包括工业企业 B2B 电子商务、工业原材料或产成品大宗交易、工业企业信息化咨询等。

华纺在管理创新方面的突出成果，主要表现在探索一条中国印染企业两化融合的发展路径，通过构建全流程数字化的印染生产管理模式，实现了印染企业基于数字化的系统创新，推动了生产模式向柔性化、智能化、精细化转变，增强了企业的发展动力和发展后劲，为印染行业工业化和信息化的深度融合树立一个标杆。公司推进全流程数字化的印染生产管理模式，提升企业综合竞争力，实现良好的经济效益、生态效益和社会效益，促进企业的可持续发展。

1.4 关键要点

（1）华纺通过破解全流程印染过程生产工艺参数自动在线监测与反馈控制技术难题，建立覆盖全流程生产过程的染整生产参数监控数据链和自积累工艺知识库。

（2）通过解决染化料助剂自动配送关键技术问题，建立了染化料助剂的自动配送平台，全面提升生产流程。

（3）设计了印染生产计划排程的调度模型。

2. 启发思考题二

2.1 问题

从结果来看，数字化印染生产管理模式成为华纺培育竞争新优势的制胜秘诀，回顾整个改造升级的过程，其管理模式创新是如何实现的？

2.2 分析思路

任何管理创新的前提都是基于对形势和实践的分析，世界经济、国际市场走势仍然难以预料，长期积累的矛盾也在凸显。受东南亚等纺织印染的发展和欧美国家保护壁垒影响，未来印染企业的竞争会逐年进一步加强。因此印染企业的营利能力较弱，内部结构性、素质性矛盾凸显。目前我国多数印染企业存在生产效率不高、产品质量容易波动、产品单耗较高、环保压力较大及员工流动性大等现象，造成印染企业利润率低，必须转型升级。华纺在自身 40 年来印染生产精益管理的基础上，通过信息技术的创新与整合，开创了华纺印染生产管理的新模式。

2.3 理论依据及分析

生产管理是计划、组织、控制生产活动的综合管理活动。通过合理组织生产过程，有效利用生产资源，经济合理地进行生产活动，以达到预期的生产目标。

数字化需求系统综合整理企业需求和消费者需求，自组织协同系统协调组织生产力环节，ERP 实现全流程监管……华纺正是从生产的每一个环节进行管理创新。

“互联网+”是利用信息通信技术以及互联网平台，让互联网与传统行业进行深度融合，创造新的发展生态，充分发挥互联网在资源配置中的优化和集成作用。互联网+数字化制造技术的发展允许从智慧型组织、企业间的生产协同、个性化定制与规模生产权衡、人机一体化的管理变革四个方面去指导企业如何借助互联网+数字化制造技术创新去实现企业的转型升级。

“十一五”印染行业规划，以提高印染产品质量、推行节能降耗技术、强化环境保护为原则，推行环保、节能、清洁生产印染加工技术，实现印染行业污染防治从“末端治理”向“源头预防”转变；加大环境执法力度，淘汰高耗能、高污染和废水治理达不到要求的落后工艺装备和印染企业。华纺准确及时地掌握每个订单、每个产品的能源消耗情况以及车间每台设备的能源消耗情况，有助于分析影响成本的主要因素，进而提升管理效率。系统的应用可以及时准确采集订单产品的能源消耗，为节约减排提供决策支持。

2.4 关键要点

（1）ERP 与生产一线融合，实现无缝对接。紧密围绕客户需求，通过物联网（IOT）和集散控制（DCS）技术管控生产过程的运行情况，通过高级计划排程系统（APS）技术，对生产任务进行排程，印染生产过程全面监控，实现了全流程印染生产数字化控制。具体表现在：建立了染整生产参数监控数据链、自积累工艺知识库和相关数据分析模型，实现了生产参数实时快速在线监测及反馈控制；全面提升染化料助剂生产流程的自动化程度，实现了染化料助剂精准自动配送；设计了印染生产计划排程的调度模型，在生产计划自动排程方面实现管理突破。

（2）构建了 HFIMS 模型，实现了人机料物环的互联互通。华纺围绕顾客需求，全面构建智能制造模式，推动了企业管理的变革。对生产制造相关的所有环节，如工艺、计划、物流、仓储等数字化，并实现了信息的交互与共享，为顾客提供个性化定制；构建物联网，实现了自组织物流；通过数字化，人与设备的协同取得突破，推动了企业由生产型向服务型制造的转变。

（西安工程大学：郭伟教授、姜铸副教授）

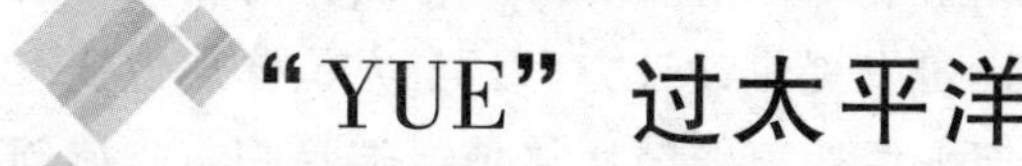

“YUE” 过太平洋

——江苏悦达家纺有限公司

摘要 江苏悦达家纺成立于2007年，是近几年来家纺行业的一匹“黑马”，凭借其全产业链优势、独具特色的提花色织产品、丰富的品牌内涵受到了行业及消费者的一致认可和好评，品牌建设卓有成效。为了做大做强，纺织企业都面临根据企业自身特点及环境变化选择走出国门，开拓国际市场的紧迫需求。本案例描述悦达家纺的国际化发展道路，探究其国际化战略成功的路径。在企业国际化理论的基础上思考企业为什么要选择国际化发展之路，学会运用内外部环境分析法分析企业环境并进行策略选择。

关键词 悦达家纺；国际化；差异化

一、案例正文

0. 引言

悦达家纺是江苏悦达纺织集团下属企业，从事家纺产品的研发、设计、生产，在家纺产品的研发设计上，悦达家纺公司特聘设计专家为悦达家纺进行策划、设计。江苏悦达家纺有限公司是江苏悦达集团的全资子公司、国有大型企业。于2010年6月建成投产，项目总投资5.56亿元，注册资金2000万美元，厂房建筑面积10万平方米，公司凭借在家纺行业的独特优势和悦达集团作为国际知名企业的影响力，引进国内外先进技术和管理经验，全力开拓家用纺织品市场，竭力打造集研发设计与生产为一体的大型家纺企业。公司以“生活、时尚、艺术”为理念，凭借充沛的精力，敏锐的思维以及快速反应的机制，创造全新的家纺艺术形态，引领中国家纺时尚潮流。悦达家纺现有法国家乐福、新加坡美芬国际有限公司、日本伊藤忠株式会社、美国太平洋公司等合作伙伴。

在2019春季家纺展，悦达家纺的“悦达家纺2019/20色织大提花面料流行趋势”启动仪式在上海国家会展中心成功举办。作为中国家纺协会首次指导发布的行业专项趋势，其精准的研发和顶尖的设计将为悦达家纺品牌及中国家纺面料产品设计研发提供设计方向，全方位体现悦达家纺行业领跑者的原创力与前瞻性。

悦达家纺集团董事长王圣杰在致辞中表示，精准的研发和顶尖的设计将为悦达家纺品牌及中国家纺面料产品设计研发提供设计方向，全方位体现悦达家纺行业领跑者的原创力与前瞻性。近年来悦达家纺精心培植终端品牌。坚持创新驱动和品质第一的发展战略；多年来，悦达家纺始终以消费者为中心，在产品研发设计与品质升级方面不断努力和持续改进，品牌的知名度和美誉度得到了快速提升，市场占有率和覆盖率逐年增加。未来，悦达家纺将以“消费者对美好生活的向往”为原点，以“时尚、科技、绿色、环保、健康”为设计理念，不断创新，以满足广大消费者的需求，为消费升级和行业转型发展做出应有的贡献。

悦达家纺推出的“YUE”品牌亚麻色织大提花产品，用经典产品打造品牌品质，用独特创意延续品牌风格，赋予产品环保、健康的理念。面对市场和消费者需求的不断变化，悦达家纺特别与美国合作研发的健康环保“YUE”品牌带进入国际市场，就是想永续环保为产品理念去影响更多的消费者。“YUE”品牌的产品以天然纤维为主，以棉、麻、丝为主要材料，深受美国市场和客户的青睐。

作为创业不久的纺织企业，悦达家纺立足企业实际，勇于开拓创新，从最初的只有国内市场，到现在的国内外市场并重且产品远销美国、日本、法国等发达国家，悦达家纺只用了很短的时间，就走出了一条独具特色的纺织企业国际化之路。

1.“YUE”过太平洋——悦达家纺的国际化历程背景

近年来，为了解决企业生存与发展的问题，国内众多 OEM（贴牌加工）企业，向 ODM（设计制造）、OBM（品牌制造）、品牌运营的价值链高端转型升级。但是，对于绝大多数生产型企业而言，向品牌运营商终端市场的转型发展，在研发设计、终端渠道和品牌运营等结构性资源方面存在着较大短板，是企业转型升级的一大障碍。一般情况下，提升资源结构性短板有三种途径：一是依靠企业自身力量自我培育成长，但要有较长培育成长期，短期内难以奏效；二是兼并收购结构性资源提升短板，但投入资本较大，一般企业难以企及；三是整合市场结构性资源，变企业单打独斗为结伴共舞，互利共赢，帮助企业迅速提升短板，快速实现预期目标。悦达家纺公司在集团的全力支持下，选择了第三种方法，就是在做好国内市场悦达家纺品牌运营的同时，尝试整合市场结构性资源、突破品牌国际化运营的路径，用市场化的模式和方法，把企业急需的研发机构、客户关系、终端渠道、展会平台、知识产权等结构性资源整合起来，共同推进国际化品牌运营，实现登陆美国零售终端的阶段性目标。

1.1 品牌发展战略的迫切需要

1.1.1 策应“三品”战略与转型发展

在世界经济下行和国内结构性矛盾影响下，全球经济增长乏力，增速逐步放缓的大背景下，家纺行业逐步从“中国制造”向“中国创造”，从“世界工厂”向“世界品牌”转型发展；国家层面从供给侧结构性改革入手，促进资源有效配置，推进增品种，提品质，创品牌“三品”战略的实施，鼓励企业参与国内外市场的品牌竞争，推进企业转型升级。

1.1.2 向价值链中高端升级刻不容缓

以 OEM 为主的家用纺织品低端市场、低档产品已经饱和，低端市场的同质化竞争非常残酷，很多企业在“啃骨头”，营利能力脆弱，生存条件艰难。从企业自身做起，共同改善市场经营环境，从价值链低端向中高端转型升级，是摆在企业面前的重大课题，也是解决企业生存与发展问题的当务之急，又是我国家用纺织品行业健康发展的重大抉择。

1.1.3 品牌建设是企业的责任担当

品牌建设、运营与发展，是国家供给侧结构性改革的主导方向。党和国家高度重视品牌工作，从战略高度上提出了中国制造向中国创造转变、中国速度向中国质量转变、中国产品向中国品牌转变的发展方向。作为国家战略的践行者，生产制造型企业要在品牌建设、品牌运营上全力以赴，努力承担品牌强企、品牌强国战略转型的责任和担当。

1.2 企业技术进步的迫切需要

1.2.1 先进配套的产业链资源

悦达家纺公司集聚了行业优秀人才，引进了国际先进设备，形成了家纺产业链资源优势。同时，放弃印染与后整理环节，规避环保、印染技术支撑等问题。悦达家纺公司还拥有研发、设计、营销、品牌为一体的软件体系，推进“面料开发商和品牌运营商”的转型发展。形成从棉花加工到成品生产的产业链资源，使得优质、创新、高性价比的系列产品成为企业优势，也是国内家纺行业为数不多的、软硬件设施相对齐全的企业之一。

1.2.2 深厚的技术沉淀与积累

悦达家纺公司通过了 ISO 9001 质量管理体系、ISO 14001 环境管理体系、OHSAS18001 职业健康安全管理体系、SA8000 社会责任标准认证，通过国际生态纺织品 Oeko – Tex Standard 100 认证。牵头、参与 3 项行业标准制定，拥有悦达家纺品牌、YUE 品牌等注册商标 7 只，拥有 PCT 国际发明专利 6 件、国内发明专利36件、实用新型24件、外观设计9件。

1.2.3 科技研发设计硕果累累

悦达家纺公司邀请工程院院士，引进国家千人计划特聘专家，招聘省市高层次人才组建了研发设计中心，与国家汉麻研究中心、产业联盟、浙江理工大学、东华大学等建立了产学研合作体系，指导、帮助或直接参与悦达家纺品牌的产品设计，保证了产品多样性与市场适应性。自主研发的“汉麻功能性家纺面料生态加工关键技术开发及产业化”列入国家星火计划、省产学研联合前瞻性项目、省科技指导性项目。研究成果两次荣获中国“纺织之光”科技进步奖，多次摘得中国专利年会金奖和创新奖、中国名优精品金奖、中国最具高端面料奖、省优秀新产品奖、省科学技术奖等。

1.3 提升品牌价值的迫切需要

1.3.1 集团战略的重要支撑

悦达家纺品牌建设和运营发展，是集团战略规划的重要组成部分，具有举足轻重的地位。集团拥有8+2产业平台和综合事业部，产业涉及诸多领域。境内外控股悦达投资（600805）、悦达矿业（HK0629）、中国台湾南纬实业（1467）等3家上市公司，是一家综合性的集团公司，有60多家子分公司，直接从业人员4万多。2016年，实现营业收入1100亿元，利税101亿元。集团投资20亿元建立了纺织科技工业园，从人才、物力、财务和渠道上，重点支持悦达家纺公司走品牌终端运营发展的路子，鼓励企业做强做大品牌，推动集团纺织产业的转型升级。

1.3.2 丰富多彩的产品系列

悦达家纺公司引进和培养人才双管齐下，集聚了近40名研发设计人才和团队，产品涵盖棉、麻、丝、莫代尔等功能性纤维、家纺面料和床上用品。其中，功能性纤维和面料有生物质石墨烯纤维、竹炭纤维、薄荷纤维、菘蓝黏胶等。针对纤维所赋予的不同功能，开发了单染纱、保暖纱、抗起球纱、抗菌纱、高支纱、色纺纱等品种，功能性纱线与面料均有完善的质量检测认证体系，每个产品都进行功能性、强度、伸长率、颜色、细度等工序的测试，满足国标一等品质量标准，还用客户标准作为企业的标准要求。高标准的品质管理体系，保证了产品和品牌的可持续性，产品远销欧、亚、美等30多个国家和地区。

1.3.3 基础扎实的国贸团队

悦达家纺公司多年从事家用纺织品的国际贸易业务，集聚一大批具有开拓创新精神的人才团队，组织体系完整配套，运作机制灵活规范，职业晋升通道形成制度，形成了个人PK与团队协作互容共生的业务竞争氛围。一大批外销人员在业务实践中不断成长，对企业的忠诚度不断提升，与客户的谈价议价能力不断提高。尤其是家纺制品出口业务，积累了丰富经验和人脉资源，与一大批国内外国际贸易公司和客户开展业务，把其中的部分企业与客户，培养成战略合作伙伴关系，为品牌国际化运营奠定了基础。

悦达家纺公司虽然有集团的全力支持，有自身多年的奋力追赶，在产品品种、品质等方面，获得行业认知、市场尊重和客户追捧，部分产品还替代了一线品牌企业的高档进口品种。但是，在"整合资源、提升短板、打造品牌、进入终端"的品牌国际化运营管理项目实施之前，悦达家纺公司的对外贸易仍然是以贴牌为主。大家知道，没有品牌的企业就没有脊梁，在国内外市场上就没有话语权，特别是在国内外品牌终端市场上永远受制于人，永远处于价值链低端。这是企业发展过程中的一大"痛点"，也是实施品牌国际化运营管理项目的动因。

2. 悦达家纺的国际化历程

2.1 整合外商资源，明确经营分工，建立品牌国际化运营的拓展平台

2.1.1 选择合作伙伴

悦达家纺公司在与众多外商的长期合作中，建立了广泛的外商资源。在大量外商中，通过资信调查与慎重比较，最终选择了 NC 公司。这是一家美国民营纺织跨国贸易企业，总部位于加利福尼亚州，与悦达家纺公司有着 8 年多的合作贸易关系。NC 公司的主营业务是为全美数百家连锁酒店、部分大型超市提供床上用品，在电子商务（亚马逊）、电视购物（NBC Today Show）、高档酒店和豪华游轮等床品领域都有不俗的表现。图 1 为美国 NC 公司外景。鉴于这家公司的良好业绩，较好的合作基础和渠道经验，选择其为战略合作伙伴，建立品牌国际化运营平台。

图 1　美国 NC 公司外景

2.1.2 设立合作公司

悦达家纺公司与美国 NC 公司的业务保持在酒店床品的国际贸易方面，虽然

业务发展迅速，规模逐步扩大，一度占据拉斯维加斯酒店业80%以上的床品市场，但是贸易方式仍然是贴牌为主，双方都没有自己的品牌，进一步深耕美国零售终端缺乏推力。经过多年磨合与商谈，2014年，双方达成了共同创建国际家纺品牌的共识，在美合资设立了新公司负责国际化品牌的运营。以品牌和产品为纽带，用全新的品牌运营模式进入美国零售终端。

2.1.3 明确分工职责

在美国建立专门公司负责品牌国际化运营，对新公司的运作模式进行了商定。悦达家纺公司负责产品研发设计、生产制造、物流组织，以及中国国内市场的运营等。其中，对产品的研发设计环节付出了很大的努力，做了全面而翔实的考量，决定签约国际知名设计团队——意大利康斯坦丁设计工作室，担纲国际品牌产品的研发设计，对品牌和产品的定位进行了约定。NC公司负责除中国大陆以外零售终端的品牌国际市场运营、渠道拓展和日常管理。公司日常运维管理由其工作团队负责，享有原则框架下的用人权、薪资权、决策权等。

2.2 整合商标资源，明确生态定位，保护品牌国际化运营的知识产权

2.2.1 YUE品牌命名

从品牌国际化运营项目的酝酿之初，悦达家纺公司就把知识产权保护工作摆上重要的议程，主要是从国际、国内两个方面做好保护工作。计划YUE品牌在美国市场立足之后，向国内市场转移渗透，而知识产权的保护工作就显得尤为重要。双方商定将品牌命名为“YUE”（图2），这是一个东方色彩的命名，西方没有“悦”这个音节，向美国市场宣告这是一个中国元素明显的品牌，也为商标产权的保护打下了基础。

图2 YUE品牌

2.2.2 YUE商标注册

美国注册商标审核标准和步骤要求比较严格，其中第二次审核尤为关键，要求审查注册商标申请的缓冲期内，有无该品牌产品进入零售市场。由于注册前印有“YUE”品牌标志的产品，在拉斯维加斯、纽约和南美地区的市场出现，最终通过了审查，完成了注册（图3）。

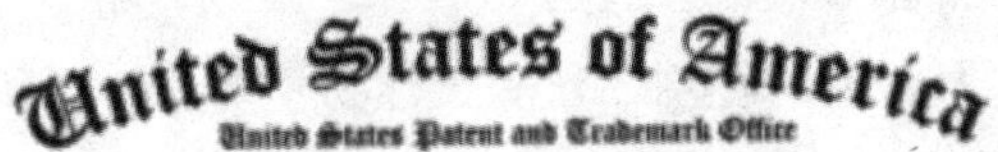

United States of America
United States Patent and Trademark Office

YUE HOME TEXTILE

Reg. No. 4,942,140
Registered Apr. 19, 2016
Int. Cl.: 24
TRADEMARK
PRINCIPAL REGISTER

NATURAL COMFORT INTERNATIONAL INC (UNITED STATES INCORPORATION)
CALIFORNIA, UNITED STATES

JIANGSU YUEDA HOME-TEX CO., LTD. (CHINA LIMITED COMPANY)
CENTURY AVENUE
YANCHENG CITY, CHINA

FOR: BED LINEN; BED COVERS; BED SHEETS; BED SPREADS, IN CLASS 24 (U.S. CLS. 42 AND 50).

FIRST USE 10-15-2015; IN COMMERCE 10-15-2015.

THE MARK CONSISTS OF STANDARD CHARACTERS WITHOUT CLAIM TO ANY PARTICULAR FONT, STYLE, SIZE, OR COLOR.

NO CLAIM IS MADE TO THE EXCLUSIVE RIGHT TO USE "HOME TEXTILE", APART FROM THE MARK AS SHOWN.

THE ENGLISH TRANSLATION OF "YUE" IN THE MARK IS "COMFORT", "MOON", "MONTH", "MONTHLY", "MUSIC".

MEGAN ASKEW, EXAMINING ATTORNEY

Director of the United States Patent and Trademark Office

图 3 商标注册

(2014 年申请，2015 年完成注册，2016 年转让为共有)

2.2.3 "YUE" 品牌定位

"YUE" 是对悦达家纺公司"悦"汉字拼音的演绎，"悦"本身带有愉悦、健康的含义，与品牌定位融为一体 Sustainable Home Textile（永续环保家纺）。"YUE" 品牌的核心是"态度"，是一种对生活、环境、健康和社会责任的态度。YUE 品牌推广的生命周期为 10 年，第一个五年主要围绕"关怀"进行推广（Care），第二个五年主要围绕"责任"（Responsibility）进行推广。见图 4。

图 4 YUE 品牌产品生态包装

2.2.4 YUE 产品定位

“YUE”品牌产品以麻、棉麻、丝等天然材质为主，传承抗菌、绿色、环保的生态理念，回归自然的家居概念，秉承简约自然的风格。用舒适与健康的生活方式，倡导回归自然家居理念；用棉麻丝最优材质，精工细作成就“YUE”品牌的产品本色。“YUE”品牌产品通过了国际生态纺织品 OEKO－TEX 100 认证，取得进入世界零售终端市场的通行证。见图 5、图 6。

图 5　YUE 品牌产品定位

图 6　可持续的家用纺织品

2.3 整合国外设计资源，建立战略伙伴关系，提升品牌国际化运营的产品品位

2.3.1 签约国外设计工作室

为了弥补自主研发设计在文化、艺术、品位等方面的不足，悦达家纺公司不惜重金，于2015年与意大利康斯坦丁设计工作室签订了三年合作协议，建立了战略合作伙伴关系，专职"YUE"品牌产品设计。见图7。

图7 合作协议签约与交流现场

2.3.2 理解和把握设计元素

国外设计师团队中的30多人来自意大利、西班牙、英美等国家，相比之下他们更加理解与把握欧美人文环境、历史底蕴、消费理念、时尚喜好等设计元素，更好地融入产品设计。他们还走进生产现场，听取设计意见，结合引进设备的生产性能和特点，设计五大系列600多款产品，较好地适应了美方消费者对产品品位的追求。见图8。

图8 设计师团队走进生产现场了解情况听取建议

2.3.3 保持定位的高度一致性

要求设计师团队的产品设计方案，必须与商定的“YUE”产品定位、“YUE”品牌定位保持高度的一致性。通过生产工艺设计、原料材质选择、组织产品打样、生产质量保障等方面的严格管控，保障了设计方案向生产产品的有效转化。如图9、图10所示。

图9 康斯坦丁团队设计的YUE品牌产品展示

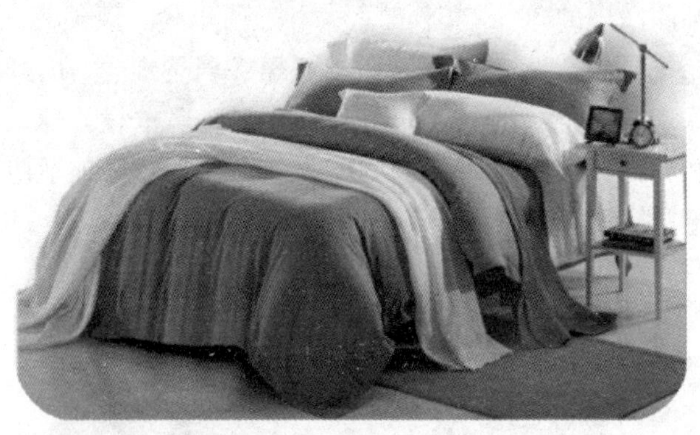

图10 康斯坦丁团队设计的YUE品牌产品

2.3.4 更加注重细节的完美

设计师团队除组织结构、材质搭配、主题花型、系列产品的设计外，还做了饰品、香囊、道具、附件等方面的延伸设计，更加注重设计环节的细节完美，不仅提高了YUE产品的饱和度，也为本土设计师提供耳目一新的设计理念和方法。见图11。

图 11 产品展示

2.4 整合内部研发资源，发挥产业链整体优势，保障品牌国际化运营的产品品质

2.4.1 设立研究院公司

为了稳定"YUE"品牌产品品质，悦达家纺公司在集团支持下，在原有研发设计中心组织架构的基础上，整合内部产业链纤维、纱线、面料、制品、终端的研发设计资源，成立了由近 40 人组成的现代纺织应用研究院公司，两大基本职能是服务内销和外销市场。见图 12。

图 12 集团领导为现代纺织应用研究院公司揭牌

2.4.2 支撑内销产品设计

现代纺织应用研究院公司分别组成"YUE"品牌项目团队、悦达家纺品牌

项目团队，专职服务于两个品牌产品的运作与保障工作。主要职能之一，就是为国内零售终端运营的“悦达家纺”品牌的门店、专柜、电商、团购等渠道，提供产品设计、支持与服务。见图13。

图13 中纺联、专业协会的领导专家指导悦达家纺

2.4.3 转化外方设计方案

现代纺织应用研究院公司的另一个职能，就是把康斯坦丁设计团队的产品设计方案，原汁原味地转化为产品实物，保持与方案设计的高度一致不走样。本土设计师团队在产业链管控、保障品位风格的基础上，确保了YUE品牌的产品品质和产品转化工作的实现。见图14。

图14 康斯坦丁团队设计的YUE品牌产品

2.5 整合美国市场资源，发挥展会平台作用，推进品牌国际化运营的市场拓展

2.5.1 常年展示，打造品牌知名度

美国拉斯维加斯会展业连续十多年被誉为全球第一贸易会展目的地，是全

球闻名的会展之都。2014 年，"YUE" 品牌运营团队在拉斯维加斯签约租赁展位 3 年，设立 "YUE" 品牌展厅常年展出（位于 C 座 1585，面积为 294 平方米，12 张展示床位）。数据显示，拉斯维加斯每年举办各类会展 2.2 万次，吸引观展人数 600 万人，也为 YUE 品牌展示带来了人气与客户。见图 15。

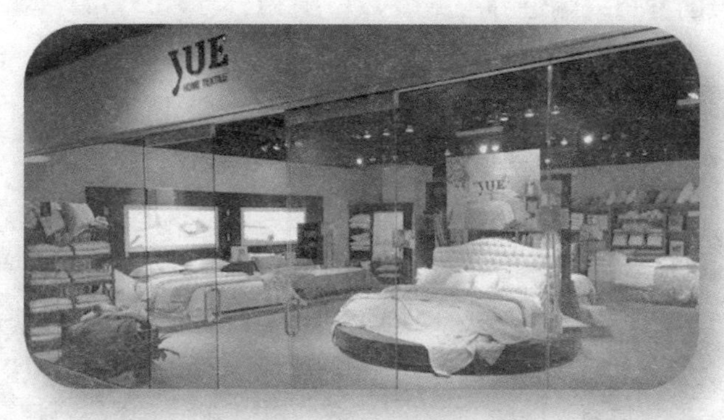

图 15　美国拉斯维加斯展厅，可与国际一流品牌比肩

2.5.2　客户体验，拓宽视野

在拉斯维加斯展厅基础上，建立了 "YUE" 品牌客户体验中心，让更多客户了解 "YUE" 品牌，切身感受和体验 "YUE" 品牌产品。"YUE" 品牌还成功入驻纽约家纺展，接待了众多国家和地区的商户，为 "YUE" 品牌产品推介提供了又一个平台。也为悦达家纺公司的本土研发设计团队、市场营销团队、品牌推广团队，更好地接触和了解一流品牌的理念，第一时间知晓前瞻信息和流行趋势，提供了窗口。如图 16 所示。

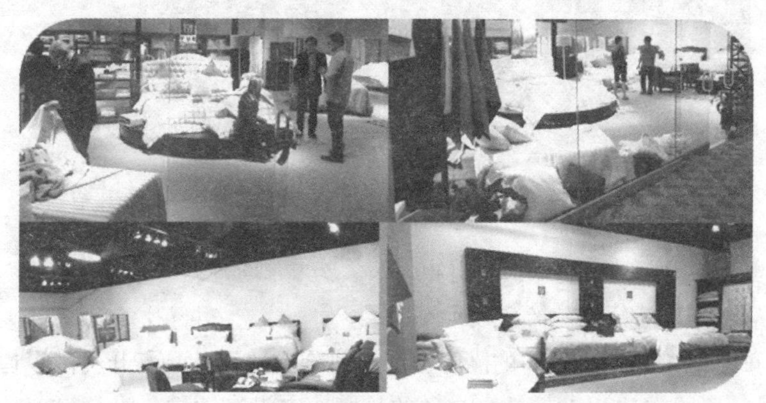

图 16　YUE 品牌拉斯维加斯展厅 + 体验中心

2.5.3 多方参展，强力造势

“YUE”品牌参加拉斯维加斯展位的常年展出以及每年年中、年初两次的重点展出以外，还陆续参加了法兰克福、澳大利亚、俄罗斯、中国（上海）等国际家纺展，把“YUE”品牌和产品推介给更多客户，在更大市场上塑造品牌形象，也为进入美国零售终端造势。见图17～图21。

图17 拉斯维加斯展会

图18 法兰克福展会

图19 俄罗斯展会

图20 澳大利亚展会

图21 中国（上海）国际家纺展会

2.6 **整合电视购物资源，扩大品牌公信力，推进品牌国际化运营的终端进入**

2.6.1 寻求登陆终端的突破口

“YUE”品牌是一个全新的品牌，计划的阶段性目标是打开美国零售终端市场。但是，正因为“YUE”是一个新的品牌，它没有业绩、没有口碑，更没有知名度，要想进入BBB连锁超市，梅西百货（Macy's）这样的零售渠道是非常困难的。所以，经过慎重考量与比较，双方商定选择电视购物渠道为突破口，能够快速地为新品牌创造销售业绩和口碑，达到打通零售终端大门的目的。但是，美国电视购物渠道的进入也有非常高的门槛和较大的难度。见图 22。

图 22 梅西百货

2.6.2 设法进入电视购物渠道

电视购物渠道的进入绝非易事，在当时的美国政治环境下，电视台、网络社交媒体辱华事件层出，具有中国背景的品牌就更加困难。我国消费者印象中，电视购物是低端的促销手段，而西方国家却当作一种销售渠道，有着非常高的准入门槛。美国消费者对电视购物节目情有独钟，2015 年营业额占全美零售业总额的 8%。所以，电视购物渠道竞争激烈，对产品的性价比要求非常苛刻，对新建立的"YUE"品牌提出了考验，指标中的退货率更是重中之重。所以，采取了三种方法，努力进入电视购物渠道。

（1）邀请考察。2015 年 8 月，邀请 FOXNEWS、CNN、NBC 等三家电视台电视购物渠道的市场总监等，参观位于世贸中心"YUE"品牌展厅，现场了解、感受和体验"YUE"品牌产品。

（2）提升服务。在美国开通市场服务电话热线，设立投诉专员，第一时间接听、反馈、处理客户的疑问、咨询、质量改进建议等。承诺物流配送两天送达客户，为客户提供快捷优质的服务。

（3）温馨体检。结合圣诞节场景消费和西方的消费习惯，改变产品原有包装礼盒，烘托圣诞的节日氛围。同时，在所有包装内增加了圣诞节精美祝福卡片，给客户以美好的购物体验。

通过一系列工作以及多方比较选择，最终把 FOXNEWS 早新闻栏目的 Fox & Friends 作为进入美国终端市场的突破口。

2.6.3 实现“YUE”品牌终端进入

通过品牌国际化运营项目的实施和一系列工作的开展，向零售终端推介“YUE”品牌进驻有了信心和底气，终于完成“YUE”品牌在美国纽约、夏威夷等部分城市以及南美地区零售终端的布局。美国 BBB 连锁超市采购“YUE”品牌产品，该商超之所以被打动，主要归功于电视购物产品“零”退货的优良表现，实现了进入美国零售终端的阶段性目标。如图 23 所示。

图 23 YUE 品牌进入纽约零售网点

3. 实施效果

悦达家纺通过产品国际化增强了商品和品牌的公信力。FOXNEWS 早新闻是一个品牌栏目，相当于央视的东方时空，收视率很高。三位新闻主持人受到美国社会的广泛认同，由他们向消费者介绍商品，使得“YUE”品牌的公信力、知名度显著提升，在美国社会产生了积极影响。国际化的实施导入了物流快捷服务的理念。悦达家纺公司引入国内的物流快捷投递理念，承诺两天送达客户，此前在美国社会是不可想象的，虽然投入不菲，但效果非常好，把中国优质的物流服务理念带到美国社会，为美国消费者打上了中国物流服务的良好印记。国际化的营销带来了优良品质和国际化的服务。开通热线电话，设立投诉专员，第一时间接受客户咨询与反馈，把 24 小时回复变成了 2 分钟回复。更为重要的是用优良的商品品质、良好的服务沟通，实现商品零退货业绩，让消费者重新认识中国商品的优良品质。

悦达家纺从贴牌生产开始，逐渐开辟国外市场，实施国际化战略。悦达家纺通过其产品的国内市场与国际市场进行对比以及对悦达家纺环境的 SWOT 分析，进而根据其不同特点分析悦达家纺在发展过程中的战略转变。

4. 结论

悦达家纺从产品开发到后道的品牌推广，在纺织行业是好榜样。悦达家纺能够实现从产品研发到终端质量的完全可控性是最大的优势之一。悦达家纺在行业里是具有代表性的，产业链、生产端完整，又注重发展终端，用较短的时间在终端发展如此之快，并在市场上占有一定的份额，是非常不容易的，这种模式是多数企业所不及的。

但是，随着企业发展壮大，悦达家纺的国际化之路也面临着新的挑战。更广阔的市场对企业在产品、管理、服务等多个方面提出了更高的要求。想要继续发展需要扩大生产规模，企业需要上新的生产线，开发新的产品品种来满足更多客户的不同需求。生产规模的扩大要求企业有更高的组织管理水平；开发新品种需要更多科研经费和专业人员的投入；市场规模的扩大需要更多掌握国际贸易的专业人才，这些都是企业发展过程中必须解决的问题。

多年来，悦达家纺始终牢记“用全产业链管控，做高端品质家纺”“用科技创新元素，做定制艺术家纺”的企业使命，以同心、同向、同步，为“客户谋利益，为员工增收益，为社会创价值”的核心价值观，向“中国家纺行业知名品牌”和“中国家纺高端定制专家”“高品质睡眠的引领者”的愿景迈进，走出了一条以终端产品引领产业链，实现整体转型的创新路。

品牌是国家竞争力的综合体现，品牌强国是企业的责任与担当。在广大企业和产业集群的贯彻与落实，为推动制造强国建设、推行大国品牌策略悦达家纺付诸了实实在在的行动，也为企业生产经营、品牌建设和转型发展指明了方向。

二、案例分析思路与逻辑

1. 启发思考题一

1.1 问题

悦达家纺在品牌国际化探索阶段的主要目标以及面临的主要问题是什么？对应的主要品牌国际化的策略有哪些？

1.2 分析思路

悦达家纺公司按照集团“整合产业链资源，聚焦家纺终端品牌，两端延伸转型升级，打造企业核心竞争力”的战略规划，在国内市场上，主要是夯实悦达家纺品牌的运营基础，把内部产业链优势，转化为价值链优势，提升悦达家纺品牌国内市场的影响力和营销业绩。在国际市场上，主要是瞄准美国零售终端，实施“整合资源、提升短板、打造品牌、进入终端”的品牌国际化运营管理项目。抓住品牌走出去的契机，整合市场结构性资源，提升设计、品牌、渠道等结构性短板，赢得进入目标市场零售终端计划的实现。悦达家纺公司整合市场结构性资源的主要做法，就是建立现代纺织研究院公司，与美国客户、意大利设计工作室建立战略伙伴关系，在美国设立公司、注册商标、租赁展馆+体验中心、借助电视购物渠道等，补齐结构性短板，打造国际化品牌，取得YUE品牌美国零售市场的突破，实现进入美国零售终端的阶段性目标。

1.3 理论依据及分析

品牌国际化可以分为四个基本阶段：探索阶段、发展阶段、巩固阶段和飞跃阶段。企业在品牌国际化过程中，根据阶段的不同，所面临的问题不同，解决手段各异，其品牌路径选择也不尽相同。在品牌国际化的国内准备阶段，企业品牌要力争成为国内知名品牌，并积极探索国际市场，其主要手段是提升产品品质和质量标准，其路径是出口贸易或贴牌生产以及采用与国际名牌进行合作。在品牌国际化发展阶段，企业要在他国展示自身品牌并提高识别度，这需要提高产品的适应性，其路径可以采用经销商品牌和自创本土品牌。在品牌国际化巩固阶段，要求扩大品牌识别国别范围，需要对产品进行适应性调整，继续采用自创本土品牌，外加自创国内品牌和自主收购品牌，逐步增添自有品牌成分。在品牌国际化飞跃阶段，需要淡化品牌国别市场成分，增加洲际成分，这要求减少产品的多样性，增加一致性，品牌要以自创国内品牌和自创本土品牌为主，进而产品拓展到全球市场，这需要企业具备创造全球统一品牌文化的能力，主要采用自创为主的多层次全球品牌。

1.4 关键要点

国际市场环境复杂多变，企业品牌国际化战略应该因地制宜，根据目标市场和企业自身特点，制定针对性的品牌发展战略并开展相关活动。品牌国际化企业是跨阶段性的活动。在不同的阶段，企业要根据自身和外部环境的特点，制定适合的品牌国际化战略，控制风险，稳步前行。

2. 启发思考题二

2.1 问题

悦达家纺在不同的阶段，进入国际市场的做法有哪些？

2.2 分析思路

悦达家纺公司是家用纺织品设计、生产、贸易和品牌运营的综合型国家高新技术企业。结合企业发展的实际情况，按照微笑曲线“价值最丰厚区域集中在价值链两端"的理论，制定向"面料开发商和品牌运营商"转型发展的战略目标，明确向价值链高端延伸发展的方向，实施以进入美国零售终端为目标的"整合资源、提升短板、打造品牌、进入终端"的品牌国际化运营管理项目，形成研发设计→织造生产→床品生产→国内外贸易→品牌运营的价值链模式。但是，企业在向产业链高端转型升级，特别是向品牌国际化运营转变的过程中，存在着设计、品牌、渠道等结构性资源的短板。悦达家纺公司在集团的帮助支持下，采取了整合市场资源、提升自身短板的方式，加大人才集聚和财务投入，解决了结构性资源短缺的问题，向研发设计、品牌运营价值链高端转型升级，拉动生产环节的价值提升。

2.3 理论依据及分析

企业若想在国际化进程中获取更大的竞争优势，实现品牌国际化是其必然的选择。具体方式包括向当地消费者提供高品质的产品并形成较高声望、与当地潜在雇员或合作伙伴建立良好关系、融入当地文化并保持行为方式和价值观念方面的一致性等。品牌国际化是进入路径和品牌发展路径的统一。国际市场进入方式理论上来说，企业国际化进入模式主要分为出口式进入模式、契约式进入模式、投资式进入模式。出口模式是指企业进入国际市场的方式是先在本国进行产品的生产，然后向目标市场出口。合同进入则是国内企业通过契约向国外企业让渡一项或几项无形资产，前提是不涉及股权或企业产权，由技术出让企业向使用方收取相关费用和报酬。而投资进入指跨国公司通过股权控制直接参与目标国生产企业的策划管理。

2.4 关键要点

企业需要合理地制定自主品牌国际化战略。在品牌国际化过程中企业应审时度势，稳健经营，要善于分析国际市场环境，抓住时机，快速出击。在不同的国际环境下，企业需要对不同的国际市场采取不同的进入路径。企业应该合理评估国际市场潜力，市场风险，企业资源，竞争水平等合理制定进入路径。

（天津工业大学：丁志忠研究员、王亚超教授）

科技创新，技术领先

——徐州斯尔克纤维科技股份有限公司

摘要 江苏徐州斯尔克公司是一家涉及化纤、纺织、印染、服装、贸易的大型纺织企业集团。经历了多年探索和实践，逐步发展成为纺织细分行业的引领者。近年来，创新在企业生存和发展中的作用越发关键，如何成功运用创新管理理论引导企业持续健康发展已经成为纺织行业亟待解决的关键问题。本案例以斯尔克公司集团科研平台建设，长期开展产学研合作不断提升企业综合创新能力为主线，描绘了斯尔克成为引领行业技术创新的“成长之基”。斯尔克公司为克服纺织业发展的瓶颈，走出独特的创新“成长”之路，树立纺织产业转型升级的典型。

关键词 转型升级；科技创新；引领者；创新平台

一、案例正文

0. 引言

江苏斯尔克集团创立于2004年，坐落于江苏省徐州新沂经济开发区，专业从事“一步法”异收缩差别化聚酯纤维新材料及其功能性面料织造的研发和生产，现已成为苏北地区最大的纺织产业园区之一。

早在公司成立之初，创始人孙德荣决定取丝绸英文“silk”的中文音译“斯尔克”为公司名称，意在希望斯尔克公司的成长与发展，能够开辟一条中国纺织行业走向世界的发展道路。这一寓意的品牌形象，如今已伴随斯尔克集团成长发展而逐渐明确清晰。

围绕斯尔克有无数耀眼的荣誉，如“国家高新技术企业”“国家火炬计划重点高新技术企业”“国家知识产权优势企业”“国内化纤行业首家企业院士工作站”“国家异收缩混纤丝产品开发基地”等。在这一个个金灿灿、沉甸甸的荣誉背后，如今的斯尔克集团总资产近10亿元，产业涉及纺丝、织造及染整。“斯尔克”这一品牌已经成为行业知名品牌被行业内外人士所熟悉，因品牌带动市场的效应正在逐步体现。集团董事长孙德荣对纺织行业的业态做出科学预判，提前认识到产能过剩、产品低端必然会被淘汰，企业成功完成技术创新战略转型，实现了传统行业转型升级的“中国梦”。

1. 斯尔克管理创新实施背景

1.1 实现企业战略目标的需求

斯尔克公司以“坚持做纺织细分行业的引领者”为长期战略目标，但是制定了战略目标不等于实现了战略目标，首先需要员工统一思想认识，理解和接受企业战略目标。员工是战略目标的执行者，只有让员工从思想上清楚地认识到企业的战略目标，才能在日常工作中有的放矢、贯彻执行，为实现目标而正确努力。其次，企业战略目标是宏观的，是从整个企业出发的，需要对战略目标进行层层分解，只有将战略目标具体分解到每个岗位，员工才能明确自己的任务。这样就不会出现完不成目标大家互相推卸责任的情况。最后需要建立相应的激励机制，将每个岗位的绩效考核体系与分解后的相应的企业战略挂钩，建立相应的绩效考核指标。

1.2 秉持企业经营理念的需求

斯尔克公司的经营理念是“品质至上，顾客第一”。品质不仅是一个企业的生命，还是一个企业及其全体员工的尊严，面对激烈的市场竞争，产品质量已经成为商品竞争中最重要的因素，全面的产品质量管理需要对生产现场中的“人机料法环”五大要素进行控制。品质做得好与坏，需要以“客户满意”为衡量准则。顾客是产品品质的最终裁判，为顾客提供超出期望的产品是任何一个公司的始终追求。公司的各项工作应该紧紧围绕顾客的满意度来展开。顾客不仅指外部的客户，公司内部的环节部门都是顾客，需要形成上下联动、内外结合的顾客质量链条，使产品质量、服务质量让顾客满意，为顾客增值，公司才会立足稳固，健康发展，茁壮成长。

1.3 明确企业发展方针的需求

斯尔克公司自创建以来，便制定“科技创新，技术领先”的发展方针，将创新摆在首位，每年需要投入大量的研发资金进行技术创新和产品研发。创新是公司发展的战略，也是公司发展的源头，是公司能否可持续发展的原动力，是公司追求效益最大化的保障，更是品质突破的重要基础。公司需要通过科技创新、管理创新、装备创新、能力创新来达到产品创新去实现营销创新，满足顾客日益增长和不断变化的需求与欲望，实现公司可持续发展的战略目标。

1.4 坚定企业指导思想的需求

只有理清公司的指导思想，明确公司持续发展和盈利的商业逻辑，并建立公司内部的配称，形成公司内外合一的配称系统，才能保证公司核心竞争力的长期存在，也只有这种配称系统才是竞争对手看不懂、拆不开、学不会和拿不走的。斯尔克公司坚定“以市场为导向、以人才为根本、以创新为引领、以品质为基础、以绿色环保为己任”的指导思想，实施公司的战略目标。

1.5 履行企业社会职责的需求

企业社会职责是在企业创造利润、对股东和员工承担收益保障和法律责任的同时，还要承担对消费者及地方环境和保护资源的责任。履行社会责任是企业的职责，也是实现企业可持续发展必须要担当的。企业作为社会公民对资源和环境的可持续发展负有不可推卸的责任，而企业履行社会责任，通过技术革新可以降低对生产活动各个环节对环境可能造成的污染，同时也可以降低能耗，节约资源，降低企业生产成本，从而使产品价格更具竞争力。斯尔克公司作为当地的明星企业更应具有责任和担当履行社会职责。

2. 斯尔克引领者成长之路

管理创新是实现企业战略目标重要途径。斯尔克公司以“坚持做纺织细分行业的引领者”为长期战略目标，然后通过环环相扣的管理创新措施来努力实现目标。斯尔克公司首先通过院士工作站、江苏省企业技术研发中心、斯尔克—东华大学联合研发中心等平台的建设吸引高精尖人才，同时实施激励的管理机制培养企业内部人才；其次通过集思广益，对现有的设备、工艺、原料、管理等实施一系列的持续创新来实现产品的不断创新，保障公司的持续发展，并通过绿色生产全流程智能化创新管理，实现节能降耗和减排治污，达到品质保证，减员增效，提高产、质、效降低成本的目标，并积极履行好社会职责；最后实施产业链布局管理，斯尔克公司的产业链从原有的化纤和纺织进一步地延伸到上游聚合和下游印染，完善公司的上下游产业链，增强公司的综合竞争力，在降低生产成本、增加产品附加值的基础上，极大地缩短新产品开发周期，为公司的持续发展注入新的活力。

2.1 构建创新平台凝聚创新力量

优秀的人才是实现企业战略目标的基础，是企业持续发展的动力。公司必须以科学的人才培养方法、有效的激励机制、公平的竞争平台、广阔的事业发展空间广纳良才。

斯尔克公司是国内化纤行业中较早建立企业院士工作站的，还先后建立了国家异收缩涤纶混纤丝产品开发基地、江苏省企业技术研究中心、江苏省多异混纤丝制造工程技术研究中心、江苏省功能性记忆面料工程技术研究中心、东华大学现代纺织研究院—斯尔克联合研发中心等技术研发平台。通过平台的建立，斯尔克公司吸引了多位行业内专家的加盟，包括了化纤聚酯专家蒋士成院士、纺织材料学专家俞建勇院士以及多位东华大学的教授和北航、华东理工的教授，他们的加入为斯尔克的科技创新、企业转型升级带来了至关重要的推进作用。

由于斯尔克公司技术的不断创新，公司规划了中长期人才梯队培养建设方案，与相关对口专业学校签订了定点专业招收班，每年必须招收一定比例的专业大学生到公司生产一线进行培养，每年都设立两期的人才重点培养对象，主要是针对那些在工作岗位上表现突出或者具有一技之长的员工，对其进行系统化以及独立化一对一的培训和培养，使其成为斯尔克技术创新开发者中的一员。同时公司出台了“关于鼓励全员创新的奖励方法”“提案工作制度”“知识产权奖惩制度”“技能比赛奖励办法”等激励制度，一切有利于提高工作效率，节能降耗，技术、工艺、设备改造升级，提升经营管理水平的创新提案都将获得奖励，促进全员参与创新，最大程度的调动全体员工的创新积极性，这样的人才策略促进了员工工作的积极性，使得集团的人才始终处于动态发展状态，推动企业的技术、管理的进步。见表1。

表1 斯尔克研发人员表

研发人员数（人）	2015 年	2016 年	2017 年
	53	66	82
研发人员投入强度（研发人员数/企业从业人员数,%）	2.9	4.5	6.6

2.2 实施全面创新驱动技术发展

技术创新与管理创新是企业进步的一对风火轮，科技是生产力，管理是生产关系，两种相辅相成，辩证统一。斯尔克公司在管理创新过程中，实施的全面技术创新主要包括：设备创新、工艺创新、原料创新、产品创新等。

2.2.1 设备创新

对现有设备进行升级，根据生产需要对设备进行技术改造、生产自动化提升、专项设备配件研发，以节约生产成本、提高生产效率、提升产品质量及新产品开发为目标，增强企业的核心竞争力。

斯尔克公司创造性的研制的一步法多异混纤复合纤维的纺丝、卷绕联合装置，实现了一步法生产异收缩混纤丝，同时研制了特殊结构的高速网络器、具有专用熔体导流槽的纺丝组件、高效24头/位定长定重卷绕装置等关键部件。

斯尔克公司研究双箱体、双螺杆一步法工艺，改变目前生产采用的复合丝产能不高以及产品单一的单箱体、单螺杆，开发新型的双箱体、双螺杆设备的相关技术，实现异种原料的一步法复合生产。

斯尔克公司通过技术创新对斯尔克纺织的倍捻机进行了创造性改造，加大了铝三元的盘深以及与之相对应的倍捻机卷绕设备，铝三元盘边从原来的145mm增加到162mm，满筒净重从0.8kg增加到1.33kg，卷绕时间增加65%，这样就减少铝三元的满筒切换次数，降低了工人的劳动强度，因此减少30%的用工量，提高了工人的看机台数；发明倍捻机断丝自动停止装置，便于工人及时发现断丝位置，在第一时间处理纱线断头，提高了工作效率。

2.2.2 工艺创新

针对以前国内外普遍采用纺丝+混纤两步法工艺，即先纺出POY、FDY两根丝，再进行复合形成异收缩复合丝，斯尔克公司研发了POY/FDY一步法工艺耦合技术，实现同一箱体、同一纺丝位POY和FDY并行纺丝、复合卷绕。其工艺具有用工少、生产效率高、流程短、消耗低特点。

通过对网络压力降低和纺丝油剂量降低的工艺改进，实现车间的无油烟，降低生产成本，改善员工工作环境，保证工人的健康。

2.2.3 原料创新

原材料创新是产品创新的源泉，新产品开发设计中的重要环节是研究纤维材料的特征，新材料已成为各高技术领域发展的突破口，并在很大程度上影响新兴产业的发展进程。当前纺织技术发展中遇到的很多难题，有不少实际上是纤维材料问题，没有纤维材料的开发利用，便谈不上新型纺织技术产品开发和产业发展。斯尔克公司从2006年开始自主研发的异收缩复合丝产业化以来到目前已经是第四代复合丝新产品，主要有2010年研发成功实现产业化的异彩复合纺丝，2012年研发成功实现产业化的竹节仿麻复合丝。2015年斯尔克公司又成功研发了超仿棉原料切片纺丝，实现了以超仿棉为原料的长丝生产。

2.2.4 产品创新

新产品一般应具有下列一项或多项特点：具有新的原理、新的用途或市场需求，具有地域性或民族性。斯尔克公司从以下类型进行产品结构调整：

（1）全新型。全新型产品创新方式就是采用新原理、新结构、新材料、新技术研制国际或国内的全新产品，全新产品的出现会引起整个技术体系的变革，创造需求、开拓市场。但是公司进行此类产品创新的难度较大，但是一旦成功，其经济、社会价值是难以估量的。因此斯尔克公司狠抓技术专研产品创新，努力进行全新型产品创新活动，以争夺市场上的主动权。斯尔克公司开发了一步法异收缩混纤丝以及通过对原料的改性实现吸湿排汗效果的超仿棉复合长丝，都是全新的产品。

（2）换代型。该类型产品的创新，从本质上讲属于改进产品类型，但它是进行全局性的重大改进。产品的寿命周期一般分为四个阶段：导入期、发展期、成熟期和衰退期。当产品进入成熟期后，产品的销售额由稳定增长而逐渐达到饱和状态，利润达到最大后开始下降，如公司的一步法异收缩 PET 混纤丝技术成熟后，此时就有必要开发换代产品取代原产品。2010 年以前为斯尔克公司一步法复合丝的销售旺年，但是斯尔克公司并没有被眼前的利好所迷惑，开始研发第二代复合纤维产品——异彩复合丝，2015 年公司上马了第四代复合丝产品——超仿棉复合丝。

（3）技改型。该方法是在原有技术基础上对老产品进行局部改进，以增加花色品种、规格型号，提高产品质量，增加产品功能，提供材料利用率，节省能源。改进型产品创新主要用于该产品的市场尚未饱和，并且原产品的缺陷或不足已经影响到企业的经济效益，如公司对阳离子多异混纤丝进行技改为异彩阳白、异彩白阳、异彩竹节复合纤维。见图 1。

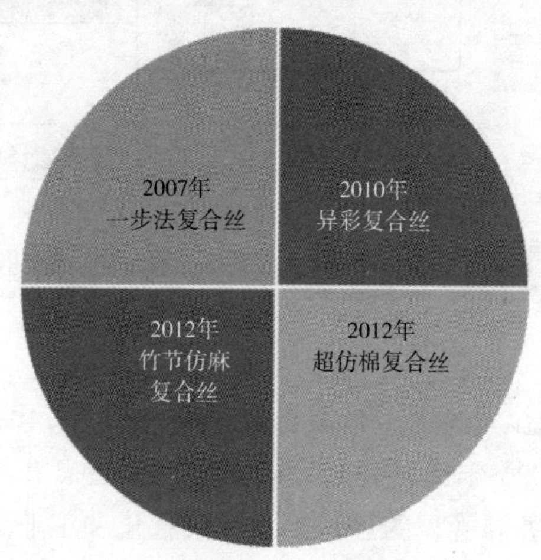

图 1　斯尔克公司的四代产品

2.3　技术加管理创新控制废料，发展绿色经济

企业是经济社会发展的中坚力量，是全面建设小康和谐社会的重要经济组织，社会责任是构建和谐社会的重要条件。因此，企业在为经济社会发展做出重要贡献的同时积极承担社会责任，对企业自身的可持续发展以及推进社会主义和谐社会的构建至关重要。

通过循环经济节约原料和能源，推进纺织业向低投入高收益的集约型发展。纺织企业向来是废料废水废热排放大户，但现在斯尔克公司从生产环节大做文章，利用技术以及管理创新严格控制废料（废原料、废水、废热、废气等），对这些生产废料进行重新利用，通过技术创新以及能耗定额的管理方法，有效地控制生产成本，使得斯尔克公司减轻成本压力，实现转型发展，促进公司产业结构向可持续化、高级化发展。2007 年斯尔克化纤实施了生产废物的再利用、空调制冷改造，2013 年斯尔克纺织通过淘汰落后的机械式电动机，更新为更加先进的节能变频电动机，实现每年 1745.19 万度电的节约，降低了生产成本，使企业在行业竞争中处于优势。2016 年斯尔克染整通过实施中压蒸汽循环利用系统、溢碱及 PTA 回收系统、热能智能化回收利用系统、定型机油烟净化及余热回用系统、热中水回用系统、热净水回用系统、污水处理站优化提标系统等七大循环利用系统。这些循环经济的实施，节约了生产成本，实现了清洁生产，使员工可以在舒适的环境中工作，这在整个纺织行业中都是超前的。如图 2 所示。

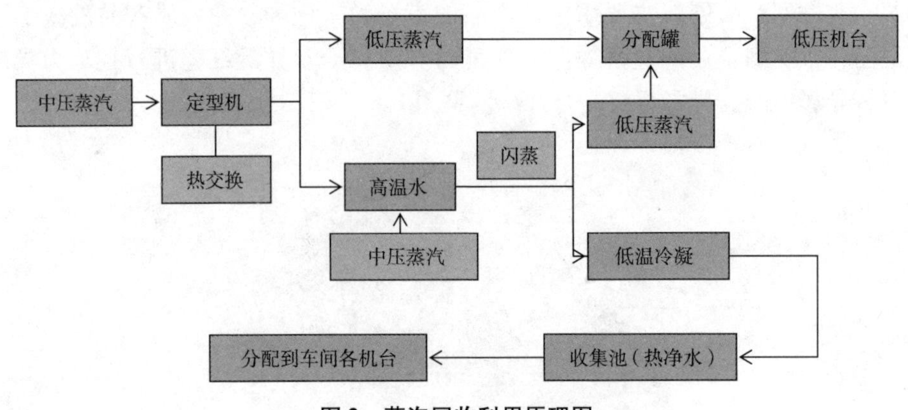

图 2 蒸汽回收利用原理图

2.4 信息化和工业化深度融合与创新

斯尔克公司从 2006 年成立开始，就不断在研发、生产、质检、仓储、销售、物流、办公、财务等管理的过程中，将信息化和工业化进行深度融合与创新，增加信息化在新产品产值的贡献率，综合运用信息化技术、自动化技术、制造技术并通过计算机及其支持软件集成起来，实现对产品寿命周期信息流、物质流与决策流的有效控制与协调，以提高劳动生产率，推动产业的转型升级。

斯尔克公司生产全流程智能化集成系统，采用分层分布式结构，总体上分为三个部分：管理决策层、生产执行层和过程控制层。

管理决策层主要分布在企业局域网内，可以在网络内随时查看。负责为生产做前期的准备，包括生产订单、生产工艺、生产计划及生产流程卡等系统管理。在生产过程中能系统性的做好，对生产现场进行监控，对生产进度进行跟踪，对生产异常进行处理，对生产成本、能源消耗进行统计分析等，提供对企业决策的数据支持。

生产执行层主要对车间现场各机台的计划执行进行反馈、对设备的工艺数据和运行状态进行采集和监控。通过机台通信接口实现订单生产工艺的下达，并对采集到的实时数据进行处理，完成实时数据的显示、各种曲线画面的显示、异常报警、机台生产报工、产量和成本自动核算，并实现对水和蒸汽阀门的控制，将处理后的数据通过网络传输到数据库服务器上实现对历史数据的存储等功能。

过程控制层主要对车间的设备各参数连接的传感器进行数据转换，为生产执行层的采集和控制提供数据来源。纺织生产常用的采控设备主要包括：码数、缝头采集模块、温度采集模块、频率计数器、模拟量采集模块、各种数显仪表（水、电、汽、pH 值、含潮仪）等。

管理决策层与生产执行层的通信主要通过以太网搭建。所有的生产执行层和管理决策层通过光纤以太网连接在一起，利用光纤以太网的容量大、微衰减、抗干扰、耐腐蚀等优势，构建高速、可靠、扩展方便的生产全流程数字化管控系统。见图 3。

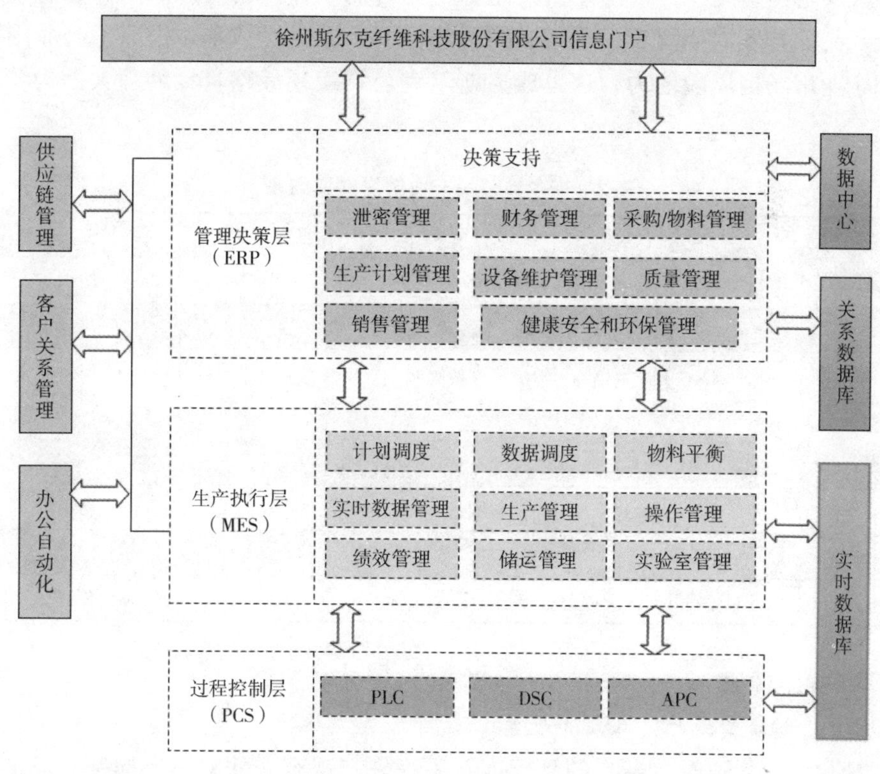

图 3 斯尔克公司信息集成分层分布式结构图

2.5 延伸产业链条促进企业产品创新

随着社会经济的发展，产业分工越来越细，专业化生产越来越强，产业链条被越拉越长。产业链条延伸是一种资源，它体现产业集聚的规模效应。未来只存在两种企业，一种是规模超大的企业，另一种就是专业化非常强的中小企业。任何一个企业在当前条件下都不可能在产业链条所有环节上都是最优的，只能是在某一个或者几个环节上具有优势。产业关联性越强，产业链条越紧密，资源的配置效率也越高。通过产业价值链的整合不但可以将不同优势环节的企业相联系，实现产业价值链上的各个环节都达到最优，进而实现企业产业价值链整体最优，而且基于产业价值链的资源整合通过诸如实施标准化生产、对内部管理费用进行严格控制等，可以有效降低产品在产业价值增值环节上的包装、流通、库存、销售与内部部门间协调等成本，获得成本领先优势。

斯尔克公司克服重重困难，致力于管理创新、技术创新、产品升级，取得了一定的成绩，不仅引领着产业链中端生产加工水平的提升，而且使公司产业放心大胆地向纺织产业链上下游挺进。产业链的延伸为公司产品的深加工和缩短新产品的开发周期奠定了基础，同时降低了产品生产成本、提高了产品附加值和企业市场抗风险能力，这也成为斯尔克公司实现战略目标的强大助力。见表2。

表2 斯尔克公司产业链发展详细表

年份	项目	产业链位置
2004年	年加工2500万米纺织面料项目投产	纺织
2007年	年产3万吨一步法异收缩PET复合纤维项目投产	化纤
2009年	年产4000万米宽幅弹力静波缎、斜纹麻、双层麻等高档复合丝面料项目投产	纺织
2010年	完成一步法混纤丝二期建设，总产能达56000吨	化纤
2013年	年产4500万米高档复合丝面料项目	纺织
2016年	一期年产1亿米纺织面料整理项目建成投产	印染
2017年	正在建设年产8万吨超仿棉长丝项目	聚合+化纤

3. 实施效果

3.1 大幅度提升企业经济效益

斯尔克公司通过一系列的管理创新手段来实现企业的战略目标，实现了企业自身产品的产量与质量的双提升，进一步压缩生产成本，为企业拓展了新的利润空间；通过生产智能化以及设备的管理提升，公司架构逐步扁平化，实现了减员增效，在产能不变的情况下，企业员工缩减了2/3；通过产业链发展及信息化集成，企业在研发设计、制造生产、成本控制等方面成效显著：产品交货期由2个月缩短至1个月；产品质量由92.6%的优等率提升到了97.5%；定制产品的研发周期由30天缩短至15天；加工准备时间大幅缩短，产品生产成本下降15%左右。年增销售收入10653.1万元、新增利润2684.7万元、总资产增加10653.1万元，增加纳税875.6万元，每年节约的设备维护、人工和质量成本就达1000万元以上，经济效益显著。

3.2 提升了斯尔克公司管理水平

人力资源管理提升，人力资源是企业中唯一不断增值的资源。斯尔克公司在做好人员招聘、职工合同管理、考勤与绩效评估、薪酬与培训等与公司内部有关事项的同时，注重对人自身价值的实现。公司加强人力资源部门建设，充分发挥其功能，建立起一套合理的分配制度和赏罚分明的约束激励机制，使职工得到公平合理的报酬，激发人的积极性、主动性、创造性。同时，创建学习型组织，使职工得到自我发展的机会。尤其公司“以人为本”的理念，重视人、尊重人、理解人，同时注重提高人的素质，加强团队建设、提升企业文化、促进协作能力提升。

财务管理水平提升，以斯尔克公司化纤、纺织、印染三个板块的财务集中为切入点，强化财务管理、预算、核算、监督、结算以及融资、运营等职能，建立以资金管理为中心的集中经营管理机制，为企业发展提供资金支持，保证企业的健康运行。

推行公司内部市场化管理，将市场的资源配置功能和激励机制运用到公司内部。公司构建四级内部市场组成与分工，公司与各分厂、品管部、各行政部门之间构成一级市场，根据公司内部结算价格形成公司与各分厂、品管部、各行政部门，化纤厂与纺织厂之间、纺织厂与染厂之间的交易市场；分厂与各车间构成二级市场，根据分厂内部市场结算价格，形成分厂与车间、前道准备车间与后道喷织之间的交易市场；车间与班组之间构成三级市场，根据车间内部市场结算价格，形成车间与班组、班组与班组之间的交易市场；班组与个人之间构成四级交易市场。在公司内部建立市场，内部各主体间以经济关系构建业务关系，使市场的价格机制与公司的管理机制在公司组织中相互融合，建立起一种统一性和灵活性有效融合的企业管理模式。公司在市场主体确定、价格测定、人力资源调配、生产成本测算、信息化管理以及市场仲裁协调机制等方面做出创新，不断加强和改进基础管理，认真抓好基础定额的测算，建立科学完备的内部价格体系、考核结算体系和市场运作机制，形成链式结算，实现经营管理由以行政手段为主的粗放内控式管理向以市场机制为主的集约经营型转变。

3.3 深化业务协同及应用

在覆盖业务应用的基础上，斯尔克公司信息化综合集成水平不断提升。依托业务信息系统，构建了决策支持系统，为企业高层管理人提供了智能的分析和决策支持；生产全流程集成系统实现了产品研发、设计、分析、制造的数字化和产品数据的统一管理，在全面提升企业的研发、设计、制造能力的同时，有效控制和降低研发成本，增强企业技术资源和知识的管理；通过企业业务、信息、流程的不断融合，将管理理念融入企业运行的各个业务环节，实现了精细化管理和 B2B 生产管理模式，实现了企业管理模式和理念的创新。

4. 结论

斯尔克公司通过管理创新的实施，增强了企业综合竞争力，公司产业链进一步提升，产能进一步扩大，为当地提供了上千个就业机会；公司通过管理创新的实施带动技术创新，吸引了国内多个企业前来参观学习，2017 年 6 月 27 日，由国家纺织产品开发基地秘书处精心策划与筹备的智能化印染企业考察活动——走进斯尔克，力图以斯尔克的印染智能化工厂示范作用，积极引导广大基地企业同仁通过学习和借鉴，以系统改造、科技研发、技术创新等手段进行转型升级，遵循行业发展大势，推动企业快速发展。

二、案例分析思路与逻辑

1. 启发思考题一

1.1 问题

作为引领者的斯尔克公司，它有哪些自主创新的动力机制以及如何建设自主创新体系？

1.2 分析思路

从斯尔克公司目前的行业地位和发展现状出发，分析斯尔克公司拥有的引领者特质；其次，归纳斯尔克公司引领者成长的过程，分析斯尔克公司是如何炼成引领者的；再次，依据自主创新理论、开放创新理论，分析斯尔克公司进行自主创新的过程和动力机制。

斯尔克公司能根据企业外部技术和市场环境和内部经济、技术实力制定出恰当的创新策略。斯尔克公司的经营理念是“品质至上、顾客第一”。品质不仅是一个企业的生命，还是一个企业及其全体员工的尊严，面对激烈的市场竞争，产品质量已经成为商品竞争中最重要的因素之一，全面的产品质量管理需要对生产现场中的“人机料法环”五大要素进行控制。品质做得好与坏，需要以“客户满意”为衡量准则。顾客是产品品质的最终裁判，为顾客提供超出期望的产品是任何一个公司的始终追求。斯克尔公司的各项工作应该紧紧围绕顾客满意度来展开。顾客不仅指外部的客户，斯克尔公司内部的环节部门都是顾客，需要形成上下联动、内外结合的顾客质量链条，使产品质量、服务质量让顾客满意，为顾客增值。

1.3 理论依据及分析

专家学者把企业科技创新定义为：企业家抓住市场的潜在盈利机会，以获得商业利益为目标，重新组织生产条件和要素，建立效能更强、效率更高和费用更低的生产经营系统，从而提出新的产品、新的工艺方法、开辟新的市场、获得新的原材料来源等一系列活动的综合过程。

创新是“引领者”的核心竞争力，最终成为行业的领军者，还与创新分不开。“引领者”主要生产和销售自有知识产权和自有品牌的产品，在行业内一般都处于“鹤立鸡群”的地位。对于资源非常有限的纺织企业来说，将企业所有资源和精力聚集到一点上是非常关键的，与此同时这些企业也非常重视自己产品的品质与质量，不断进行创新，以此来接近客户，并与之构建亲密的关系，最终引领者企业将这些因素高度整合起来，以全球为范围，创造无限的增长空间。引领者之所以能拥有自己的核心竞争力，在激烈的市场环境中占有一席之地，这是与其持续不断的研发投入，增强自主创新能力建设分不开的。

1.4 关键要点

斯尔克公司自主创新体系建设以自主创新为主，产学研合作为辅。一方面优秀的人才是实现企业战略目标的基础，是企业持续发展的动力。公司必须以科学的人才培养方法、有效的激励机制、公平的竞争平台、广阔的事业发展空间广纳良才。斯尔克公司规划了中长期人才梯队培养建设方案，与相关对口专业学校签订了定点专业招收班，每年必须招收一定比例的专业大学生进公司到生产一线进行培养，每年都设立两期的人才重点培养对象，主要是针对那些在工作岗位上表现突出或者具有一技之长的员工，对其进行系统化以及独立化一对一的培训和培养，使其成为斯尔克公司技术创新开发者中的一员。同时斯尔克公司注重产学研工作。斯尔克公司是国内化纤行业中较早建立企业院士工作站的，还先后建立了国家异收缩涤纶混纤丝产品开发基地、江苏省企业技术研究中心、江苏省多异混纤丝制造工程技术研究中心、江苏省功能性记忆面料工程技术研究中心、东华大学现代纺织研究院—斯尔克联合研发中心等技术研发平台。通过平台的建立，斯尔克公司吸引了多位行业内专家的加盟，包括化纤聚酯专家蒋士成院士、纺织材料学专家俞建勇院士以及多位东华大学的教授和北京航空航天大学、华东理工的教授，他们的加入为斯尔克公司的科技创新、企业转型升级带来了至关重要的推进作用。

2. 启发思考题二

2.1 问题

经济新常态下，斯尔克公司为什么要采取自主创新战略?

2.2 分析思路

从技术创新、制度创新、组织创新和创新战略四个维度，结合斯尔克公司发展过程中面临的具体问题，对创新管理理论进行了深入研究。技术创新与管理创新是企业进步的两个支撑，科技是生产力，管理是生产关系，两种相辅相成，辩证统一地存在于企业发展中。斯尔克公司在管理创新过程中，实施的全面创新主要包括：设备创新、工艺创新、管理创新、原料创新、产品创新等。

斯尔克公司通过管理创新的实施，增强了企业综合竞争力，公司产业链进一步提升，产能进一步扩大。公司通过管理创新的实施带动技术创新，以系统改造、科技研发、技术创新等手段进行转型升级，遵循纺织行业发展趋势，推动企业快速发展。

2.3 理论依据及分析

创新是未来我国实现可持续发展的关键，同时也是由“中国制造”走向“中国创造”的必经之路。创新管理理论是指运用现代管理的理论和方法，从战略、组织、资源、技术、制度等多重角度，提出有效提高创新成功率和创新收益的管理理论和方法。所谓企业创新管理就是对企业的创新活动进行管理，即企业管理者对创新活动进行筹划、激励、实施和控制，以使创新获得成功的一系列活动。经过40多年的发展，创新管理在我国已经形成根植于管理学与经济学的一个独特研究领域。学术界的研究趋势以及企业界的实践经验表明，面对多样化的市场需求和激烈的市场竞争，如何成功实施创新管理已经成为目前及未来一段时间内，创新领域值得深入研究和企业亟待解决的重要问题。

2.4 关键要点

企业科技创新包括四个要点：第一是包括发明构思、产品设计、试制生产和应用等所有环节；第二是指从新思路的形成到向市场推出试销产品的整个过程；第三是强调以新的技术创造尽可能多的经济效益，并获得最大的企业利润；第四是对生产要素的重新组合，或是对企业生产函数做出的某种改变，但不一定引入新的发明。因此，可以把企业科技创新理解为生产技术的创新，包括开发新技术，或者将已有的技术进行应用创新。

（天津工业大学：王亚超教授、王洪秀博士）

精准定位、差异化竞争，打造全球一流非织造布企业

——天鼎丰非织造布有限公司

摘要 天鼎丰公司针对国内外市场形势，结合自身优势及弱点，以差异化、进取型战略进入非织造行业，以高起点的技术装备和现代化的管理理念，后发制人，打造具有全球影响力的非织造布企业。企业从设备、产品体系、品牌建设、服务、管理等方面实现企业差异化经营，模范履行企业社会责任，实现企业快速良性可持续发展。在设备差异化上，拥有国内首创具有自主知识产权的“一步法”聚酯胎基布生产线；在产品体系差异化上，行业内率先推广聚酯长丝胎基布和实现聚丙烯纺粘针刺土工布产业化生产；在品牌建设差异化上，坚持清晰品牌定位，给客户鲜明的品牌认知；在管理差异化上，实现高度信息化集成、企业信息化集成和多层级协同创新模式；在服务差异化上，从企业使命和价值观念出发向全员培养服务意识。通过不懈的努力，天鼎丰在企业经营和行业推动方面取得了丰硕成果，为股东、员工和社会创造了价值。

关键词 差异化竞争；品牌建设；战略定位；协同创新

一、案例正文

0. 引言

天道酬勤，一言九鼎，五谷丰登是天鼎丰的核心价值观，贯穿在公司经营的每个环节；以心忧天下，敢为人先为企业精神；以速度制胜，成本领先为经营理念，不断完善企业的制度建设。在国家“十三五”规划的号角下，天鼎丰公司趁势而上，借助三品战略及工业 4.0 的发展契机，引入先进的管理理念和手段，获得了质量、环境、职业健康安全管理体系的认证。公司本着为国家、为社会、为客户、为员工、为股东的企业宗旨，积极履行社会责任，将环保和节能减排作为重要课题，坚持走一条绿色环保的企业发展之路。2016 年公司制订了第二个五年计划，由此开启了天鼎丰的新征程，未来公司将在聚酯材料、环保过滤材料、聚丙烯新材料三个主要领域发展并成立公司。

1. 战略先行

1.1 机遇与挑战——行业形势

非织造布是产业用纺织品的重要原材料，广泛应用在医疗卫生、过滤与分离、土工与建筑、交通工具等领域。非织造布具有特殊的功能结构和高效的生产工艺，性价比非常优越，使用范围不断扩大。近年来由于持续增长的需求推动，全球非织造布的生产和消费都保持了较高速度的增长。

从2004年至今，中国非织造布行业经历了一段快速发展的黄金时期。2004～2016年，我国规模以上企业非织造布产量增长了21倍，年均增长24.4%，2016年的产量达到535万吨，占全球产量的比例超过四成。在出口方面，我国在2015年超过德国成为全球最大的非织造布出口国之一，2016年的出口额为25.56亿美元，6年间的年均增速达到15.39%。

虽然中国非织造布行业快速增长，但是与发达国家相比还存在较大的差距，反映在产品价格方面尤为明显。2004～2015年我国进口非织造布的价格由3.6美元/公斤上涨到6.2美元/公斤，而出口价格则一直低于3.5美元/公斤。中国的非织造布产业主要还是集中在中端，在土工与建筑、超纤合成革基布、医疗等领域的高端应用领域与德国、美国和日本等发达国家还有不小差距。

非织造产业按大类可以分为一次性卫生材料和耐久性非织造材料。纸尿裤、卫生巾和擦拭巾等一次性卫生材料是由大型跨国公司为主的企业引导推动，国外品牌在市场导入期做了大量工作，有良好的品牌认知度。作为快消品，品牌影响力以及营销渠道的建设至关重要。虽然国产品牌近些年来有较大的进步，产品质量、技术水平基本达到国际水准，但品牌影响力、营销能力还不及国际品牌。应用在卫生材料领域的纺粘和水刺非织造布的技术非常成熟，市场容量非常大，企业主要通过规模获得竞争优势。

应用在基础设施建设、环境保护和交通工具中的耐久性非织造布是近些年来另一个发展较快的领域。中国高速的城镇化建设以及“一带一路”战略，都是对包括防水用非织造布、建筑包覆材料、非织造土工布等在内的耐久性非织造纺织品的持续利好。在该领域，虽然国内有不少生产企业，但大企业少，产业集中度低，无论是技术实力和产品档次与国外相比都有较大的差距，国内产业进步的空间还很大；相比于卫生材料，单体市场的容量要小不少，但是国家大量的基础设施建设工程和环境标准的提高，各细分市场的成长性很好；在耐久性非织造布领域，由于使用环境更为复杂，对产品的性能要求更为严苛，因此生产企业必须具备比较强的研发实力。

1.2 天鼎丰的行业选择与战略定位

通过对国内产业状况和本公司资源的分析，天鼎丰公司2011年进入耐久非织造材料领域，以防水卷材用胎基布作为切入点，随后布局高性能非织造土工布及环保过滤材料行业。当时，我国高端的防水卷材用胎基布市场主要把控在少数外资企业手中，特别是国内企业在聚酯纺粘胎基布方面处于空白。耐用非织造布市场机会与挑战并存，同质化、低值、低质产品是产业发展的最大障碍之一。见表1。

表1 天鼎丰在进入耐久非织造布行业SWOT分析

S优势	W弱点
1. 较为充裕的资金 2. 良好的上下游企业关系 3. 优良的政策环境 4. 工程渠道优势	1. 新产品技术开发难度较大 2. 时间难以把控 3. 没有定价权 4. 没有技术标准话语权
O机会	T威胁
1. 市场对高品质产品的需求 2. 国家供给侧改革 3. 目标产业在国内市场需求有逐步扩大的趋势	1. 高端产品来自非织造巨头的技术封锁和打压 2. 低端产品来自国内众多中小型企业的价格战及模仿

因此，天鼎丰公司针对国内外市场形势，结合自身优势及弱点，以差异化、进取型战略进入非织造行业，制定了“开发高品质产品，面向中高端市场”的发展路线，以高起点的技术装备和现代化的管理理念，后发制人，打造具有全球影响力的非织造布企业。天鼎丰公司的完整战略表述如下：

（1）企业使命：为人类社会创造持久安全的环境；

（2）企业愿景：世界非织造布制造顶尖水平，全球胎基布生产领袖企业；

（3）企业价值观：天道酬勤，一言九鼎，五谷丰登；

（4）市场目标：开发高品质产品，面向中高端市场，争取市场多数利润，实现企业良性发展；

（5）战略：精准定位，差异化竞争；

（6）经营理念：速度制胜 成本领先。

第一个五年计划期间，天鼎丰公司整合自身及行业优势资源，以高强度的技术研发投入，塑造了天鼎丰公司卓越的产品品质，快速树立良好的品牌形象。在此期间，天鼎丰公司建成国内极具规模的聚酯胎基布生产基地，市场占有率居全国领先地位，积累若干具有竞争优势自主知识产权，产品质量、成本控制达到国际一流。

2. 差异化竞争战略的实施

天鼎丰公司自成立以来，以战略管理为导向，实施精准定位，差异化竞争战略，将技术、人才、管理理念作为核心抓手，全面塑造企业核心竞争力。从设备、产品、品牌、服务、管理等方面实现企业差异化经营，模范履行企业社会责任，实现企业快速良性可持续发展。

2.1 设备差异化

研发国内具有自主知识产权的“一步法”聚酯胎基布生产线。天鼎丰公司成立之初，国内胎基布领域仅有一家外资企业，国内胎基布市场基本被国外企业垄断。科德宝、杰斯曼等国外领先的胎基布企业普遍采用高效、短流程的“一步法”生产线，而在我国，由于“一步法”设备成本昂贵、设备专一化程度高加上制造难度大，国内尚无成熟成套设备，国内企业普遍采用“两步法”生产线。但“两步法”工艺流程长、不连续，产品质量不够稳定，能耗水平高、效率低，加上国外企业在技术标准上有较高的话语权，国内企业在竞争上处于劣势。

2012 年，天鼎丰公司与大连合成纤维研究设计院共同研发高效胎基布生产工艺及成套装备。该技术采用一步法工艺，具有速度高、流程短、能耗低的特点，从切片投料、直到成品收卷一步完成，中间无须中断，整条生产线仅需要 6 人。该生产线比国内同规模生产线单位产品综合能耗下降 30%，产品质量指标达到国际先进水平。自 2013 年首条 5000t/a 示范线建成投产以来，公司基于该技术成果共建设一步法胎基布生产线 10 条，年产值逾 3 亿元。目前，天鼎丰公司在滁州建设的 8 万吨聚酯纺粘非织造布生产基地也正在稳步推进，建成后将进一步奠定天鼎丰在全球胎基布市场的领导者地位。

2.2 产品体系差异化

2.2.1 行业内率先推广聚酯长丝胎基布

天鼎丰公司以生产建筑防水用聚酯胎基布起家，并率先在国内淘汰聚酯短纤胎基布产能，全面推行性能和质量更优的聚酯长丝胎基布，大幅提高沥青防水卷材的性能。随着国家和社会对建筑建材质量要求的提升，建筑防水行业迅速全面认可了聚酯长丝胎基布产品，而天鼎丰公司也得以在激烈的竞争中迅速布局，赢得了超过 15% 的国内市场占有率，远超同类企业。

2.2.2　可实现聚丙烯纺粘针刺土工布产业化生产

高强粗旦聚丙烯纺粘针刺土工布是天鼎丰公司差异化产品体系中又一重要组成部分。相比聚酯土工布，该材料有更好的耐酸碱性、更高的抗拉伸强度和拉伸率，在水利、危废填埋场、尾矿库、机场、高铁等工程的建设有着不可替代的作用。该技术先后被工业和信息化部和国家科技部列为技术攻关重点和“国家重点研发计划重点基础材料技术提升与产业化重点专项”。

2016年底，天鼎丰公司成功攻克了高强粗旦聚丙烯纺粘针刺土工布产业化技术中冷却、气流牵伸、铺网等若干技术难关，成为国内掌握聚丙烯纺粘针刺土工布生产技术的企业。在此基础上，天鼎丰公司又根据不同应用领域的需求开发了机场专用隔离层土工布、公路防裂专用土工布、高铁无砟轨道隔离层土工布等多个系列产品，在实际应用过程中取得了非常好的效果。

2.2.3　品牌建设差异化

作为一个以工程用材料为主的品牌，天鼎丰公司坚持清晰品牌定位，将产品质量和科技创新作为企业品牌塑造的着力点，给客户鲜明的品牌认知。根据企业中长期战略规划以及企业的发展愿景，天鼎丰非织造布有限公司将“天鼎丰”品牌定位为世界胎基布领域驰名品牌，非织造土工布领域知名品牌。

成立以来，天鼎丰公司坚决履行采用100%优质原生切片，“绝不生产一米非标产品”的承诺，拒绝低质低价订单；执行严格的质量管理，以需求为导向，持续改进产品质量，提升服务水平，客户满意度持续上升。另外，每年投入大量的人力、资金进行技术改进和创新，提升产品品质。最后，积极通过展会、行业媒体及新媒体等展示企业最新技术成果，塑造品牌形象。

通过严苛的质量标准和完善的服务，天鼎丰公司积累了大量规模大、信誉好的优质客户，订单批量大、资金回收快、积压库存少，企业运营风险大大降低。经过多年的努力与坚持，“天鼎丰”在行业内逐步树立起“质量可靠”“技术先进”的鲜明品牌形象。2015年，“天鼎丰”牌聚酯胎基布被认定为“山东名牌”产品，2016年，天鼎丰被评为“全国工业品牌培育示范单位”称号，经权威评估，天鼎丰公司以8.31亿元的品牌价值，被中国纺织工业联合会授予“2016年中国纺织服装行业品牌价值50强企业”称号。

2.3　**服务差异化**

企业的一切工作从本质上讲都是服务。天鼎丰公司从企业使命和价值观念出发向全员培养服务意识。只有深刻地认同企业的核心价值，把自己当成一个“为人类为社会创造持久安全环境”的建设者，才能真正做到“全心全意为客户服务”，而不是为了服务而服务，这样的服务才是有效的、完整的。

天鼎丰公司的产品应用于多个领域，不同应用领域对产品的要求、施工方法各不相同。根据产品不同领域的应用特点，公司配备了专业的技术团队，提供差异化服务，以建设者而不是以一个材料供应商的身份与客户一起确定最优的材料和施工方法。每年，天鼎丰公司都会邀请客户参加技术交流研讨会，倾听客户的建议和诉求，及时改进和调整产品。

天鼎丰公司每批货物都会随车配发用户满意度调查表，及时倾听客户使用建议或投诉。为更加快捷地为客户提供技术支持或将质量问题反馈到技术部门，天鼎丰公司售后服务职能直接设在技术质量部。技术质量部有专人对客户意见、投诉等信息做出解答并做记录，技术质量部必须在规定时间内对客户提出的每条建议及投诉提出整改意见，并报总工批示。为避免技术质量部内部隐瞒客户反映质量问题，天鼎丰公司将质量投诉热线全程录音，并定期检查。实施敏捷型售后服务以来，通过对客户满意度的调查统计，天鼎丰公司客户满意度稳步上升，2016 年客户满意度达到 97%，重大质量投诉明显减少，处理反应速度明显加快，客户服务内容更加丰富，极大地拉近了与客户之间的距离，增加了客户黏性。

2.4 管理差异化

2.4.1 高度信息化集成，打好高效管理基础

“中国制造 2025”战略明确了工业自动化、信息化、智能化是现代制造业发展的必然趋势，也是企业提升品质、提高效率、实现高效管理的必然选择。天鼎丰公司作为非织造布行业新人，充分发挥后动优势，以高起点的投资，打造具有国际先进水平的现代化智能生产车间，满足企业做高品质产品的战略要求。

天鼎丰公司所有生产线均加入生产线分布式数字控制系统（DCS），实现生产线主要机台、配套设备自动化系统集成管理。整套生产装置实现纺丝控制系统与成网机控制系统联动、成网机控制系统与后处理系统联动，整条生产线一气呵成，主生产流程不需要人工干预，极大地减少了用工量，提高产品质量稳定性的同时，还大幅提高了生产效率。结合先进的二维码无线仓储管理系统。每卷产品一签一码，与企业 ERP 系统无缝对接，实现对产品入库、出库、物流转运提供科学管理，同时实现对每一卷产品的全程追踪，为售后服务、产品的质量问题追踪及改进提供便捷途径。如图 1 所示。

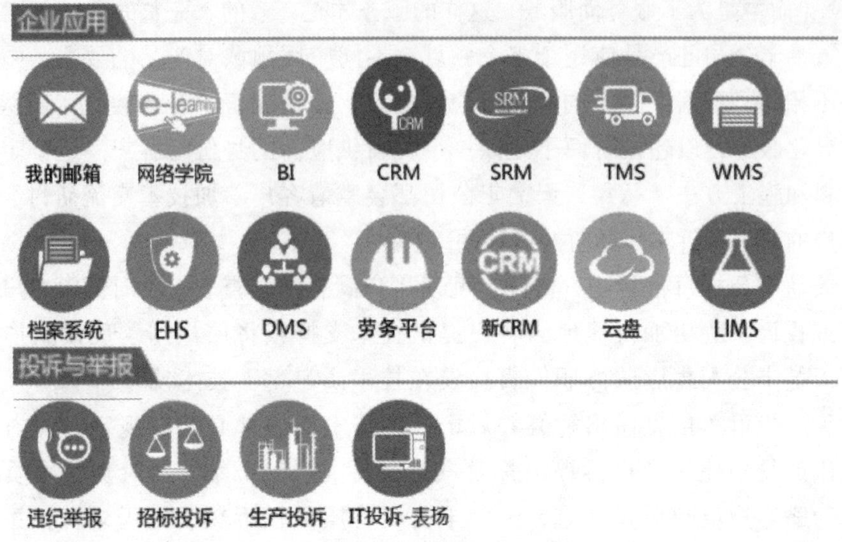

图1　企业管理信息化集成

天鼎丰公司在生产管理、企业资源管理（ERP）、过程管理及商业智能（BI）等不同层级不断推进企业信息化、智能化建设，极大地提高了生产管理及企业管理效率。随着物联网、人工智能技术的快速发展，公司向智能制造的进化速度将大大加快。见图2。

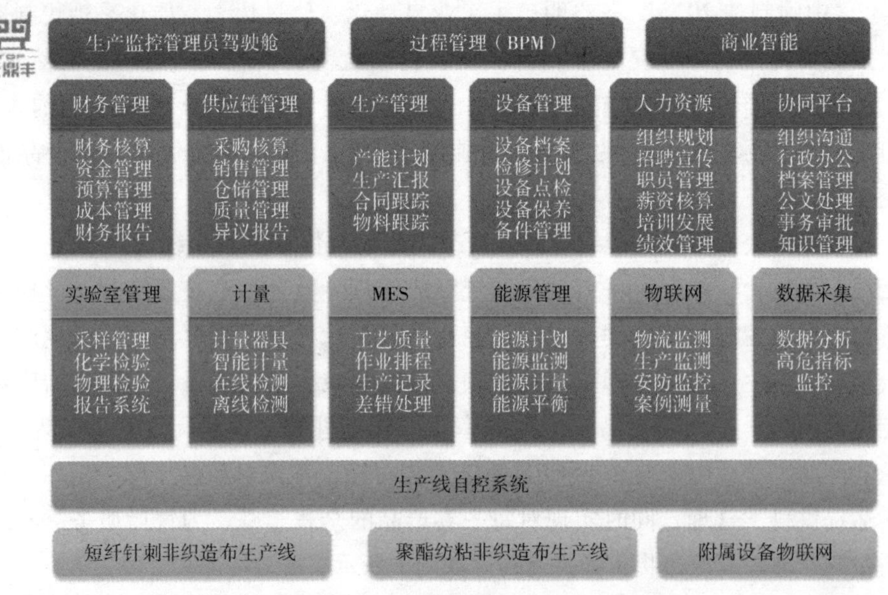

图2　天鼎丰公司“制造”信息化建设层级图

2.4.2 多层级协同创新模式

天鼎丰公司自上而下建立了跨企业、跨单位的合作研发平台，企业内部研发中心以及个人及小组级等多层级创新平台。积极推进与行业内顶尖的高校、科研院所合作，多次完成省部级、国际级科技攻关项目。在企业内部，聘请泰山学者海外特聘专家刘威理博士担任企业首席科学家，与俞建勇院士合作成立院士工作站，先后投入3000余万元建立了功能完备的天鼎丰技术研发中心，并全力保障研发资金，每年用于技术研发的资金占企业主营业务收入的5%左右。通过整合多方优势资源，天鼎丰公司每年会根据当前发展战略需要，制定专项研发课题快速跟进行业前沿技术，帮助企业迅速占据行业竞争优势地位。

任何一项革新都有可能提升企业的竞争力。为激发一线员工的创新能力，天鼎丰公司在企业内部建立了鼓励创新且便于创新的良好环境。天鼎丰公司建立了完善的创新奖励机制与创新辅导机制，降低个人或者工作小组的技术创新门槛。在天鼎丰公司即使一线员工也能写出出色专利申请报告。申请人只需要交代清楚创意的关键部分，提交到天鼎丰知识产权部门，会有专人辅导撰写专利申报书及可行性研究报告。近一年来，天鼎丰各级员工提交专利申报申请50余个，其中40%来源于一线员工。

2.4.3 人才政策

人才为企业竞争的根本。天鼎丰公司执行“精准引进高端人才，重点培养新生力量”的人才政策。在“高绩效高激励，重培养重发展”的人才理念下，天鼎丰人才队伍不断扩大。公司现有2名博士，7名硕士，1名泰山学者海外特聘专家担任企业首席科学家，1名德州市现代产业首席专家担任企业总工程师，加上企业协同创新平台的人才力量，公司基本组建了一支能够引领相关领域发展前沿的科研团队。

加强人才识别，强化内部培养，为员工提供合适晋升机会。在天鼎丰90后担任中高层管理人员的情况屡见不鲜，企业管理队伍年轻化。

同时，天鼎丰鼓励员工横向发展，提供优厚条件帮助有能力、有想法的员工成为公司合伙人，合作共赢，为企业创造更大价值。

2.4.4 平台+创客模式

2016年，天鼎丰开启平台+创客模式。鼓励内部及外部有想法、有能力、有资源的人员以“合伙人”人的形式与公司合作。天鼎丰公司可以提供产品、技术、场所以及融资渠道，特别以聚丙烯材料为试点，全力将天鼎丰打造成平台型公司。集集体智慧，共享发展成果，发展多元化产品。近年来，平台+创客模式下已经成功开发并推广包括高海拔公路防裂基布、飞机场专用道面隔离布、海绵城市专用聚丙烯长丝针刺布及制品等多款产品，为企业新增效益3000余万元。在平台+创客模式下，天鼎丰能将新产品迅速投放市场，丰富了产品种类，而合伙人获得更大的收益，实现双赢发展。

2.5 模范履行社会责任

企业也是社会公民，作为社会一员，必须无条件履行社会责任。天鼎丰公司将“为国家、为社会、为客户、为员工、为股东”作为企业宗旨，把国家和社会利益放在首位，模范履行企业社会责任，与社会分享企业发展的成果。

天鼎丰公司坚持绿色发展理念，采用环境友好生产工艺，与社会和环境和谐相处。目前天鼎丰已全部淘汰落后产能，所产胎基布均采用最新工艺，与国内同规模生产线相比每吨产品大约节省73.7kg标准煤，节能30%。天鼎丰公司严格按照环境管理体系要求，采用环保工艺及原料，如用生物淀粉胶黏剂取代化学胶黏剂，在保证产品性能、使用寿命的同时减少对环境的影响。由于积极推行节能生产技术，天鼎丰公司荣获2015年度“山东省节能先进企业”称号。

公司建立完善合理的薪酬福利体系和劳动保障体系，切实保护员工权利。企业坚持以实际行动向社会传播正能量。2011年天鼎丰公司落户临邑，坚持每年为敬老院送去煤、粮油、电器等慰问品，为当地太极协会、消防官兵捐赠物品，为留守儿童捐赠乐器、文具，组织员工献血等。公司成立后，即在临邑县第一中学设立“天鼎丰奖学金”，资助优秀学子和教师。董事长聂松林连续三年被评为“德州市优秀政协委员”，2015年被中国纺织工业联合会评为“中国纺织服装行业社会责任建设工作先进个人”称号。

3. 实施效果

天鼎丰公司是我国产业用纺织品行业内一家年轻的企业，也是发展极为迅速的企业。公司用不到6年的时间完成了建厂、设备安装调试、扩充产能，并发展成为我国竞争激烈的非织造布行业十强企业。

3.1 经营业绩的提升

通过实施精准的定位、差异化竞争战略，天鼎丰公司建立了高品质、高性价比、差异化的产品体系，生产成本明显降低，并与同行拉开差距。近三年营业收入年均增长率超过36%，全员劳动生产率从2014年的74.1万元，提升到2016年的114.6万元，利润率从2014年的8.1%，提升到2016年的15%，远高于行业平均水平。产品质量持续改善，市场占有率稳步提升。天鼎丰公司的营业收入情况如图3所示。

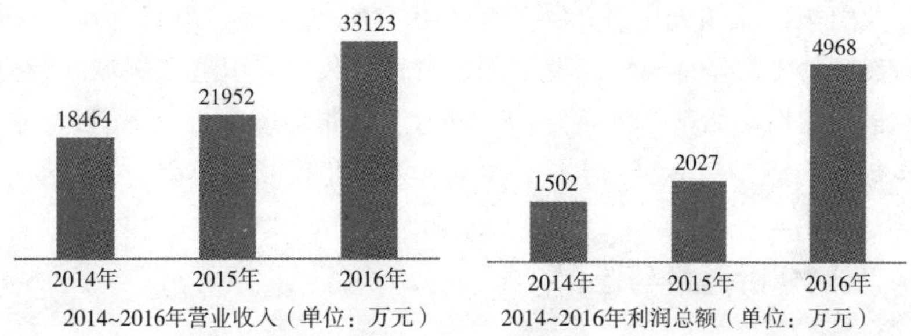

图3 天鼎丰公司的营业收入情况

3.2 企业核心竞争力的提升

天鼎丰公司建立了涵盖防水卷材胎基布、高性能土工布和环保滤料等耐久性非织造布产品体系，并且在技术创新能力、生产效率、产品质量等方面达到行业领先水平，部分指标与国际先进企业持平。天鼎丰公司所有胎基布产品均采用自主研发的一步法生产工艺，产品质量、成本控制、生产效率均达到行业一流，并针对民用、基建工程、高铁等细分胎基布市场开发了不同的产品系列，市场占有率超过15%，成为大型防水卷材企业首选供应商。由于天鼎丰等公司的推动，我国防水卷材胎基布中聚酯纺粘的比例由原来的不足1%提高到目前的50%。聚丙烯纺粘针刺土工布的产品质量与国际一流土工材料企业如TenCate、Fibertex、Bonar处于同一水平，部分指标甚至优于国外进口产品。环保滤料方面，天鼎丰公司拥有整套的进口设备和先进的后整理工艺，能够生产各种常温、高温及功能性滤料。

4. 结论

天鼎丰公司在实施企业精准定位、差异化竞争战略过程中，以“速度”和“成本”这两个既相辅相成又互为矛盾的主题为核心，以精细管理为手段，恰当地平衡了两者之间的关系，塑造了企业的核心竞争力，实现了企业的快速腾飞。未来，天鼎丰公司在企业管理上会继续学习国内外优秀企业先进管理经验，丰富管理内涵，以“心忧天下，敢为人先”的企业精神，不断追求卓越，为实现“世界非织造布生产顶尖水平，全球胎基布制造领袖企业”的企业愿景，铸就天鼎丰品牌辉煌不懈努力。

2016年，天鼎丰公司开启了第二个五年计划，以国家《中国制造2025》为指导，加大技术创新投入，深度整合行业科技资源，提升公司创新平台支撑公司发展战略的能力，深化信息化、智能化技术应用，在非织造布智能工厂建设方面在行业引领行业领先水平。第二个五年计划期间将在山东德州、安徽滁州扩建及新建三处生产基地，继续奠定并扩大在耐久性非织造布领域的领先地位，成为全球最大的聚酯胎基布供应商，并成为全球非织造布行业20强企业，逐步实现“世界非织造布制造顶尖水平，全球胎基布生产领袖企业”的愿景。

二、案例分析思路与逻辑

1. 启发思考题一

1.1 问题

天鼎丰公司实施差异化竞争战略取得了成功，其中的产品体系差异化是怎样实现的？

1.2 分析思路

日趋激烈的市场竞争使得企业无不投入大量资源研究和开发新产品，以维持或提高其市场份额。企业只有不断地推出新产品，才能持续地增加其营业收入。如今各行业的竞争都很激烈，不同价位、不同材料的产品充斥市场，导致市场对产品的要求越来越高，不断开发新产品使之顺应市场的需要成为一种必需。要把握未来就要把握先机，开发出好的新产品并且尽快占领市场，只有这样，企业才会在激烈的竞争中立于不败之地。

本案例中天鼎丰公司针对国内外市场形势，结合自身优势及弱点，以差异化、进取型战略进入非织造行业，制定了“开发高品质产品，面向中高端市场”的发展路线。

1.3 理论依据及分析

当今时代，唯一不变的事情就是变化，创新已经成为时代发展的主旋律。对企业而言，开发具有差异化的新产品体系是企业生存与发展的重要支柱。新产品是指在产品特性、材料性能和技术性能等方面具有先进性或独创性的产品。所谓先进性，是指采用了新技术、新材料而产生的先进性，或由原有技术、经验技术和改进技术综合产生的先进性。所谓独创性，是指产品由于采用新技术、新材料或引进技术所产生的全新产品。

在本案例中，2016年底，天鼎丰公司成功攻克了高强粗旦聚丙烯纺粘针刺土工布产业化技术中冷却、气流牵伸、铺网等若干技术难关。

而每一种新产品在研制过程中，都会对技术、材料和工艺提出新的难题，正是在解决这些难题的过程中，促进了新的技术、新的材料和新的工艺的产生与应用。同时，开发新产品不仅有利于企业成长、进步和竞争能力的提高，而且也将使企业与社会、自然环境的适应能力大大提高。正如天鼎丰所坚持的绿色发展理念：采用环境友好生产工艺，与社会和环境和谐相处。

1.4 关键要点

在制定产品策略时，应预测技术发展和市场需求的变化，还应做到“知己知彼”，即不仅要知道本企业的技术力量、生产能力、销售能力、资金能力以及本企业的经营目标和战略，还应了解竞争对手的相应情况。产品开发策略一般有领先型和跟随型策略两种。在本案例中天鼎丰选择做领先者，在行业内率先推广聚酯长丝胎基布和实现聚丙烯纺粘针刺土工布产业化生产，建立了高品质、高性价比、差异化的产品体系，生产成本明显降低，并与同行拉开差距。

2. 启发思考题二

2.1 问题

在天鼎丰的高效运营过程中，管理差异化体现在哪里？

2.2 分析思路

随着全球竞争日益加剧，信息技术不断发展，企业的运营管理正发生着翻天覆地的变化。尽管很多基本理论已经出现很多年，但它们结合新方法新技术后的运用将十分激动人心。网络技术使得信息分享变得实时、可靠且费用低廉。通过销售终端系统、射频识别标签、条形码扫描器和自动识别的运用，信息可以直接从源头获取。这使得企业能够理解信息的内涵及运用信息做出更好的决策。

在知识经济社会，创新是经济增长的主要动力。一个企业竞争力的强弱，决定该企业创新能力的强弱。企业要想取得和保持竞争优势，必须重视智力资源的充分开发和有效利用。现代企业更强调人才的作用，重视对员工的教育和培训。

2.3 理论依据及分析

企业的运营管理致力于实现顾客满意与经济效益，其实质在于对有增值转换过程的有效管理，技术可行、经济合理基础上的资源高度集成，满足顾客对产品和服务的特定需求，是企业生存和发展的基础和内在动力。

德国提出的工业4.0与美国提出的工业互联网以及“中国制造2025”异曲同工，但在这个时代，从管理的视角，需要重新思考企业的价值取向、组织架构、管理模式，需要重新构建企业的运营体系，需要创新产品研发方式、生产过程控制技术、顾客服务流程等运营管理新模式。

天鼎丰公司在生产管理、企业资源管理（ERP）、过程管理及商业智能（BI）等不同层级不断推进企业信息化、智能化建设，极大地提高了生产管理及企业管理效率。随着物联网、人工智能技术的快速发展，公司向智能制造的进化速度将大大加快。

在多维度的产品创新上，2016 年天鼎丰公司开启平台 + 创客模式。鼓励内部及外部有想法、有能力、有资源的人员以“合伙人”人的形式与公司合作。天鼎丰公司可以提供产品、技术、场所以及融资渠道。平台 + 创客模式下已经成功开发并推广包括高海拔公路防裂基布、飞机场专用道面隔离布、海绵城市专用聚丙烯长丝针刺布及制品等多款产品，而且天鼎丰公司能将新产品迅速投放市场，丰富了产品种类，而合伙人获得了更大的收益，实现双赢发展。

2.4 关键要点

先进的科学技术和先进的管理科学是推动现代社会发展的“两个车轮”。现代运营管理的范围与传统的生产管理相比，变得更宽了。从企业经营决策的角度来看，为了使运营系统有效运行的前提得到保障，运营管理的决策范围必然要求深入到产品的研制开发与生产系统的选择、设计与改造的领域中去。所以，管理不再是仅对现有生产系统进行计划、组织、协调与控制的运行管理，而且要参与到新产品研制开发和生产系统的选择、设计和改造中去，并在这些过程中利用信息技术，提升效率和质量。

（天津工业大学：王亚超教授、王洪秀博士）

以市场为导向的“双四位一体”协同创新管理模式

——鲁丰织染有限公司

摘要 鲁丰织染有限公司（以下简称鲁丰）多年来始终以科技创新为先导，构建了以市场为导向、企业为主体、科研院所和高校为支撑，战略客户和重点供应商为联盟，生产、品管、研发设计、营销无缝链接的“双四位一体”协同创新管理模式。构建自主设计与定制服务于一体的服务模式，推动企业向生产服务型转变；以协同创新为引领，打造资源共享的产学研用合作平台，形成生产、研发的“直通车”；建立自培与引智相结合、以老带新的优秀技术人才梯队；以技术创新、两化融合为依托，创建绿色、智能化、数字化工厂。“双四位一体”协同创新管理模式，贯通了以自主研发为突破口的科技创新成果转化通道，取得了良好的经济效益和社会效益。

关键词 科技创新；协同创新；市场导向；绿色发展

一、案例正文

0. 引言

如今的掌门人张战旗自20世纪90年代毕业后分配到家乡热土淄博，进入鲁泰纺织厂，那时的鲁泰还是一家只有200多名工人的小厂，但深受老董事长刘石祯兢兢业业工作作风的感染和悉心的鼓励，张战旗不断成长。他表示：“董事长虽然已经离开我们，但他的音容永远留在我的心底，激励着我前行。”伴随着鲁泰的发展壮大，2004年鲁泰与香港联业制衣有限公司合资成立鲁丰织染有限公司，张战旗被委以重任，新的人生篇章正式开启。张战旗深知，鲁泰从小到大，从弱到强，得益于世界顶级设备，并将此理念贯穿于鲁丰的管理发展策略中。从策略到行动，张战旗扛起鲁丰的大旗。把事情干到最好——这种基因深深植入他的每一个细胞。当下，随着国家创新驱动战略实施，《中国制造2025》计划的实施，鲁丰应该如何发挥自身优势顺应国家战略，在激烈的竞争中不断发展，鲁丰正全身心地思考着，实践着……

1. 企业简介

鲁丰织染有限公司是鲁泰集团重要的控股子公司，为鲁泰纺织股份有限公司与香港联业制衣有限公司合资成立的有限责任公司，注册资本为70616万元，总占地面积334亩，总建筑面积17余万平方米，公司现有员工2700余人，公司始终坚持走“绿色、低碳、环保”可持续发展之路。积极进行绿色环保、资源循环利用、节能减排等先进适用技术、装备的研发和推广应用，实施低碳节能工程，促进经济、社会和环境效益相统一。

公司拥有比加诺、贝宁格、门富士、美加尼等国际一流的织造、印染设备3000多台（套），可年产高档印染面料近亿米，产品80%以上销往美国、欧盟、日本等30多个国家和地区，是全球知名品牌Burberry、Calvin Klein、HUGO BOSS、Armani、Gucci等面料供应商。

公司健康稳定发展，先后被认定为“国家级企业技术中心（分中心）”“国家高新技术企业”“国家印染免烫面料产品开发基地”；多次荣获中国纺织工业联合会产品开发贡献奖，并被中国纺织工业联合会授予“第六届全国纺织行业管理创新成果大奖”“中国印染行业20强企业”“纺织技术创新示范企业”“国家纺织行业节能减排技术应用示范企业”等荣誉称号。

2. 鲁丰面临的形势

2.1 全球角度

近年来，世界多极化、经济全球化、文化多样化、社会信息化深入发展。世界经济在深度调整中曲折复苏、增长乏力，大宗商品价格大幅波动，全球贸易持续低迷，贸易保护主义强化。同时，世界范围的新一轮科技革命和产业变革蓄势待发，信息科技、生物科技、新材料技术、新能源技术广泛渗透。总体来看，应对可持续发展、资源短缺、环境污染等全球重大挑战，高投入、高消耗、高排放、低效率的发展模式难以为继，必须增强创新能力，加快经济发展方式转变。

2.2 国内角度

当前，我国经济步入新常态，从高速增长转为中高速增长，经济结构优化升级，从要素驱动、投资驱动转向创新驱动。要从根本上解决我国发展方式粗放、产业层次偏低、资源环境约束趋紧等急迫问题，兼顾发展速度与质量、统筹发展规模与结构，关键是要依靠科技创新转换发展动力。党的十八大做出了实施创新驱动发展战略的重大部署。“十三五”规划提出深入实施创新驱动发展战略。党的十八届五中全会上提出创新、协调、绿色、开放、共享“五大发展理念”，把创新提到首要位置。党的十九大指出，创新是引领发展的第一动力，是建设现代化经济体系的战略支撑，并明确提出要加快建设创新型国家。

2.3 行业角度

目前纺织行业竞争加剧，原料成本上升，劳动生产率水平总体较低，产业创新投入偏低，创新型人才缺乏，综合创新能力较弱，国内外客户需求越来越高，能源紧缺与环保低碳等问题突出，必须把创新放在纺织强国建设事业的核心位置，依靠创新增强行业发展的内生动力，不断培育新动能、开拓新领域。

2.4 企业角度

创新是企业保持活力和持续发展的根源。为更好地适应全球经济一体化的发展，持续保持企业的竞争优势，有效应对原材料价格上涨、劳动力成本提高、人民币不断升值、新贸易壁垒频发等宏观环境的变化。鲁丰织染有限公司深刻认识到，企业要想获得持久动力，大幅提升经营绩效，必须寻求新的管理提升突破口，依靠科技创新、管理创新实现新发展。

3. 鲁丰织染有限公司的管理创新

创新是企业发展的第一原动力。随着新技术、新工艺、新材料、新设备的应用，现代纺织工业已经转变为技术密集型科技创新产业。鲁丰织染有限公司牢固树立并切实贯彻“创新、协调、绿色、开放、共享”的发展理念，主动把握和积极适应经济发展新常态，通过大力实施科技兴企战略、人才强企战略和创新驱动发展战略，深入推进科技创新工作，依靠创新破解发展难题，提高发展质量和效益，不断释放发展活力，努力实现从要素驱动、投资规模驱动发展为主向以创新驱动发展为主的转变。

多年来，公司始终以科技创新为先导，构建以市场为导向、企业为主体、科研院所和高校为支撑，战略客户和重点供应商为联盟，生产、品管、研发设计、营销无缝链接的“双四位一体”协同创新管理模式；形成“一基地、两站两室、三中心”（即国家印染免烫面料产品开发基地、国家博士后科研工作站、山东省院士工作站、国家认可实验室、山东省企业重点实验室、国家认定企业技术中心、中国纺织面料流行趋势研究中心、山东省工程技术研究中心）的技术研发格局；形成包括企业技术中心、工厂、车间QC小组在内的全员参与三级研发创新体系，并开展员工提案、QC小组、技术革新、公司级课题攻关、新产品开发和面料自主设计等活动，保证公司研发活动的全员参与度，不断提高公司的研发创新能力，为提高行业综合技术水平和推动行业由制造到创造的升级积极贡献力量。见图1。

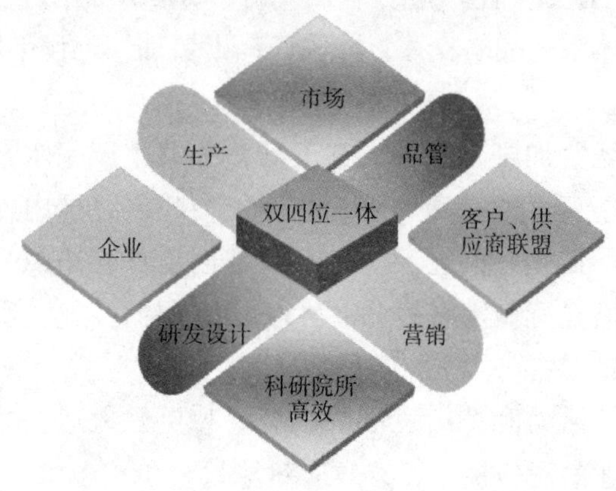

图1 “双四位一体”协同创新管理模式

4. 鲁丰织染有限公司管理创新体系实施的主要措施

4.1 以市场为导向，构建自主设计与定制服务于一体的服务模式

当前，个性化、多样化的消费需求，质量型、差异化的市场竞争逐渐成为主流，公司通过实施卓越绩效管理模式，开展顾客与市场管理、研发能力提升、生产过程能力提升等工作，不断满足消费者对纺织服装产品时尚性、功能性、生态安全性等方面的高品质要求；通过构建 LTPS 鲁泰生产方式，推进精益化生产，从整个生产经营环节入手，运用一系列科学的工业管理方法，开展生产经营改善工作，提升质量，提高效率，满足多品种、小批量、个性化的市场需求，不断推动向生产服务型企业转变。

为更好地满足客户对产品及服务质量的需求，公司近三年来分别开展“质量管理提升年”“市场服务提升年”“市场服务深化年”等专题活动，高效整合内外部资源，着力强化“市场、研发、设计、生产、品管”五位一体的市场服务体系对客户的定制服务支持力度，将市场与客户需求全面、系统、准确地转化为对产品研发、花色设计、生产过程组织与控制、服务策划与实施等关键业务过程要求，进一步增强公司产品和服务对客户的吸引力，持续提升公司竞争力，推动企业由规模生产向柔性制造、研发设计、文化创新多维度发展。

公司成立自主创新产品设计团队，梳理面料设计流程，制订面料开发设计计划，策划设计开发每年两季趋势 COLLECTION，通过对花型的新颖性、织物的结构性的研究，设计新花型、新组织规格，实现由仿样设计模式到自主创新设计模式的转型升级。公司每年定期参加国内外各种纺织面料展会，收集流行、创意思维，取长补短，并将自主设计产品进行推广。自主创新产品设计团队摒弃以往以产品类别区分设计的思路，采用跨界、模糊类别的方法进行发散设计。不同类别产品交相呼应，也可以叠加设计，开阔了设计思路，丰富了产品种类。

公司利用鲁泰纺织（美国）公司进行行业先进技术信息的收集和公司主要产品的售后及客户服务。通过设在意大利的米兰办事处，充分利用当地的设计资源，每年给公司提供几千个国际流行的花色品种，在与国际设计师的沟通、学习、协作中，加强了公司自主设计团队的培养建设，增强了自主设计团队的原创设计能力，弥补了面料前沿设计的短板，从而更好地为客户提供定制打包服务，不仅是卖给客户产品，还要附加设计服务，加强了与客户之间的合作关系。

4.2 以协同创新为引领，打造资源共享的产学研用合作平台

随着技术发展和创新形态演变，知识社会环境下产学研用平台在科技创新中的作用进一步凸显。公司依托"一基地、两站两室、三中心"的技术研发格局，借助于国际一流的科研设施和设备，持续完善自身的科研团队，并与国内外几十家科研院所、知名高校、著名企业开展合作，建立人才定向输入和输出体制，形成跨行业、跨地区、高层次的"产学研用"联合开发体系，形成"以技术为纽带，以项目为载体，企业牵头，优势互补，共同攻关"的创新模式。见图2。

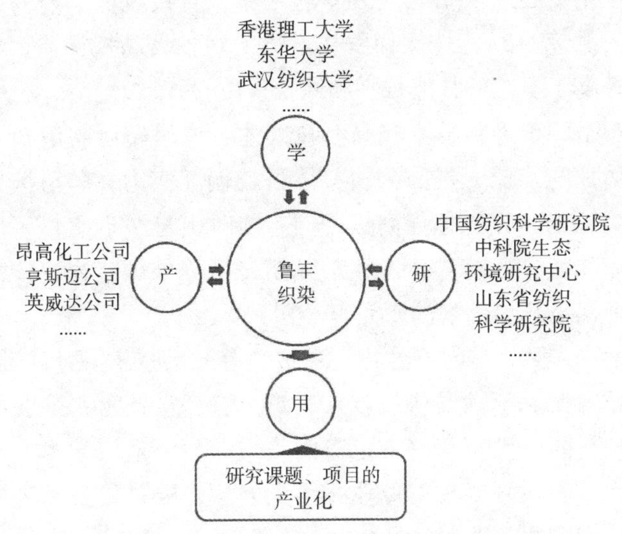

图2 产学研用合作平台

一是与香港理工大学、东华大学、武汉纺织大学等建立产学研合作平台，

进行扭妥纺纺纱技术、电晕浆纱技术等纺织新技术研发，保证了技术研究的前瞻性。

二是先后与昂高化工公司、亨斯迈、英威达、瑞士科莱恩、陶氏杜邦等国际知名纺织纤维及染化料供应商建立研发平台，合作开发无甲醛免烫面料、莱卡 FFT 弹力面料等纺织新面料、数码印花技术及新型节能环保染化料助剂的研究。

三是与中国纺织科学研究院、中国科学院生态环境研究中心、山东省纺织科学研究院等科研院所建立研发平台，进行超仿棉聚酯纤维及其纺织品产业化技术、高品质原液着色纤维等技术的开发。

公司通过一系列产学研合作，先后开展了棉/SORONA 面料研究与推广、高免烫纯棉印花面料开发、纯棉自去污面料开发等项目的开发，实现了资源共享、互利双赢，形成了生产、研发的“直通车”，引领中国色织面料的最新流行趋势。

4.3 建立自培与引智相结合、以老带新的优秀技术人才梯队

提高自主创新能力、提升核心竞争力、建设创新型企业离不开创新型人才队伍建设。公司始终把培育创新型人才当成企业快速、稳定发展的重要支持。

一是研究制定支持不同层次人才的培养措施，不断加强对自有人才的培养。有针对性地组织企业技术人员去国外学习考察，直接吸取国外的先进技术和经验；组织管理人员读 MBA；选派优秀技术员工到各大高校深造；与国内知名高校联合办学，提高了员工的技能水平和综合素质。

二是多措并举，引进新技术和高科技人才。公司先后聘请知名专家学者来公司进行技术培训与交流，提高公司整体科技创新实力；聘请世界格子布大王日本纺织专家藤原英利先生担任高级顾问；同时引进了瑞士科莱恩国际有限公司的染化料专家陆顿·巴赫先生、克瑞泽斯先生等外国专家，致力于纺织新材料及新型节能环保染化料助剂的研究。

三是根据发展需要，制定了宽松、灵活、有效的技术人才培养、激励政策。公司每年组织技术比武活动和科技成果表彰大会，对技术水平突出的员工进行物质和精神激励，同时健全和完善以车间为主导，以基层技术人员为主体的技术小改小革制度。公司每年还对专业技术工人、优秀科研技术人员进行职称评定，按月发放技术人才补助。

四是努力打造优秀创新团队。公司在逐步完善科研创新体系的基础上，由工程技术委员会领导，全力打造以企业技术中心为核心，以各工厂技术委员会为主要实施部门的创新团队，其下辖研发人员 384 人，其中工程师 12 人，硕士

8人，高级技师36人，并聘请17名国内外专家担任公司技术顾问，形成了一支以高层次科技人才为骨干，青年技术人员为基础，各院校外聘专家为补充，年龄结构合理、知识层次互补的世界一流的创新团队。

4.4 以技术创新、两化融合为依托，创建绿色、智能化、数字化工厂

公司积极响应国家绿色环保相关政策，并瞄准新一轮科技革命和产业变革，“中国制造2025”“互联网+”行动计划的大趋势，依托国家级企业技术中心，全面打造绿色、智能化、数字化工厂。

公司遵循“绿色生产、绿色消费、绿色发展”三位一体的绿色发展之道，始终坚持走“绿色、低碳、环保”可持续发展之路，将绿色、创新发展理念蕴于每一个生产环节。公司整合全球优质的供应链资源，推广使用瑞士良好棉花发展协会（BCI）认证的有机棉等天然可再生的纺织原料进行织造，并承担国家“十二五”科技支撑计划项目和国家“十三五”研发专项，通过新型聚合改性、纤维加工、织造染整技术的自主创新，使织造原料源于自然、超越天然；使用环保丙烯酸浆料替代PVA浆料，使用环保助剂替代纯碱、尿素，从生产源头改善污水的可生化性及可降解性，降低污水处理难度，从而减少COD及氨氮等污染物的排放；公司通过引进设备、自主创新改造设备、自主创新节能减排技术，实现节能减排、绿色生产。安装污水换热器、改造补水管路，对污水热能进行回收，月均节约蒸汽2000余吨；采用国际最先进的生化和膜处理工艺技术，配备现代化的自动控制系统进行污水处理，经两级处理后，出水水质优于国标1级A标，中水回用率达到80%以上。

近年来，公司不断加快自动化、智能化升级步伐，在持续推进信息化建设的基础上，对生产设备进行更新升级。公司先后引进世界先进的自动穿筘机、自动称配料系统、自动抽液机等自动化设备500余台套，为提高公司生产效率、降低工人劳动强度奠定基础；实施数字化、信息化管理，通过生产监控、信息传递、数据采集和在线控制等系统，实现信息自动化管理；建立仓储自动化立体仓库，对仓储物资进行自动存储和自动化管理，每日可完成600托盘（物料装载的单位）以上物资的入库，单位仓储量是高货架仓库的3.3倍。公司通过建设智能化工厂，有效的改善员工劳动环境，实现省力、省时、省工、稳定、可靠、智能生产，实现高效纺织。

公司围绕打造数字纺织，按照设备自动化、系统集成化的要求，加大投入，建设信息基础数据库，实施管理改进、优化业务流程，完善ERP、OA、CAD等系统。目前，公司建成了涵盖采购、销售、库存、生产等各类业务，应用范围涉及从原料采购、生产制造到销售每一个环节管理的高度自动化、智能化的信

息管理系统。同时，公司先后开展“对接战略客户信息系统”“构建面料网上展销信息平台”“构建能源管理中心系统”等200余个信息化项目，打造数字化纺织。

4.5 贯通以自主研发为突破口的科技创新成果转化通道

科技创新为企业开拓了新的发展路径，提供了新的增长动力，创造了核心竞争优势。公司每年用于技术研发的经费占销售收入的5%左右。公司每年召开科技表彰大会对新产品开发、课题攻关、技术革新项目等进行奖励，近年来，累计奖励金额达340多万元，其中单人单项奖励最高达到20万元，在公司范围内营造了积极创新的氛围。

公司突出的自主产权新产品项目如下：

（1）超级免烫面料项目：公司通过市场调研，了解消费者的需求，创新性的研究一种新型免烫工艺技术替代常规免烫工艺，即“双弹+潮交联”超级免烫技术，通过增加面料经向屈曲程度，增加面料的经向弹性，赋予面料较高的回弹性能，提升面料的免烫性，实现纯棉免烫面料平整度由3.5级到4.0级的飞跃，完成了超级免烫面料的研发，使公司再一次领跑纯棉免烫面料领域。

（2）极地白面料项目：科研人员摒弃印染长车漂白技术，创新性的研究一种新型漂白工艺“奥斯本”漂白技术，选择高日晒、耐水洗的增白剂，采用冷轧堆漂白工艺，使面料白度由145提升至155以上，完成了极地白面料的研发，并实现规模化生产。

（3）高免烫数码印花面料项目：数码印花作为一种新型产业而得到市场的广泛认可，其色彩鲜亮、花型多样满足了不同消费者的需求，但部分精细的高品质数码印花面料在穿着过程中仍然存在皱痕严重的问题，公司通过与其他科研单位合作研究聚丙烯酸水溶性浆料，解决活性喷墨印花技术在纯棉高支面料上得色量浅、色泽不饱满的问题，创新性的运用液氨+免烫整理技术，实现面料免烫性3.5级以上无甲醛免烫印花面料。

5. 鲁丰“双四位一体”协同创新管理模式的成效

创新是企业发展的助推器，是增强企业核心竞争力，推进企业持续发展的决定性因素，鲁丰织染在复杂的国内外市场环境下，结合自身发展需求通过建立“双四位一体”协同创新管理模式，不断完善管理体系、引进新设备、研究新技术、开发绿色新产品，实现产业转型升级。通过创新引领，实现经济效益、生态环保效益协调发展。

5.1 经济效益成果显著

鲁丰织染自实施“双四位一体”协同创新管理创新模式后，经济效益连续增长，2016 年实现销售收入 16.1 亿元，实现利润总额 15676 万元，较 2015 年销售收入增加 10%，利润总额增加 171.2%。公司 2014 ~2016 年经济效益如图 3 所示。

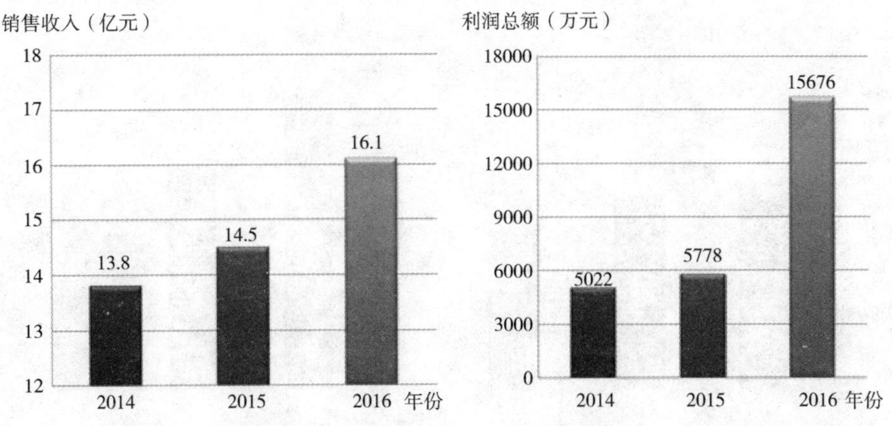

图 3　2014 ~2016 年企业的经济效益

5.2 创新管理成果显著

（1）拥有授权专利 85 项，参与制定国家及行业标准 10 项。

（2）主持山东省技术创新项目、科技攻关项目 130 多项。

（3）国家“十二五”科技支撑计划、“十三五”重点研发专项各 1 项。

（4）近五年 84 项成果实现产业化应用，累计实现销售收入 46.5 亿元。

（5）获得省部级以上科技进步奖 27 项，其中国家科技进步一等奖 1 项、二等奖 2 项。

（6）获得中国生态环保面料设计大赛最佳生态环保技术应用奖 1 项、最佳优秀奖 2 项、中国流行面料最佳应用奖 1 项、中国流行面料奖 4 项、中国优秀印染面料一等奖 7 项、二等奖 5 项。自主设计花型客户选中率达到 50%以上。

（7）公司为化纤产业技术创新战略联盟会员单位，荣获全国印染行业企业管理创新成果奖、纺织技术创新示范企业、国家节能减排技术应用示范企业、全国最佳绿色环保面料企业、印染制品标准化先进集体、“十二五”产品开发突出贡献奖等荣誉。

5.3 生态环保成果显著

公司通过使用生态原材料、引进新型环保设备、应用节能减排技术，不断降低能源消耗，提高能效水平。综合能耗由2015年的37kg标煤/100m下降到2016年的35kg标煤/100m，下降5.4%；2016年节约成本2200余万元，COD间接排放量由2015年的240mg/L下降到120mg/L。公司2014～2016年生态环保效益如图4所示。

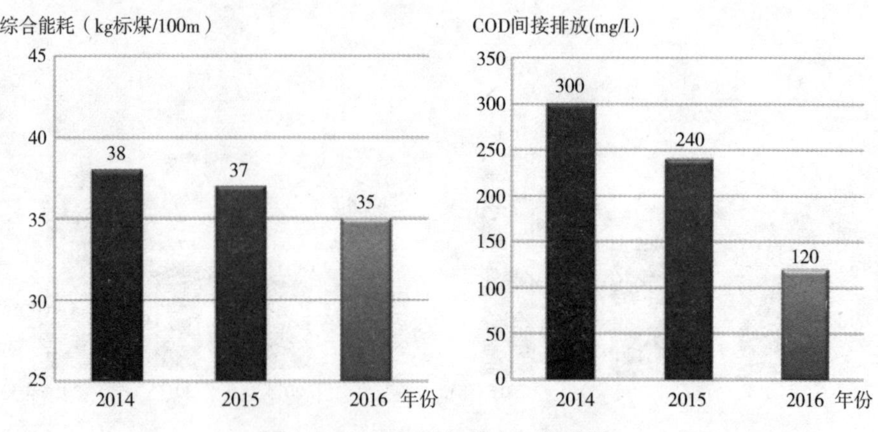

图4 2014～2016年生态环保效益

6. 结论

目前，我国经济发展已进入新常态，而科技创新则为企业开拓了新的发展路径，提供了新的增长动力，创造了核心竞争优势。鲁丰织染公司“双四位一体”管理创新模式，贯穿了生产经营的各个环节，对行业其他企业进行管理创新具有很大的参考价值，在推动纺织行业整体水平的提升、引导行业技术成果转化为生产力方面发挥了积极的作用。未来面对新的发展形势，鲁丰织染公司将牢固树立并切实贯彻“创新、协调、绿色、开放、共享”的发展理念，主动把握和积极适应经济发展新常态，坚持以提高发展质量和效益为中心，不断深化管理创新、科技创新，为建设纺织强国、制造强国积极贡献力量！

二、案例分析思路与逻辑

1. 启发思考题一

1.1 问题

鲁丰的管理模式创新取得了良好的经济效益和生态效益，其管理模式创新在哪里？

1.2 分析思路

任何一个企业都离不开管理，管理模式的优劣影响整个企业整合资源的能力和效益。本案例鲁丰织染以国家大战略和发展理念为背景，以纺织行业的压力和自身的现实需求为出发点，实施创新驱动战略，以科技创新为先导，以市场为导向、企业为主体、科研院所和高校为支撑，战略客户和重点供应商为联盟，实现生产、质量、研发、营销无缝连接的“双四位一体”创新管理模式。这种管理模式从理念突破到具体创新步骤实施到最后取得了较好的经济效益和社会效益。因此一个企业首先要顺应国家大的战略方向和发展理念，再根据行业发展现状和自身的现实状况和需求大胆创新，突破思维桎梏，制定措施，并高质量效率执行。

1.3 理论依据及分析

管理创新是指企业把新的管理要素（如新的管理方法、新的管理手段、新的管理模式等）或要素组合引入企业管理系统从而更有效地实现组织目标的活动。

管理创新主要包括三个方面的内容，一是管理思想的创新，二是管理制度的创新，三是管理具体技术方法的创新。鲁丰织染的“双四位一体”协同创新管理模式都充分体现了这三个方面的内容。鲁丰织染敢于突破思维桎梏有了这个创新管理模式，既有战略的高度，也有着解决当下实际问题的立足点和着眼点。战略的构成要素包括经营范围、资源配置、竞争优势和协同作用，这一创新模式体现得淋漓尽致，尤其是体现在资源配置和协同作用这两个内容上。

在生产和研发方面，鲁丰织染创造性地实施了卓越绩效管理，结合公司的实际，从领导、战略、顾客和市场、测量分析改进、人力资源、过程管理、经营结果等方面，强化组织的顾客满意意识和创新活动，追求卓越的经营绩效面对产学研用实施中体制机制、合作模式和人才培养的三大难题，鲁丰织染创造性地以资源平台的方式进行了较好的融合和发展。

1.4 关键要点

协同创新，其指创新资源和要素有效汇聚，通过突破创新主体间的壁垒，充分释放彼此间“人才、资本、信息、技术”等创新要素活力而实现深度合作。协同创新的内涵本质是：企业、大学、研究机构和用户等为了实现重大科技创新而开展的大跨度整合的创新组织模式，协同创新是促进企业大学研究机构发挥各自的能力优势整合互补性资源，实现各方的优势互补，加速技术推广应用和产业化，协作开展产业技术创新和科技成果产业化的活动。鲁丰织染通过实施卓越绩效管理模式和构建特色型的产学研用资源型平台，开展顾客与市场管理、研发能力提升、生产过程能力提升等工作，不断满足消费者对纺织服装产品时尚性、功能性、生态安全性等方面的高品质要求，走出了一条特色发展之路。

2. 启发思考题二

2.1 问题

科技创新是鲁丰织染公司持续强劲发展的重要引擎，它是如何推动科技创新的?

2.2 分析思路

所谓激励，就是组织通过设计适当的外部奖酬形式和工作环境，以一定的行为规范和奖惩措施，借助信息沟通，来激发、引导、保持和规范组织成员的行为，以有效地实现组织及其个人目标的过程。有效的激励能点燃员工的激情，促使他们的工作动机更加强烈，让他们产生超越自我和他人的欲望，并将潜在的巨大的内驱力释放出来，为企业的远景目标奉献自己的热情。作为企业，需要塑造激发员工创造力的环境和机制。

科技创新是原创性科学研究和技术创新的总称，是指创造和应用新知识和新技术、新工艺，采用新的生产方式和经营管理模式，开发新产品，提高产品质量，提供新服务的过程。科技创新可以被分成三种类型：知识创新、技术创新和现代科技引领的管理创新。

将管理中激励理论应用到科技创新中，为科技提升和创新起到积极推动作用。

2.3 理论依据及分析

企业科技创新活动与人才和平台密不可分，人才尤其是科技创新人才对企业的生存与发展具有极端重要的意义。鲁丰织染公司坚持引智与自主培养相结合，为人才的培养发挥了重要的作用。鲁丰织染构建产学研用资源平台，为科技创新和人才培养和提升搭建了重要的平台。

鲁丰通过积极的创新活动去改变企业内部环境和氛围，引导组织成员创新，逐渐在企业内形成创新驱动的意识。尤其是在国家大战略创新驱动战略背景下，掌握创新驱动的本质，牢固树立创新意识，培养创新思维对企业的生存与发展具有极端重要的意义。鲁丰织染构造的“一基地、两站两室、三中心”的技术研发格局；形成包括企业技术中心、工厂、车间 QC 小组在内的全员参与三级研发创新体系，开展员工提案、QC 小组、技术革新、公司级课题攻关、新产品开发和面料自主设计等活动，保证公司研发活动的全员参与度，不断提高公司的研发创新能力。

激励，是指激发员工的工作动机，即用各种有效的方法去调动员工的积极性和创造性，使员工努力去完成组织的任务，实现组织的目标。

鲁丰织染公司制定了宽松、灵活、有效的技术人才培养、激励政策。公司每年组织技术比武活动和科技成果表彰大会，对技术水平突出的员工进行物质和精神激励，同时健全和完善以车间为主导，以基层技术人员为主体的技术小改小革制度。公司每年还对专业技术工人、优秀科研技术人员进行职称评定，按月发放技术人才补助。

因此，鲁丰织染公司应将激励手段运用到提升科技创新中，是科技创新不断日新月异，形成优势，在激烈的竞争中立于不败之地。

2.4 关键要点

鲁丰织染公司要在激烈的竞争中不断发展获得优势，必须从根本上依靠科技创新，完善科技创新激励机制，发挥好“双四位一体”协同创新管理模式，不断拥有自己的专利，掌握先进科学技术，形成压倒性优势，还要适应国家发展大势，坚持绿色发展以获取更多的科技和资金支持。

（西安工程大学：郭伟教授、姜铸副教授）

浙江制造标准体系导入与认证

——桐昆集团股份有限公司

摘要 桐昆集团股份有限公司（以下简称“桐昆集团”）作为中国化纤行业的知名企业，勇于履行大企业的责任与担当，抓住供给侧结构性改革和《中国制造2025》推进的契机，以“国内一流、国际先进”为引领，实施浙江制造标准体系导入与认证的管理实践。战略上系统部署，从形式、标准、认证、标识及营销等方面进行系统创新；注重品质管理，牵头和参与起草“浙江制造”团体标准三项；秉持“行纤维之事，利国计民生”的企业使命，加强企业文化建设；强化研发和信息化，推进智能制造。通过浙江制造标准体系的导入与认证，实现了产品品质的全面升级，打造了全新的品牌形象，提高了企业的经济效益和社会效益，推动了企业转型发展，提升了企业综合竞争力。

关键词 浙江制造；标准体系；管理创新；转型升级；智能制造

一、案例正文

0. 引言

一路走过37年，桐昆集团在董事长陈士良的率领下，通过管理创新与技术革新，真正走出了一条具有桐昆特色的稳健发展之路，使企业实现了“无年度亏损、无对外担保借款、无销售应收款项、无产品积压库存、无停产减产”的良好局面。桐昆集团将始终秉承“行纤维之事，利国计民生”的崇高使命，坚持自主创新科学发展、和谐发展，努力整合要素资源，实现产业的垂直整合，努力将桐昆建设成为规模化、差别化、一体化、标准化、集约化的全产业链制造企业、先进化纤制造企业、绿色智能制造企业。桐昆集团在2015年开始导入“浙江制造”标准体系后，为浙江省内制造型企业、全国化纤纺织企业乃至全国纺织行业的自主创新体系带去了哪些变化？

1. 企业简介

1.1 桐昆集团简介

桐昆集团是一家以PTA、聚酯和涤纶制造为主业的大型股份制上市企业，地处杭嘉湖平原腹地桐乡市。企业前身是成立于1982年的桐乡县（现桐乡市）化学纤维厂，经过三十多年的发展，现拥有总资产360亿元，下辖5个直属厂区和18家控股企业，员工19000余人。2011年5月，桐昆股份（601233）成功登陆资本市场，成为嘉兴市股改以来第一家主板上市企业。

公司现已具备520万吨聚合和570万吨涤纶长丝年生产加工能力，420万吨PTA年生产加工能力，居世界涤纶长丝企业产能和产量前列。公司主导产品为GOLDEN COCK牌、桐昆牌涤纶长丝以及聚酯切片，涤纶长丝有POY、DTY、FDY（中强丝）、复合丝和平牵丝等五大系列1000多个品种，聚酯切片有大有光、半消光、阳离子等多个品种。“桐昆”牌产品畅销国内，并远销南美洲、欧洲、中东、南非、韩国、越南等60多个国家和地区。

优良的品质来自精良的装备和卓越的管理。公司80%以上的关键生产设备均为德国和日本引进，达到国际一流装备水平。在“科技兴企”战略的指导下，作为国家级重点高新技术企业、国家新合纤产品开发基地，公司依托自身国家认证实验室和国家级企业技术中心的平台及省级重点企业技术创新团队的实力，凭借二十多年来对化纤生产技术的潜心钻研，在涤纶长丝的生产和研发方面一直走在国内前列，多项科研成果和高新技术产品填补国内空白，并拥有自主知识产权，参与多项行业标准制定。同时，公司十分重视科学管理体系的建立，在业内较早通过了ISO9000质量管理体系认证、ISO14001环境管理体系认证、计量检测体系认证以及标准化良好行为认证，并在日常管理中积极推行5S和TPM管理、卓越绩效模式以及6σ管理等先进管理技术，为品质的保证打下了坚实的基础。

1.2 管理架构

桐昆集团的管理架构图见图1。

1.3 发展历程

1.3.1 沉淀桐昆精神，开启桐昆新时代（1991~1994）

1991年，桐昆集团的前身桐乡化纤厂陷入困境。以陈士良为首的领导层临危受命，“借船出海”，及时调整发展方向，理顺了企业的经营思路，开启了桐昆走向辉煌的新时代。1991~2005年，在发展中积累、沉淀、永恒的是桐昆的精神和文化。

1.3.2 “高投入、高产出、高回报，集约化经营”的发展阶段（1995~2010）

为丰富并完善产品结构，增强专业化生产能力，大幅提升产能，扩大市场份额，从1995年开始，我们在进行技改投入的同时，以资本为纽带，通过兼并、收购等方式走“低成本扩张”之路，迅速壮大了企业规模，走上

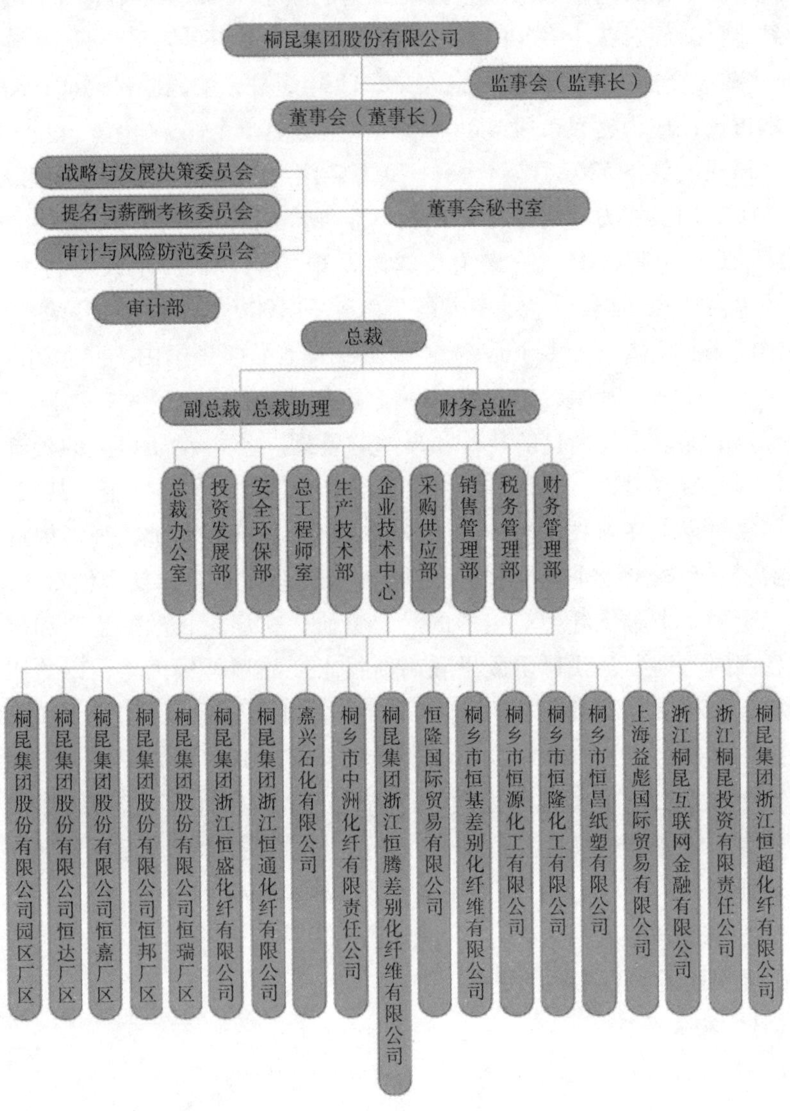

图1　桐昆集团的管理架构图

了涤纶长丝专业化、规模化的经营之路，使企业向着“创中国名牌、争行业十强”的目标稳步迈进。集团在稳步提高涤纶长丝产能的基础上，进行产业链的垂直整合，同时在继续做大、做强、做精主导产业的前提下着眼于跨行业、跨区域的稳健发展。2006 年，桐昆化纤工业城全部建设投产，集团产业结构更趋合理，长丝差别化产品的研发及生产能力显著提高，企业核心竞争力大幅增强，集团规模迅速壮大。桐昆采用有光熔体直纺 POY 生产企业，自主改造生产一步法涤纶高强工业丝的企业，成功开发熔体直纺阳离子涤纶 POY 长丝，推动了中国化纤行业的技术进步和产业升级。2009 年末，桐昆投资 33 亿元，正式启动嘉兴石化年产 80 万吨 PTA 项目，对促进桐昆健康可持续发展和“打造百年桐昆”具有里程碑意义，开启了集团公司发展的新纪元。

1.3.3 涤纶长丝行业的龙头企业，跻身中国企业 500 强

桐昆集团发展的三十年，成为中国经济腾飞的一个缩影。2014 年底，桐昆已提前实现“十二五”再造一个新桐昆的目标。2015 年，恒邦厂区全面竣工达产，恒隆二期项目开车投产，嘉兴石化二期项目顺利启动，中洲公司“退二进三”顺利完成，桐昆互联网金融业务正式上线运营，“工银聚”平台全面推广。在辅料配套方面，集团已初步形成油剂、纸管、泡沫板、纸箱、木架子、液态钛白粉、黑母粒、铝垫滤网等较为健全的辅料配套项目，这些项目的投产，有效地降低了集团的生产成本，有力地提高了集团的市场竞争能力。2015 年 12 月 23 日，桐昆股份非公开发行股票申请获得中国证监会发行审核委员会无条件审核通过。至此，桐昆的企业规模进一步扩大，借着“互联网 +”和世界互联网大会的东风成功涉足互联网金融领域，聚合产能达到 350 万吨/年，涤纶长丝产能达到 400 万吨/年，实现“十二五”圆满收官。2017 年 5 月，桐昆股份收购浙江桐昆控股集团有限公司（所持有的浙江石油化工有限公司 20% 股权，拓展石化上游业务，努力打通 PX—PTA—长丝全产业链）。

2. 实施背景

2.1 《中国制造 2025》的推进

21 世纪是质量的世纪，同质化竞争的时代已经到来。党和国家领导人指出：实体经济是国家的本钱，要发展制造业尤其是先进制造业。推动中国制造向中国创造转变、推动中国速度向中国质量转变、推动中国产品向中国品牌转变。推动产业结构迈向中高端，需实施《中国制造 2025》，全面开启了中国制造由大变强之路，力争在新中国成立 100 周年时，建成世界一流制造强国，为实现中华民族伟大复兴提供强有力的战略支撑。以质量的提升对冲经济的放缓，把经济社会发展推向质量时代。

2015 年 5 月，国务院发布的《中国制造 2025》提出，坚持“创新驱动、质量为先、绿色发展、结构优化、人才为本”的基本方针，坚持“市场主导、政

府引导、立足当前、着眼长远、整体推进、重点突破、开放合作”的基本原则，通过“三步走”实现制造强国的战略目标。

2.2 供给侧结构性改革

2015年11月，供给侧结构性改革就是从提高供给质量出发，用改革的办法推进结构调整，矫正要素配置扭曲、扩大有效供给，提高全要素生产效率，更好地满足人民群众的需要，实现创新、协调、绿色、开放、共享的发展，促进经济社会持续健康发展。

2016年8月，国家工信部根据“十三五”规划体系，编制和发布的《轻工业发展规划2016—2020》提出，“十三五”要以市场为导向，以提高发展质量和效益为中心，以深度调整、创新提升为主线，以企业为主体，以增强创新、质量管理和品牌建设能力为重点，大力实施增品种、提品质、创品牌的“三品”战略，推进智能制造和绿色制造，优化产业结构，构建智能化、绿色化、服务化和国际化的新型轻工业体系。

2.3 创新驱动战略

党的十八大明确提出，科技创新是提高社会生产力和综合国力的战略支撑，必须摆在国家发展全局的核心位置，强调要坚持走中国特色的自主创新道路，实施创新驱动发展战略，以全球视野谋划和推动自主创新，着力增强创新驱动发展新动力，加快形成经济发展新方式，推动经济社会科学发展、率先发展。

根据国家和社会经济发展的大趋势，2014年11月，浙江省率先在全国范围内推出了“浙江制造”标准体系，实现制造型企业团体标准制定与企业产品认证相结合的质量提升管理模式，其包含通用要求和管理要求两大标准，并于2014年底开始正式发布实施。“浙江制造”是以“区域品牌、先进标准、市场认证、国际认同”为核心、以“标准＋认证”为手段，集质量、技术、服务、信誉为一体，经市场与社会公认，是制造业的标杆和领导者，其核心要求为“国内一流、国际先进”，其核心内涵为“自主创新、品质卓越、产业协同、社会责任”，立志于将浙江制造标准和产品与国际接轨，质量高于国家行业标准，不仅成为浙江省省内的区域品牌，更要打造成为中国和世界的“金名片”。

桐昆集团作为国内化纤行业的龙头骨干企业，应率先垂范，为浙江省的产品品牌建设做出示范和榜样，通过与浙江省浙江制造品牌建设促进会的沟通，桐昆集团于2015年开始导入“浙江制造”标准体系，启动了团体标准的主持起草工作，通过标准的制定来进一步提高相关产品的质量指标，提升产品的质量档次，进一步提高产品附加值，提升产品的经济效益、社会效益和生态效益，为浙江省内制造型企业、全国化纤纺织企业树立管理和创新的标杆，引领全国纺织行业的自主创新体系和企业的转型升级。桐昆集团“浙江制造标准体系导入与认证”管理创新成果实施工作由此应运而生。

3. 浙江制造标准体系的内涵及实施

3.1 浙江制造标准体系简介

“浙江制造”是浙江省政府于2014年底推动和实施的一项“品质管理工程”，是一群浙江省内最先进的企业打造的公共区域品牌，它以一流的国内标准、先进的国际标准为引领，通过市场认证、国际认同，树立先进的浙江产品形象，并赋予“世界品质、浙江制造”的核心理念，是受国家认监委认可的区域品牌认证体系，力争通过5~10年的努力，将“浙江制造”与“中国制造”全面接轨，为实现《中国制造2025》的战略目标做出贡献，使浙江制造“精品”辐射全国，走向世界。

“浙江制造”标准体系分为A和B两大标准，其中A标准包括两个标准要求，即DB33/T 944.1—2014浙江制造评价规范第1部分《通用要求》和DB33/T 944.2—2014浙江制造评价规范第2部分《管理要求》。《通用要求》规定了“浙江制造”的定义和内涵，并从品质卓越、自主创新、产业协同、社会责任四个方面阐明了“浙江制造”的特性，提出了追求“浙江制造”企业所要达到的基本条件，其基本理念如下：

（1）品质卓越是指浙江制造产品生产企业应采用先进的管理模式和标准，保证产品制造水平的稳定，技术水平达到国内一流、国际先进。

（2）自主创新是指浙江制造产品生产企业应掌握产品核心技术和自主知识产权，并具有持续创新能力。

（3）产业协同是指浙江制造产品生产企业应对产业及浙江经济发展具有较好的带动作用。

（4）社会责任是指浙江制造产品生产企业应诚信经营、履行企业社会责任。

《管理要求》则从基本要求、管理职责、资源管理、相关方管理、过程管理、测量、分析和改进创新等六大方面对浙江制造产品生产企业的管理模式进行了标准化，其标准模式来源于卓越绩效模式GB/T 19580—2012的基本等同于进一步修订优化，是与卓越绩效模式全面接轨的标准体系与管理模式。

3.2 浙江制造标准体系的核心内涵

桐昆集团于2015年10月导入和实施浙江制造标准体系，以标准的核心内涵

“品质卓越、自主创新、产业协同、社会责任”为主线，在公司内部进行贯标、导入、认证等一系列工作。2016年5月，在行业内率先主持起草“浙江制造”团体标准。截至目前，桐昆集团已牵头和参与起草“浙江制造”团体标准3项，下一步拟牵头起草“浙江制造”团体标准2项，具体如下：

3.2.1 浙江制造团体标准《阳离子染料可染改性涤纶低弹丝》(T/ZZB 0077—2016)

其重点是通过标准的制定，研制和开发具有桐昆特色的“阳离子DTY”系列产品，其核心内容为产品研制、质量提升、节能减排。2016年8月该标准获得浙江省品牌建设促进会批准颁布，12月公司通过第一单元“浙江制造”认证。该浙江制造标准指标与纺织行业标准指标的比较见表1。

表1 浙江制造标准与纺织行业标准指标比较表

序号	指标项目		浙江制造标准 T/ZZB 0077—2016	纺织行业标准 FZ/T 54067—2013
1	线密度变异系数（%）		≤1.30	≤1.40
2	断裂强度（cN/dtex）	<222	≥2.40	≥2.30
		≥222	≥2.20	≥2.10
3	断裂强力变异系数（%）		≤7.00	≤8.00
4	断裂伸长率（%）		M±6.0	M±8.0
5	卷曲稳定度（%）		≥40	≥35
6	网络度（个/m）		M±15.0	M±20.0
7	综合能耗（kg标准煤/t）		≤125.00	未作要求
8	污水COD（mg/L）		≤100	未作要求

3.2.2 浙江制造团体标准《涤纶低弹丝》（T/ZZB 0140—2016）

其重点是通过标准的制定，规范TMT全自动生产的涤纶低弹丝的生产和质量标准，提升标准和产品档次，其核心内容为标准提档、质量升级、机器换人。2016年12月该标准获得浙江省品牌建设促进会批准颁布，12月公司通过第二单元“浙江制造”认证。（该浙江制造标准指标与国家标准指标的比较见表2）

表 2　浙江制造标准与国家标准指标比较表

序号	指标项目		浙江制造标准 T/ZZB 0140—2016	国家标准 GB/T 14460—2015
1	断裂强度 （cN/dtex）	<222	≥3.50	≥3.20
		≥222	≥3.50	≥3.20
2	断裂强力变异系数（%）		≤7.00	≤8.00
3	染色均匀度（级）		4－5	4
4	筒重（kg）		M±0.1	未作规定
5	卷径（mm）		M±4	未作要求

3.2.3　浙江制造团体标准《扁平涤纶预取向丝》（T/ZZB 0239—2017）

其重点是通过标准的制定，规范熔体直纺扁平涤纶预取向丝的生产和质量标准，提升标准和产品档次，其核心内容为标准提档、质量升级、智能制造。2017 年 9 月 12 日该标准获得浙江省品牌建设促进会批准颁布。该浙江制造标准指标与国家标准指标的比较见表 3。

表 3　浙江制造标准与纺织行业标准指标比较表

序号	指标项目	浙江制造标准 T/ZZB 0239—2017	纺织行业标准 FZ/T 54045—2012
1	线密度偏差率（%）	±2.0	±2.5
2	断裂强度（cN/dtex）	≥2.20	≥1.90
3	断裂强力变异系数（%）	≤5.00	≤7.00
4	断裂伸长率（%）	M±5.0	M±6.0
5	断裂伸长变异系数（%）	≤6.00	≤7.00
6	条干不匀率（%）	≤1.50	≤1.80

3.2.4　浙江制造团体标准《S＋Z 涤纶低弹丝》和《氨纶包覆纱》

此为桐昆集团未来拟牵头起草的标注，目前此项工作正在具体实施中。

桐昆集团实施“浙江制造标准体系导入与认证”管理创新工作后，将在标准化和管理创新的道路上永不停步，在公司牵头和参与 40 多项国际标准、国家标准和行业标准的基础上，逐步将“浙江制造标准体系”辐射至公司所有系列的产品，力争使公司产品全面向“国内一流、国际先进”的目标努力迈进。

3.3 桐昆集团浙江制造标准体系的实施

桐昆集团作为中国化纤行业的知名企业，勇于履行大企业的责任与担当，抓住供给侧结构性改革和《中国制造2025》推进的契机，实施浙江制造标准体系导入与认证的管理实践，形成企业发展新动能，创造竞争新优势，增强发展的内生动力，提升企业综合竞争力。

3.3.1 形式创新

在公司董事长陈士良的率领下，制作和下发了桐昆集团浙江制造宣传贯标手册和员工宣贯卡，任命了“浙江制造”标准体系的管理者代表，形成了具有桐昆特色的组织机构，确定了标准化的管理体系、主持起草的团体标准和产品认证的方向，发挥高层领导的作用，下发文件，按标准流程启动相关工作。

（1）解决的问题：思想观念问题。任何管理模式的导入首先需要解决的是思想观念问题，“浙江制造标准体系导入与认证”管理创新工作也是一样，面对新的知识和新的管理模式，绝大部分企业中的干部员工都有排斥的思想，总认为我们以前都是这么做的，为什么现在要这样做，主要原因可能是其工作量会增加，造成其思想负担，对于新知识、新模式的学习和导入带来困难，使其很难在企业中顺利推行。

（2）基本思路。此项工作分两步走，首先是解决管理干部的问题，然后是解决全体员工的问题，贯标工作要从上而下贯彻执行落实。

（3）具体措施。第一步，制作和下发桐昆集团浙江制造宣传贯标手册。其内容包含浙江制造的核心内涵、浙江制造的标准文本、导入标准体系、任命管理者代表的通知；确定了组织机构，将宣传贯标手册下发至每一位班长级以上的管理干部，并通过培训、开会、学习等方式进行浙江制造标准体系的贯标工作。

印制浙江制造员工宣贯卡。下发至每一位基层员工，人手一卡，要求员工认真学习和领会其中的内容，并将其存放于员工上岗证的背面，随时可查阅相关内容，达到全员宣贯的目的。

3.3.2 标准创新

主持和参与起草了“浙江制造”团体标准《阳离子染料可染改性涤纶低弹丝》（T/ZZB 0077—2016），《涤纶低弹丝》（T/ZZB 0140—2016）、《扁平涤纶预取向丝》（T/ZZB 0239—2017）等浙江制造团体标准。这一系列标准，在原有国家标准、纺织行业标准（也为桐昆主持起草）的基础上，对产品物性指标进一步优化和加严，提升产品内品质要求，同时增加了对产品生产综合能耗的限定限额，兼顾标准产品的品牌质量、经济效益和社会责任。

(1) 解决的问题：标准档次问题。以《阳离子染料可染改性涤纶低弹丝》为例，桐昆集团研制生产的“阳离子染料可染改性涤纶低弹丝”是一种特色产品，也是涤纶中的差别化纤维之一，而目前主要的问题是这个产品的生产工艺相对难度较大，质量要求相对较高，满足不了高端客户的质量需求，如何解决这个问题，是摆在全体桐昆干部员工面前一个重要的任务。

(2) 基本思路。桐昆集团主要领导审时度势，在陈士良董事长的亲自率领下，组建了《阳离子染料可染改性涤纶低弹丝》团体标准的起草小组，并在省品牌建设促进会和省质监局的指导下，首先对桐昆集团主起草的该品种系列的纺织行业标准进行修订，起草成为新的地方团体标准，同时桐昆率先按该标准进行生产该系列差别化产品，进一步保证了产品品质的提升。

(3) 具体措施。

第一步，成立“浙江制造”团体标准起草小组；

第二步，召开“浙江制造”标准启动会，形成标准初稿；

第三步，征求同行业企业意见，采纳合理化建议，修订团体标准；

第四步，召开团体标准起草审定会议，邀请相关单位和专家参与，形成标准送审稿；

第五步，浙江省制造品牌建设促进会对团体标准的批准与发布。

3.3.3 认证创新

管理团队通过管理评审，对桐昆集团“浙江制造”标准体系进行了自评，结合卓越绩效模式的自评，对标准体系实施情况进行自我诊断，发布了质量诚信报告和社会责任报告，并组织客户满意度调查等方式，将企业承诺向社会公众公布，广泛接受社会监督，并在此基础上进行标准体系和产品认证。

(1) 解决的问题：产品认证问题。“浙江制造”团体标准批准和发布后，要对该标准首先在企业内部率先实施，如何实施，如何推动，以新的标准来控制产品品质，以达到提高提升产品质量的目的，提高阳离子染料可染改性涤纶低弹丝、涤纶低弹丝、扁平涤纶预取向丝的品牌效应，同时，为顺利通过认证打好扎实的基础。

(2) 基本思路。桐昆集团在生产阳离子染料可染改性涤纶低弹丝、涤纶低弹丝、扁平涤纶预取向丝的直属生产厂区实施新的“浙江制造”团体标准，提高生产工艺控制标准、原材料进货验收标准、过程控制定期作业标准、成品出厂检验标准、产品生产能耗标准等，全部按“浙江制造”团体标准的规定执行。

（3）具体措施。

第一步，修订产品生产原辅材料的进货验收标准，对供应商重新进行评价；

第二步，优化和改进生产工艺参数，调整生产过程标准和定期作业标准；

第三步，修订和完善成品外观、染色检验标准，按标准要求进行内在物理指标的检测分等。

第四步，按新标准生产的产品委托检验和监督检验，顺利通过“浙江制造”产品抽检。

第五步，申请认证，通过“浙江制造”现场认证，并取得认证证书。

3.3.4 标识创新

以《阳离子染料可染改性涤纶低弹丝》为例，桐昆集团阳离子染料可染改性涤纶低弹丝通过“浙江制造”认证后，桐昆集团及时对通过认证的产品实施“唯一等级”的管理，即符合标准的产品为优等品，不符合标准的产品一律不得使用认证标志。下发了关于“浙江制造”标识印刷及使用的通知，以可视化的形式规范了标识的使用。

（1）解决的问题：标识使用问题。“浙江制造”标准体系规定，通过认证的“浙江制造”产品，必须在其产品本身或包装上使用“浙江制造”的 LOGO 标识，桐昆集团的涤纶长丝系列产品有三种等级，即优等品、一等品、合格品，而“浙江制造”团体标准《阳离子染料可染改性涤纶低弹丝》（T/ZZB 0077—2016）的产品只有一个等级，即不合格的产品就是废品，如何解决 LOGO 标识的使用问题。

（2）基本思路。阳离子染料可染改性涤纶低弹丝率先在桐昆内部实施“唯一等级”，即只有优等品才可以使用“浙江制造”的 LOGO 标识，涤纶低弹丝、扁平涤纶预取向丝也是如此。

（3）具体措施。

第一步，确定产品唯一等级“优等品（AA）”可使用 LOGO 标识；

第二步，在产品包装箱上印刷“浙江制造”LOGO 标识；

第三步，按“浙江制造”标准生产和检验合格的产品，使用印有“浙江制造”LOGO 标识的包装箱，其他产品和其他等级严禁使用；

第四步，形成 LOGO 标识使用规范，并以标准化形式下发执行。

3.3.5 营销创新

对“浙江制造”认证产品的包装设计和印刷“浙江制造”LOGO 标识，提升品牌形象，同时，制作了广告宣传易拉宝、宣传折页等，对阳离子 DTY 等系列产品作好广泛的品牌形象和市场销售的宣传，通过销售员将宣传折页发放到市场和客户的手中，使产品进一步得到市场认可、客户接受。

（1）解决的问题：营销推广问题。“浙江制造”认证产品的营销宣传和市场拓展问题，如何将高质量的产品更好地推向市场，让市场和客户尽快地接受。

（2）基本思路。采用广告宣传与营销员现场推销等方式将“浙江制造”认证产品阳离子染料可染改性涤纶低弹丝、涤纶低弹丝、扁平涤纶预取向丝等快速打入化纤市场。

（3）具体措施。以《阳离子染料可染改性涤纶低弹丝》为例，桐昆集团设计制作和印刷了“浙江制造”认证产品阳离子染料可染改性涤纶低弹丝的广告宣传易拉宝，在公司营销中心、各种纤维纱线展会上广泛宣传，同时印刷了该产品专用的宣传折页，通过销售员在现场推销的过程中发放至每一个客户的手里，使产品很快得到了客户的响应，市场的接受，由于其过硬的产品品质和品牌效应，客户使用后，产品迅速得到市场认可，阳离子染料可染改性涤纶低弹丝产品一度出现了产销两旺，供不应求的良好局面。

3.3.6 持续创新

在“浙江制造”产品第一单元认证通过后，桐昆立即以TMT高速加弹机及其产品为切入点，高端涤纶低弹丝通过了“浙江制造”第二单元认证。在未来的工作中，桐昆将一如既往做好“浙江制造”标准体系的持续创新和认证工作，已再次启动第三、第四单元产品“浙江制造”团体标准的起草工作，为未来接轨《中国制造2025》打下了扎实的基础。

（1）解决的问题：品牌持续问题。“浙江制造”产品认证通过后，产品虽然已经出现了供不应求的良好局面，但由于现在的化纤产品更新换代也非常之快，一劳永逸的年代已经成为历史，在“浙江制造”产品认证的道路上，桐昆集团将永远不能止步。

（2）基本思路。如果第一单元的“浙江制造”产品认证属于“造势”，那么第二单元“浙江制造”产品认证应该属于“借势”。在第一单元产品认证通过的基础上，桐昆集团立即启动了第二单元产品涤纶低弹丝的认证，并继续做好第三、第四、第五单元……产品的标准起草和认证准备工作。

（3）具体措施。桐昆集团阳离子染料可染改性涤纶低弹丝产品通过“浙江制造”认证后，同在浙江省内的化纤企业“荣盛化纤”也起草制定并颁布了“浙江制造”团体标准《涤纶低弹丝》（T/ZZB 0140—2016），而桐昆集团也是参与本团体标准起草的单位之一，结合公司现状，从2016年开始，桐昆开始引进目前化纤行业极为先进的日本TMT高速全自动加弹机，生产的高端涤纶低弹丝，其产品质量远远高于常规涤纶低弹丝，而且能够达到《涤纶低弹丝》（T/ZZB 0140—2016）的质量要求，公司于2017年在“浙江制造”第一次监督认证时扩幅了第二单元涤纶低弹丝的认证，并再次顺利通过认证。从2018年开始，桐昆集团还参与了《扁平涤纶预取向丝》（TZZB 0239—2017）团体标准的制定，同时准备主持起草S+Z涤纶低弹丝和氨纶包覆纱两大“浙江制造”团体标准的主持起草工作，在“浙江制造”标准制定和标准体系持续实施的道路上永不停步。

4. 基于浙江制造标准体系下桐昆集团的支撑保障

在“浙江制造标准体系导入与认证”管理创新成果实践过程中，与桐昆集团的企业文化引领、科研平台实力、科技创新水平、智能制造等融入管理和创新等重要因素是分不开的，这些因素对管理创新成果的实施、应用和推广发挥了非常重要的支撑和保障作用。

4.1 文化保障

桐昆集团经过37年的发展和壮大，拥有比较深厚的文化底蕴，在董事长陈士良的率领和“团结、拼搏、务实、创新”的企业精神的引领下，形成了“行纤维之事，利国计民生”的企业使命、“打造百年桐昆，实现永续经营”的企业愿景、“值得尊重的企业，受人欢迎的伙伴”的企业核心价值观，这些企业文化自始至终引领桐昆不断进行管理创新和向前发展。如今，桐昆已经发展到涤纶长丝产能和产量居世界前列，企业的文化也跟随着公司的发展在不断地升华，2016年初公司提出了“党建就是生产力”的号召，号召全体党员的发挥牢固的先锋模范作用和战斗堡垒作用，引领企业不断向前发展，实现“百年桐昆、实干兴邦”的伟大目标。正因为有这些丰富的企业文化，加上公司深厚的文化底蕴，“浙江制造标准体系导入与认证”管理创新及其他管理创新工作才有可能在桐昆快速地生根发芽和开花结果。

4.2 平台保障

桐昆集团企业技术中心是“浙江制造标准体系导入与认证”管理创新实施的强大支撑，也是公司实现“产能超千万，再造新桐昆”战略目标的核心保障。经过37年的发展，企业技术中心已经汇聚了桐昆的技术骨干力量和核心科研团队，形成了一支以行业专家为带头人，以中青年技术骨干为主体，梯队结构合理的技术创新团队和管理创新团队，拥有享受国务院特殊津贴院士专家1名，博士26名，高级工程师以上职称55名，外聘院士专家2名。桐昆企业技术中心面对聚酯纤维产业自主创新能力不足、同构性产能过剩、差别化率偏低、功能单一和单位能耗大等问题，勇于担当，积极参与国家产业振兴和重大技术改造，积极推动行业技术创新和进步。2018 年 7 月桐昆集团技术中心被国家发改委、科技部、财政部、海关总署、国家税务总局等五部门联合认定为国家企业技术中心，代表了桐昆集团拥有行业内最高研究水平，对增强企业科研水平、综合实力，提升公司市场影响力、品牌形象等都具有深远和重要的意义。“浙江制造标准体系导入与认证”管理创新工作的归口管理部门也是桐昆集团企业技术中心，使管理创新工作得以顺利推进，有效实施。

4.3 科技保障

桐昆集团以企业技术中心为核心科研基地，先后主持参与“十一五”“十二五”“十三五”等国家科技支撑计划共 7 项，国家火炬计划 9 项，参与起草国际、国家、行业标准 40 余项，拥有国家专利 500 余件，产品差别化率达到 65% 以上。2016 年牵头主持工信部“绿色制造系统集成项目”——《绿色多功能差别化聚酯纤维制造与应用技术集成创新》，为化纤行业第一个绿色制造项目，对化纤行业的绿色发展直到引领示范作用。2017 年主持承担了“十三五”国家重大科技项目“高品质热舒适纺织品制备关键技术”，为化纤行业差别化纤维的研制的开发树立了典型和示范，同时，桐昆集团还主持 2017 年“化纤行业智能制造示范项目”的立项和实施工作，被认定为“行业践行智能制造示范企业”，2018 年 12 月 18 日，公司被国家工信部认定为第二批制造业单项冠军企业，荣登示范企业榜单。正是因为有如此强大的科技支撑，“浙江制造标准体系导入与认证”管理创新工作才能取得傲人的成效。

4.4 智能化保障

企业发展的速度和质量与信息化是密不可分的。2018 年公司主持的国家工信部智能制造应用项目“功能性聚酯纤维新材料智能制造新模式”，围绕化纤行业流程型智能制造发展中产品结构不合理、要素成本上涨快、智能生产水平低、客户协同效率低等现状和问题，通过工艺技术与智能制造技术相融合，建立数据基层采集模块，打通全流程生产工序的数据化断点，建立具有行业特征的一体化数字工厂，助推桐昆集团从传统化纤基地向功能性纤维材料领域转型升级，同时形成智能制造新模式应用示范，带动我国聚酯产业转型升级，提高行业国际竞争力。近五年来，桐昆集团加大对信息化、智能制造、机器换人方面的投入力度，通过组建联合体，联合上下游企业建立工业大数据平台，实现产品品质全程可追溯控制。通过开发“大容量 PTA—聚酯—FDY”智能工厂管理虚拟模拟系统和自动化智能系统，实现上下游的协同生产，探索和开拓化纤产业智能制造新模式，树立智能工厂典范，引领行业转型升级。目前，桐昆集团 PTA、聚合、纺丝等关键设备数控化率达到 90% 以上，达到国际先进水平，引领了纺织行业自主创新体系。在“浙江制造标准体系导入与认证”管理创新工作实施过程中，信息化的投入和智能制造引领，进一步保证了管理创新成果的快速实施和快速见效。

5. 创新绩效

桐昆集团通过“浙江制造标准体系导入与认证”管理实践，实现了产品品质的全面升级，树立了良好的市场口碑，打造了全新的品牌形象，提高了企业的经济效益和社会效益，推动了企业转型发展，提升了企业综合竞争力。根据浙江省浙江制造品牌建设促进会的评估，桐昆品牌价值强度为 886，品牌价值为 66.98 亿元；两大单元“浙江制造”认证产品，取得了良好的经济效益，合计产生利润 25794.38 万元，对桐昆浙江制造生产基地的效益贡献率达到了 40% 以上；先后获得“全国化纤行业科技领军企业”“全国化纤行业标准化领军单位”“全国化纤行业品牌质量先进企业”等荣誉称号。桐昆集团通过“浙江制造标准体系导入与认证”管理创新成果的实施，为公司带来了良好的经济效益、社会效益和生态效益。

5.1 有形效果

通过“浙江制造”标准体系的导入和认证，取得了已认证两大单元产品阳离子染料可染改性涤纶低弹丝和涤纶低弹丝的认证证书，提升了产品质量品牌，提升了市场口碑，进一步提升了桐昆产品的知名度和美誉度，为提高经济效益打下了基础。2016 ~ 2018 年上半年，两大单元“浙江制造”认证产品，取得了良好的经济效益，合计产生利润 25794.38 万元，对桐昆浙江制造生产基地的效益贡献率达到了 40% 以上。

“浙江制造标准体系导入与认证”管理创新成果的实施，推动了企业的进一步转型升级，实现了公司经济效益和各项关键绩效指标的快速提升。公司 2016 ~ 2018 年（上半年）桐昆集团关键经济指标见表 4。

表 4 桐昆集团关键经济指标

序号	经济指标	2016 年	2017 年	2018 年 1 ~ 6 月
1	主营业务收入（万元）	2293600	3035606	1814143
2	利润总额（万元）	140433	225487	178736
3	纳税总额（万元）	102112	178483	142664
4	利税率（%）	8.5	10.8	14.9

续表

序号	经济指标	2016 年	2017 年	2018 年 1 ~6 月
5	资产负债率（%）	42.01	49.42	50.94
6	市场占有率（%）	14.50	15.30	暂无数据
7	人均工资（元）	4449	5061	6055
8	单位综合能耗（吨标煤）	0.19	0.15	0.14
9	顾客满意度（%）	86.77	87.35	暂无数据

其中 2018 年上半年（1 ~6 月）桐昆集团利税率达到了 14.9%，处于全国化纤同行业较高水平。

5.2 无形效果

通过在行业内率先实施“浙江制造标准体系导入与认证”，为浙江省乃至全国的化纤企业做好了示范和榜样，为整个化纤行业质量品牌的提升带了一个好头，也为“浙江制造”标准体系的推进和推广工作做出了贡献，为浙江省地方经济的发展和浙江品牌的提升发挥了重要的作用。浙江省浙江制造品牌建设促进会根据国家相关评价标准对公司品牌进行价值评估，品牌价值强度为 886，品牌价值为 66.98 亿元。

一路走过 37 年，桐昆集团股份有限公司在董事长陈士良的率领下，通过管理创新与技术革新，真正走出了一条具有桐昆特色的稳健发展之路，使企业实现了“无年度亏损、无对外担保借款、无销售应收款项、无产品积压库存、无停产减产”的良好局面。桐昆集团 GOLDEN COCK 牌涤纶长丝是中国名牌和国家免检产品，桐昆品牌于 2011 年被认定为中国驰名商标，在行业内具有较高的知名度和美誉度，2016 ~2017 年，桐昆集团先后获得全国化纤行业科技领军企业、全国化纤行业标准化领军单位、全国化纤行业品牌质量先进企业等荣誉称号，管理创新成果的实施、推广和在整个集团公司的快速辐射，为这些骄人业绩和重量级荣誉的取得，发挥了举足轻重的作用。

6. 结论

桐昆集团本着“团结　拼搏　务实　创新”的企业精神，秉持“行纤维之事　利国计民生”的企业使命，努力实现“打造百年桐昆　实现永续经营”的企业目标，践行“值得尊重的企业，受人欢迎的伙伴”的企业核心价值观，在保证高速发展的同时，也在为社会尽情奉献着光和热。企业不但直接解决了上万人的就业问题，每年为国家创造几亿元的利税，更为推动中国化纤产业的发展倾尽全力，为振兴民族工业做出自己的贡献。与此同时，桐昆也积极组织，参加各类公益慈善活动，为所有需要关爱和帮助的人送上一片温暖。

二、案例分析思路与逻辑

1. 启发思考题一

1.1 问题

在“浙江制造标准体系导入与认证”的实践中，桐昆集团有哪些支撑和保障条件？

1.2 分析思路

在“浙江制造标准体系导入与认证”管理创新成果实践过程中，与桐昆集团的企业文化引领、科研平台实力、科技创新水平、智能制造融入等管理和创新等重要因素是分不开的，这些因素对管理创新成果的实施、应用和推广发挥了非常重要的支撑和保障作用。

1.3 理论依据及分析

浙江制造标准体系的导入与认证对企业提出了六大方面的要求，一是创新驱动：设计研发能力；二是真材实料：关键材料、成本倒逼、正反向及明示；三是过程控制：不是作业指导，是对制造工艺环节有要求；四是装备保证：必要的检测验证，研发所需设备；五是质量保证或承诺：寿命、保修包换、安装维护要求；六是产品标准要求：性能指标、节能环保指标、安全指标等。

1.4 关键要点

“浙江制造”产品生产企业应该掌握产品核心技术的自主知识产权，并具有持续创新能力。拥有自主技术主要体现在企业掌握与产品质量、安全、节能环保相关的设计或制造的自主知识产权或技术成果；具有创新能力主要体现在企业是否已经建立省级以上技术研发中心或满足其要求，以及是否具有稳定的研发收入。具体落实到企业中可以有以下四个方面：一是企业应该制定技术创新战略及实施计划，并提供资源保障；二是企业研发投入强度应随收入增长而同比增长；三是企业应该满足省级以上企业技术中心或设计中心或研究院的要求；四是企业应该拥有产品质量、安全、节能环保相关的设计或制造的自主知识产权或技术成果。

2. 启发思考题二

2.1 问题

“浙江制造标准体系导入与认证”对传统纺织行业产生了哪些深远影响？

2.2 分析思路

《浙江省标准强省质量强省品牌强省建设“十三五”规划》明确提出，要坚持以标准引领质量发展，瞄准国际一流，建立制造领域的浙江标准体系，增强标准有效供给，以高标准引领高质量发展，提升区域整体发展质量。首先大企业应该挑起责任担当，引领行业发展，再者标准体系导入后，对传统纺织行业转型升级的生产模式进行了改造，加强了功能性纤维的研发，同时也促进了先进制造产业由大变强，进一步提升制造业核心竞争力。

2.3 理论依据及分析

（1）话语权。正所谓“一流的企业卖标准，二流的企业卖品牌，三流的企业卖产品”，企业参与行业标准的制定是企业在行业中话语权的体现。目前，越来越多的企业意识到参与标准制定的战略意义，它不仅能提高企业的知名度和权威性，使其获得政府的认可，也可以提高其行业地位。

（2）走出去。“浙江制造”走出去需要加快“浙江标准”走出去，“浙江制造”和“浙江标准”协同推进，才能加快提升浙江制造的国际化水平和国际核心竞争力。

（3）强服务。加快关键技术标准研制，制定高于国家标准或国际标准、满足市场和创新需要的“浙江制造”团体标准，发挥团体标准的领跑作用。

2.4 关键要点

桐昆集团在管理创新方面的突出成果，主要表现在探索了一条中国纺织企业践行《中国制造 2025》，实现转型升级的发展路径。以“国内一流、国际先进”为引领，通过“浙江制造标准体系导入与认证”管理实践，实现了企业从传统化纤生产到功能性纤维材料领域和先进制造的转型，增强了企业的内生发展动力和发展后劲，为纺织行业实施创新驱动和转型发展树立了一个标杆。公司推进浙江制造标准体系导入与认证管理实践，提升了企业综合竞争力，实现了良好的经济效益和社会效益，促进了企业的可持续发展。桐昆集团的管理创新模式，对于行业内的其他企业及行业外企业转型发展，具有较强的示范效应和推广价值。

（西安工程大学：郭伟教授、姜铸副教授）

同台共赢　云蝠供应链体系整合创新

——江苏云蝠服饰股份有限公司

摘要　江苏云蝠服饰股份有限公司（以下简称云蝠）基于集服装生产、贸易出口为一体的四十年的发展基础，通过“云蝠式阿米巴”组织和管理体系，针对C端创新柔性化生产，整合云蝠自身产业优势为B端服务，客户、股东、员工、供应商多方共同发展。在全球制造业共同向智能制造发展的时代背景下，云蝠坚持“同台共赢”的经营理念共享，通过各种机制建立共同发展的合作模式，实现与客户共赢、与供方共赢、与员工共赢、与合作伙伴共赢，使云蝠成为传统纺织业的革新代表，形成互利共赢的产业协同发展新格局。

关键词　协同发展；柔性生产组织；独立核算；阿米巴经营

一、案例正文

0. 引言

江苏云蝠服饰股份有限公司（下面简称云蝠）坐落于红豆故里——江苏省江阴市顾山镇。云蝠创立之初仅是江阴顾山镇的一家乡镇服装企业，经过43年的发展，已经发展成为一家专注于国际市场的时尚女装企业。公司业务目前已经覆盖毛衫、针织、梭织全品类。通过实施“两头在外”战略，高度融合全球价值链——即采购、生产在中国，品牌设计营销、仓储物流在美国。云蝠在纽约和洛杉矶现有150多名外籍员工，在国内有1700多名员工。同时，服务于云蝠整个产业链的供应商和生产企业有上百家。在国内外团队的通力合作下，2018年出口数量2721万件、金额1.76亿美元，2019年1～10月完成出口数量2900万件、金额1.81亿美元，已经超过2018年全年指标，2019全年完成出口数量3800万件、金额2.36亿美元，实现增长30%以上。

四十多年来，云蝠相继获得了多项国家、省、市级荣誉，例如：中国纺织行业出口百强企业、十佳外贸企业、第七届全国纺织行业管理创新成果奖、江苏省重点培育和发展的国际知名品牌、江苏省信息化工程试点企业等。

1. 实施背景

作为一家纺织服装传统企业，在立足主业的基础上，云蝠率先转变外贸增长动能，不断提升企业自主创新能力，拓宽国际销售渠道，从容应对市场的跌宕起伏。

云蝠的前身是一家从事服装生产的乡镇企业，随着中国改革开放的深入和外向型经济战略的实施，云蝠实现了从中间贸易公司接二手单——海外事业部自主接单——海外收购品牌多渠道经营的蜕变。如今，云蝠已经以自己的创新发展方式完成了从贴牌生产到品牌、渠道、设计、研发、销售、生产、仓储、物流的全供应链体系贯通。可以说云蝠的发展史就是中国企业海外发展的缩影。

云蝠在近二十年一直致力于深耕美国市场，经营模式的探索上也是快人一步，云蝠较早由批发商模式转向零售商拓展，降低了业务过度集中于少数客户的经营风险；公司很早就实施“两头在外”战略，实现了服装产销一体全产业链，实现了近些年的业绩增长。随着中美贸易摩擦，互联网技术的挑战，劳动力成本上升，小额、快反订单急剧增加等，各种各样的不确定性给云蝠的未来带来了新的挑战。

1.1　客户个性化需求倒逼企业生产组织方式变革

随着消费者个性化需求的提升，客户订单情况发生了明显的变化，主要体现在：下单晚、交期短、批量小、翻单急四个方面。从每款订单几万件、几十万件变为几百、几千件，交期由之前的60天、90天缩短到30天、40天，甚至更短。客户下单的时间越来越延后，甚至需要等到市场测试畅销才会下急单翻单。

云蝠之前是大货组织生产模式，信息流相对平缓，各职能按部就班流转，效率和品质虽然比较稳定，但一旦遇到快单急单的情况，就会突显出应变不灵的问题。一方面，由于快速换款，货流、信息流要求非常快，协同要求非常高，按照之前大货生产的模式，会浪费大量时间在排产计划和换款调整上；另一方面，由于款式多而复杂，对于专业匹配度要求也更高，擅长做裤子的团队去做衣服，效率一定会降低，相应的产出也就很低，这时，效率不再来源于职能分工，而是来源于相互协同。

所以，目前摆在云蝠面前的首要问题是，必须改革优化生产组织以适应市场快速变化需求。

1.2　服装行业激烈竞争倒逼企业提升组织运营效率

云蝠的竞争压力来源于方方面面：同行间的竞争，原材料价格逐年上涨，劳动力成本和管理成本也逐年增加，利润空间越挤越薄。市场多元化，服装原材料涉及纱线、面料、辅料品类繁杂，服装种类工艺差异较大，急需细分供应商及工厂。新产品创新能力弱，难以跟上客户多样化需求。

云蝠要生存下去，必须从经营、供应链、业务各环节去挖掘潜力。激发个人与组织能量，提升组织效率，以应对日渐加剧的市场竞争。

1.3 订单转移使企业海外经营面临新的挑战

云蝠产品100%出口美国，海外市场的经营对于云蝠的意义来说自然是重中之重。在过去的二十多年，云蝠在海外市场依靠价格、成本等优势获得了快速发展。但随着市场环境的逐步改变，尤其是中美贸易摩擦带来极大的不确定性，客户也在重新评估不同采购渠道的风险与机会，批量大、周期长的产品已逐步转移至东南亚等地。而东南亚等地由于产能与技术的原因，没法立即承接的订单才会考虑到给国内企业。因此，如何以同样的价格和成本、更优的品质和更短的交期与国际对手竞争，是云蝠在海外市场经营所面临的新挑战。

2. 云蝠管理创新内涵与主要做法

云蝠“同台共赢”的管理思想源于并超越“阿米巴”管理哲学和实践，即柔性精益产业组织和相应的价值共享机制，并将基于企业内部的阿米巴柔性化组织和价值共享的机制扩大延伸到包括国外和境外供应商和销售商等外部组织。依托时尚产业特性，依靠新技术赋能，把云蝠打造成为一个精益柔性的有共同使命和共同价值观的共享平台，实现客户共赢、与供方共赢、与员工共赢、与合作伙伴共赢，构建新型的云蝠供应链体系。

因此，云蝠提出了以“同台共赢”为核心主题的经营哲学，其实质是依托云蝠产业资源，把云蝠打造成为一个有共同使命、共同价值观的共享平台，基于内部的阿米巴组织和核算使员工、客户、供应商等都能够在这个平台上共享资源、共同协作，通过供应链整合最终实现共同生长。如图1所示。

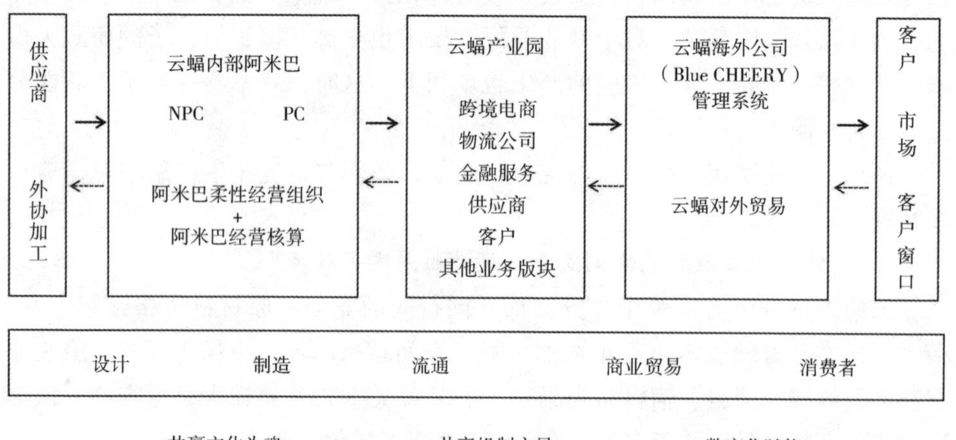

图1 云蝠同台共赢供应链整合创新体系

云蝠“同台共赢”供应链整合管理的创新点主要集中在以下几个方面。

2.1 重构以客户中心的倒三角组织，建立连接客户与供应链的快速通道

当企业达到一定规模，其组织构建的导向往往以职能需要进行，公司部门越设越多，管理成本越来越高，而部门间的扯皮推诿反而越来越多，组织效率越来越低下。

因此，云蝠回归到以价值链为基础，重新设计基元组织架构，从顾客价值需求出发订立部门的目标，进而规划相适应的业务流程。如图2所示。

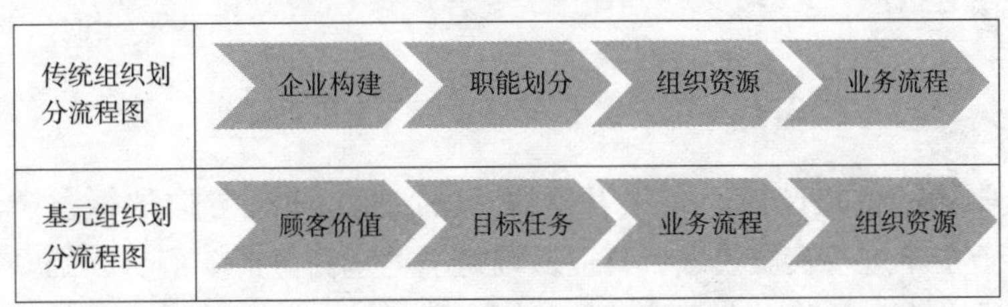

图2 组织划分流程图

公司打破以往按照职能分工的传统组织架构，实施以客户需求为导向的倒三角组织架构（图3）。组织划分为PC与NPC两大类型。PC部门为销售、生产等业务部门，有收入产生；NPC部门是为PC部门提供支持的间接部门，没有收入，而只有费用产生。其中，再把PC部门按照不同客户划分为不同的小部门。目前，公司的美国团队按照不同类别客户进行划分，分成了品牌、折扣、贴牌三大PC部门，国内团队围绕美国品牌、折扣、贴牌三大PC部门，相应划出了14个外贸部门以及支撑外贸的17个生产部门。为业务支撑的NPC部门，如财务、人力资源、网络、法务等部门为一线PC部门提供支持资源。围绕这三大PC部门，共计七大NPC部门，财务、人力资源、产品开发与生产、设计、创意与市场推广、IT、配送为其进行业务支撑。

在这样的调整下，PC部门的业绩来源于客人，NPC部门的业绩来源于PC部门，领导不再是发号施令者，而是业务支持服务者，最终实现全员围绕客户需求的组织体系。

2.2 搭建“同台共赢”的产业资源平台

云蝠坚持实业发展为核心道路，推动资源优势转化为产业优势，集中所有资源为产业搭台、为实业助力，构建“同台共赢”的新型管理组织和经营机制。

2.2.1 搭建产业发展载体

传统的纺织行业要直面充满变数的国内外环境，积极主动从生产主导型企

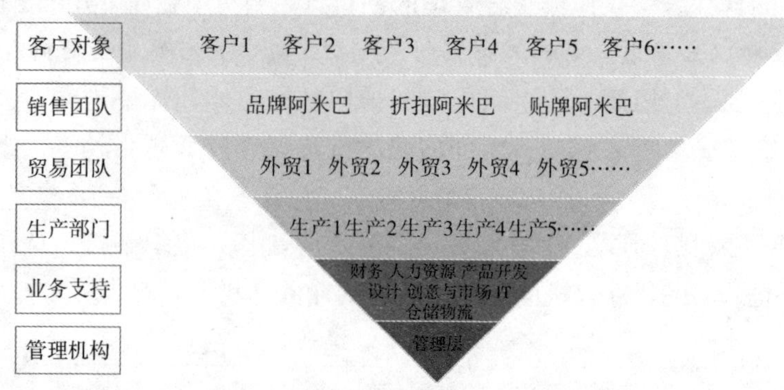

图3 以客户需求为导向的倒三角组织架构

业向创新驱动的科技产业、文化引领的时尚产业、责任导向的绿色产业转变。云蝠以产业资本进行实质投入，打造云蝠跨境电子商务产业园、云蝠众创空间、云蝠海外公共仓，搭建产业发展载体，培育健康的产业生态。

云蝠在无锡、江阴两地设立云蝠众创空间载体，主要招募纺织服装产业链的初创项目入驻空间，整合云蝠产业链资源，提供办公空间、创业辅导、天使投资、资源对接等一系列服务，为小微创新创业项目，特别是与纺织服装相关的创业项目提供低成本、便利化、全要素的综合孵化服务。2017 年，云蝠众创空间获得国家级众创空间备案。

云蝠在江阴顾山镇投入建设总规划 450 亩的云蝠跨境电子商务产业园实体载体。产业园区为入驻项目提供生产基地、仓储物流中心、行政办公与生活配套四大实体空间。产业园区将纺织服装产业链相关项目定位为主要服务对象，提供纺织服装配套资源、智能制造解决方案、金融服务、商务服务、跨境电商综合服务等全方位服务。

云蝠利用在美国自建的海外仓储物流中心，搭建云蝠海外公共仓，旨在为社会服务，解决中小企业“出海”困境，服务于中小企业走出去。云蝠海外仓提供拼柜出海服务，帮助中小企业降低物流成本，同时，根据中小企业要求提供清关、仓储、指定发货、重新包装、贴标、换标、修补等一系列灵活的定制服务，帮助中小企业提升效率。

云蝠众创空间是进行项目前期孵化，而云蝠跨境电子商务产业园为项目发展加速。云蝠通过众创空间、云蝠跨境电商产业园、海外公共仓等载体完成产业项目孵化到发展的全生命周期平台搭建（图4）。

图 4　云蝠众创空间、跨境电商产业园和海外仓

2.2.2　设立产业发展基金

云蝠设立了以纺织服装产业为核心投资对象的服装产业发展基金。该基金聚焦服装产业的全链条，对在服装产业链条中有共同理想、共同理念、愿意共

同发展的伙伴进行投资，其中涉及纺织机械装备、服装原辅料、服装生产、服装销售、纺织设计等服装领域所有相关方。例如，2018 年云蝠产业基金投资了网红主播项目，帮助品牌与渠道的快速推广。同年，云蝠产业基金投资了一体成型先进电脑横机研发项目，目前已经研发成功，实现了一根纱线进去、一件成衣出来的先进技术。

2.2.3 配套供应链金融服务

云蝠自有的金融服务平台是全国优秀小额贷款公司，云蝠自 2015 年起设立供应链金融服务平台，向供应链体系上的所有合作伙伴提供供应链金融服务。一方面，云蝠依托其金融专业优势，帮助合作伙伴梳理对接优质信贷资源。同时，云蝠可以根据供应链相关合作伙伴的不同资质，设计差异化的产品，资质越好的合作伙伴，能享受更大的信贷资金扶持力度，以此激励合作伙伴不断提升。2015 年至今，云蝠自有金融服务平台累计为供应链客户发放贷款 5258 万元，为合作企业提升销售收入超亿元。客户遍布全国多个省市，共计 52 户，涉及服装原辅料供应商、加工单位等，云蝠为服装行业的供应链企业提供更优惠的贷款政策及扶持力度，助力链条当中各类上下游企业紧密结合，通过金融业务整合产业链协同发展。

2.3 通过上下游产业共赢发展实现企业供应链的整合

云蝠在“同台共赢”的思想下，其供应链整合涉及由客户、供应商、制造商组成的网络中的物流、信息流和资金流。既是一个共享平台（所有供应商合作者都是利益相关者），又是有新科技赋能的共创、共担、共享、共赢的服装产业新平台。

2.3.1 以同台共赢思想整合供应链

云蝠作为传统服装企业，在转型升级的过程中不但积极营造自身品牌，更抱着同台共赢的思想整合服装企业上下游供应链，建设开放、共享的基础设施，将产业链整合发展所蕴含的能力和潜力向供应链合作方释放。

未来的服装市场足够庞大，未来的服装市场也注定会透明开放和彼此成就。云蝠“同台共赢”的管理思想，基于企业内部的柔性化组织和价值共享的机制，扩大延伸到包括供应商和销售商等企业外部组织。通过服装行业供应链整合，突显时尚产业特性，依靠新技术赋能，把云蝠打造成为一个精益柔性的、有共同使命和共同价值观的共享平台，达到提高工作效率、提升服务质量、优化产业链的企业目标，实现客户共赢、与供方共赢、与员工共赢、与合作伙伴共赢。

2.3.2 为客户搭建价值共享平台

云蝠应对市场潮流，改变了以往简单的来单生产模式，把销售、设计、打样等组合在一起，围绕以如何为客户提供更好的服务和产品为导向，为客户提供从设计到店铺（D2S）全方位的服务。

为提高设计打样团队的开发能力，第一时间为客户提供符合市场趋势的款式。云蝠在纽约和无锡都设立了展厅和市场窗口，应季开发大量款式供客户参考和选择。云蝠还搜集最新的面料纱线，为顾客采购新型面料和纱线提供一站式服务。云蝠投入3D模拟系统，在实样制作之前，通过系统3D模拟上身效果，客户通过3D模拟效果选择需要进入实样开发的款式。这样，不仅降低了实样的开发成本、往来的物流成本，更为客户缩短了开发周期，提高了效率。

云蝠鼓励各生产设计部门改善工艺、搜寻开发性价比更好的备选可替代原辅料，为客户提供性价比更高的产品。为赢得客户信赖，让客户更好地了解云蝠的经营理念与经营优势，云蝠变被动为主动，不再是等待客户上门验厂，而是向客户不停地宣传，主动邀请客户实地参观考察。

2.3.3　柔性化生产，针对C端创新

云蝠“互联网+制造业”鼓励开展个性化定制、柔性化生产，培育精益求精的工匠精神，增品种、提品质、创品牌；促进制造业升级，实施智能制造。

云蝠通过电商平台的C端技术创新，实现流水线“个性化定制、柔性化生产”。在美国的电商平台525品牌销售中已经实施服装款式、面料色彩纹样、规格尺码的“个性化定制”，完美解决了“小、多、快”（小批量、多品种、快速生产）订单。通过数字化设计、智能化制造，在线定制销售，达到省人力、准交货、去库存的目的。在国内，云蝠通过与阿里巴巴的合作，使客户在网上就能一目了然自己所需的尺寸、Logo、颜色等，精准满足用户需求。功能纤维、智能可穿戴、数字纺织为传统纺织持续创造新增长动力，云蝠坚持保持学习的激情，不断对自己的生产销售系统更新换代。

云蝠与江南大学物联网学院合作开发“纺织服装车间智能制造系统”，融合集成PCS、MES、ERP等服装智能系统，打造纺织服装智能制造系统，助云蝠实现从接单、下单、采购、设计、生产、包装、物流到贸易流通的无缝链接快速反应。

2.3.4　以云蝠自身产业资源优势为B端服务

利用云蝠产业园、跨境电商平台为入驻企业服务，云蝠将“同台共赢”的思想扩展到入驻产业园的企业、产业链上下游服务商。在与产业园入驻企业共享美国海外仓的同时，引进一批外贸综合服务企业、国际物流企业，整合国际邮政及快递公司，第三方专业平台服务和运营公司的入驻，同时配套金融、财

税、保险理财、小额贷款公司等相关金融机构。

在2018年江阴经贸合作洽谈会上，云蝠与顾山镇签署总投资10亿元人民币的云蝠跨境电商产业园项目，正式投入建设跨境电商产业园，建设跨境电商综合服务平台，引进跨境电商企业和跨境电商综合服务企业、完善跨境生态圈，并将“同台共赢”的理念扩展到产业园区。

云蝠电商通过与阿里巴巴合作，完善跨境电商招商和载体平台功能。不仅将云蝠自己的品牌芗菲服饰推向国际市场，更为所有入驻产业园的企业、产业链上下游服务，探索物流网、人工智能、区块链、云计算、大数据助力的综合服务和跨境电商在线交易平台，打破跨境电商的贸易壁垒，云蝠利用自己的资源优势帮助入驻企业将营商环境国际化，使中国企业海外投资便利化。

2.3.5 为供应商搭建资源共享平台

云蝠重新定位了与供应商之间的关系，把供应商定位为同呼吸共命运、共同发展的合作伙伴。为此，建立了一套与供应商等合作伙伴共享优质资源、共同发展的体系。

共享公司的经营理念、传递企业文化，展示长期可持续共同发展的愿景。云蝠定期邀请供应商的管理层参加公司的企业文化培训，统一共识和理念。为供应商的管理层定期组织引进优质的管理培训课程，帮助供应商提升管理能力。还派出优秀的员工辅导供应商提升生产管理水平。

云蝠引进先进技术建立样板工厂作为试验田，研究工艺改进、效率提升、品质提升，让供应商无偿共享。

对于有意愿发展的供应商，经过考察，云蝠提供非常灵活的资源进行扶持。有能力但缺资本投入的，云蝠就帮助其投入资金买设备，用后期的产出进行偿还；有资本但缺经验技术的，云蝠派出优秀员工进行全程跟踪辅导。

2.4 积极应用数字化和信息化技术整合供应链

当前，信息化已全域渗透进纺织行业，为了积极应对信息化带来的新挑战和机遇，云蝠做出了一系列信息化T2BTC架构设计。云蝠的供应链整合涉及销售、设计、打样、仓储、物流、生产、采购多个环节。从美国各州的批发零售商到分布大江南北的几百家国内供应商。为了提高生产效率、降低损耗，云蝠搭建了以共享财务中心与以产品生命周期（PLM）为核心的一体化信息平台。

2.4.1 共享财务中心建设

云蝠以用友NC财务系统为核心搭建共享财务中心。云蝠将整个集团公司的会计科目、核算规则等都进行了标准化，不论是服饰、房产还是金融等行业，不论是国内还是国外各区域的子公司，所有科目都进行统一编码管理和统一核算规则。

云蝠于2017年正式引入用友NC财务系统服务于集团财务中心，将集团财务分为服饰、

房产、金融、红酒、产业园等板块，支持整个集团（包括各子公司、各部门）从销售计划→生产计划→采购计划→费用计划→投资计划→资金计划→损益计划→资产负债计划的全面预算控制。

云蝠财务中心以财务管控为核心，数据完全集中，可以实时查询，便于集团业务的事前管控。实时透视下属单位的财务状况和经营成果，利用财务监控模型，强化集团的战略决策和资源配置的功能。也因为采用了财务集中处理模式，不需要每个公司配备各类财务，减少了财务人员，节约了人力成本。

2.4.2　以产品生命周期为核心的一体化平台建设

2014年起，云蝠从美国分销售公司引进了BLUE CHERRY系统作为业务管理支持的核心平台。以PLM（产品全生命周期管理）打通销售、设计、打样、物流、仓储、计划、生产、采购等各环节。PLM是一种理念，即对产品从创建到使用，到最终报废等全生命周期的产品数据信息进行管理的理念。云蝠将PLM主要运用在外贸业务订单上，实现云蝠研发部门、外贸部门、设计部门等各相关部门，甚至公司间对订单数据的协同。从服装的款式、工艺、原料等开发到生产、设计、打样，同时逐步就各BLUE CHERRY中的各业务模块与财务核算系统开通对接，业务与财务数据能够实现实时交换，实现了业务端产生数据财务系统自动进行账务处理，确保了数据的准确性、及时性，提升了运营业务效率。

2.4.3　精益柔性管理系统的建立

通过智能感知系统，串联样品管理、原辅料仓库、自动裁剪、单位吊挂生产线、自动包装、高位智能仓等环节，云蝠建立精益柔性管理系统。使制造过程的数控化率达到80%以上。车间智能制造系统是服装制造行业生产管理的重要工具，帮助企业完成基础信息、面料仓库管理、辅料仓库管理、裁床管理、裁片超市、吊挂系统、后道管理、成品仓管理、样衣管理、销售订单管理、采购管理、IE管理、APS排产管理（生产综合调度）、质量管理、报表中心、财务接口、机修管理、人事管理、OA办公系统等工作。

云蝠与江南大学物联网学院签订合作协议，由学院为云蝠提供“服装车间智能制造系统”软件，基于oracle数据库及.NET框架的B/S模式的web系统平台。形成完善的工艺与生产数据平台、建立完整的产品生命周期管理体系，实现产品研发、工艺设计、制造生产的数字化，以及“集中采购、智能生产、降低成本、规范流程、盘活库存、实时跟踪”的生产运营信息化目标。

2.5 “同台共赢”企业文化是供应链整合新引擎

以“同台共赢”为核心思想的经营理念在企业文化建设中的传承和发展，不仅实现了提高工作效率和提升服务质量的企业目标，而且也是供应链整合的新引擎。

2.5.1 “同台共赢”经营理念在企业的传承和发展

为了应对新的市场挑战，满足企业传承发展的需求。云蝠以长期可持续发展为导向，梳理出了更清晰的公司经营哲学与实学的体系，正确的企业价值观，探索可持续发展的动力源泉与方法论，为云蝠传承发展打造新的引擎。

云蝠本着追求全体员工物质和精神两方面最大幸福的企业宗旨，在实践中学习并分享稻盛哲学的经营理念与经营管理原则，注重企业“家文化”的建设，倡导内部利益共享。通过“六项精进”培训、员工家庭日活动等方式加强员工黏性，宣扬企业文化，提升员工归属感与幸福感。2019 年，云蝠总部、无锡分公司、美国分公司组织板块专业培训、巴长基础管理能力提升培训、通用类培训共计 41 场，1070 人次，树立客户、目标、员工、和家族四个关键价值观，举办家庭日、拓展活动，调动员工的积极性，内部利益共享，推进并带领云蝠走向更长久稳定的成功之路（图 5）。

图 5　云蝠为员工提供的培训和活动

云蝠总结出了属于自己的经营哲学即企业使命：追求员工物质与精神两方面最大幸福的同时，向客户提供更高水平的服务，推动人类社会进步，为美好生活努力奋斗。企业使命主要是明确了云蝠传承发展的意义，实质是追求员工的幸福、客户的价值、产业生态的进步。而“幸福”与“进步”具体的诠释就是员工生活的改善与生命的价值体现、是更高水平的服务带给客户超出预期的体验、是产业协同共享生态的构建。

2.5.2　升华共享哲学转换员工角色

云蝠早在1997年就开拓美国市场，先在洛杉矶成立合资公司，2001年移至纽约，2004年建立自营品牌，业务量从起初的百万美元到目前已达到3亿美元目标，在美国的员工数量也规划至200人。在文化差异、地域差异、语言障碍等种种问题下，如何推行公司经营理念，是摆在企业面前的一个课题。

云蝠美国分公司同国内公司一样推行阿米巴晨会分享活动，督促外籍员工学习、理解云蝠经营共享哲学。起初，大部分外籍员工完全不理解共享哲学，经过公司管理层以身作则、身体力行的感召，以及企业文化及培训的不断深入，外籍员工逐渐转变了原有态度，认真学习云蝠的经营哲学并主动将之运用在工作生活中，积极参与并主动分享，实现了公司统一经营哲学的初步目标（图6）。

图6　云蝠美国分公司的阿米巴晨会分享活动

在供应链整合过程是共享哲学的外延，云蝠内部的阿米巴经营组织和理念是基础：柔性化创新组织，独立核算机制，共享机制体系，实现全体员工参与经营，提倡人人为公司创造价值、个个为客人提供自己的服务，并共享云蝠利益。以云蝠家文化思想倡导主动方式工作，并通过选拔培养储备干部，使每个云蝠人都能深入融合公司的决策管理，分享企业发展利益，真正从思维和行动上成为云蝠不可缺少的一员。老板为员工搭建一个有钱能赚、有事业能干，展现员工才能、发挥自我价值的舞台，让员工从“经营的旁观者”转变成“经营的参与者”。

2.5.3 “同台共赢”为增强企业核心竞争力提供动力

云蝠借鉴稻盛和夫以及海尔人单合一的经营理念，以客户为中心重新划分组织形式，激发员工积极性、培养员工经营意识，把员工培养成决策者、执行者、合伙经营者。云蝠重视公司的人才储备及人文建设。公司在“同台共赢”的实施下，逐步培养出了更多合格的经营者，在未来的1～2年，每个核心岗位要培养出3名以上的接班人，完成云蝠发展的人才储备。同时，每一个部门都是一个自主经营体，其管理哲学及理念能有效强化凝聚力，促进企业文化的升华，进而改变公司内外营商氛围。这也对未来公司不断通过企业管理创新、体制创新和技术创新，进一步增强企业核心竞争力提供动力。

3. 实施效果

以“同台共赢、智造未来”为指导理念的创新管理模式的实践，成为云蝠创新发展的推动力。“同台共赢、智造未来”这一理念打破了云蝠内部的东西方文化差异，在云蝠美国团队也得到了广泛认可。在云蝠各板块、各环节产生影响，在效率、效益和员工的士气与格局的提升上均已初见成效。

3.1 企业发展活力和经营机制明显改善

云蝠致力于打造云蝠对内凝聚人心、对外汇聚力量的“同台共赢”理念、组织和机制，全面激发活力。在管理模式革新后，在三角组织框架之下，管理团队以帮助部门更好地开展、拓展业务为核心，在问题解决上第一时间决策，在业务审批中确保当日事当日毕，极大地提升了业务流程效率。以财务部门为例，财务的账务处理已经在业务完成的同时实现同步处理，财务结算报表从每月10号提前到每月1号即可完成。财务的及时性和准确性都大幅提升。

云蝠已经能够通过电商平台的C端进行技术创新，实现流水线“个性化定制、柔性化生产”。云蝠在美国的电商平台525品牌销售中已经实施“个性化定制”，服装的样式、图案、大小都可以为客户定制，完美解决了“小、多、快”（小批量、多品种、快速生产）订单。通过数字化设计、智能化制造电商平台，做到了节省用工，减少库存，精准营销，提质增效。

云蝠跳出传统管理模式的束缚，坚持产学研结合。云蝠与江南大学物联网学院合作开发“纺织服装车间智能制造系统”，打造融合PCS、MES、ERP的服装智能生产集成系统作为云蝠纺织服装车间智能制造系统（该项目已申报江苏省产业前瞻计划关键核心项目）预期提高市场占有率约20%，新增产能2000多万元，新增利税200多万元。帮助云蝠实现采购从下单、到平台接单、设计方案、工厂生产、包装、物流运输集约化和快速反应。

3.2　企业经营管理效率和效益明显提升

在阿米巴核算、PLM全周期管理以及柔性生产的结合尝试下，公司2018年度平均交期缩短了30%以上。

以业务团队为例，在以客户为中心划分之后，设计师直接与销售一起对接客户，以客户需求为导向，设计打样选中率从之前的12%提升到34%，这在降低公司设计打样成本的同时给客户提供了更多匹配的产品（图7）。

designer	production	total	Absolute Adoption Rate
DRITAJ	687	1053	65%
ANDREA	567	1014	56%
CRISTINAH	297	1152	26%
JAOQUELINE	255	612	42%
KASSIEF	201	876	23%
LORNNIE	198	516	38%
LIKIW	177	621	29%
KARENN	168	456	37%
RENATAO	96	582	16%
LUBA	87	588	15%
KERAN	57	480	12%
EMMAK	30	81	37%
ANTONELLAF	30	48	63%
AMEIRAE	18	39	46%
N.A.	9	12	75%
ANA	3	9	33%
ALII	0	3	0
MIDORI	0	354	0
Grand Total	2880	8496	34%

图7　设计师自主设计采用率表

云蝠关注如何给客户提供性价比更高的产品。根据客户的价位水平，从原料、做工和工艺统筹优化，在确保产品款式与质量的同时，帮助客户降低采购成本。每千克50元以下的纱线使用率从2017年的37%提升到2018年的75%（图8）。

3.3　产业联动和集聚效应明显

2018年，云蝠供应链金融累计提供资金4500万，帮助供应商解决了资金周转问题。云蝠选择了2家有一定资源与能力、但缺乏资金实力发展的工厂帮助其扩大产能，由云蝠出资投入设备，以后期订单收入结算，目前已经实现年产200万件的产能。云蝠建立紧密型、半紧密型和非紧密型的工厂梯队储备，共培养了35家紧密型工厂，消化了53%的订单。

通过柔性生产概念的引入，对设备进行更新和引进，生产流程进行优化，

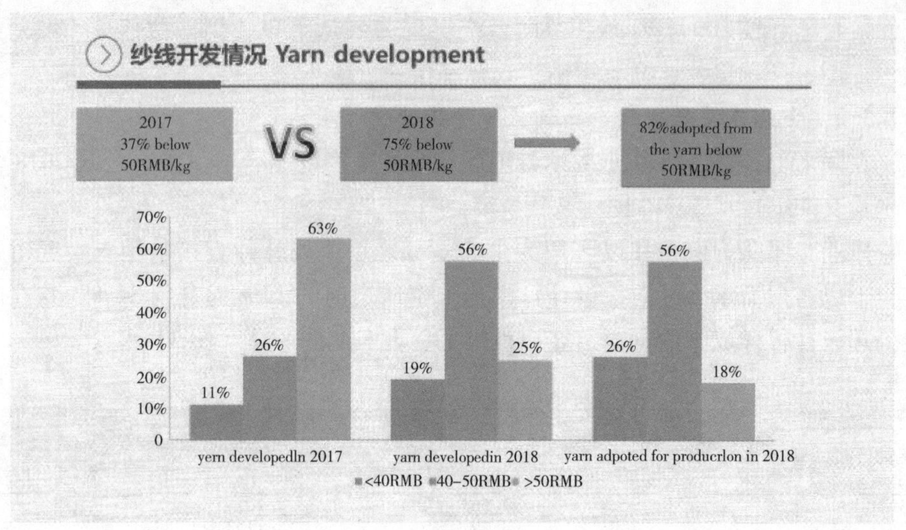

图 8　纱线开发情况

在员工人数未增加的情况下，产能提升了 80% 以上，解决了很多小单、难单和急单。结合云蝠柔性生产实践，通过对紧密型工厂的培训，外发工厂质量一次性通过率提高至 87%，比上年度提升 14%，延期比例比上年度下降 10%，空运费比上年度下降 93%。2019 年公司实现全年 30% 的订单量增长。

在产业集聚方面，作为产业发展的空间载体，云蝠跨境电商产业园在短短的半年时间内，已经吸引了一体成型电脑横机研发、针织纬编机研发、高端人造毛皮面料开发、花色纱线研发等一批优质项目入驻。其中，一体成型电脑横机项目已经帮助云蝠在美国市场开发出新的产品系列并建成样板工厂；人造毛皮面料解决了企业的短板和市场空缺，已经实现首批 26 万米订单；花色纱线研发团队与云蝠紧密合作，以更短的开发周期、更优的成本要素，整体提升了云蝠开发团队的竞争力。云蝠跨境电商产业园在短短的半年多时间已经在服装产业集聚方向初具雏形。未来，云蝠的产业生态圈将进一步发展壮大，实现云蝠与产业共发展的伟大梦想。

二、案例分析思路与逻辑

1. 启发思考题一

1.1　问题

云蝠的创新管理模式是基于稻盛和夫阿米巴经营理念和管理模式，为什么阿米巴组织和阿米巴核算是云蝠创新实践的两个核心?

1.2　**分析思路**

云蝠管理创新的核心内容是基于柔性经营组织和共享企业利益核算体系，调动组织效率和员工积极性从而顺应外部环境，产业竞争和市场需求的转化变化。这是对新时代下阿米巴经营从理念与实践上的创新深化。

1.3　**理论依据及分析**

阿米巴的经营理念和管理模式是1964年由稻盛和夫独创的。面临当时创新浪潮和现存的组织架构的转化以及创新人才的诉求与利益冲突的冲突与矛盾，京瓷集团提出了阿米巴经营模式。阿米巴核心理念是:

(1) 柔性的小型的创新组织顺应市场需求和供给两端的动态聚化和快速反应的需要以适应产品创新。

(2) 经营组织的柔性化小型化和协同化必须与利益共享，收支均衡相一致。云蝠管理创新背景是集团从传统服装企业发展成集服装生产、贸易出口为一体的“两头在外”的企业，企业包括制造加工，销售设计，仓储物流，批发零售，外贸出口各类经营活动，这使得从传统服装生产企业的经营组织很不适应，制约了云蝠的转型升级。

云蝠管理创新的背景之二是世界纺织产业的冲击，中美贸易之争，新技术革命挑战，劳动力成本上升，传统行业工人就职愿望下降，员工积极性下降，消费市场多样化、个性化、小单、快单、急单急剧增加，这更要求经营组织的柔软化，小型化和经营组织间的利益共享。

1.4　**关键要点**

(1) 以订单模式变化驱动组织变革，以客户为中心划分组织形式，以（客户）价值链为导向构建组织，每个阿米巴（无论NPC或PC部门）必须明确服务的客户和提高客户的价值，并以此为依据建立阿米巴组织，设定工作标准与评价指标。

(2) 以“销售最大化费用最小化”为经营导向，以收入、费用、附加值、劳动时间、单位时间附加值为核算要素，让员工参与不断优化管理，在新的平台上共创共享企业和各组织的成就与绩效。

2. 启发思考题二

2.1　**问题**

既然云蝠管理创新是基于稻盛和夫的阿米巴经营模式，而这种模式早已为很多企业应用，那么云蝠模式创新点是什么?对纺织服装企业有何启发和借鉴意义?

2.2 分析思路

虽然云蝠模式基于阿米巴经营模式，但云蝠模式是在不同环境下应用并创新，实现了超越：

（1）区别于第三次产业革命的精益管理的理论与实际，当今正处于新产业革命场景。

（2）结合纺织服装行业的特点应用于商贸工一体的服装企业。

（3）将企业内部的阿米巴柔性组织和共享理念和实践经验推广到企业外部的组织平台的建设。

2.3 理论依据及分析

产业革命是由生产方式革命引致的生产关系和社会关系的革命。

发展困境导致的技术创新是促进产业组织（包括经营组织变革，乃至利益分配关系）变革的驱动力，反过来，组织创新会极大释放生产力，使企业上升到新台阶。

（1）20世纪中期的产业革命促生工业3.0的模式，即精益管理模式，阿米巴是精益管理在京瓷企业和新兴行业的体现和创新（比如利益共享的思路是对精益管理的补充与共享），云蝠模式体现在新产业革命中，在新科技支持下经营组织的变革特征，如人单合一创新组织，开始融入先进的思想，即不仅是“同台共赢”，还有“智造未来”。

（2）云蝠虽是纺织服装行业，但已不是传统的纺织服装制造业，其经营涉及范围与内容复杂得多，因此经营组织及其绩效评价也要困难得多，而且纺织服装行业本质上是“买家驱动”的价值链，因此基于客户及客户价值的经营组织是云蝠的一大创新亮点。

（3）随着云蝠集团在经营范围与内容的扩展，云蝠的协同创新经营组织的变革不仅局限于企业内部，而且共赢共享的理念与实践也扩展到企业外部的供给，并在新科技的支持下创建更大的平台，展现出管理创新的活力与前景。

2.4 关键要点

云蝠经营模式的实践成就和未来愿景实现取决于：

（1）认识产业革命对管理模式变革的影响和发展趋势，特别是正在发生的新产业革命推进了平台型和共享型模式平台型和共享型模式的发展需要。

（2）敏锐把握新科技革命，特别是物联网、人工智能、区块链、云计算、大数据（iABCD）等对经营组织和集团平台构建的创新变革。

（东华大学：顾庆良教授、刘蕴莹副教授）

传统丝绸企业基于文化与科技双轮驱动的转型升级管理

——万事利集团有限公司

提要　万事利集团有限公司（简称万事利）依托多年的科技积累与文化积淀，软硬实力融合驱动，依次实现了质量导向、品牌化、多元化、国际化与生态网络一体化战略，开辟企业转型升级“新丝路”。结合国家“一带一路”倡议，企业树立高端化发展转型升级的目标，优化组织架构，高度重视企业知识管理，强化技术改造与创新，融入丝绸传统的非遗技术；同时构建独特的企业文化体系，挖掘丝绸文化，实现文化保障，双轮驱动，实现消费者差异化需求的品牌延伸，超越客户的期望价值，打造高度忠诚的具有行业竞争力的客户关系。公司进行“丝绸传统产业 + 文化创意 + 高科技 = 丝绸新兴产业”的转型升级，肩负“让世界爱上中国丝绸”的伟大使命，开启国际视域，实现个性化定制，确保丝绸产品品质，实现自身赢利发展，担负社会责任。

关键词　文化营销；产品创新；品牌战略；科技管理

一、案例正文

0. 引言

2019 年 2 月，新年刚过，带着期盼，万事利以新春学习会开启了新的航程。董事长屠红燕在新春学习会上特别强调：“面对经济寒冬，万事利人要始终保持危机意识，要始终运用变革思维来全力创造属于我们自己的幸福未来。”对此，屠红燕董事长要求全体万事利人在 2019 年重点提升三种能力，即经营管理能力、学习能力、团队运营能力，她同时鼓励大家要做一个努力奔跑的追梦人，因为只有奋斗的人生才称得上幸福的人生。

1. 万事利发展之路

1.1　计划经济年代社办企业的生存倒逼式创新（1975—1995 年）

万事利的前身笕桥绸厂创立于计划经济年代，社办企业面临无原料、无技术、无市场的“三无”环境，生存倒逼式创新成为万事利创新初期的真实写照。从跑遍国有丝绸厂挑拣旧设备、聘请国营退休技术骨干拼凑建厂，到运用丝绸产品技术、市场知识突破资源束缚，再到打破规则制度、申请外汇引进喷水织机等国外先进设备，万事利从建厂到20世纪初，逐步发展成为一家集“染丝—色织—印染—服装”为一体的综合企业。设备的更新和技术进步，使得万事利凭借过硬的质量、差异化的产品迅速获得了市场认可，为企业不断发展壮大打开了一扇又一扇窗。

1.2 白热化市场竞争格局下的万事利文创转型（1995—2010年）

90年代，我国丝绸行业经历了一个由高速发展到迅速滑坡的阶段。世界丝绸业竞争加剧，其他纤维材料的冲击、生产设备技术的落后让大批丝绸企业接连倒闭，企业转型迫在眉睫。万事利以丝绸为事业，以价值创造为目标，以文化为魂，以开辟蓝海为抓手，开启了从产品制造到文化创造的战略转型创新探索。该阶段的创新更强调从0到1，而不是从0到N，其精髓在于“敢为天下先”，做“第一个吃螃蟹的人”。通过深入挖掘丝绸文化内涵，开发丝绸文创产品，充分发扬千年丝绸作为新时代“国家形象”的深厚积淀，万事利紧抓研发和市场两端高附加值区块，成为中国丝绸行业唯一的“赴美大使”，2000年，用华美的丝绸礼服演绎《黄河之梦》大秀，由此，开启了北京APEC、北京奥运会、上海世博会等国际盛会上的“万事利现象”的全新篇章。

1.3 技术文化两手抓开启万事利的国际化之路（2011—2018年）

中国丝绸企业长期处于全球价值链低端，虽贡献了全世界90%的蚕茧和70%的生丝，但丝绸工业总产值远不如法国等欧洲国家，一条国际品牌价格上千元的丝织品背后，中国企业只赚取到低廉的加工费。中国丝绸的尴尬境遇让万事利感到深深的无力。随着国家综合实力的不断加强，以丝绸为开端扭转“中国制造”给人的低廉印象，切入丝绸产品价值链的高增值环节，从而提高中国丝绸企业在国际分工中的地位，成为万事利在这一阶段的重要发展方向。依托30多年来积淀的企业核心能力“文化挖掘”和“技术研发”，万事利凭借收购法国百年丝绸企业、聘请国际一线奢侈品牌高管等重要举措，逐渐向产业链条顶端靠拢的同时，将目光直接瞄准国际市场话语权的争夺。2018年8月，随着万事利与国际一线奢侈品牌LVMH集团达成重要合作伙伴关系，以万事利为代表的中国高端时尚品牌又开启了借力国际顶尖奢侈品集团深度融入国际的历史性跨越。新时代下，万事利的国际化之路正在越走越宽。

2. 万事利面临的形势

2.1 产业形势分析

丝绸产业是我国的传统优势产业，更是我国的文化产业。中国丝绸源远流长，作为世界丝绸市场最大的生产和供应国，我国的生丝和绸缎的生产量分别占世界产量的70%和45%，出口量分别占世界贸易总量的80%和60%，丝绸服装和丝针织产品产量也居世界前列，丝绸业是我国入世后可以主导世界市场的少数几个传统优势产业之一。但是，目前我国还仅是“丝绸大国”而非“丝绸强国”，我国丝绸业至今仍未摆脱以量的扩张为主要特征的粗放型增长方式，产品质量、生产技术和发达国家相比，还有相当大的距离；同时，还面临着其他发展中国家丝绸业的崛起、其他纤维产品高性能和廉价性的市场竞争、国际贸易摩擦加剧等诸多的压力。因此，加快实现从量的扩张向质的提高转变，提高产品品质，进一步增加产品附加值，实现规模化生产、产业化经营，提高我国丝绸产业国际水平变得非常迫切。

近几年来，世界经济格局的巨大变化，全球经济危机导致全球经济发展的持续下滑，中国丝绸业赖以生存的对外生丝出口规模和数量急剧萎缩，而与此同时，在欧美大国的极力扶持下，巴西、印度、泰国、越南等发展中国家在对外生丝出口规模上迅速壮大，已经形成一种咄咄逼人之势，与中国竞争全球生丝出口的市场份额。中国保持多年的丝生产和出口大国的统治地位已经受到了严重的威胁，巨大的变化形式已经迫使国内丝绸企业必须转变思想，放弃过去那种低级原始的生丝原料生产和初级加工模式，积极发展本土丝绸品牌，扩大内需，走出一条自主经营的高端丝绸品牌发展道路，真正做到从“丝绸大国”到“丝绸强国”的升级。产业升级是我国丝绸行业适应激烈的国际竞争的必然要求，也是丝绸行业转变经济增长方式的必然趋势。

丝绸产业链是一个完整的体系，创立和发展丝绸品牌也同样是一个整体的系统工程，从品牌定位、市场调研、趋势提案、原料选择、面料织造、印花染色、产品设计、整理加工、品牌推广、店面陈列、营销策划、上市销售、信息回馈……，每个环节都是环环相扣的，如果只是片面地重视部分环节，最后发展的结果只能是导致品牌的综合档次和整体形象的下降，最终的产品只能以低层次、低价格面相市场销售，很难做到产品的高端化，更不用说成为顶级的奢侈品牌。细节决定成败，国内丝绸品牌经营的最大误区也就在于此，许多企业只是忙着做产品而忽视了品牌的整体包装推广和全方位品牌设计运作的重要性，最终结局也只能是逐渐被市场淘汰。

2.2 行业趋势分析

随着我国丝绸产业的快速发展，需求多样化、个性化、时尚化成为主流，推动了消费增长和消费结构的升级。目前我国每年生产丝绸制品有70%是用于对外出口的，平均每年向全球出口的生丝总量占到世界丝绸市场的近2/3，是不折不扣的“丝绸大国”。虽然中国丝绸的产值巨大，为世界丝绸产业链的建立树立了强大牢固的“地基”，但是中国的丝绸行业却一直处于全球丝绸产业“金字塔”的最底层，长期扮演着全球丝绸原料生产者和供货者，是世界丝绸行业最大的“贴牌加工工厂”。随着中国整体经济发展形势的转变，原有的粗放型丝绸产业已经渐渐不适应于当今的工业发展，丝绸品牌的竞争力已经成为各丝绸企业经济实力和国际竞争力的重心。想要在这种竞争的市场环境中获得优势，必须依赖于各种品牌战略组合的实施。

从技术实力看，日本、巴西等国家的自动缫丝机占到八成以上，而我国的自动缫丝机却仅占到一半。放眼欧洲国家，意大利已经有九成以上的工厂使用无梭织机，而我国仅有一成。我国生产加工的技术领域，落后的印染后整理技术和水平不仅严重地影响我国丝绸产品的品质，更使得丝绸成品的利润空间和附加值大幅度减小。

从国内看，《中国制造 2025》和“互联网 +”的实施，将促进智能制造和丝绸传统文化的深度融合，引发丝绸工业的颠覆性变革，推动传统的生产方式由大规模制造向个性化批量生产转型，中国“一带一路”倡议和“绿色制造”战略的提出和推进，大大改变了传统以牺牲环境为代价的粗放式发展模式，在全球资源环境压力日益突出的情况下，生产并提供绿色环保的丝绸产品已成为国际潮流和趋势，迫切要求我国丝绸行业加快推进产品绿色设计研发，开发、制造符合国际市场需求的绿色丝绸产品。积极发展本土丝绸品牌，扩大内需，走出一条自主经营的高端丝绸品牌发展道路，真正做到从“丝绸大国”到“丝绸强国”的升级。越来越多具有高附加值的丝绸文化产品逐渐取代原有的单一服饰性能产品，被大众所青睐，新型的数码印花技术也将更多地应用于生产中，丝绸质地的围巾、旗袍、书、邮票册、艺术画等越来越被市场接受，已纳入中国丝绸文化的一部分。市场需求巨大，前景广阔。

3. 万事利创新升级的新动力

3.1 文化成为万事利拓展丝绸产业的制胜秘诀

3.1.1 深入挖掘丝绸文化

文化产品的开发靠文化与价值观的挖掘，这是传统产品生命再生的基础。万事利将丝绸文化作为提升丝绸产品附加值的核心内容。通过研究和深挖丝绸传统文化，从经典悠久的丝绸传统技艺及文化中进行挖掘复兴。在转型初期，万事利通过水平营销创新挖掘丝绸产品的文化功能，使之与原来的产品相比“形似而神不似”，再将中国传统文化加载到传统产品中，使之成为中国独特的文化礼品。为了挖掘和创新丝绸文化，万事利建立了万事利丝绸文化博物馆、万事利丝绸工业博物馆、杭州丝绸织造馆，并免费对外开放，展示包括近千件近代、当代丝绸藏品，开放4D丝绸演绎厅，由专业的讲师讲解丝绸的发展历史，同时收录展示多位丝绸非遗技艺传承人的缂丝、天鹅绒、刺绣等丝绸工艺美术作品。在展馆不定期举办丝绸亲子游、丝绸文化大课堂、丝绸天鹅绒手工课等一系列活动，开拓丝绸文化传播的新渠道。同时，万事利在丝绸文化的研究和探索上也不遗余力。万事利丝绸文化董事长李建华两次登上《百家讲坛》，传播弘扬丝绸文化，并倾心打造国内首档丝绸文化电视专栏《字说丝绸》及丝绸文化纪录片《丝行天下》，出版了《字说丝绸》《话说丝绸》《千丝成锦》《神州丝路行》等丝绸文化系列丛书。为了让丝绸从艺术走向生活，万事利还单独开辟出一个业务单元，专门做丝绸艺术品，与各艺术院校合作，与宋锦、缂丝、云锦等非遗传承人签约，共同挖掘丝绸的艺术价值。

3.1.2 新型产品跨界融合文化创新

万事利在丝绸文化产品的设计推广中意识到，单一的丝绸礼品不足以吸引消费者。在一次与中国台湾法蓝瓷的交流过程中，万事利首次将丝绸产品与台湾法蓝瓷进行了跨界融合开发，以旗袍为主题元素，创新设计了“圆襟风华”套装产品，获得市场的极大反响，开启了万事利丝绸产品文化资源与其他产业的跨界融合发展之路。

在接下来的几年，万事利积极寻求产业合作伙伴，打破行业界限，用创新的产品组合或文化融合来吸引消费者，用移动互联思维共同探索全新的商业模式。而这样的思路，也成为万事利未来重要的发展方向。丝绸与瓷器相结合的“夫人礼”，与吴酒混搭的“丝语醉江南”……万事利跨界联动所带来的新兴产品成功引发又一轮的丝绸热潮，万事利先后与中国石油、中国邮政、中国黄金等结成战略联盟，联合开发具有地域特色、民族风情、文化品位的旅游商品和纪念品。开启产业融合新模式，研发新产品组合达1200个。万事利品牌转型升级的联动效应有效地带动旅游、服务、设计等多个行业领域跨界融合。文化，成为万事利与其他产业携手同行的坚强纽带。

3.1.3 多产业联动突破产业禁锢

丝绸产业使得万事利丝绸文化的应用具有一定局限性。“跳出丝绸做丝绸”，万事利在产品的开发过程中发现丝绸可以应用到消费者生活中的不同领域。将丝绸作为材料而非单一的纺织面料，应用到丝绸家纺、丝绸家装、丝绸美妆、丝绸艺术、丝绸大健康等多个产业领域，研发出了数百种新产品，引领顾客对于丝绸产品消费新理念，将丝绸的定位不断拔高。

丝绸产品跨产业的创举使得丝绸这一传统产业打入了新兴高端市场，丝绸墙纸、丝绸仿古画、蚕丝面膜……多个新型产品的研发让丝绸的应用面不断拓展，突破了长久以来传统产业所带来的禁锢。各类新的产品生产技艺、设计工艺、传统技艺不断地进行融合再创造，被万事利应用于不用产业，以此改变万事利固有的销售管理体系，降低企业产品对于市场依赖的风险系数。

3.1.4 文化保障助力企业转型升级

（1）战略重视：万事利将自己定义为文化创新企业，通过发布企业文化宪章、企业员工文化手册等，从上至下，宣贯企业的丝绸文化。历时一年完成的《万事利企业宪章》，全文逾万字，是万事利根据新形势下企业战略规划制订出的共同纲领和行为准则，提炼了万事利企业文化的内核，提升了企业员工对于丝绸文化的使命感与责任感。

（2）实施落地：万事利建立了浙江省丝绸文化研究会，研究会秉承传承中华丝绸文明、发展丝绸文化的社会责任和宗旨，着手丝绸历史的调查研究和丝绸艺术的研究，举办丝绸文化论坛和学术研讨活动，积极探索、创新丝绸与现代文明的高端接力，开展丝绸文化遗产的保护工作。为万事利的丝绸文化研究提供了有效助力。

（3）举措保障：在丝绸文化的挖掘上，万事利对于企业内部部门进行了产业的工作细分。使得产品在文化的探索和应用上更加精准。经营单元也定期召开内部的文化交流和指导会议。确保了文化产品在开发和应用上能够紧跟产业步伐。

3.2 科技创新为企业可持续发展提供有效保障

3.2.1 数码印花技术引领智能制造产业创新

传统丝绸印花工艺有着流程长、技术难度高、耗能耗电、废水多等诸多问题。而新型数码印花技术的出现让万事利看到了未来生产制造的发展方向，可以弥补丝绸传统印花的不足和缺陷。在十几年前，数码印花的价格成本让很多企业望而却步，而万事利瞄准了这一契机，看准了数码印花低污染、低消耗、高附加值、柔性化的生产特点。2005 年，万事利决心摒弃传统的丝绸印染，全力研发数码印花技术。

经过大量深入的研究，公司技术人员从分色技术的改进、喷印参数的调整以及墨水的筛选入手，终于解决了数码色彩仿真这一重大技术难题，并配合其他一系列工艺技术的改进和提高，使得数码印花大规模个性化定制形成产业化。

在数码印花技术的应用上，万事利拥有多项独家技术。

（1）数码印花色彩管理系统：通过用精准数字化替代人工经验调色，该技术实现了电脑 RGB 颜色标准与打印 CMYK 模式的无障碍转换，把屏幕上的显示颜色与实际在织物上打印出来的颜色相似度提升至95%以上，确保了印品的稳定性和高质量。实现了“所见即所得”的数码印花效果。

（2）智能花型设计系统：该系统是由万事利丝绸科技有限公司联合浙江理工大学服装设计学院共同开发的数字化图形自动生成系统。技术利用非线性图形在某一区间既变化无穷又风格相似的特点，运用非线性动力系统数学模型的数学变换研究新型非线性图形的生成规律，通过计算机编程开发的非线性图形专用软件。设计师只需简单输入参数就能生成具有一定规律的花型！而这些花型可直接用于印花生产或者经设计师二次创作后用于生产，可以大大缩短设计周期、降低设计成本、提高打样效率。

（3）双面数码印花 IART 技术：该技术能轻松让丝巾的正反两面出现同花同色或者同花异色，融入了大数据、云计算等智能化手段，高效解决了业界普遍存在的色彩正反面透色不均匀问题，有效克服了手绘等复杂图案无法精细呈现在面料上的技术难关，使产品花型得到更为个性化、多样化的高品质呈现。

3.2.2 生态绿色技术构建全生命周期 LCA 平台

万事利一直致力于搭建数码印花生态绿色产业链，提升丝绸行业绿色化生态发展。通过对外部供应链（主要是缫丝、织绸工艺）工艺设计的绿色要求控制、对自身企业真丝绸印染工艺及废弃丝绸面料回收利用的绿色设计，将防治污染、环境保护和节约资源的理念应用到丝绸面料生产中，实现每个生产环节符合生态（绿色）设计的要求，构建完成了万事利丝绸整个生命周期“供应链生态要求—绿色生态印染—产品循环利用”。

（1）绿色标准体系的搭建：万事利主导制定行业首个丝绸绿色设计产品评价规范，《绿色设计产品评价规范　丝绸（蚕丝）制品》，也积极参与了国家标准 GB/T 18916.21—2016《取水定额　第21部分：真丝绸产品》、七项团体标准《纺织产品温室气体排放核算通用技术》《纺织产品水足迹核算通用技术》的制定。为丝绸产品的生态（绿色）设计要求，碳、水足迹的核算做出了积极的贡献。

（2）全生命周期 LCA 调研：依托专业的 LCA 软件建模，万事利汇总形成丝绸碳足迹、水足迹报告，将研究边界定义为一条丝巾“从摇篮到坟墓”，调研丝巾生产到种桑过程的多级供应链，包括种桑、养蚕、缫丝、织造、练白、印染和缝制等六个上游供应链。通过专业的 eFootprint 软件实现产品的生命周期建模、计算和结果分析。完成行业首份专业丝巾碳足迹、水足迹报告，并通过国际第三方认证机构 SGS 认证。

（3）绿色制造系统集成项目的实施：“纺织（丝绸、毛纺）行业绿色设计平台建设”项目是由万事利牵头实施的国家工信部首批绿色制造系统集成项目。项目围绕打造丝绸、毛纺产业的绿色设计平台为目标，由万事利组建科研团队研究、建设关键绿色技术突破，最终完成绿色产品开发、应用及示范线建设。

3.2.3 数字化技术精准定位企业大数据营销

在由传统制造向文化创造转型的过程中，万事利充分意识到数字化带来的推动力。从 2010 年起，企业深耕智能技术、移动互联、大数据分析等信息化领域和传统丝绸的结合，把数据思维贯穿于运营管理、生产、设计、营销等方面。

（1）管理“云平台”：用互联网思维对传统企业进行转型升级，企业内部信息化管控平台显然也是转型的关键之一，为此万事利与中国电信、金蝶软件结成战略联盟，共同打造一个“云管理”平台。比如一名万事利的普通员工，用编辑一条信息的时间，就能对项目进行及时总结，并上报至公司，即时进行信息交换。这让设计部门既熟悉客户关系管理、生产部门与市场，也让管理者即时获知项目动态，清晰掌握员工工作状态和进度。这种“互联网 + 人力资源”的管理模式使得集团的管理部门逐渐实现从成本中心向利润中心转变，这既是企业发展的创新，也是企业管理者的梦想。

（2）大数据集成下的个性化定制：以客户数据获取、分析系统为基础，万事利独创“中国好丝绸”“乐享”等移动终端互动平台，在解决客户需求的同时实现了精准化的数据采集、传播，从而转化为实际的销售增长。在“中国好丝绸”的平台上，消费者可以实现私人订制（C2B 模式）。从图案、用材的选择，到设计方案的确定，再到生产进度的跟踪乃至产品的交付等一系列的流程，客户都可以在互联网上实现。私人订制的服务，而价格却能够与门店的品牌销售价格一致。让万事利实现了从 B2C 到 C2B 的华丽转身。

3.2.4 促进科研成果转化的保障措施

（1）科研创新管理体系搭建：有效的创新管理体系是提升和发展创新能力的重要保证。万事利结合企业的实际，围绕提高工作效率，快出研究成果的总体要求，组建了专业的研究院科研团队，研究开发项目实行项目组长负责制。确定了“四个研发方向，三个发展机制”的战略规划。

（2）人才战略、载体的创新：以国家级企业技术中心为抓手，带动高校、企业、科研院所等外部专家资源引入，通过外资并购，引入国际化人才助力企业核心发展。建立省级重点企业研究院、省级博士后工作站等科研载体。与学校、科研院所、企业建立科技研发平台，实现科技项目合作和技术的迁越。

(3) 奖励机制并行：万事利内部推行科研人员奖金与其科研开发成果所创效益挂钩的激励机制，对于专利获取、新产品开发、创新提议等成果均给予一定比例的奖励。设立技术创新成果奖，每年进行一次科研技术创新成果评比，对获奖的项目给予精神和物质上的高额奖励，激励技术人员保持高昂的斗志，主动钻研业务，追求上进，争当技术创新能手，在企业内形成比、学、赶的创新氛围。在住房、晋级、培训、收入分配上，对技术人员，特别是技术领头人员予以倾斜和优先考虑。

4. 实施效果

万事利传承两代丝绸人的意志，以为客户提供优质的个性化服务为导向，搭建以适应市场发展的卓越绩效管理体系，保持万事利丝绸高端品牌的可持续竞争力，将优秀的中国传统丝绸文化与智能化数码印花技术相结合，形成不断追求优秀品质产品的良性循环机制，以追求上下游供应链、客户、员工的共赢为目标，打造万事利从“产品制造—文化创造—品牌塑造”的二次转型，取得了可喜的发展成果。

4.1 经济效益显著增长

2013～2017 年万事利经济效益增长见表 1。

表 1 2013～2017 年经济效益表

项目	2013 年	2014 年	2015 年	2016 年	2017 年
营业收入（万元）	54700	58600	53800	62600	72400
利润总额（万元）	1800	2600	1300	6800	7900

4.2 科研实力的稳步推进

万事利共获得各类专利 49 项，其中新增授权实用新型专利 24 项，新增外观设计专利 11 项，申请发明专利 13 项，其中新增授权发明专利 7 项。拥有注册商标 160 余项，两项浙江省名牌产品。参与制修定国家、行业标准 9 项，其中已实施标准 6 项。2016 年，万事利主导制定的浙江制造标准《数码印花桑蚕丝围巾》正式发布，依据该标准生产的丝绸产品礼品登上了世界级盛会杭州 G20 峰会的舞台。

近三年，万事利还先后获得了省级工业设计中心、省级重点企业研究院、省级博士后工作站等称号，承担了国家科技部、中央文化部、国家工信部等下达的多个重大项目，并获得了国家工信部首批绿色（生态）设计示范企业、中国纺织行业品牌价值评价 50 强、中国纺织工业联合会产品开发贡献奖、省级服务型制造示范企业等多个殊荣。形成一批高技术含量的重点新产品，获得中国纺织工业联合会科学技术二等、三等奖。

在科研项目上，万事利“纺织（丝绸、毛纺）行业绿色设计平台建设”列入首批国家工信部绿色制造系统集成项目，“丝绸非物质文化遗产传承创新及产业化”被列入国家文化部文化产业发展专项，“万事利丝绸高端品牌建设与‘互联网+’融合营销模式创新”列入国家茧丝绸发展专项，“基于数码印花的环境友好纺织印染关键技术的研发与产业化”列入2015~2016年省级重点研发项目。共计开展国家级项目4项、省级项目3项、地市级项目13项，企业自立项目19项，企业科技创新成果硕果累累。

4.3 发扬丝绸文化 实现企业社会价值

在弘扬丝绸文化上，万事利坚持不懈地做好我国丝绸类文化瑰宝的可传承性保护，探究研发国家级珍贵丝绸文物的可替换性材质，更好地传承弘扬中华民族的优秀文化基因。开展完成了千年丝绢古画“回家”计划，让流失海外的敦煌藏经洞千余幅丝绢古画全部“回家”，实实在在地为传承弘扬中华丝绸文化及敦煌艺术文化做点贡献。同时启动的“素纱禅衣”、宋庆龄丝绸文物复制等抢救性工作，也使得传统的丝绸文物能够完好地进行还原，实现了企业社会责任价值的升华。

4.4 国际化品牌的全面打造

北京奥运会、上海世博会、广州亚运会、杭州G20峰会、厦门金砖国家领导人会晤……近几年来，中国承办的一系列世界级盛会，万事利每一次都有丝绸佳品作为国礼、礼服、纪念品等亮相。都给万事利带来了源源不断的品牌效应和盛会红利。2013年，与法国有着120年历史、为全球40多个一线奢侈品牌提供丝巾设计生产服务的顶尖丝绸企业MARC ROZIER达成战略合作，2014年成功聘任爱马仕丝绸原CEO加盟。借鉴MARC ROZIER法国品牌的优良基因，万事利结合中国传统文化元素，打造代表中国高端的丝绸品牌凤凰之家，标志着万事利丝绸品牌在国际化的道路上迈出了重要一步。

4.5 品牌文化影响力的不断上升

作为丝绸行业的领导者，万事利积极响应国家“一带一路”倡议，在世界级的盛会上一次次通过丝绸展示中华传统文化的魅力。2017年7月，万事利的品牌升级模式被牛津、哈佛作为企业经典案例编入教材，题为《万事利：中国的爱马仕》。2017年11月，“新丝路、新杭州”城市形象推介会，在匈牙利首都布达佩斯开幕，万事利代表的中国丝绸在会上大放异彩。2018年8月，万事利品牌甚至吸引了奢侈品集团LVMH集团，与其在杭州签署合作协议，通过与他们在技术、品牌、产品等方面的深度融合，促使万事利直接切入价值链的高增值环节，从而提高在国际分工中的地位。一方面全面提升自身创新能力与国际市场开拓能力，另一方面则积极寻求与更多的时尚奢侈大牌谋求合作共赢，从而实现创新发展。通过品牌展览、丝绸论坛、技术交流展等活动，不断体现万事利的品牌价值。2017 年，万事利品牌价值达到了 15.14 亿元。

5. **结论**

43 年间，许多与万事利一起创业，一样繁荣，一同奋斗的企业或转型，或消失，或落寞，或高歌猛进。万事利依然深耕在数度潮起潮落的丝绸行业中，行业繁华时，不夜郎自大，行业低潮时，不怨天尤人。无论何时，追逐丝绸的极致色彩，重塑中国丝绸品牌的鼎盛时代，是万事利两代掌门更是万事利人的共同心愿。近几年，万事利不仅出色地完成了家族企业传承交接的任务，最为重要的是将万事利带入自己一直梦想的丝绸文化传承和品牌全球化的新征途。

中国古老的丝绸业曾经是中华民族文化的光辉篇章，但一度在历史上中断，而今尤其是在新时代的“一带一路”再度为世人唱响的背景下，万事利人再次肩负起复兴中国丝绸文化，振兴民族丝绸品牌的时代使命。从产品制造到文化创造，从文化创造到品牌塑造，万事利人一直不改初衷，秉承“让世界爱上中国丝绸!”使命，将最前端的研发科技、最古老的传统非遗文化、最时尚深刻的品牌理念赋能万事利丝绸，打造出一条真正让丝绸这一传统行业华丽转身的新“丝路”!

“万事利要成为中国的爱马仕”，这是万事利的梦想。

面对危机，万事利通过文化挖掘、产品创新、产业跨界、智能技术“嫁接”等途径不断完善丝绸产业全链条，全方位打造“文化丝绸、艺术丝绸、时尚丝绸、健康丝绸”四大特色产业，万事利对未来充满信心。

二、案例分析思路与逻辑

1. 启发思考题一

1.1 问题

万事利产品文化成为万事利拓展丝绸产业的制胜秘诀，其文化创新体现在哪里?

1.2 分析思路

任何市场决策的前提都是基于市场环境分析，本案例的市场环境核心在于产业原先基于丝绸面料的外贸模式不可持续，盈利能力持续下降，必须转型。转型对于逆境中的企业可能比顺境中的企业更加容易。对于企业来说是一次变革，而且是一次从上到下的变革。所以，首先是企业领导层的转型决心。企业领导层能够洞察到新的市场机会，而这种市场机会由于还只是一种预测和潜力，所以需要企业家敢冒风险，敢于在行业中率先行动去启动和培育市场。

1.3 理论依据及分析

（1）产品战略：第一，要为买方提供价值，第二要为企业提供强有力的利润源，第三要能够通过所有各方都有动力的方式而执行。而三项之中价值主张又排在首位，企业必须能够给予顾客创新的价值组合。

（2）现代价值链思考方式：从顾客价值出发，开辟自己特有的销售渠道，从而获取利润。对于一些品牌而言，正是需要形成这种思考方式，即从清晰的顾客定位出发，洞察其感性需求和情感表达的方式，由此出发去塑造品牌。品牌文化反映并传递企业文化，影响甚至引领消费人群的流行文化，因此，是企业与消费者之间沟通与互动的一个重要的渠道。而文化营销也正是通过这一契合的过程发挥其价值。

丝绸作为一种纤维或纺织品的材料，具有天然、环保、丝滑等自然属性；同时，在中国市场背景下，又具有高档、身份象征等社会属性（或称为抽象属性）。这些属性给予消费者带来的个人价值如健康、高档的享受、身份的高贵、舒适的生活是永恒的。在产品概念层面，万事利撇开了丝绸的核心层面即纺织面料，而是着力在丝绸产品的附加层面即社会属性上加以拓展，从而相当于重新定义了产品及客户的需求。

1.4 关键要点

产品战略核心是价值创新，战略的价值创新要求视线将超越竞争对手移向买方需求，跨越现有竞争边界，将不同市场的买方价值元素筛选并重新排序，从给定结构下的定位选择向改变市场结构本身转变。其核心是提供给买方价值的要素要重新组合，看哪些要素要剔除，哪些要素要增加。万事利创建丝绸文化礼品不仅是传统面料产品的价值要素增减，而是将丝绸属性和礼品行业的属性进行了组合，增加了丝绸产品的文化和定制属性，强化了礼品的表情达意功能，创造了一个丝绸文化礼品的新品类。

2. 启发思考题二

2.1 问题

万事利科技创新为企业可持续发展提供有效保障，这种有效性体现在哪里？

2.2 分析思路

科技创新是原创性科学研究和技术创新的总称，是指创造和应用新知识和新技术、新工艺，采用新的生产方式和经营管理模式，开发新产品，提高产品质量，提供新服务的过程。科技创新可以被分成三种类型：知识创新、技术创新和现代科技引领的管理创新。

市场经济飞速发展，企业成为市场竞争的主体。企业经济快速发展中最活跃的成分是科技创新，提高企业自主科技创新能力对经济发展起着至关重要的作用。企业自身的水平又制约企业的发展，企业的经营活动处于社会这个大环境下，不可能离开内外部环境而独立地取得发展。

2.3 理论依据及分析

企业科技创新活动与企业内部环境密切相关，万事利组织制度创新为企业创新驱动发展战略的实施提供内部环境的保障，通过技术创新为创新驱动发展战略实施提供技术支持，通过企业文化的创新为科技创新驱动发展战略实施提供文化保障，通过组织层级结构的创新为科技创新驱动发展战略实施提供机制保障。

万事利通过积极的创新活动去改变企业内部环境和氛围，在企业内部形成科技创新的思潮，引导组织成员创新，逐渐在企业内形成创新驱动的意识，让创新习惯化并成为一种团队精神。在企业内形成创新的意识，创新的意识远比创新的方法重要，创新驱动发展所涉及的方法、途径很多，而且市场变化很快，市场新的需求在不断地体现出来。因此，对于企业来说，拥有创新的技术是十分必要的，但更重要的是掌握创新驱动的本质，树立创新的意识，学会用创新的思维去分析和解决问题，这样才能以不变创新的思维应对变化的市场。

企业经营方向与环境密不可分，生产方向和经营目标随市场环境的变化而变化，环境决定了企业要向市场提供的产品和服务。企业必须以满足顾客需求来获取利润，通过自身活动来寻求发展，这种自身活动即是以创新为动力的发展。企业经营目标随着市场变化而变化，企业根据市场环境的变化来调整目标，每一次目标的调整都是一种创新。

为实现创新目标，必须利用必要的创新手段，创新手段包括要素创新、要素组合方法创新、要素组合结果创新。要素创新是企业生产过程中劳动者利用劳动手段作用于劳动对象使之改变物理形式、化学性质的过程，这个过程的要素包括材料和设备。要素创新即是对材料和设备的创新。要素组合方法创新即指生产方式创新，利用一定方式将不同生产要素加以组合是产品形成的先决条件。包括生产过程和生产工艺的时空组织两个方面。要素组合结果创新即指产品创新，生产要素组合的结果是形成产品，企业通过不断创新产品来谋求生存和发展，包括品种创新和产品结构的创新。

所以说，万事利进行一系列的创新，最终目标是在企业内形成创新的意识、创新的思维。

2.4 关键要点

万事利要具有市场主动权，就要拥有自主知识产权的技术和产品，就要掌握核心技术、关键技术。以数码印花为核心技术，整合上下游产业链，进一步发挥各个业务之间的协同效应和规模效应，研发设计了一系列绿色、生态、高技术含量的丝绸文化创意产品。在设计新产品的过程中，企业不断进行创新发展，所有的产品将丝绸传统手工艺、新兴数码印花技术、丝绸文化创意设计三者相结合。

（天津工业大学：王亚超教授、丁志忠研究员）

丝绸文化与工业旅游跨界融合的转型升级管理创新

——达利丝绸（浙江）有限公司

摘要 作为一家以生产丝绸面料及制品为主业的高新技术企业，达利丝绸（浙江）有限公司（以下简称达利丝绸）推动企业跨界融合，打造了集“文化园林＋博物馆＋工厂旅游＋生态体验＋休闲购物”为一体的转型发展产业模式。面对丝绸企业盈利空间受到严重挤压的不利状况，达利丝绸瞄准纺织行业科技、时尚、绿色的发展趋势，抓住供给侧结构性改革推进的契机，践行国家“一带一路”倡议，通过强化技术研发、智能制造及品牌战略，不断拓展产业链，立足于提升主业竞争力；将文化创意设计与传统丝绸产业相融合，实现由传统丝绸工业向丝绸文化产业的回归；推动产业与工业旅游相融合，弘扬丝绸文化。通过跨界融合发展，实现了企业社会效益和经济效益的提升，为企业新旧动能接续转换和可持续发展进行了积极探索，为行业企业提供了借鉴。

关键词 跨界融合；转型升级；文化创意；体验式营销

一、案例正文

0. 引言

在2019年即将到来之际，依据上级工会精神，达利丝绸召开了以商讨2019企业管理和发展大计为主题的职工代表大会，在会议上，林平董事长说道：“企业的发展凝聚着每一位员工的心血，过去两年我们取得了较大的进步，生产效率有了大幅提升，这是每一位员工共同努力的结果。面临未来诸多不确定因素的挑战，我们必须做好充分准备。”同时，董事长林平还表示，在过去，我们将重心放在生产一线，而在未来，我们将重点发展产学研合作平台以及高端人才的引进，精益求精，追求卓越，力求完美，打造经典品牌。

在台下听员工对公司的管理和发展进行讨论和思考时，达利丝绸董事长林平想起了达利丝绸困难重重的转型之路。

1. 达利逆境

达利丝绸（浙江）有限公司创建于1956年，占地360亩，位于浙江新昌，是一家集丝绸文化产品设计、生产、销售及丝绸文化旅游于一体的现代化文化创意企业，是国家丝绸产品开发基地和丝绸产品流行趋势研究中心。经过60余年的发展，现已成为知名的以丝绸面料及制品生产（真丝面料、丝绸服装、丝绸家纺、丝绸领带服饰）为主业的高新技术企业。立足于中国丝绸数千年的悠久历史和文化底蕴以及丝绸作为恒久的时尚主题，提出“靠实力树长久品牌，保持品牌年轻化”的品牌理念，并结合企业发展愿景，将品牌定位于高质量、高品位、高档次的丝绸产品，倡导一种健康舒适、时尚雅致的生活境界。

2008年，企业成为第29届北京奥运会丝绸类产品特许生产和经营商；2011年，成功创建了以丝绸文化为主题的“丝绸世界”国家AAAA旅游景区；2014年，成为北京APEC领导人服饰的丝绸面料设计、织造企业，并被世界外交官中国文化之旅协会授予“世界外交官最喜爱中国品牌”；2015年，抗日战争胜利70周年，作为国礼“和平颂”丝巾设计与制作单位；2016年，成为杭州G20贵宾专享展区接待方，其中，自主设计的床品“雀舞芳华”受到各国贵宾的赞赏，并被中国丝绸博物馆永久收藏；2016年，“越罗传统织造技艺”成功列入绍兴市第六批非物质文化遗产；2017年，成为全国仅有的十家“国家工业遗产旅游基地”之一。

1.1 寻求新的经济增长点的必要性

改革开放以来，我国经济实现了连续三十年的快速增长，我国从一个低收入国家发展成为一个中上等收入国家，创造了世界经济发展史上的一个奇迹。但同时也要看到，在高增长之后，中国经济发展的内外部条件已发生了重大变化。我国的国内市场不再短缺，产能过剩已经成为一种新的常态；随着人民收入水平和环保要求的提高，我国的要素成本在快速上升，低成本、低价格逐渐成为历史；中外产业的技术差距不断缩小，使我国企业从国外购买先进技术越来越困难。这些变化表明，我国前一个阶段经济的高速增长已遇到挑战，企业必须转变经济增长方式才会有新的经济增长点。

1.2 企业战略需求

1.2.1 主动践行“一带一路”倡议的需要

随着2013年“一带一路”倡议的提出及2015年《推动共建丝绸之路经济带和21世纪海上丝绸之路的愿景与行动》的正式发布，让古老的丝绸之路在新时代再度繁荣，为丝绸行业带来了巨大的发展空间。

绍兴作为“一带一路”核心区域，古往今来都有得天独厚的区域优势，早在春秋时期，绍兴地区盛产的越罗就广受人们喜爱，到了唐朝，绍兴蚕织生产发展迅速，成为浙江地区桑蚕丝织业基础最好、发展最快的地区之一，而如今，绍兴已是全国重要的纺织生产基地和集散中心。

感受深厚的中国丝绸文化，畅谈丝绸精神与丝绸外交，共筑“一带一路”和平与发展梦想。2014 年，林平董事长通过资料研究、实地考察等形式，在公司的丝绸博物馆内还原四条丝绸之路；2014 年，组建“天字一号”项目组，制作以海水江崖纹为主题的天骄锦（宋锦）、天丽绸和美绉，为北京 APEC 会议领导人提供服饰面料，备受海内外关注及好评；2015 年，他组建阅兵国礼制造项目组，推出极具特色的 6 姆米绍纺“和平颂”丝巾；2016 年，在他的推动下，达利丝绸制作的丝绸产品成功入选 G20 杭州峰会，在中国丝绸博物馆设立贵宾专享区，为国内外贵宾介绍极具特色的丝绸文化……

1.2.2 “传承中华文明，弘扬丝绸文化”的战略需求

达利丝绸在董事长林平的带领下，坚守主业，专注六十余年丝绸产品的研发、生产、销售，已成为全国丝绸行业的领军企业。林平肩负“传承中华文明，弘扬丝绸文化”的使命，积极组建团队，从理论探索到产业实践，从工业调整到智能化改造，他坚持在科研和生产一线，形成一批具有自主知识产权的关键技术，将丝绸主业做大、做强，同时，积极将丝绸文化与工业旅游跨界融合，打造一个“工业 + 旅游 + 文化”的跨界融合发展的新型国际化丝绸企业，糅合丝绸的科技创新、丝绸文化的科普教育、蚕的奉献精神、丝绸文化的输出以及丝绸生产的智能化等管理创新思维，进一步提升公司品牌知名度和市场影响力，将中国丝绸推向世界。

1.3 行业现状

1.3.1 丝绸行业转型发展需求

中国是世界上最大的茧丝绸生产国，这是丝绸生产所必需的地理、气候、幅员以及历史、文化、工匠等资源禀赋所决定的。但受到化纤等新材料的冲击，丝绸在各种纤维的竞争中，占比呈逐年下滑趋势。目前，全球每年消耗 9000 多万吨纤维，丝绸占比不到 10 万吨，仅占总体的千分之一，与 20 世纪末相比，丝绸占比缩水近一半。

当前国内丝绸企业在 1000 家左右，普遍以小作坊为主，缺乏整体的规模性和品牌知名度，形成多而杂的局面。盲目跟风国外的设计、对中国自有的文化题材、元素却挖掘不足，导致设计资源严重匮乏。

2008 年，美国次贷危机的发生，丝绸行业在欧美市场受到冲击，特别是终端丝绸产品市场；与此同时，东南亚等国家积极扶持本国产业发展的政策力度加大，全球服装订单争夺日趋白热化，再加上进口关税大幅调高，给国内纺织品和丝绸商品出口带来诸多不确定性，出口形势不容乐观；内销市场的劳动力、

生丝等成本要素价格攀升，而产品价格的增长空间有限。丝绸经营企业的盈利空间受到严重挤压，企业生产运营压力巨大，丝绸行业进入发展瓶颈期，中国丝绸行业的转型升级迫在眉睫。

1.3.2 纺织行业科技、时尚、绿色发展趋势需求

以科技含量、时尚风格和绿色环保为代表的三大消费需求，要求纺织行业在提升品种丰富性、品质满意度和品牌认可方面的同时，补齐短板，使纺织行业真正成为创新驱动的科技产业、责任导向的绿色产业、文化引领的时尚产业。同时也应认识到，纺织行业发展中的不平衡因素，即供需结构、产业结构、区域发展以及科技硬实力和文化软实力，产业融合和信用体系建设不充分，需要纺织行业在科学分析、时尚预测、协同产业链这三个关键环节以及上下游企业的系统创新。

借鉴互联网+产业模式，公司立足自身生产优势，快速推进国家丝绸工业设计中心的发展，提升以流行趋势为导向的产品企划能力。以“技术绿色化、工艺环保化、产品功能化、流程智能化”为导向，建立以客户为中心的柔性化、个性化需求体系。通过加强在新型纺织材料应用、丝绸功能性后整理技术开发、文化创意产品设计等领域的研究，不断提升在自主技术创新能力、工业设计实现能力和协助创新能力的三大核心能力，以满足市场对产品功能化、个性化、创意化的需求。

1.4 客户需求以及消费模式的转变

全面把握人民日益增长且不断变化的对美好生活的需求，是达利丝绸坚持不懈的追求。中国特色社会主义进入新时代，我国社会主要矛盾已经转化为人民日益增长的美好生活需要和不平衡不充分的发展之间的矛盾。人民的需求是由低层次向高层次不断发展的，且趋于多元化。改革开放以来，人民的物质性需要不断发展，温饱问题基本解决后，开始追求舒适、高层次的物质享受。以物为本的消费模式已经逐渐向以人为本转移。对于美好生活的向往带来了新的消费趋势，内需的不断扩大及品质消费升级，无疑将成为支撑中国丝绸行业发展的强大动力。

近十年来，人民高层次的物质性、社会性和心理性需要不断增长，人们都希望国家、政府、企业提供高品质的物质产品，希望有一个安全、稳定、和谐、绿色、生态的吃、穿、住、行环境。体现在丝绸行业，即为消费升级与需求变化——物美价廉逐渐被文化底蕴、科技含量、安全环保所替代，人们渴望能代表中国悠久历史文化的产品，需要功能化、时尚化、个性化、生态化的产品；对产品生产过程要可追溯；对生产环节达到标准化、智能化、信息化；对生产

过程要低碳环保，达成经济建设与人民的物质需要平衡发展，社会建设与人民的社会性需要平衡发展，文化建设与人民的心理性需要平衡发展。

只有不断满足人民日益增长的物质性、社会性和心理性三大需求，人民才会感到幸福美满，社会才会和谐稳定，国家才会繁荣富强，中华民族伟大复兴的中国梦才有可能真正实现。为此，人民对美好生活的向往，也是企业的奋斗目标。

2. 达利丝绸跨界转型升级的发展脉络

2.1 坚守主业，提升竞争力

2.1.1 注重核心技术的研发与成果转化

科技是第一生产力，技术创新是企业的核心竞争力。董事长兼技术中心主任林平积极组建专业技术研发团队，团队成员涵盖丝绸工程、染整工程、纺织品设计等相关专业，拥有中高级职称 15 人，先后创建了省级工业设计中心、省级企业技术中心和省级重点企业设计院、院士专家工作站等；公司为国家高新技术企业，先后获得国家级、省部级科技进步奖 9 项，承担国家火炬计划项目 1 项、国家重点新产品计划项目 2 项、承担国家茧丝绸发展专项 6 项和省科技重大专项 1 项、参与制修订国家及行业标准 24 项。

成果转化是科技创新的绩效见证。近三年来，公司拥有省级工业新产品 30 余项，形成了功能性真丝织物、多维复合真丝面料、真丝改性织物等多系列高新技术产品，其中 2017 年公司高新技术产品销售收入达 55496.4 万元，占总销售收入的 68.26%；拥有专利 125 项，含发明专利 9 项，其中自主研发的“一种真丝织物等离子体接枝增重的方法”发明专利技术使真丝产品经过低温等离子体改性，显著提高蚕丝染色上染率及色牢度，解决了行业的技术共性问题；“令纯蚕丝织物具有纬向自然弹力风格的产生方法”解决了真丝织物普遍易皱、难打理等问题，改善了传统真丝弹性产品的缺陷，拓展了真丝面料的应用领域，填补了国内纯真丝自然弹性织物的空白。2016 年，公司通过了知识产权体系的认证，2017 年，被认定为国家知识产权优势企业。

在自主创新的同时，公司积极与浙江理工大学、东华大学、武汉纺织大学等院校开展产学研合作并保持成果转化，建立丝绸关键数据库，推动了丝绸产业的全面提升和发展。

2.1.2 实施“提升品牌，决胜终端”的品牌发展战略

我国纺织业缺乏国际知名品牌，国际著名品牌更是缺乏。为此，纺织业各级领导多次呼吁要打造我国自主品牌，培育国际著名品牌和知名品牌，我国纺

织业“十二五”规划四个主要任务之一是品牌建设。

依据公司的发展目标，积极拓展国内外终端市场，建立达利发、丝绸世界、丝绸故事、雅慕（August moon）、丝绸1号、遨世等品牌。其中达利发为丝绸面料品牌，是中国驰名商标，雅慕是中国最高端的丝绸家纺产品品牌之一，丝绸世界是丝绸文化旅游品牌，其主题商场则为充分体现达利丝绸技术水平、品牌文化和设计创意的各类丝绸产品，如丝绸1号、遨世、丝绸故事等品牌产品。对于每一个品牌，达利丝绸均赋予其独具特色的品牌释义。

为提升品牌知名度，公司自建雅慕品牌网站，并借助阿里巴巴、天猫旗舰店、城区户外广告、电台广告、微信公众号等拓展品牌宣传渠道；通过设计、制作丝绸产品宣传手册、邮政快递、报纸、时尚杂志等进行品牌宣传。另外，公司每年均会参加法国国际面料展、上海国际纺织展等国内外大型会展，并先后与优家、快乐购、环球、家有等电视购物平台合作，开展电视购物业务；紧抓移动网络营销的有利时机，对公司官方对外的企业宣传平台——“达利丝绸”公众微信平台进行精心改版和提升，吸引了3万余名粉丝的密切关注和转发推广，对提升公司外部影响力起到很大的作用。

APEC项目、阅兵国礼、G20峰会贵宾专区产品展示等大型项目的成功是公司品牌创新发展的里程碑。

2.1.3 通过智能制造提升生产效率和产品质量

目前中国纺织工业处于高速发展时期，但同时又受到用工难、能耗高、利润率低以及设备老化等多方面因素的制约，通过智能化改造来实现丝绸生产的全面升级、实现中国智造，已成为急需解决的关键技术。

根据实际生产情况，公司会同浙江康立自控科技有限公司工程技术人员，有针对性地对倍捻这一关键工序进行智能数据采集、分析和处理，使设备、管理、工人等各方面的因素智能地融合在一起，采用在线单锭连续检测、大数据处理和云计算等技术，建立设备网络监控系统、管理系统和ERP系统，通过移动终端实现设备运行的实时监控为生产一线员工提供运行实况，为生产管理者提供准确、及时和可靠的生产管理和统计分析数据，实现生产与管理的快速反应，保证全流程运行的稳定性、可靠性、连续性，以最终实现丝绸生产的智能化。

2.1.4 建立规模化、集约化的桑蚕示范基地，拓展产业链的延伸

随着国家“东桑西移”政策的实行，使得蚕桑产业梯度逐渐朝西部地区转移，随之一起西移的还有蚕茧的粗加工环节，这些都大大限制了当地蚕桑产业的发展空间；另外，对于养蚕户来说，种桑养蚕是一项高风险项目，既要种植

物，又要养动物，桑叶培育、消毒药、蚕种、劳动力，加上其他物料费，都是一笔不小的开销，这些因素导致了当地蚕户逐年递减。为了保障供应链的稳定、健康，确保丝绸产品质量的稳定性，公司在开发国内各地优秀供应商的同时，与当地桑叶合作社开展紧密合作，在新昌梅渚镇建立3000亩现代化桑蚕基地，建设小蚕共育室、蚕房及资源循环利用设施等蚕业生产设施，推进统一饲养，实现绿色生产，推进茧丝绸业供给侧结构性改革，巩固蚕桑生产基础，提升茧丝绸产品质量。

2.1.5 推行清洁生产和低碳经济发展模式

公司坚持以节能、减排、环保为宗旨，通过提升工艺装备、配套完善相关污染防治措施、提高清洁生产水平，增强环保管理等措施，先后投资5000余万元实施6800平方米太阳能集中供热系统、锅炉余热回收系统、循环使用自来水压力式全自动过滤系统；安装环保节能地源中央空调系统，并对原污水处理系统进行升级改造；引进4万平方米的屋面光伏聚能系统，整个发电系统装机容量达3.5兆瓦，实现“屋顶换能”；为响应国家污水治理政策，公司对污水COD值降低至100mL/L以下的国家污水一级排放标准上，新增臭气回收处理系统和氨氮处理系统，氨氮降至2mL/L以下，完成了现有锅炉燃料从燃煤到生物质的转化。

通过一系列的清洁生产改造，积极引进节能环保型生产、研发、检测设备，公司积极创建了浙江省绿色企业（清洁生产先进企业），并成为浙江省生态文化基地和浙江省生态文明教育基地，2017年成功创建浙江省节水型企业。

2.2 根植丝绸文化，实现向丝绸文化产品的回归

中国作为丝绸的发源地，由丝绸和丝绸服饰构筑的丝绸文化作为中国文明的重要组成部分，是其他民族了解中华文化的重要载体。企业积极将文化创意设计与传统丝绸产业相融合，从丝绸文化入手，深挖丝绸精髓，通过将丝绸承载的历史性、文化性、传承性、故事性与当前丝绸产业的现代化、科技化、创新性、时尚性进行融合发展，推进“文化产业化、产业文化化”，实现由传统丝绸工业向丝绸文化产业的回归。

达利丝绸的产品以丝绸面料为载体，通过数码提花、数码印花、越罗传统丝织技艺、绣花、手绘等现代及传统丝绸工艺技术，将东西方传统文化经典、名家书画艺术品、流行及艺术元素等内容重新设计并呈现，将传统的丝绸工业产品赋予文化和艺术内涵，形成具有达利特色的丝绸工艺产品，如丝绸织锦面料、越罗非遗产品、丝绸字画、艺术家纺、艺术丝巾等。让消费者通过丝绸工艺产品感受中国丝绸文化及丝织技艺的传承与创新，同时传播企业的品牌文化和促进效益的增长。

近几年，企业与美国、意大利、印度尼西亚、澳大利亚等国的知名企业建立长期的文化服务贸易合作关系。2015 年，实现丝绸类文化产品设计服务出口 710.23 万美元；2016 年，实现丝绸类文化产品设计服务出口 742.71 万美元，并被评为 2015～2016 年度浙江省文化出口重点企业和浙江省文化产业示范基地。

2.3 依托丝绸主业，积极推动丝绸产业的跨界融合

为了突破传统丝绸行业的发展瓶颈，林平以“科技引领、创新驱动、融合发展”为宗旨，以市场需求为导向，以智能制造为突破口，以时尚、绿色为标志，依托集团产业和新昌旅游两大资源优势，在推进企业产业优化、转型升级的过程中，深度挖掘中国丝绸文化和江南丝绸文明，全力打造以百年古石磨、千年桑树园、万年乌沉木、亿年木化石、蚕桑文化石刻、桑蚕文化馆、丝绸博览馆、丝绸文化街、传统文化经典、有机农业园、生态体验园和丝绸展示中心等亮点的丝绸文化工业旅游国家 AAAA 级旅游景区，致力于推动传统劳动密集型产业向兼具文化创意、环境友好和科技生态的新兴产业模式转变。

近年来，达利丝绸紧抓国家“一带一路”及大力发展文化创意产业的战略布局，进一步深挖中国丝绸的悠久历史和厚重文化，并结合企业自身优势，通过旅游集散中心建设、越罗非物质文化遗产传承基地、丝绸文化创意中心等项目的实施，将产业、文化和旅游相融合，全面推进传统丝绸产业向文化创意产业的深度转型发展。成为工业与文化旅游融合的新标杆。

2.3.1 千年桑树园

中国是世界上种桑养蚕较早的国家，桑树的栽培已有几千年的历史。桑树也是丝绸之源，出于对传承中华文明理念，公司斥重金“抢救”了一批古桑树。它们的树龄有的高达几百年，有的甚至已达上千年，其中最古老的可以追溯到魏晋南北朝时期。目前这片古桑树林是古桑树极其集中的主题园林。见图 1。

图1 达利亿年木化石林

“天外来客，中华圣树”是位于景区内的两颗千年巨桑，原生长于“世界屋脊”青藏高原，树龄已达 1600 多年。达利丝绸为保护自然环境、保护中华文明始终不遗余力。当得知雅鲁藏布江因兴建大型水电站，该区域内的古桑即将被淹，达利丝绸立即与当地政府联系，要求对古桑进行异地保护。经相关政府部门批准，千年古桑经过千山万水和近一个月的迢迢跋涉，终于落户在江南丝绸之源——美丽的新昌。

2.3.2 “字说丝绸”文化墙

通过对甲骨文的研究发现，“丝”在造字时期就已经成为奢侈的生活用品，并且进一步作为劳动创造品成为构字基础。在甲骨文中不仅发现了蚕、桑、丝、帛等汉字，还发现大量以丝作为偏旁的古体字，或其不以丝为偏旁但与丝绸有千丝万缕的联系。目前可以被释读的甲骨文约有近2000个单字，其中约有近300个与丝绸有关，或者说起源于丝绸。

根据以上研究发现，景区创建小组共搜集368个与丝绸、纺织有关的文字，打造了“字说丝绸”文化墙，印证丝绸文化对中华文明，特别是中国古代汉字起源的深远影响。见图2。

图2 “字说丝绸”文化墙

2.3.3 丝绸之路模型

近年各地考古资料已充分证明，自商、周至战国时期，丝绸锦绣的生产技术已发展到相当高的水平。那时中国丝绸已经从西北各民族之手少量地辗转到中亚、印度。到汉代，因大量丝织品及各种商品贸易交流的频繁出现，逐步形成一条从中国到西方的交通大道，后人将之称为“丝绸之路”。

为还原“丝绸之路”，企业委托外部公司制作了“沙漠丝绸之路、草原丝绸之路、海上丝绸之路和南方丝绸之路”的立体展示模型，形象地告诉人们，丝绸之路不仅是商贸物流的通道，更是东西方文化、友谊交流的通道。

2.3.4 中国丝绸文化博览馆

中国丝绸文化博览馆集中向游客展示蚕的一生形态变化、耕织图、绸缎庄、古代丝绸之路、近代丝织机和蚕桑丝绸历史文化等内容。其中根据南宋画家楼俦所做的《耕织图》进行创作的原名立体模型，系统而又具体地描绘了当时农耕经济发达的江浙地区农耕和蚕织生产的各个环节，反映了宋代农业技术发展状况，得到了历代帝王的推崇和嘉许，天子三推，皇后亲蚕，男耕女织，这是中国古代很美丽的小农经济图景，所以也被誉为“中国最早完整地记录男耕女织的画卷”。

2.3.5 DIY手工木织机

“唧唧复唧唧，木兰当户织”，工业迅速发展的今天，很少能看到手工织机，没有机会自己动手去织布。DIY手工木织机（图3）是达利丝绸根据织机基本原理而

图3 DIY手工木织机

仿制的简易织机模型，该模型适用于游客进行互动体验，游客可以根据自己的喜好，选择不同颜色的纬线，用2个多小时可以制作一款DIY个性化的平纹组织围巾，是对丝绸织造的深度体验。

2.3.6　丝绸精品展示购物中心

达利丝绸拥有“达利发”面料中国驰名商标和“雅慕”省丝绸家纺著名商标以及“丝绸故事”品牌零售，并在省级重点企业设计院、省级企业技术中心、企业研究院以及绍兴市院士工作站等一系列科研载体的基础上，正在创建国家工业设计中心。为了更好地回馈游客，达利丝绸不断完善景区“吃、喝、玩、乐、购”的功能，同时提升品牌的知名度，促进产品在国内市场的占有率，并创设了“丝绸世界”品牌主题商场。见图4。

图4　“丝绸世界”品牌主题商场

这一区域汇集达利自主设计、自主生产、自主品牌的中、高档丝绸产品。以营造浓郁中华丝绸文化为特色，荟萃各项优质的丝绸产品，从时尚或经典丝绸男女服装、丝绸家纺、丝绸领带、丝绸围巾等产品到各类丝绸文化艺术工艺品及丝绸产业关联产品。让游客在丝绸的海洋中感悟几千年的丝绸文化魅力，体味中华文明的历史底蕴，懂丝绸、用丝绸和爱丝绸。

2.3.7　创建省级科普教育基地（图5）

弘扬丝绸文化的基本工作就是宣传推广，科普是宣传的首要。达利丝绸在已建好的系列丝绸文化静态景点宣传展示的基础上，通过举办“达利桑葚采摘节”“暑期夏令营亲子活动”等一系列游客互动节目，普及有关桑树品种以及桑果、桑叶、桑枝、桑

图5　达利丝绸省级科普教育基地

皮、桑根、桑木等用途的知识；并在每年4月至10月期间，景区会持续面向游客及周边群众开展达利采桑养蚕活动，通过蚕的一生体验养蚕过程，普及蚕桑知识，培育丝绸情感。同时，在游客及周边群众游玩景区时，科普人员会通过对蚕的一生仿生模型、各种蚕品种、雄蚕与雌蚕的辨别、蚕的生长环境与过程、养蚕方法与设备、茧的品种与特点、蚕丝的品类与特点、传统缫丝设备与工艺、现代缫丝设备与工艺、纺纱工具以及蚕桑深加工方面等知识的介绍，进一步普及蚕桑茧丝绸的科普知识。

每年“六一”期间，达利丝绸省级科普教育基地会通过“今日新昌”招募启事、公司微信公众号等方式招募约100名6~12岁的小朋友参观基地、学习蚕桑丝绸科普知识，让小朋友与中国传统的丝绸工艺进行“零距离”接触。见图6。

2.4 廉洁清风进企业，凝心聚力促发展

蚕的一生，勤勉、坚韧、清白、奉献，春蚕到死丝方尽，蜡炬成灰泪始干。达利丝绸将春蚕精神、廉政文化融入企业生产经营管理和企业文化建设之中。首先是高管团队、中层领导干部率先垂范，弘扬廉洁从业风尚，自觉做到“党风先正己，行风我做起”，自觉接受监督；告客户、供应商的“廉政公告”，促使达利丝绸的廉洁文化和法纪的观念深入人心，内外围形成廉洁氛围，有力促进企业的健康稳定、和谐发展。达利丝绸于2013年成为全国纺织行业先进党建工作示范企业和浙江省廉政文化“进企业”示范点。

2.5 丝绸与大自然的融合

在丝绸与丝绸文化、丝绸与大自然等领域，达利丝绸董事长充分发挥领航人的作用，为公司乃至丝绸产业的发展做出了特殊的贡献。他以一台相机，一片森林，一个绚丽的丝绸世界，实现了艺术成果的跨界展示，通过从摄影作品到丝绸产品的转化，向社会传达达利丝绸一直以来的创新精神及态度，吸引和鼓励院校学生和更多的专业人士将眼光聚焦到原创设计上来，启迪和激发人们更大的创作热情，并激励设计人才通过创新设计来传承和发扬丝绸的悠久历史、厚重文化和现代创新，共同塑造丝绸的新形象。

2017年，企业研发人员基于大量原创鸟类照片筛选和羽毛色彩和谐分布规律的分析，研究形成了改进K-Means聚类算法、色彩提取与分色方法，获得了其色彩分布规律，形成了产业化应用的一套真丝提花织物鸟羽色彩仿生设计方法及配色方案，为丝绸产品设计提供了源源不断的灵感和设计素材。见图6。

图6 色彩分布规律

3. “工业 + 文化 + 旅游”的转型效果

以“科技引领，创新驱动，融合发展”为宗旨，以市场需求为导向，以智能制造为突破口，林平作为丝绸行业转型发展的探索者，他打造了以科技、时尚、绿色为标志，将丝绸产业与智能制造、文化创意、工业旅游多维融合的创新模式，为丝绸行业转型升级提供了有效的经验。

3.1 社会地位

近三年来，公司成功发布了2018春夏丝绸面料及2018/2019秋冬丝绸面料流行趋势研究与发布，形成“博物诗人”等系列丝绸面料流行趋势版块；自主研发的“色织真丝弹力面料”的分布加捻法、“桑蚕丝/蚕蛹蛋白纤维交织提花面料”的原料多元化制造工业技术、“多色经提花面料”在同一织轴中实现不同色彩风格变化的技术难题、“鸟羽色彩仿生提花面料”形成手套真丝提花织物鸟羽色彩仿生设计方法及配色方案等技术使公司稳固行业领军地位，综合实力居行业前十。

也正是基于此，公司通过先后承担2008年第29届奥运会丝绸类产品特许生产和经营，2014年成立“天字一号”项目组，通过对中国传统丝绸的研究、分析、归纳，成功制作以海水江崖纹为主题的天骄锦（宋锦）、天丽绸和美绉等产品，成为2014年为北京APEC会议提供领导人服饰面料的设计与制造商，备受海内外关注及好评。随后，“一带一路”世界外交官中国文化之旅也先后莅临公司，并与公司建立合作关系。2015年受邀成为阅兵国礼制造企业，并推出极具代表性的6mm绍纺丝巾“和平颂”。2016年，在他的推动下，公司制作的丝绸产品成功入选G20杭州峰会礼品供应商，在中国丝绸博物馆设立贵宾专享区，为国内外贵宾介绍极具特色的丝绸文化，助力中国丝绸文化和丝绸产业在世界的传播和发展。

3.2 经济效益

3.2.1 智能制造

达利丝绸联合各方力量，有针对性地对丝绸织造的关键工序进行数据采集、分析和处理，使设备、管理、工人等各方面因素智能地结合在一起，采用在线单锭连续检测、大数据处理和云计算等技术，建立设备网络监控系统、管理系统和ERP系统，通过移动终端实现设备运行的实时监控，为生产一线员工提供运行实况，为生产管理者提供准确、及时和可靠的生产管理和统计分析数据，实现了生产与管理的快速反应，生产达到智能化。倍捻机智能化改造后，设备生产效率由原来的85%提升至95%以上；单个工人看台数由原来的4台增加到12台，劳动用工大幅减少，每年为公司节省工资成本52万元；实时监控技术使得产品质量明显提升；彻底解决了设备漏油及废油的处理问题，节省机油10.2万元，节省电费76.5万元，实现了全面清洁生产和绿色生产。

（1）生产效率对比见图7。

1.操作工需不断巡回检查，劳动强度大
2.不易发现断头和故障锭子，工作效率低
3.挡车工看台数：4台/人

1.智能电动车巡回检查，轻松便捷
2.平板电脑自动显示断纱信息，有针对性地处理异常
3.挡车工看机台数：12台/人

图7 生产效率对比图

（2）信息化对比见图8。

（3）产品质量对比见图9。

1.机械装置
2.生产信息零散，不方便查询
3.生产数据不能及时整合，无法为管理提供数据支持
4.无移动终端监控，无法实时了解生产状况

1.电子技术装置
2.生产过程自动记录，可随时查询生产信息
3.实时显示生产状况报表，便于管理决策
4.手机APP远程实时查看生产状况，智能手环及时推送生产信息

改造优势：
1.异常信息及时推送，提升了处理问题的效率
2.自动分班次计算产量及挡车工工资，改变原先吃大锅饭的状况，提高挡车工生产积极性
3.管理人员可实时掌握车间生产动态
4.可随时跟踪客户订单的完成状况

图8 信息化对比图

1.人工检测锭速及纱线捻度，发现质量问题有滞后性，容易导致不良产品流入下一道工序
2.产品质量问题追溯困难
3.设备停机后需要人工绕头，耗时4小时/台

1.实时自动检测锭速及纱线捻度，有异常情况第一时间报警，杜绝不良品流入下一道工序
2.应用二维码技术，如发现质量问题，责任可追溯到人
3.设备停机后自动控制纱线捻度绉头，无需手工绕头，提高产品质量

改造优势：
1.极大改善了车间因锭速和捻度异常造成的质量问题
2.方便出现异常时产品的追溯及问题的分析解决
3.提高了操作工的质量意识和责任心

图9 产品质量对比图

（4）节能环保对比见图10。

1.机械传动，异步电动机
2.传统机械齿轮箱需更换机油，每次需换油30升，每年换2次，需耗油60升/（台·年）并造成停台损失
3.主电动机无变频控制，能耗大，需耗电9.5万度/（台·年）
4.存在漏油污染

1.伺服电动机，变频控制
2.无需更换机油，减少停台损失
3.采用变频控制和伺服技术，降低耗能20%
4.无漏油污染，清洁生产且容易保养

改造优势：
1.彻底解决漏油及废油的处理问题
2.节省机油3000元/（台·年）
3.节省电费1.5万元/（台·年）

图10 节能环保对比图

3.2.2 节能降耗效益

公司先后取得了ISO14001环境管理体系、OHSAS 18001职业健康安全管理体系，于2012年开始，全面贯彻执行清洁生产管理，实施各中、高费方案，并于2014年12月通过浙江省清洁生产审核。近三年，公司通过采用清洁能源，提升工艺装备，加大环保投入，配套完善相关污染防治措施、提高清洁生产水平，增强环保管理等措施，取得了较好的经济和环境效益。

（1）节能降耗的经济效益。为了缩短白厂丝晾丝时间，公司加快生产流程，利用倍捻机车间的电动机运转余热，进行余热环保晾丝改造项目。改造完成后，在保证厂丝质量的前提下，晾干时间由原先的8天缩短至4天，通过节能降耗每年可节约标准煤72t；同时，达利丝绸积极推进“屋顶换能”，在总面积约4万平方米的5幢厂房的屋顶安装了太阳能光伏发电设备，这是迄今为止浙江省最大的单体屋面光伏面板。整个发电系统装机容量为3.5兆瓦，2017年中成功并网运行，不仅承担了全公司的生产生活用电，盈余的1.5兆瓦光伏电能还可供给国家电网，夏季可以降低室内温度3～6℃，其节能效果、经济效益和社会效益均十分显著。见表1。

表1 节能降耗的经济效益

序号	项目名称	直接经济效益（万元）	备注
1	6800m^2 的屋顶太阳能热水供热系统	32	
2	倍捻机余热回收系统晾丝	21	节约标准煤72t
3	无功变频改造、地源中央空调系统及空调水循环利用系统	194	
4	废水余热回收系统	10	
5	智能倍捻机车间	93	节约用电10万度
6	太阳能光伏发电	100	
7	浸没式超滤加反渗透膜处理中水回用系统	32	节约用水 8×10^4t
8	练白热能回收系统	10	
合计		492	

（2）节能降耗的环境效益。

①企业采用清洁燃料作为能源，可削减 SO_2 排放量9.04t/a，从而减轻了对周围空气环境的影响。

②企业中水回用率达到60.3%。根据企业现有的生产能力和废水产生情况，企业日中水量达到350t左右，则每年可减少废水排放量 7×10^4t/a，可削减COD外排环境量14t/a、氨氮外排环境量1.4t/a。

③通过实施调配间和染化料仓库密闭废气集中收集处理、污水站臭气产生单元封闭臭气集中收集处置等措施，有效削减厂区无组织有机废气排放。见表2。

表2 企业实施节能环保措施的环境效益

类别	削减废水效益（t/a）			削减废气效益（t/a）	
	废水量（10^4t/a）	COD（t/a）	氨氮（t/a）	二氧化硫（t/a）	VOCs（t/a）
削减量	7	14	1.4	9.04	0

3.2.3 工业旅游效益

从企业2012年成功创建国家AAAA景区、浙江省工业旅游示范基地以来，旅游人数逐年递增，累计接待海内外游客约400万人，最近三年为公司创收共计60000万元。见表3。

表3 工业旅游效益

年度	年度接待游客（万人次）	其中海外游客（万人次）	工业旅游销售收入（万元）
2015	64.4419	3.838	18619.00
2016	68.9518	4.1062	19902.33
2017	74.1912	4.4178	21414.82

由于在工业旅游方面做出的卓越贡献，公司于2017年被国家旅游局评定为国家工业遗产旅游基地，全国仅十家，浙江仅一家。

3.3 社会效益

随着达利丝绸世界景区功能的不断完善和企业在科技、文化、信息等管理领域的不断创新，已引起了社会各界的关注和支持。特别是各外交官使团、海外游学、交流团体，来浙江必来达利丝绸，俨然已成浙江省接待外宾的必到之地（图11~图13）。中央电视台、《中国旅游报》、浙江在线、浙江新闻、浙江6频道《休闲资讯》、浙江旅游卫视《旅游资讯》栏目等媒体先后多次对丝绸世界景区、达利智能制造等创新举措做过专题的宣传。可见，该创新成果的推行产生了以下社会效益：

图11 外交官使团考察达利丝绸

（1）有利于推进全省制造业与服务业跨界融合发展，进一步发挥旅游产业的关联带动效应与示范效应，促进区域经济的转型升级；

(2) 有利于为浙江省“工业旅游创建国家A级景区”树立标杆与典范；

(3) 有利于推进我国丝绸文化的传承保护，丰富丝绸旅游产品品牌的内涵；

(4) 有利于推进公司的多元化发展，促进企业文化内涵的提升，增强企业综合竞争力。

图12 导游为外宾团讲解

图13 世界外交官丝享会参观达利景区

3.4 团队建设保障公司的持续创新

公司坚持长期储备创新，集聚企业可持续发展力。董事长林平组织开设丝绸知识大讲堂，通过亲自授课（丝织学、传统纹样）、聘请高校专业教授进行讲课的方式，让员工对传统丝绸纹样、技术、文化得以全面、系统的了解。他积极推动、落实优秀员工去专业院校进行脱产学习。如自2015年起，公司每年都会外派员工去浙江理工大学参加中国非遗传承人群织锦技艺传承及创意设计研修班；通过和国内院士、国际知名专家等尖端研发人员合作，着眼于企业3年至5年的发展规划，研究对纺织行业有重大影响的课题项目，拓展丝绸产品应用领域，为企业可持续发展做出重要保障。

4. 未来目标及发展重点

4.1 产学研合作方面

紧紧依托公司的省级重点企业设计院、工业设计中心等研发平台和“以企业主体，以校企共同体为组织模式”的产业研发创新战略联盟，完善以市场为导向，以创新成果市场接受率及产业化为基础的考评体系，并持续保持与纺织类专业院校、中国纺织信息中心等校政单位的良好合作关系，共同研究中国纺织时尚产业的创新发展趋势、生态丝绸创意工业设计以及丝绸行业的关键性技术，不断提升企业自主技术创新能力、设计实现能力和协同创新能力，引领丝绸流行趋势，满足市场对产品功能性、个性化、创意化的需求。

4.2 进一步加大智能制造发展力度

在新一轮科技革命和产业变革的大背景下，以数字化、网络化、智能化为特点的智能制造已成为未来的发展趋势。公司将互联网技术与传统产业深度融合，创造性地将智能化信息技术应用于现有设备的改造提升之上，这已是企业发展的重要动能来源。

4.2.1 进一步梳理流程，建立完善的智能化管理的流程系统

在准备设备升级改造完成后，达利丝绸将以点带面，在全公司范围内逐步实施其他关键性设备的智能化改造。目前，企业拟再投资 500 万元对 52 台倍捻机新旧动能转换后再予以升级，通过锭筒和感应器，识别每个织筒每小时正常运转所需的纱锭重量或米数，操作工只需在白天下班时把晚间生产所需的纱锭放在对应的绽筒内，即可实现晚间正常生产的无人车间，改变纺织行业三班转的需求，同样保质保量且减少用工，降低能耗。计划于 2019 年底，全面实施生产设备智能信息化。

4.2.2 构建多层次人才队伍

大力弘扬工匠精神，加强智能制造人才培训，培养一批能够突破智能制造关键技术、带动制造业智能转型的高层次领军人才，一批既擅长制造企业管理，又熟悉信息技术的复合型人才，一批能够开展智能制造技术开发、技术改进、业务指导的专业技术人才，一批门类齐全、技艺精湛、爱岗敬业的高技能人才。

4.2.3 利用互联网 +，推动个性化定制

围绕新需求创造新供给是制造业供给侧结构性改革的着力点。个性化需求的增强，传统的产品开发和生产模式已无法适应。为此，公司将在工业互联网、移动互联网、云计算、大数据等新技术的应用支撑下，建立款式数据库、工艺数据库、板型数据库、BOM 数据库，以满足国内外客户个性化设计需求，打造互联网个性化定制新型商业模式。

4.3 继续推进转型发展

继续紧跟国家“一路一带”及大力发展文化创意产业的战略布局，在现有越罗非物质文化遗产传承基地、中国丝绸文化博物馆、丝绸文化创意中心等基础上，依托区域良好的生态环境条件和茶文化、佛教文化等资源优势，将产业、文化和旅游深度融合，快速实施丝茶小镇的项目建设，全面推进传统丝绸产业向文化创意产业的深度转型发展。

5. **结论**

60多年的艰苦奋斗以及公司全体员工的共同努力，为达利丝绸斩获了多个勋章。近年来，丝绸行业的发展已经进入瓶颈期，达利丝绸为突破传统丝绸行业的桎梏，管理团队认为跨界转型是必要的，公司也正处于跨界转型过程中。2018年12月18日，公司董事长林平提出达利丝绸跌宕起伏的2018年即将过去，在公司管理团队和广大员工的共同努力下，我们克服重重困难，相较2017年有较大进步。过去的两年里，管理团队层将重心放在生产一线上，通过新旧动能转换，生产效率、6S现场管理大幅提升。同时，林平董事长将自己的使命定义为：弘扬丝绸文化。达利丝绸通过传统丝绸企业的跨界转型已经寻找到了丝绸行业新的经济增长点。公司将通过与学校或设计院合作、构建多层次人才、结合互联网及继续推进转型发展等战略，决战未来！

二、案例分析思路与逻辑

1. 启发案例思考题一

1.1 问题

达利丝绸为什么要推进“传统丝绸产业”向“丝绸+文化+工业”融合发展？它是如何进行转型的？达利丝绸如何为产品赋予新定义？

1.2 分析思路

从企业经营决策的角度看，转型属于企业战略层的决策，达利丝绸公司做出转型的战略决定，其根源在于企业所处的丝绸行业竞争能力降低和竞争优势衰退迫使企业通过组织变革，提升企业在行业内的能力，为此公司决定采取跨界转型的方式，寻求新的经济增长点，使企业获得新的生机。

从消费者的角度看，顾客需求随着国家经济的发展以及国民收入的提高有了质的飞跃；人们的消费模式也随着互联网的发展发生了改变，客户对产品个性化的要求也越来越高，这使得企业转型成为必然。

1.3 理论依据及分析

顾客需求（Customer demand）是指顾客的目标、需要、愿望以及期望。

根据马斯洛的需求层次理论，人类的需求可以划分为：生理需求、安全需求、社交关系的需求、尊重的需求、自我实现的需求。

狩野纪昭博士提出，随着时空的变化，客户的需求会发生变化，其规律是吸引性需求逐步变为满足性需求，满足性需求逐步变为基本需求。将企业所提供的产品和服务所能满足顾客在产品、服务和关系需求上的程度分为适应基本需求、适应满足性需求、适应吸引性需求三种状态。随着顾客需求的演化，基本需求、满足性需求和吸引性需求这三个不同层次需求的内容、强度会发生很大的变化。

基本需求，是最基本的顾客要求，也是顾客最低限度的需求，如果无法达到，就会造成顾客严重的不满，或使顾客转向其他竞争者。换言之无法提供这些需求将会使顾客流失，造成市场占有率的下降。

满足性需求，如果能满足，便会超过顾客的基本期望，但不至于影响个别购买者的行为。这些需求会影响顾客对公司的感受。但如果没有提供，也不会导致顾客流失；即使满足了顾客的这些需求，也不足以把竞争者的顾客吸引过来。因此，满足性需求或许会影响满意度，但一般不会影响购买行为。

吸引性需求。指提供很高的或超越顾客预期的价值，以至于影响到顾客的购买行为；即使顾客的基本需求此前已在其他厂商处获得相当的满足，这个因素也能促使顾客更换厂商以获得该价值。

在当代，中国社会相较于外国来说相对较为安稳，保障了人民的安全需求；随着国家经济的高速发展以及经济体量的增大保证了人民的基本温饱问题；可以说我们现在处于服务经济时代和体验经济时代的过渡阶段，商品经济空前繁荣，顾客对服务的需求不断增加，对服务的品质日益挑剔，随着社会生产力水平、顾客收入水平的不断提高，他们的需求层次有了进一步的升华。从社会总体上看，顾客需要更加个性化、人性化的消费来实现自我。

随着经济的高速发展，人民的需求逐渐向高层次和多元化的方向发展，倾向于追求舒适、高层次的物质享受。人们对美好生活的向往带来了新的消费趋势："文化底蕴、科技含量、安全环保"。人们渴望能代表中国悠久历史文化的产品，需要功能化、时尚化、个性化、生态化的产品；并渴望对产品的生产过程有可追溯的要求；公司主动践行"一带一路"战略的需要，古丝绸之路在新时代再度繁荣给丝绸行业带来了巨大的发展空间。

为了更好地推动传统劳动密集型产业向兼具文化创意、环境友好和科技生态的新兴产业模式转变，公司深度挖掘中国丝绸文化和江南丝绸文化，全力打造以百年古石磨、千年桑树园、万年乌沉木、亿年木化石、蚕桑文化石刻、桑蚕文化馆、丝绸博览馆、丝绸文化街、传统文化经典、有机农业园、生态体验园和丝绸展示中心等亮点的丝绸文化工业旅游国家 AAAA 旅游景区，并采用了体验和教育基地相结合的方式，让客户在游玩中学习到一些与丝绸有关的知识，并进行手工 DIY。

达利丝绸将丝绸产品与中西方传统文化赋予产品新的概念，将艺术品、流行及艺术等元素重新设计，并在丝绸产品上呈现，以更好的产品形式满足客户对丝绸期望的其他需求；为了更好地让消费者了解丝绸的历史及织造原理，公司将不同的文化附加到丝绸产品上，并将传统的丝绸产业与工业旅游结合起来，同时也促进了丝绸产品的销售以及丝绸文化的传播。

达利丝绸通过转型升级延长了传统丝绸产业的生命周期，为公司的丝绸产品找到了新的经济增长点，使得企业的发展能够与当下的国家政策和市场需求相结合。

1.4 关键要点

原有的丝绸产品已经不能满足消费者日益增长和变化多端的需求，达利丝绸公司要从众多纺织产业公司中脱颖而出，必须要为公司的传统丝绸产业找到新的经济增长点，公司将东西方文化附加在丝绸产品上，实现了产品从满足消费者显性需求到隐性需求的转变。将传统的丝绸产业与工业旅游结合起来，实现了从传统营销方式向“体验营销”的转变，通过让消费者了解丝绸的文化以及丝绸的织造过程，对丝绸产品有了新的认识，进行新一轮的营销，推动公司向“工业+旅游+文化”成功转型。

2. 启发思考题二

2.1 问题

在面对环境威胁时，达利丝绸为使自己立于不败之地，做出了哪些努力？

2.2 分析思路

企业的竞争优势同时受到内外部环境的共同影响，内部环境可以从企业价值链的各个环节进行分析判断，外部环境可以从宏观环境和行业环境等层面来分析。主要从如何通过对企业内部价值链环节的改善，保持和提升企业竞争力。企业领导层在察觉到这些问题之后采取了哪些措施，使得达利丝绸在社会这个大环境下立于不败之地。

2.3 理论依据及分析

研究经营单位的竞争优势不能将其看成一个整体来研究，而要将经营单位的相关活动拆开来看，需要分清每一项价值活动创造的是什么价值，然后又能够为后续价值活动提供什么有利的条件，同时对每一项价值活动与竞争对手进行相互对比分析，找到自身的优势价值活动继续加强，发现自身弱势的价值活动不断地提升，从而创造出竞争优势。价值链的思想不单单是为了识别企业的价值活动，更重要的是能够提供一种战略层面的工具，能够帮助企业从自身优势和劣势不同角度的研究企业的价值活动，从而能够使得企业更好地投入市场竞争的大潮中，这就需要我们对企业内部的价值链进行分析。

价值链分析是迈克尔·波特教授提出的分析企业内部竞争优势的一种工具，传统的价值链是指将企业从采购原材料到销售产品所产生的各项作业串联在一起，最终形成企业的价值链条。波特将企业价值链上的活动划分为五种基本活动和四种辅助活动组成，基本活动包括内部后勤保障、生产经营、外部后勤保障、市场营销、售后服务等；辅助活动包括企业基础设施、人力资源管理、技术开发、采购管理等。

达利丝绸发现公司生产的丝绸产品存在三个问题：品牌知名度不高，生产效率不高和质量不高。通过对企业内部价值链的各个环节进行分析，认为公司应该在“生产经营”中间环节以及“市场营销”和“售后服务”等终端环节做出改善。为此公司引进了智能化的设备，并对生产一线的员工进行生产技能的培训，对销售终端的员工进行销售技巧以及渠道开发的有关知识技能培训。在未来，公司计划构建多层次的人才梯队。

在生产经营环节，达利丝绸为提高生产效率和改善丝绸产品质量，公司有针对性地对倍捻这一关键工序进行智能数据采集、分析和处理，使设备、管理、工人等各方面的因素智能地融合在一起，通过智能化的方式来实现丝绸产业的全面升级，为了提高生产效率，公司引进智能制造，采用更加智能化、信息化和大数据等方式快速处理生产车间中各道工序的信息，以提高信息处理效率，从而提高公司丝绸产品的质量。

在“市场营销”环节，为推动品牌战略的发展，公司积极拓展国内外终端市场，建立达利发、丝绸世界、雅慕等多个品牌，并为每一个品牌赋予独具特色的品牌释义。为提升品牌知名度，公司通过电商平台、网站、广告及微信公众号等渠道宣传品牌，推进自主设计、自主生产和自主品牌的中高档丝绸产品，并实施“提升品牌，决胜终端”的品牌发展战略。

2.4 关键要点

竞争优势来源于企业为客户创造的超过其成本的价值。价值是客户愿意支付的价钱，而超额价值产生于低于竞争对手的价格提供同等效益，或者所提供的独特的效益补偿高价而由于。所以竞争优势有两种基本形式：成本领先和差异化。竞争优势是企业在与竞争对手的竞争中所表现出来的优于竞争对手的一种能力。竞争优势来源于企业经营过程中一系列单独的价值活动。企业价值链是这些价值活动的集合，其中各项价值活动都是价值链上的一个环节，因为完成某个环节的方式会影响其他环节的成本和效率，所以各个环节之间存在有机的联系，而如何把这些联系进行最优化的选择和权衡则决定了企业能获得多大程度上的差异化，并最终决定了企业拥有竞争优势的大小。企业价值链又分为企业内部价值链和企业外部价值链，在此仅讨论企业内部价值链，因为，达利丝绸主要从企业内部进行整改，与此同时，也抓住了对公司有利的政策优势。

（西安工程大学：郭伟教授、姜铸副教授）

情景变装与文化运营

——浙江依爱夫游戏装文化产业有限公司

摘要 浙江依爱夫游戏装文化产业有限公司（以下简称依爱夫公司）早期是浙江平湖一家专门从事欧美 Cosplay（角色扮演）游戏装的贴牌加工企业。瑞典籍华人创始人汪维佳通过引入西方 Cosplay 文化要素和挖掘中华服装文化精华创建了国内儿童游戏装品牌伊佳林（IKALI），并通过创造“伊佳林开心梦工场”走上了基于文化创意的儿童游戏装体验营销之路，实现了“情景变装与文化运营”相融合的产业转型，获得了显著的经济效益与社会效益并形成公司的经营特色与产业竞争力。但这种模式的风险点在哪里？它究竟能走多远？这在汪维佳心里不时掠过一丝担忧。

关键词 依爱夫公司；儿童游戏装；角色扮演；体验营销

一、案例正文

0. 引言

浙江平湖工业区有一座梦工场。在这里，小朋友玩得很嗨很忘我：有的成了冰雪女王，优雅舞蹈；有的成了蜘蛛侠，拯救地球；有的成了绿巨人，横冲直撞；有的成了超人，无所不能……这里有“北欧五公主”儿童游戏装，这里还有“中国公主”服装系列。这是一种什么样的商业模式？这里究竟是儿童乐园还是商场、工厂？打造这个儿童梦幻乐园的，是浙江依爱夫游戏装公司董事长、瑞典华人汪维佳。20 世纪末，汪维佳赴瑞典留学并经营了一家商贸公司。那时，让汪维佳印象深刻的是，瑞典人庆祝节日时，无论老少都穿上独特的游戏装，扮演自己喜爱的角色，在街头狂欢，迪士尼的现场游戏装展演也给年轻的汪维佳留下了深刻印象，“梦幻”两字早已埋在了年轻的汪维佳心里。21 世纪初，动漫、游戏、动画电影在中国盛行，许多儿童爱上了动漫、游戏、电影中的角色扮演和服饰装扮，Cosplay（角色扮演）文化在中国初见端倪。“为何不将儿童游戏装引入国内，创建中国自己的儿童游戏装品牌”？汪维佳从中嗅到了商机，并毅然回到了自己的家乡平湖创建了依爱夫公司，从为国外游戏装品牌代工走向儿童游戏装的自主品牌创新之路。

1. 汪维佳的创新创业之路

作为浙江依爱夫公司的创始人，汪维佳的创业之路颇不平凡。2003 年初，汪维佳怀揣着梦想回国，在平湖成立了浙江嘉兴市首家来自北欧的外商独资企业——浙江依爱夫纺织有限公司，当时专门从事欧美 Cosplay 服装的贴牌加工。“要做就做世界一流的游戏装”，创业之初，汪维佳便将目标瞄准了迪士尼等国际知名品牌的代工。说干就干，2004 年汪维佳建立了自己的实验室，首先从提升品质上下功夫。让人想不到的是，这个实验室由一台洗衣机开始。为最大限度地满足品牌商的品质要求，公司从洗衣机的品牌到洗衣粉的采购，全部采用与国外同一标准，“面料、成衣，洗五遍、烘五遍，仍不褪色，才算符合标准”，一台高质量的洗衣机，却为依爱夫洗出了品质、洗出了信誉，由此订单纷至沓来。

“代工永远没有自主权，要想长远发展，必须走自主品牌创新之路”，在公司经营业绩稳步增长的同时，汪维佳却感觉到一种深深的行业危机感十足。汪维佳开始琢磨公司转型和走文化创意儿童游戏装之路，着手创建自己的品牌，尝试体验式消费的营销模式。转型之路，从设计师开启。在当时的平湖，要找一位好的设计师并不容易。无奈之下，汪维佳赴瑞典和拉脱维亚，聘请了两位外籍设计师。同时，通过与平湖职业技术学校合作培养自己的研发设计团队。

汪维佳回忆说，当时 Cosplay 装在国内尚属于小众领域，生活中能穿戴的游戏、表演服饰在国内属于空白领域。行业空白就意味着机会所在，于是，她在国内率先提出了“儿童生活游戏装”的概念并创建了国内首个儿童生活游戏装品牌伊佳林（IKALI）。2009 年，在上海天山路上，汪维佳开出了首家伊佳林儿童生活游戏装专卖店。但出乎汪维佳意料的是，开业一个月，来店里逛的客人很多，真正下单的却寥寥无几，这让汪维佳甚是苦恼、彷徨。

说起自己的第一次试水遭遇的挫折，汪维佳至今依旧唏嘘不已。面对市场冷遇，汪维佳没有灰心，立即组织市场调查，发现了问题所在：外国畅销的儿童游戏装，大多涤纶面料以及夸张的图案和色彩，并不对国人的胃口，不能照搬照抄，从面料到图案都需要根据国人的偏好进行调整。于是，公司从国内实际出发设计推出了一批符合国人喜爱、面料舒适的游戏装，重点打造出衍生的“北欧五公主”“中国公主”系列等 IP（intellectual property，知识产权），深受市场欢迎，国内外市场占有率不断提高，公司先后获得全球最佳游戏装全类目供应商、中国十大童装品牌、中国服装行业百强企业、国家文化出口重点企业等荣誉。

前行的步伐从未停止。当自主研发出口与自主品牌经营一路走红时，汪维佳“不安分”的心再次萌动，她盘算着将公司从童装设计、生产、销售，向儿童文化创意产业再度延伸，打造一个体验式消费的童话王国，体验营销模式的创意在汪维佳的脑海里萌生。2014 年 10 月，在依爱夫公司的厂区内，全国第一家以情景变装为主要特色的“伊佳林开心梦工场”诞生了。此后，在宁波、湖州、无锡、台州（图 1）、南京、上海等地，十余家梦工场连锁店先后登陆，掀起了中国儿童童话变身的时尚、娱乐消费浪潮。2018 年，伊佳林文化产业股份有限公司应时而生，公司在自主品牌研发、检测科技服务、文化创意与体验营销等游戏装产业链一体化方面又开拓出一片新天地。

图 1　伊佳林开心梦工场（台州店）

2. 依爱夫公司的品牌发展战略

2.1　公司简介

浙江依爱夫游戏装文化产业有限公司（以下简称依爱夫）成立于 2003 年，是一家游戏装研发制作的专业公司，集游戏装及衍生产品的创意、设计、研发、制作、检测、体验、展示、销售为一体，建立了先进的儿童服饰产品检验测试中心，是中国服装行业百强企业，也是国家文化出口重点企业，并主持起草制定了《游戏服装》国家标准。

十多年来，依爱夫通过实施产品文化创意、品牌自主创新与体验营销战略，企业经营业绩稳步提升且呈现良好的发展势头。依爱夫自创的童装品牌伊佳林已经成为“中国十大童装品牌”，原创儿童室内游乐品牌伊佳林开心梦工场（IKALI Dreamland），集情景游乐、品牌集合店、亲子休闲为一体，是以情景变装为主要特色的“文旅融合”体验式消费商业模式，并已被评为国家AAA级旅游景区。目前公司已在宁波、湖州、无锡、台州、南京、上海等地开设了十余家梦工场连锁体验店，公司年营业收入5.4亿元，总资产达5.5亿元，年净利润6000万元。

2.2 伊佳林（IKALI）品牌的定位与发展

浙江依爱夫公司早期是一家专门从事欧美游戏装贴牌加工的企业，拥有Disney、华纳DC等全球热门品牌游戏装加工授权。2008年7月，依爱夫着手实施品牌战略，开始走上文化创意的自主品牌创新之路。考虑到游戏、表演装在国内消费群体偏小，依爱夫把产品定位为平常生活中可以穿着的游戏装，并提出“儿童生活游戏装”概念，打出自己的品牌伊佳林。源自瑞典的伊佳林是全球领先的Cosplay儿童文化创业品牌，以塑造公主、英雄等百变造型游戏装为核心，打造丰富的游戏装主题系列，实现充满乐趣的扮演体验。这一品牌新概念的提出拉开了与传统儿童装的差别，通过融入文化、创意、时尚、新潮的内涵，使之在国内童装市场一枝独秀。公司专注于文化服饰、主题乐园和文创活动三大业务领域，力图彰显儿童角色扮演可爱的天性，如今的伊佳林已是中国十大童装品牌，并获得了中国童装最具文化创新奖、浙江省著名商标、浙江名牌产品等荣誉。

2014年，依爱夫公司开始尝试伊佳林品牌在产业链中的延伸，推崇体验式消费模式并实施体验营销策略，伊佳林开心梦工场体验店在宁波、湖州、无锡、台州、南京、上海等地应运而生。伊佳林开心梦工场是以“情景变装”为主题，以“文化运营”为特色，融合角色体验、门店销售、文化游览、休闲餐饮于一体的综合性游戏装文化体验乐园，是公司重点投资打造的创新发展项目。该项目将创新型儿童体验娱乐商业与其旗下的特色童装品牌伊佳林完美整合，形成新兴文化理念与儿童时尚产业结合的文化创意体验式消费模式。

伊佳林品牌游戏装文化体验分为两个方面，一是体验扮演角色背后的故事，二是体验西方具有游戏装扮演文化的节庆风俗。小朋友来到梦工场，可以根据不同的剧情偏好选择穿不同的游戏装，真正实现根据情景“变装”。小朋友穿上自己喜爱的动漫、电影、动画角色服装，例如美丽的公主、威武的骑士、拯救世界的英雄或无所不能的魔法师等，并在逼真梦幻的造景中根据设定的剧情及人物互动，一起穿越时空体验完整的童话故事。见图2。

图2 伊佳林角色体验装

为保持体验角色持续的新鲜性和丰富性，伊佳林与迪士尼、华纳等IP巨头深度合作，迪士尼公主、超人、蝙蝠侠、加勒比海盗、维尼小熊、玩具总动员等动漫IP形象均被悉数引进并开发出相应的游戏装产品。而且，伊佳林儿童开心梦工场配备了专门的团队设计新的故事和场景，在保证每个月都有新的体验角色创造的同时也保证了活动体验的趣味性。见图3。

图3 伊佳林产品品牌体验

3. 依爱夫公司体验式商业模式

3.1 提出问题

从早期的产品制造商转变成后来的品牌运作者，依爱夫在市场运作过程中发现，游戏装是介于服饰和玩具之间的跨界产品，具有显著的体验特征。游戏装的购买并非刚性需求，更多的是一种冲动消费，购买产品的动机需要情景代入感、特定的文化需求以及深度的角色认知三方面因素的驱动。如果按照传统的销售逻辑，只是单一地将游戏装产品呈现在商场货架上很难激发消费者的购买冲动，要营造情景吸引消费者参与体验。公司考虑到新时代人们对健康生活、美好生活的向往，考虑到中国式家长以孩子为中心的心态以及儿童游戏装的文化体验特征，尝试了体验式消费的商业模式创新。

3.2 解决方案

针对上述情况，依爱夫给出的解决方案是：创建“情景变装＋文化运营”的伊佳林开心梦工场体验式营销新零售商业模式，即将线下专卖店建设成为具有浓郁文化体验氛围的游戏、娱乐体验店，通过充分体验刺激儿童消费，包括体验服务消费和娱乐游戏装消费。该模式将特色变装与儿童游乐相结合，不仅会带来充足的客流和人气，还能创造体验价值和增强儿童消费者对游戏装文化产品的认可，激发购买动机和促进体验销售。见图4。

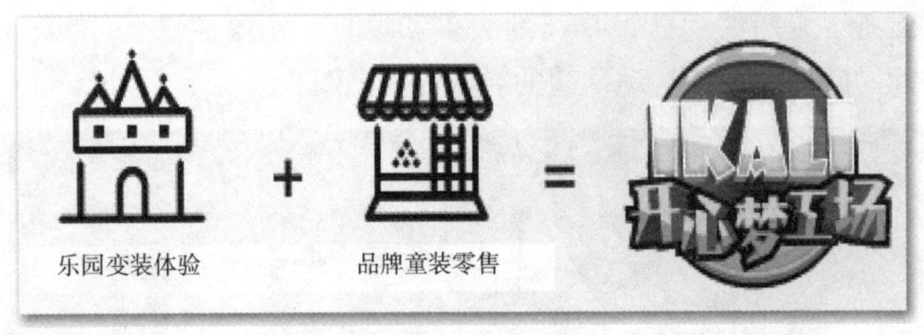

图4 伊佳林（IKALI）开心梦工场商业模式

3.3 商业模式发展

2010年4月，依爱夫公司在中国国际动漫节上召开品牌发布会，正式提出伊佳林开心梦工场模式创新构想。这一构想源自瑞典籍企业领导人的独特视角，使依爱夫从单纯的服装品牌营销，向品牌文化乃至健康儿童生活方式的营销转型。从提出伊佳林开心梦工场模式创新构想起，依爱夫一直在摸索以“产品＋服务”为特色的体验消费模式。2010年，杭州动漫节之后的很长一段时间，依爱夫一直在寻找伊佳林开心梦工场模式的内在逻辑和赢利方法。

2014年，公司成功开创了全国第一家以情景变装为主要特色的伊佳林开心梦工场。如今，开心梦工场以“情景变装＋文化运营”的经营理念，在平湖、宁波、湖州、无锡、台州、南京、上海等地相继建成了十几家专营体验店，公司也以此为平台完成了“文化与旅游”的深度融合，走上基于文化创意的品牌体验营销之路。依爱夫致力于将全球Cosplay文化融入儿童服装消费，创造了体验品牌。单一的“主题变装”并不能完全吸引消费者，绚丽的场景设计以及丰富的游乐内容才能留住消费者，“文化运营”成为开心梦工场的主旋律。

4. 依爱夫公司体验营销组合策略

4.1 体验产品开发

西方的圣诞节、万圣节等传统节庆风俗以及动漫影视衍生产品的成熟运作，让游戏装在国外早已形成强大的消费市场，但对国内市场来说仍是一片空白。依爱夫公司正是瞄准国内儿童喜爱游戏、动漫人物的内在体验需求，发挥其作为全球顶尖的游戏装代工企业“近水楼台”的优势，打造公司自主游戏装品牌伊佳林，将西方游戏装文化引入中国市场，创造了公司的儿童游戏装生产和经营的特色。

作为游戏装设计、研发、制作、销售的专业公司，依爱夫在公司成立初期就建立了设计研发团队，因此梦工场拥有系列自主 IP，此类 IP 不仅有创作背景，有文化内涵，更有专为梦工场主题乐园设置的角色故事，这些故事因为有趣、新颖，受到了小朋友的喜爱，故事主角也因为勇敢、坚强、智慧、爱心等体验特性受到小朋友的青睐和追捧。十多年的经营过程中，伊佳林依托梦工场平台创造了海量的 IP 角色供儿童 Cosplay 选择，其中有迪士尼公主系列，有漫威的英雄系列，还有精灵、船长、魔法师等配合不同板块而设定的角色，其中最为经典、最有特色的产品当属北欧五公主（图 5）、中国公主系列（图 6）。公司还依据时下流行的游戏、动漫、影视作品源源不断地推出新人物形象装以满足儿童的创新体验需求。

图 5 伊佳林的北欧五公主系列

图6　伊佳林的中国公主系列

4.2　体验情景的营造

“情景变装”的最主要元素就是梦幻场景的再现。北欧是童话的发源地，为了完成对童话造景的完美重现，依爱夫组织人员赴北欧考察以优选场景板块。例如，伊佳林开心梦工场平湖旗舰店雪域森林的背景，得益于北欧独特的大片针叶林环境和高耸入云的雪山群。在北欧的神话及童话中，森林和雪山出镜率都极高，这两个人迹罕至之地往往被描述为神秘的精灵及巨人聚居的村落，结合神话故事情境及现实中斯堪的纳维亚山脉形象，雪域森林场景由此诞生。再如，哥德堡港口的背景由来，即从现实中瑞典第一大港哥德堡港演化而来，结合北欧特有的维京海盗文化，港口旁停靠着传奇的哥德堡号古帆船，海盗、商人在港口唱着古老的船歌，而港口外则栖息着美人鱼和蠢蠢欲动的海怪，共同编织成这个热闹而神奇的海岸。最后，确定开心梦工场由鲁道夫广场、雪域森林、哥德堡港口、奇幻城堡、英雄迷城五大主题板块组成，通过融合北欧神话及丹麦童话还原的独特设计、流动的声光影音特效，使孩子身临其境地体验梦想中的奇幻之境，自由地化身为公主、骑士、精灵及英雄，与其他孩子一起欢笑、玩耍、交流、合作——解开谜题，开启智慧之门，跨越艰难险阻，完成任务获得丰厚奖励，使孩子在开心梦工场中获得快乐体验，得到锻炼和成长。

与其他传统儿童室内游乐场不同，每家伊佳林开心梦工场门店的场景设计和布置都别具匠心。在场景构筑上，鲁道夫小镇、秘境森林、海盗巨船、奇幻城堡等特色主题吸引孩子的眼球。伊佳林开心梦工场在场景的设计上更侧重于迪士尼式的主题游乐园，大量运用彩绘、卡通场景及玻璃钢结构的动物、人物形态，打造一个让孩子可以代入体验的“童话之境”。目前，伊佳林开心梦工场已有8～10款不同场景主题，在场景选择上伊佳林开心梦工场也相对较为灵动，每家店均有不少于3个主题场景设置，也会结合当地市场偏好来打造适合的场景。见图7。

图7 伊佳林梦工场场景

在设备方面，除了传统的开放式软体游乐项目，伊佳林自主开发了多个极具交互感的多媒体游乐项目，并且完美地嵌合到场景造型中，带给孩子最奇妙和新奇的角色体验，比如参与海洋区的船长航海和古船炮击项目，感受海盗的冒险之旅，再如挑战太空区的激光隧道和9DVR太空驾驶项目，让化身各色英雄角色的孩子真正体验到故事电影中英雄的壮举。

4.3 体验主题设计

有了梦幻逼真的场景，如何在千篇一律的室内游乐场竞争中独树一帜以获得消费者的青睐是伊佳林开心梦工场经营面临的首要问题，依爱夫选择在体验主题及内容创新设计上做足文章。与众多一成不变的室内游乐场不同，围绕儿童“喜新厌旧”的天性，伊佳林开心梦工场通过定期变换主题内容来吸引小朋友的好奇心。具体来说，在门店内部布局上，除了固定的零售及基础游乐设施外，40%～50%的面积设计为独家特色的情景角色体验区项目，在这些区域里，几乎每个月都会推出新的动漫角色，如提供新的角色变装，新的主题故事表演和新的互动游乐环节，让孩子和家长每次来开心梦工场都会有新的感受，体验新的角色，玩到新的项目，从而一直保持新鲜感。这些特色体验区就像一个个独立电影院，每月不断会有新的故事情节上演，角色体验常变常新，这样从可玩性上大大提高了复游率。而事实上，伊佳林开心梦工场每家店在每个季度都会同步推陈出新，不仅有新的变装选择，还会有新的主题挑战，使整体的变装及游乐体验永不过时。如在奇幻城堡的板块，游乐项目是和城堡元素搭配的宫廷木马、王国集市、公主会客室等；而在雪域森林板块，游乐项目是和森林元素搭配的精灵树屋、罗宾营地等；如诺亚太空城的游乐项目是和太空元素搭配的星际战场、激光隧道、失重空间等。此外，梦工场在游戏设置上对主题的协调、场景的契合度等都有考量，对主题的策划和设计也关注到相应的工程条件以确保孩子游玩过程中的安全。见图8。

图8　孩子在梦工场的角色体验

4.4　开展体验活动

伊佳林开心梦工场致力通过开展体验活动打造沉浸式体验。每年的复活节、儿童节、万圣节、圣诞节等重大节日，伊佳林梦工场都会精心策划组织，制定丰富的节日活动方案，推出应景的场景布置、游戏装及互动体验活动，引导孩子主动穿着游戏装，参与充满变装氛围的节庆狂欢中，深度体验西方极具特色的节庆文化以及中国传统节庆文化，通过体验活动开展加深了孩子及家长对儿童游戏装产品的理解和喜爱。特别是周末、节假日特有的形象演员现场表演和巡游，让人产生如入梦境、穿越时空的游乐感受。

伊佳林开心梦工场将角色体验项目与设备游玩很好地结合，通过变装活动的“角色任务”引导小朋友参与情景互动中，通过游戏装这一介质和主题故事人物的呈现方式将各种热门主题IP以最直接的方式赋予消费者的游玩体验中，创造最大的参与度和满足感。可以说，公司一方面通过体验店的活动开展积极培育品牌“粉丝”，通过引入北欧等地区的Cosplay服饰文化，融合动漫、游戏、卡通、童话等元素，将儿童服饰的内涵以讲故事的方式呈现；另一方面，公司还通过微信、微博、宣传单派发等方式发起了“西瓜娃娃”才艺秀、外语互动讲坛、“汇聚侨爱心、共圆开心梦”、“温暖接力、爱心捐衣”、“捐衣赠票”等公益活动，有意识地引导孩子及家长将服务和公益有机结合，多店联动，把开心梦工场打造成公益活动平台。今年春夏之际，公司在所有体验店推动了“儿童游戏装时装秀”的大型竞赛活动，从各店海选到初赛、总决赛，孩子和家长的参与热情高涨，比赛现场气氛热烈，孩子们获得了难忘的游乐体验，通过活动参与也得到了能力的锻炼和素质的提升。见图9。

图9　儿童游戏装时装秀

4.5　品牌体验传播

在品牌传播推广方面，伊佳林梦工场的创意营销团队以线上线下相结合的立体推广形式和传播内容的不断创新展开了一系列行之有效的品牌推广举措。

线上推广方面，公司致力于新兴的互联网社交自媒体平台（如微信公众号）开展营销推广，拓展了微商城销售、互动式推广展示、社交分享等一系列新型传播功能，这些措施强化了用户的活跃度、黏性。公司还利用互联网上各类新型的传播方式与平台在目标区域进行营销推广，例如地方门户网站、舆论公众大号、O2O 平台等，采取游戏、有奖竞猜、投票等互动性更强的形式，公司在自平台中利用微信、QQ 传播也逐步积累了一批有深度品牌黏性的核心客户群。见图10。

图10　伊佳林梦工场营销推广

线下推广方面，伊佳林品牌积极参与目标市场各类顶尖大型的行业展会，与各大商业地产项目（如八佰伴、久光、银泰等）品牌举办各类宣传路演活动，深度运用各种西方节庆文化时机（如万圣节、复活节、圣诞节等）和时下青少年与年轻父母间流行的文化热点（《复仇者联盟》《星球大战》等大电影，《爸爸去哪儿》等热门真人秀）结合起来，开展极具特色的话题营销，引发自发性口碑传播。同时，基于当下“社交媒体红人引领消费风潮”的消费特点，公司主动开展新颖的“意见领袖 KOL”（网红辣妈、社媒深度用户等）合作营销活动，邀请一些拥有广泛传播力的“舆论引爆点”人物来体验感受伊佳林的游戏装产品及游乐服务，让其作为代表将产品、品牌及活动信息引至互联网上传播，达成品牌口碑传播的影响力。

此外，为了进一步宣传推广游戏装文化，让中国青少年能走近、了解、体验、领略游戏装的梦幻神奇魅力。游戏装文化馆包含五大展厅，集中陈列展示了游戏装的含义、起源、工艺、发展历史，还原了游戏装及衍生产品诞生所经历的设计、研发、制作、检测过程，全方位展现游戏装文化创意的魅力，成为公司游戏装产品、公司伊佳林品牌及公司形象的固定传播载体。见图 11。

图 11 游戏装文化馆

4.6 顾客体验管理

4.6.1 体验需求管理

随着我国生活水平的提高，人们对健康、美好生活的追求愿望日益强烈。随着我国二胎政策的放开，每年或新增人口 800 万，儿童可支配日常消费占到家庭收入近 30%，未来 5 年中国的儿童产业消费规模可能由目前的 1 万亿元增至 3 万亿元，以儿童游乐体验需求为特征的儿童游戏装前景看好。公司的目标顾客是儿童，公司在引进、创造 IP 方面以孩子的需求为首要考量，娱乐体验和游戏装产品的开发真正以消费者为本，让他们对伊佳林的产品和开心梦工场的体验永远保持热情好奇和向往。为此，公司更是斥资千万打造了自己的独立研发设计部门，既有动漫形象开发团队，又有自己的服装设计师，保证了源源不断的原创产品陆续与小朋友见面。

4.6.2 情感体验管理

IKALI 代表的是 Innovative（创新力）、Kindly（亲和力）、Assuring（自信力）、Lively（活跃力）和 Imaginative（想象力），这不仅是 IKALI 的品牌理念，也是公司对儿童健康快乐成长的希冀。伊佳林品牌以塑造公主、英雄等百变造型为核心，力图彰显儿童角色扮演可爱的天性，实现孩子对美好生活梦境的渴求。而在体验门店及派对活动中，梦工场的组织形式也会非常注重家长的参与以及孩子之间的团队协作，如此安排是希望公司除了创造文化和娱乐体验外，更能为消费家庭带来亲情和友情的深度情感体验。

同时，梦工场也注重与消费者保持密切互动联系，以客为尊的服务理念体现在和客人每一次对接中，想客人所想，想客人所未想，致力于创造超值预期的体验感受，让客人对梦工场的印象从一个单纯的儿童游乐空间发展成一种亲情活动空间，与梦工场的工作人员也达成家庭成员般的情感关系。

4.6.3 体验过程管理

为满足消费者对健康、美好生活的追求，伊佳林重点打造了 Cosplay 主题乐园开心梦工场这一特色的产品互动娱乐体验平台，并且在推广渠道建设上完成了线上线下全主流渠道布局。以“产品 + 服务”为核心的体验消费模式为目标人群创造了购买动机和持续性的宣介场景，消费者在完成了开心梦工场的游乐体验之后，对其所体验的角色达成了深度认同和喜好，进而延展出对其所体验角色关联产品的购买欲望。这样便通过体验式消费模式实现了消费者从单一的游乐票务消费升级到更高效益的体验式零售及文化消费的转化。为此，伊佳林开心梦工场从体验产品开发、体验情景营造、体验主题设计、体验活动开展、体验品牌传播、顾客体验管理等方面对项目体验过程进行精心设计和管理，以保证项目体验价值的有效创造。

4.6.4 体验服务管理

伊佳林开心梦工场“情景变装，文化运营”的个性化运营理念和高品质的体验服务更满足了消费者的身份价值共鸣并带来了更高产品溢价。在营销方式上，伊佳林积极尝试在更多社交媒体上建立新型互动式传播和客户关系管理，将其儿童游戏装产品及游乐活动资讯精准匹配、推送给有需求的目标客户，实现了从传统“让客户来找产品”转变为“让我们带着产品主动去寻找客户”的全新营销运作逻辑。不仅如此，考虑到当下“社交媒体红人引领消费风潮”的时代消费特点，公司更是主动开展了一系列新颖的“意见领袖”合作营销活动，邀请这些拥有广泛传播力的网红代表人物来体验店体验感受伊佳林的文化创意产品及服务，以促进潜在目标顾客了解公司的游戏装产品，帮助传递伊佳林的品牌文化。

5. 实施效果

浙江依爱夫公司通过引入西方 Cosplay 文化、创建儿童游戏装品牌伊佳林和开心梦工场，走体验式营销之路，获得了显著的经济效益与社会效益。

5.1 扩大了自主品牌影响力

依爱夫公司设计研发中心通过开发儿童游戏装 IP 文化产品助推国内文化产业升级。一是打造北欧五公主：结合北欧五国真实公主人物和形象而创作设计的 IP 形象，成功将西方文化融入服装，设计新颖让人印象深刻，消费者对个性鲜明的五位公主各有所爱，市场销售成果喜人；二是打造伊佳林中国公主系列：坚持中西服饰文化转化创新，挖掘中华服装文化精华要素，赋予中国公主新的时代内涵和现代时尚表达形式，展现了中华民族独特服饰文化的魅力。

近年来，依爱夫除了在开心梦工场同时也在伊佳林年度新品发布盛典上把这种融合了北欧服饰文化和中华民族服饰文化的东西方公主形象，以大型服装发布会的形式展示给社会大众，受到了业界好评，伊佳林品牌也从开始的时代跟随者逐步成为国内游戏装文化的开创者和引领者，以文化产品创新推动东西方文化无缝连接，营造出“时尚+”文化热潮，从而使品牌的竞争力、影响力有了显著提升。

5.2 让国内游戏装品牌“走出去”

依爱夫以国家大力发展文化产业为契机，致力于打造中国和全球知名的游戏装文化产业研发基地，以伊佳林开心梦工场为载体，着力完善产品研发、工艺设计、规模化生产、连锁经营、自主营销和品牌经营等环节的完整产业链，形成公司经营特色和产业竞争力，也确保了公司在游戏装产业的领先地位。

2018 年初，依爱夫被认定为 2017~2018 年度国家文化出口重点企业，公司也将以此为契机，深入挖掘和整合民族服饰文化资源，设计一批具有自主知识产权的民族服饰原创性产品，加快培育一批具有国际竞争力的文化贸易产品，真正成为国内游戏装行业“走出去”的先行者，在“国际化”道路上率先摸索出一套以创意设计优势融入全球游戏装产业的体验式营销发展模式。

6. 结论

随着消费不断升级和互联网的迅猛发展，当今全球处在一个文化创意产业蓬勃发展的时代。汪维佳认为，着力打造儿童游戏装IP核心产品、满足消费者对健康、美好生活的体验需求是伊佳林品牌发展的核心理念。汪维佳以敏锐的眼光引导设计研发中心通过开发儿童游戏装IP产品助推国内文化创意产业升级，通过打造北欧五公主系列，同时打造伊佳林中国公主系列，展现出经典北欧文化和传统中国文化的精华，通过服装文化创意诠释了地区文化、民族独特服饰文化的魅力。依爱夫公司以国家大力发展文化产业为契机，致力于打造中国和全球知名的游戏装文化产业研发基地，逐步推进游戏装研发中心、游戏装文化体验中心、先进检测中心、专业制作中心和营销展示中心项目建设，着力完善产品研发、工艺设计、规模化生产、体验营销和品牌连锁经营等完整产业链，确立了依爱夫在国内儿童游戏装产业的领先地位，也形成了公司未来发展的核心竞争力。

二、案例分析思路与逻辑

1. 启发思考题一

1.1 问题

伊佳林开心梦工场模式的理论基础是什么？

1.2 分析思路

根据体验营销与顾客体验管理的实践逻辑，体验产品的开发是体验营销的基础，体验情景的营造为顾客体验价值创造提供了平台，体验主题的设计作为吸引物吸引潜在顾客参与体验，通过体验活动的开展才能促使顾客和企业共创价值，而企业体验品牌需要借助各种媒体传播（包括口碑媒介）才能实现品牌效应，实施顾客体验管理才能提高体验营销模式的效率和效益（包括体验需求的把握、体验情感创造、体验过程管理、体验服务管理等），依爱夫就是据此为其伊佳林开心梦工场设计和实施体验营销模式的。

1.3 理论依据及分析

体验营销是21世纪一种为顾客体验所驱动的营销和管理创新模式，其实质在于顾客体验价值的创造与实现。美国学者施密特（1999年）最先界定了体验营销的概念，认为体验营销是企业“以满足顾客体验需求为目标，以营销空间为舞台，以产品或服务为载体，利用文化、艺术和科技等手段来增加产品内涵，更好地满足人们的情感及审美等多种体验需求，在给人们的心灵带来震撼的同时达到促进产品销售目的的一种全新的营销模式”。施密特将人们的体验划分为感官体验、情感体验、思考体验、行动体验和关联体验，并利用战略体验模块

（感官、情感、思考、行动、关联）和体验媒介（沟通、视觉与语言识别、产品、联合品牌塑造、空间环境、电子媒体与网站、人员等）相匹配构建了“体验矩阵”。依爱夫以游戏、动漫人物为对象创造儿童游戏装体验产品、以伊佳林开心梦工场为平台设计游乐主题、营造体验情景、开展体验营销，为孩子创造感官、情感、思考、行动的体验，让孩子流连忘返。

1.4 关键要点

西方迪士尼、漫威、好莱坞等作品中的人物形象、中国传统经典服装文化的 Cosplay 娱乐文化要素的挖掘并且服装化、市场化；聚焦儿童特色游戏（表演）装的时尚消费，源于人们对于健康、美好生活的追求。

2. 启发思考题二

2.1 问题

伊佳林开心梦工场的盈利模式是怎样的？伊佳林开心梦工场模式的风险点与挑战在哪里？

2.2 分析思路

而从商业形态来看，依爱夫公司的伊佳林开心梦工场是以情景变装为主题、以文化运营为特色，融合游戏娱乐、亲子互动的综合性儿童主题乐园，梦工场是伊佳林产品的体验中心、伊佳林 IP 形象的认知课堂，更是伊佳林品牌最好的推广展示载体和平台。梦工场是公司品牌经营的一种跨界式有益尝试，对加强品牌创新、实现伊佳林创建全国乃至世界著名品牌的目标都是一个大的促进，它标志着公司从童装设计、生产、销售，向儿童文化创意产业的转型升级，它使公司从单纯的特色童装品牌营销向塑造独特品牌文化、推广儿童健康、美好生活方式的方向拓展，依爱夫的成功尝试对于我国纺织服装业的创新突破与产业链拓展将会产生深远的影响。

2.3 理论依据及分析

“体验剧场及角色”理论由美国学者派恩二世和吉尔摩（1998 年）提出。作为体验营销模式的理论根基，他们认为“体验是从服务当中分离出来的一种提供物”，顾客体验可划分为娱乐体验、教育体验、逃避现实体验和审美体验，而“在任何企业中的每个层次，员工需要理解在体验经济中，每项业务都是一个舞台，工作就是剧场”，就像一场戏剧表演，各自扮演自己的角色，追求各自的价值感受，需要编剧、剧本、剧场、演员表演、观众和导演以及前后台的指挥协调，才能共同营造“难以忘怀”的体验。角色扮演和儿童游戏装诠释了体验剧场及角色理论的内涵，孩子正在伊佳林开心梦工场快乐地上演一出出戏剧，并从中获得喜悦，得到锻炼，受到教育。

施密特（1999年）还构建了一个完整的顾客体验管理（CEM）框架以提高体验营销的效率和效益，内容包括：分析顾客的体验世界，建立客户体验平台，设计品牌体验，建立与顾客的接触，致力于不断创新。依爱夫公司正是按照“顾客体验管理”的五步逻辑设计和实施体验营销模式的：首先分析把握我国儿童对健康、美好生活方式的需求开发游戏装产品，然后建立伊佳林体验品牌和开心梦工场体验平台，通过游乐主题活动的开展建立品牌“接触点”，并与时俱进进行产品创新与服务创新。

2.4 **关键要点**

运用体验营销的理论逻辑分析依爱夫公司的品牌创新与经营模式创新行为；探讨依爱夫公司的盈利模式、管理方法、市场挑战及其风险控制；讨论依爱夫公司经营模式转型对我国纺织服装业创新发展的借鉴意义。

（天津工业大学：郑锐洪副教授、王亚超教授）

以产品创新引领的差异化战略实施

——上海德福伦化纤有限公司

摘要 上海德福伦化纤有限公司是上海纺织（集团）有限公司投资的国有全资子公司，公司以时尚与功能为导向，持续推进差异化产品创新，凭借独立的技术研发能力，突破生产工艺技术瓶颈，创建多品种、小批量生产模式，构建与下游企业合作创新联盟，以市场引导产品开发，调整企业组织机构和管理机制，提升企业的市场相应速度，建立了完善的制造工艺流程、健全的质量控制体系和良好的品牌信誉，在国内涤纶短纤维市场形成了较高的知名度和影响力，成为国内涤纶短纤维新材料领域的龙头企业。公司围绕以“差异化”为特色的发展方针，走出自己独特的“专、精、特、新”道路，值得在行业中推广学习。

关键词 差异化战略；差别化纤维；快速反应

一、案例正文

0. 引言

上海德福伦化纤有限公司（简称德福伦）创立于2003年3月，是上海纺织（集团）有限公司投资的国有全资子公司，是创建于1966年的涤纶短纤维专业生产企业，它是由上海第十化学纤维厂基础上搬迁、投资改造而成的高新技术企业。

公司注册资本7000万元，占地面积7.6万平方米，现有员工260余人。年生产常规、细旦、异形、改性、功能、有色等六大类功能性差别化涤纶短纤维产品超3万吨，拥有多个上海市著名商标、上海市名牌产品，2017年实现主营业务收入超4亿元，利润2000多万元。

公司围绕以“差异化”为特色的发展方针，经过多年的创新转型，走出了一条自己独特的“专、精、特、新”道路。凭借独立的技术研发能力、完善的制造工艺流程、健全的质量控制体系和良好的品牌信誉，已发展成国内涤纶短纤维新材料领域的龙头企业，在国内涤纶短纤维市场形成较高的知名度和影响力。

1. 以产品创新引领的差异化战略实施背景

1.1 应对激烈市场竞争争取生存发展的空间

2010年，是企业创立后的第七个年头，涤纶短纤维市场从萧条期向成长期转变，市场发展空间还比较狭小，高端用户缺少尖端产品、高附加值产品开发步伐缓慢，常规涤纶短纤维生产企业如雨后春笋般崛起，整个短纤维市场处于高不成，低不就的尴尬局面，引起产品的低价恶性竞争和质量的鱼目混珠、良莠不齐，企业创新动力不足，科技投入资金短缺，纺织产品生产市场向东南亚国家转移，出口受阻，国际订单减少，涤纶生产市场明显过剩，仅仅三年时间，一批涤纶生产企业被迫关闭。德福伦面临着同样的困难和问题，再加上企业搬迁到郊区后，原有第十化纤厂的一批技能人才、熟练工人逐步离去，新工人的技能没有跟上，组织架构落后，人才培养机制缺乏，产品质量不稳定，创新能力不足，企业发展举步维艰。

1.2 适应企业自身特点寻求持续发展的空间

从市场发展看，国际油价波动幅度较大，切片原料供应不稳定，市场价格波动大，同时产能同质扩张太快，市场竞争明显加剧，自主产品创新能力不足，市场开拓意识不强，企业发展向数量扩张型增长，后续发展动能明显不足。德福伦虽然在涤纶生产技术上具有先进创新能力，但年产仅2.25万吨短纤维生产规模根本无法撼动短纤市场格局，更无法占领短纤市场，容易被市场边缘化，企业需要走出一条适合自己发展道路。

1.3 适应上海地区开发永续发展的新空间

国内涤纶市场主要分布在浙江、江苏、福建、广东等地，其中浙江占全国总产能的52.28%，江苏占25.74%，福建占5.74%，广东占3.8%，而上海仅占2.36%，且以上海石化为主要市场，德福伦公司的地理优势、生产规模、竞争优势明显处于弱势。近年来，新材料作为战略性新兴产业之一得到了快速发展，新材料产业迎来新的发展机遇，新材料产业是国家和上海市发展的重大战略需求，正经历着深刻变革，并孕育着巨大的创新机会。

2. 以产品创新引领的差异化战略实施内涵及主要做法

公司依靠不断加强科技创新和“差异化”给产品带来新的生命，依靠对自身明确的定位和发展规划，主动寻求生产、技术、市场及运营模式的再造，通过建立高效的组织结构，实现产品的差异化创新，技术的独特化创新，营销的市场化创新，在小批量、多品种、快速反应的柔性化、差异化道路上一步一个脚印，从“人无我有，人有我新，人新我精，人精我专”的产品创新理念起步，到坚持“德福伦差别化、差别化德福伦、与众不同”的“差异化”创新理念拓展，突出服务理念，跳出传统的“先制造、再营销、后跟踪服务”的营销模式，以产品为纽带、服务为串联，打通产品链环节，推进“生产、销售、服务”的一体化体系建设，形成“市场需求→资金投入→新产品研发→市场推广→研发再投入”的滚动发展模式。围绕“新材料、新面料、新市场”，形成从前端产品到终端服务串联的发展模式，由纤维产品的提供商到整体服务商的转变，实现了一年一个台阶的稳步向前发展，成为国内涤纶短纤维新材料领域的龙头企业，形成了较高的知名度和影响力。

2.1 确立差异化发展战略，走专精特新的发展道路

2011 年，随着涤纶市场竞争的不断加剧，带来的是对生产企业生存和发展的巨大威胁和挑战。德福伦在创业阶段向成长阶段转变的过程中，注意规避劣势，瞄准发展优势，利用自身的比较优势，利用 OEM 机制，向差异化和专精特新方向发展。

德福伦打破国有企业的固有结构，运用崭新的创新管理模式，注重结构调整，专注创新发展，实现向“专、精、特、新”的专业化发展模式转变，围绕“环保化、功能化、复合化”的产品定位，特别是在纤维的新颖、功能、应用上下功夫，突出对市场的应变能力，以国际化纤市场发展走势作为风向标，打破以常规产品为主打的短纤维生产格局，形成了细旦、有色、改性、功能性、异形等纤维的生产能力，实现功能型、环保型纤维在“专”字上的突破，以品质和服务在“精”字上求细，在不断创新满足客户的“新”字上做要求，在形成自己特色的“特”字上求变。

2.2 以时尚与功能为导向，持续推进差异化产品创新

德福伦虽然是一家纤维生产企业，但时刻关注终端市场的需求变化，紧跟市场时尚发展方向，倡导“通过不断的创新，跟着流行变”以领先于市场半步、最多一步的“快餐模式”向前行进。虽然领先一大步是技术上的优势，但也容易变成市场上的劣势，不一定能随时紧跟潮流。德福伦的领先半步让产品创新保持轻装上阵，即使在时尚的风向标与德福伦的方向不一致时，也能以最低的成本尽快调整方向，顺利实现再超越，正是这样的举措，使德福伦在激烈的市场竞争中能够走在行业的前列。

通过近年来的不断创新和发展，德福伦形成差异化的五大系列：德系列常规、细旦、阳离子、涡流纺专用纤维；福系列发热、凉感、抗起球、超仿棉、阻燃、生物质、再生、双组分复合等功能性及组合纤维；伦系列三叶形、十字形、哑铃形、扁平形等异形截面纤维；丰彩系列红、橙、黄、绿、青、蓝、紫

等各种颜色及由此衍生的各种色谱纤维，为德福伦在原液着色涤纶短纤维市场的开发上占得先机和实现引领。

德福伦注重从色彩到流行向时尚方向发展的研究，在研发过程中，充分考虑了功能与时尚的结合。时尚在不断变化，而德福伦不以追求流行为目标，而以引导流行为目的，去实现和引领时尚。德福伦推出的原色着色功能性纤维，原液着色高色牢度纤维，原液着色阻燃纤维等产品以及抗菌纤维、阻燃纤维、发热纤维、凉感纤维都是当今和将来一段时期短纤维市场上的时尚产品，且这些产品德福伦都具有自主实用新型专利授权。

2.3 突破生产工艺技术瓶颈，创建多品种小批量生产模式

在信息技术、纺织技术、材料技术、环保技术深度交融中，供给的方式和内容发生变化，多功能纺织品等组合式要素结构创新快速发展。小批量、多品种、快速反应的柔性化生产模式为企业发展带来机遇，但频繁的品种翻改，对工艺参数的变化、喷丝板的更换、设备的调试，为疵点和可纺性波动控制带来了更高的要求。两年里，公司进行工艺规程与设计的改进和工艺参数调整更新试验60余次，设备改进和卷曲机调整30余件，喷丝板改进80余次，技术攻关20多项，为小批量、多品种、快速反应的柔性化生产模式的确立和推进奠定了基础，近2年申请和通过授权发明、实用新型专利12项，历年申请和通过授权发明、实用新型专利39项。

同时，公司通过走一条先难后易的借力路线，把落脚点放在满足客户对产品的小批量、多品种、功能性、环保型的需求上，集中一切重要资源攻克有影响力的产品，通过提供高效的问题破解能力和攻破工艺瓶颈，将工作重点聚集在形成与客户进行良好的沟通，建立个性化和差异化的优势产品上，快速实现产品的更新和替代，提升德福伦产品的知名度和含金量；推行以市场为导向、双赢为基础的开放式产、销、研合作体系，选择性地与后道用户建立起合作关系，以形成从前端产品到终端服务串联的快速反应发展模式，解决在产品研发、生产、市场开发过程中存在的反应和速度滞后问题，使德福伦成为小批量、多品种、快速反应柔性化生产的先行者和倡导者，实现了国内、国外市场的全方位覆盖，培育了一批国际知名品牌企业客户，引入了高端品牌面料的用料，实现了由单一的棉纺用，向非织造、造纸、装饰用、产业用和世界高端游艇布原料等非纺织领域的发展。

2.4 构建与下游企业合作创新联盟，以市场引导产品开发

德福伦强化新产品开发能力和市场开拓能力，进行深入的技术创新战略和市场营销战略的研究，明确由偏重生产到重视市场营销和技术开发，逐步由生

产型企业向科技服务创新型企业转型，德福伦不仅以自己的纤维核心技术和产品开发技术进行差异化纤维的研发，而且对上游聚酯切片企业给予技术支持，对下游企业如纺纱、织造、印染、应用等各个环节提供技术服务，将上下游拥有共同价值链的相关利益企业捆绑在一起，形成一种“圈子”联盟和协同产业生态，以纤维创新带动圈内企业共同赢利，一方面实行研发产品与多家企业共享，另一方面在研发某些产品时实行个别企业专享的模式，为某个企业特供新品，形成紧密的上下游联盟。

近年来，德福伦不断参与体现行业风向标的各种活动，通过加强与大学、科研院所、业内关联企业等的合作，形成上下游共同开发和产业链结盟，做强圈子联盟，围绕解决制约纤维应用的技术瓶颈，以研发合作为突破口，以分工重构为原则，实现产品与市场、与终端的无缝对接，以组建起产业链内部的技术创新联盟，形成有效的合作新机制，把流通过程转变成效益增长点，做大现有市场；在原液着色纤维的开发和产品提升中，运用专业的色彩技术和服务，引进专业的色彩管理模式，实现色彩体系与软硬件工具对色彩供应链的标准化管理，使颜色从创新设计到生产，能够快速准确地实现与客户的沟通和对接。

2.5 调整组织机构和管理机制，提升企业的市场响应速度

企业的发展需要一套有效的组织保障和管理机制，德福伦打破原有国有企业的固有做法，形成了一套国有企业的资本投入、外资企业的管理模式、民营企业的用人机制，对现有组织架构进行了改革，通过建立大部制管理架构，部门之间形成交叉任职、交叉管理，实现相互牵制、相互合作、相互协调、相互促进的创新管理模式，通过制度保障职责明确、责任到位、风险共担、成果共享的良好运行机制。

德福伦着力抓中层队伍建设，提升内部管理水平，把问题从事后转到事前、事中来处理，使问题始终控制在萌芽状态。干部由讲得多，做得少，转变为经常深入现场，及时解决第一线问题；通过提高员工工作能动性，真正提升管理水平和能力，把矛盾通过内部消化来解决，制定切实可行的办法。在制度化建设上，把涉及内部管理的制度细化，改变陋习，逐步完善；在质量上，做到拿得出控制办法，落实现场的监督执行，有漏洞能预防。深化绩效考核制度，从2010年开始在中层干部层面开展绩效考核，2012年在班组长层面推进，2015年实现全员绩效考核，同时考核结果和薪酬实现由半公开向全公开、全透明迈进；2014年，德福伦通过推出“人岗匹配”岗位管理新机制，按照岗得其人、人适其岗、岗随薪动的原则，充分发挥“人尽其才，物尽其用”的管理机制作用，通过推广转岗、轮岗、一岗多能的竞岗管理制度，营造员工爱岗敬业、自我提

升、积极进取的良好工作氛围，使公司逐步由粗放型管理向精细化管理推进，极大地提升了公司的内在素质和对市场的响应速度。

2.6 优化调整人才结构，为企业差异化发展提供人才支撑

随着经济全球化的发展，人才全球化趋势进一步增强，人才问题更加突出，人才竞争更加激烈，德福伦远离市区，引进人才难，留住人才更难。在充分考虑地理位置和在引进人才方面总结出的经验基础上，注重本土化管理人才和专业技术人才队伍的建设和培育，提前做好人才储备，避免人才断层；通过同专业企管教育培训机构长期合作，制订人才职业生涯培育计划，形成人才培育长效机制。

通过打破德福伦“围墙”，建立虚拟团队、项目团队的人才智慧共享机制，借用社会、大学、研究院等资源，招能人、专才为德福伦所用，弥补人才短缺的弊端；通过设立博士后工作实践基地、专业学院设立奖学金、合作开研修班等方式，为人才后备资源和进军产业链相关领域提供支持；院企联合是德福伦利用人才、培育人才和吸引人才的创新举动，德福伦利用同上海工程技术大学、东华大学、纳米技术及应用国家工程研究中心等在科研项目合作过程中形成的合作伙伴关系，充分利用各自优势，扩大合作内容、合作项目，开辟学院实习基地，通过学生和员工的互动，获得互补优势，做到利己、利彼各有收获；依托与科研院校的强强合作，借助外力、外脑，突破重大科技项目和创新项目，通过合作，德福伦引进了一些兼职的科研人才，争取到一些原创性的成果并成功实现市场化运作，同时也为解决项目开发、突破技术创新难点取得了意想不到的效果。

3. 以产品创新引领的差异化战略实施效果

3.1 企业持续发展，走出了一条“专、精、特、新”的差异化发展道路

经过多年的创新转型，德福伦走出了一条自己的独特道路。公司自主研发的阻燃纤维已在京沪高铁、国产飞机、品牌汽车上使用；凉爽型纤维成为日本UNIQLO的夏季主推产品；颜色最全的有色PTT纤维成为美国杜邦公司的PTT产品供应商；集抗菌、凉感、抗紫外、透气、吸湿排汗于一体的多功能纤维产品，成为优质高尔夫球衣原料供应商；集优越的染色牢度、耐晒牢度和抗污性于一体的多功能差别化纤维，成为世界高端的游艇布原料供应商。与罗莱家纺、相宜本草、黄道婆、优衣库、宜家、H. M等品牌建立了良好的合作关系。

3.2 取得众多科技创新成果，形成了企业差异化竞争优势

德福伦以主起草人身份参与制定阻燃涤纶短纤维和异形涤纶短纤维等行业

标准12项，参与制定了竹炭涤纶短纤维国家标准；拥有一批国家重点新产品、中国纺织工业联合会科学技术一等、二等奖，上海市科学技术一等、二等、三等奖等产品和项目，其中“健康防护功能杂化材料及其高值化聚酯纤维设计开发关键技术”获2015年上海市科技进步一等奖，“蓄热保暖咖啡纤维的研制及应用”获2015年上海市科技进步三等奖，“无机纳米凉爽型聚酯纤维的开发”获2014上海市技术发明二等奖、国家重点新产品，“负载金属离子杂化材料设计制备及其功能纤维与制品开发”获2013年中国纺织工业联合会科技进步一等奖，“阳离子高收缩涤纶短纤维关键技术及中试生产开发”获2012年上海市科学技术进步三等奖，“纳米复合功能材料及其纤维制备关键技术”获2011年中国纺织工业联合会科技进步二等奖。2017年1月，经上海市高新技术成果转化认定办公室审定，“异形截面聚酯短纤维”被认定为上海市高新技术成果转化项目；2017年6月，“环保生物质功能化聚酯系列短纤维关键技术开发”获“第二十九届上海市优秀发明选拔赛”金奖；2017年10月，“皮芯复合抗菌聚酯纤维”入选上海市创新产品推荐目录；2017年12月，经上海市高新技术成果转化认定办公室审定，“皮芯复合阻燃聚酯短纤维”认定为2017年第10批上海市高新技术成果转化项目；承担“高品质阻燃纤维及制品关键技术”和“高品质聚乳酸纤维及其纺织规模化制备与应用”2项2017年国家重点研发计划开发项目。

3.3 行业影响和社会效益

德福伦先后获得全国纺织工业先进集体，全国纺织劳动关系和谐企业，全国“安康杯”竞赛优胜单位，全国纺织企业思想政治工作先进单位，国家纺织技术创新示范企业，2017年中国纺织行业人才建设工作示范单位，中国纺织工业联合会“十二五”产品开发突出贡献奖，中国纺织品牌文化创新奖；获得1项上海市著名商标和2项上海市名牌产品；培养和锻炼出上海市纺织学科带头人3名，上海市金山区领军人才3名，金山区区长质量奖1名，上海市领军人才1名，享受国务院特殊津贴人才1名，1人荣获百千万人才工程国家奖，3名工程技术人才被评为教授级高级工程师职称。

二、案例分析思路与逻辑

1. 启发思考题一

1.1 问题

德福伦的差异化有何特色？与其他化纤企业的差异化有何区别？差异化战略的难点和挑战是什么？

1.2 分析思路

市场的多元化和需求的个性化、多元化、功能化和时尚化是纺织行业战略的主要考量因素。从工业 1.0 大工业生产到工业 2.0 标准化、专业化大规模生产，能有效满足市场的规模需求和数量增长，但不能满足时尚市场的快流行和个性化的时尚消费需求，于是出现了工业 3.0 精益制造和敏捷销售，而当今在新科技创新的新时代中，纺织服装供需不均衡、不充分的新常态特征越发明显。

以规模化生产为特征处于上游的化纤企业受终端市场的拉力和行业竞争压力，差异化势在必行，难度更大。主要体现在以下两点。

（1）化纤的终端消费市场对不同色彩、不同功能、不同外观形态、不同物理特性有不同需求组合，但作为纤维原料无法一一对应。

（2）化纤产业的规模效应明显，即规模化生产提高质量、效率、降低成本（生产与管理成本），但规模化生产显然无法小批量、多样化。

1.3 理论依据及分析

1.3.1 竞争战略

波特在“竞争战略”中提出了三种战略，成本领先、差异化和介于中间的综合策略。同质产品规模化生产方式是传统化纤行业的做法，更利于降低成本，提高效率，维持质量稳定性，而化纤企业差异化战略能够发挥企业的“专、精、特”，提高产品附加值，满足市场多样化的需求，但势必会提高产品研发投入，增加生产、市场开发和交易成本。

1.3.2 规模经济理论

生产的规模经济效应表现为乘方原则：规模增加会成倍降低成本，提高效率质量；而市场的规模经济效应表现在大幅度降低交易流通成本，提高品牌的市场影响力。然而时尚是一个缺乏规模效应的产业和市场，生产和市场规模的扩大可能导致规模不经济，即同类产品生产市场规模增加导致库存剩货增加，时尚价值下降，不能顺应流行而被消费者抛弃。

1.3.3 德福伦战略思路

论资产和产能规模，德福伦是化纤行业中的中小型企业，其通过差异化战略思路将劣势转化为优势。

思路一：通过“专、精、特、新”发挥公司“小、快、灵”的特点，形成更胜一筹的异形截面差异、功能性差异、色彩差异、专业化差异四大系列。

思路二：以新技术支撑“小、快、灵”开发新产品，柔性化生产开发市场，领先半步，引领时尚流行。

1.4 关键要点

德福伦“差异化”和“专、精、特、新”的差异化公司战略落实在时尚化、功能化的差异化产品以及柔性化、敏捷化的差异化运营模式和协同创新的差异化创新联盟上。而构成德福伦的差异化核心是产品差异化体系。

（1）德系列：常规、细旦、阳离子、混纺专用纤维。

（2）福系列：发热、凉感、阻燃、抗起球、超仿棉和生物质、再生、双组分复合等功能化和组合纤维。

（3）伦系列：三叶形、十字形、哑铃形、扁平形等异形截面纤维。

（4）丰彩系列：由赤、橙、黄、绿、青、蓝、紫演化而来的各种色谱的纤维，原液着色染印短纤使德福伦成为同行业的引领者，德福伦的小体量和灵活机制是实现差异化战略的特别优势。

2. 启发思考题二

2.1 问题

纺织服装产业是一个长产业链，差异化策略的市场化是成功的关键。处于产业链最上游的德福伦，是如何敏锐感知最下游的需求变化，并将差异化创新产品迅速转化为市场价值的？

2.2 分析思路

差异化早已成为多数化纤企业的战略选择之一，然而若只有产品差异化而不能及时获取市场差异化需求的信息，并运用差异化原料成功开发终端产品，实现价值，那么这种差异化只能是空谈。这些信息和市场渠道资源基本掌握在品牌商和零售商手里。

德福伦通过构建与产业链所有利益相关者的协同联盟，将公司从生产供应商转变为科技服务和市场开拓合作者，依靠差异化创新和产品，使公司成为时尚价值网络的核心主导。

2.3 理论依据及分析

纺织服装价值链本质上是买家驱动的，即最终消费者的价值需求驱动了零售业，而零售商和品牌商基于对市场需求趋势判断、设计、研发产品，做出商品策划，并逐级向上游采购面料、纱线和纤维。

纺织服装是长产业链，处于上游顶端的化纤企业由于“长鞭效应”，传统运营方式反应往往滞后，更可能导致缺货、剩货损失，无效库存和仓储成本增加。

作为技术、资本密集型的化纤企业，若想以创新主导时尚价值链，则必须着力于将创新产品通过长产业链快速推向市场，要将“价值链”改造成顺畅无缝的“价值管道”，德福伦着力于通过技术创新实现产品差异化，通过组织创新实现差异化产业体系。

德福伦主导的由价值链相关利益者组成的协同联盟，既克服了信息不对称，实时反映市场趋势和对差异化创新产品的反映，共享技术和市场信息，又能在共享平台上合作开发产品，将客户的各种订单精准整合成批量生产。

2.4 关键要点

德福伦的两个转型：

转型一：从偏重生产到重视市场营销和终端产品。

转型二：从生产型企业向创新科技服务型企业。

德福伦构建由公司主导基于核心技术的产业联盟：包括对上游聚酯切片企业技术的支持，对下游纺纱、织造、印染、服装等各个环节从设计、产品开发技术指导和服务，与品牌商、零售商形成差异化原料的优质保障及无缝对接，采取新产品多家共享，或研发产品和开发市场企业专享特供，提供一揽子解决方案。

如结合丰彩系列，在原液着色纤维的产品市场开发中，运用专业的色彩技术和服务，引进专业的色彩管理技术，实现色彩供应链精细化管理、时尚化设计、高效清洁化生产和柔性化制造。

为了保证差异化理念和可持续发展模式，公司始终贯彻产学研结合，开发高档新产品，并将差异化扩展至除时尚以外的飞机、高铁、汽车等高科技应用领域。

（东华大学：顾庆良教授、刘蕴莹副教授）

品牌与设计双轨发展模式，重塑企业经营战略

——江苏联宏纺织有限公司

摘要　纵观联宏纺织有限公司（简称联宏）的发展，经营战略的转变是贯穿其历程的重要内容。在纺织行业面临国际、国内需求增长不足，企业成本居高不下的巨大压力下，联宏纺织的品牌与设计双轨发展战略对增强其在行业中的地位和竞争力起到了重要的作用。牵手国际一线品牌，提供完善的服务，树立走向国际纺织舞台的品牌意识，将所有精致的理念融入纺织品牌中，寻求多元化的经营视野，赢得合作伙伴的高度信任与肯定，开拓国际市场，打响独有的品牌。在产品设计与技术创新方面，联宏做到了硬件装备上的设备自动化改造、资源电子化、传输网络化和服务自动化，并通过引进专业人才，成立开发团队，制订创新目标，着力推进产品的差异化。联宏纺织基于不断寻求技术创新和品牌与设计推广双轨发展，在行业稳扎稳打，形成独特的企业价值分销体系，取得了良好的经济效益和社会效益。

关键词　品牌管理；双轨发展；产品创新；国际化协作

一、案例正文

0. 引言

纺织企业的持续发展离不开创新的管理体制，企业管理的创新对纺织企业的快速发展具有重要的意义，因此，对创新体制的研究变得非常重要。随着经济全球化的发展以及经济市场的快速发展，许多纺织企业因为应用了创新管理取得了一定的成功，创新体制随着在纺织企业中的运用也变得逐渐成熟。为了使纺织企业更好地适应社会的发展，应该根据市场经济的发展不断去完善和创新企业管理机制。

纺织企业为了适应快速发展的工商业，在激烈的商业竞争中生存下来，就必须进行管理创新，因为技术创新只能改变纺织产品的生产效益，并不能改变企业的销售效益，而管理创新恰恰弥补了这一缺陷。管理作为一个企业的核心，对企业的发展具有重要意义。为了使纺织企业巍然屹立在快速发展的工商业之间，必须进行管理创新。此外，还需要总结分析管理创新取得的效果，通过对结果的分析与研究，总结出管理创新的问题与特点，对问题加以分析，对特点加以分类，通过分析以及探索研究，制订出一套经济实用的科学管理方法，从而提高纺织企业的竞争力。本案例将探究江苏联宏纺织有限公司战略升级、增强质效的路径，详细归纳梳理企业管理创新特色。

1. **实施背景**

“十二五”时期，作为国民经济的支柱产业、重要的民生产业和不断创造国际化新优势的产业，我国纺织工业规模效益稳定增长，结构调整不断深化，科技创新和技术水平明显提升，在全球纺织分工体系中的地位进一步提高。截至2015 年底，全行业纤维加工总量达到5300 万吨，占全球纤维加工总量的50%以上，年均增长5. 1%；纺织品服装出口总额 2911. 5 亿美元，占全球纺织品服装贸易总额的38. 5%，年均增长6. 6%；全国规模以上纺织企业实现主营业务收入70713. 5 亿元，利润总额 3860. 4 亿元，年均分别增长 9. 2% 和 11. 5%，分别超过全国工业 2. 2 个百分点和10. 6 个百分点。

2016 年以来，我国纺织行业经济运行情况基本正常，产销、效益等指标增长相对平稳，产业链终端运行质量稳中趋好。前三季度，纺织行业大类产品纱、布、化纤、服装产量稳步增长，增速分别为5. 93%、1. 77%、6. 23%、0. 46%；全行业实际完成投资增长6. 89%；规模以上企业工业增长值增长6. 2%；纺织品服装出口总额2038 亿美元，下降5. 96%，以人民币计价，出口 13339. 18 亿元，增长0. 04%；规模以上企业主营业收入增长4. 08%，利润总额增长3. 66%。服装、家纺、产业用纺织品行业的效益增长均优于全行业。

在复杂的国内外市场环境下，纺织行业面临国际国内需求增长不足，企业成本居高不下的巨大压力，依然能够保持较为稳定增长实属不易。原因之一就是，纺织企业多年来不断加快管理创新，提升管理水平，提高市场竞争能力。

2017 年，纺织行业努力适应国际国内市场变化，克服了诸多挑战，总体上保持了“稳中有进、稳中提质”的发展态势，各项经济运行指标均实现正增长。运行特点主要表现为：行业景气总体保持发展区间，订单较上年改善明显；生产增速保持低速增长，纺织业减缓明显；投资保持一定增长，化纤行业投资增长较快；出口规模保持增长，数量增长贡献突出；运行质效平稳提升，高质量发展夯实基础；纺织行业运行质量稳步提高。

2. 联宏纺织的企业管理创新之路

2.1 开展国际化合作、满足消费者差异化需求的品牌延伸管理

2.1.1 与英国设计师合作，设计、品牌拓展一体化

2016年与英国设计师联手设计主题为“可持续发展 sustainable”产品系列。做好企业形象的设计与维护，品牌的宣传与推广，做好国内外展会的策划、品牌与产品的宣传，以与国际知名品牌合作为发展方向。

与英国联手做好企业形象的设计与维护、品牌宣传和营销工具的设计和开发。定期定量设计STOLL机新花型品种，结合色卡、织物、服装等做设计和推广工作。通过四季素材的收集，结合当季颜色流行趋势推出新色卡、总卡及当季热销品质样。国内外展会方面与设计公司一同策划布展，主要完成展会协调、展台搭建和展示产品的制作；设计公司主要负责设计理念的策划和融入产品中的方法，展台设计及布局。充分利用数字、网络等多种营销渠道，部分设计的产品样例如图1所示。

图1 设计产品样例

2.1.2 美、德、法国设立代理办事处与全球品牌合作

为了适应国际商场的需求，同时解决公司内部自营订单的紧张，2015年起，公司决定先后在美、德、法成立驻外代理办事处，在中国香港设立贸易公司，搭建与国际品牌直接合作的桥梁。现已有进展的品牌客户有Hugo Boss、Marks & Sparks、Banana Repulic、PVH（CK）、PVH（Tommy Hilfiger）、Dillards、POLO、Hackett、TJmax等，与国外合作伙伴交流场景如图2所示。

图2 与国外合作伙伴交流场景

2.1.3 与美国 ALASHAN 客户的深度合作

美国 ALASHAN 客户选择内蒙古作为其最初在中国的毛衣工厂，由于工厂的产能有限，急需寻求更大、更有发展前景的毛衣工厂，2011 年 11 月，ALASHAN 与联宏在上海就公司具体合作事宜展开了详细的会谈，双方在合作理念和对产品品牌的建设等观点都非常一致，ALASHAN 方面认为联宏在针织产品产线上有足够的产能满足生产，同时联宏具有纱线生产优势，能够配套毛衣纱线的生产，很快双方确定了合作意向，开始下单生产。合作上联宏负责垫资生产备用纱线，工艺团队协助 ALASHAN 设计师做好产品款式的共同开发工作。在最初的合作过程中，客户最初订单为小批量订单，款式多、数量小，几乎接近量身定做，给工厂的备纱和生产带来了很多困难。经过半年时间的生产摸索，工厂提出每季做羊绒纱流行色色卡，并生产一定量的库存纱备用，来缓解交期紧张、生产困难的现状，这个生产模式很快在生产上体现出了优势，大大缩减了订单周期，即使再小的订单也能在交期内完成。

双方在接下来几年的合作中，相互扶持，相互配合，订单批量逐年上涨，近几年维持在 30 万件左右。同时，联宏注重中高档产品的开发，产品做工精细，附加值高，ALASHAN 从最初的单一羊绒产品到现在开发出棉绒、毛绒、丝绒等更多种类的中高档产品，2017 年，ALASHAN 着手把自己的品牌推向精品市场，使双方的合作又上了一个新的高度。通过多年来的合作和共同成长，ALASHAN 已经成为联宏在美国的办公室，联宏也发展为 ALASHAN 品牌进军精品市场的奠基石。美国阿拉山品牌从小规模的生产到销售千万美元的开拓，在紧密合作的基础上获得了双赢，现在已定位为羊绒高端自主品牌。相互之间的合作如图 3 所示。

图3　与美国客户的深度交流

2.1.4　重视销售终端，与法国家乐福密切合作

法国家乐福在2011年之前都是通过外贸公司合作，考虑到降本节支的问题，家乐福需要寻求与工厂直接合作的模式，由于联宏的专业供应链优势，很快就与家乐福达成了合作意向。2011年开始合作后，订单量逐年增长，品种由原来的腈纶、黏锦混纺等低端品种逐步调整为羊绒、羊毛、毛绒等高端产品。双方秉承推广品牌、合作共赢的理念合作至今。2016年，家乐福提出与联宏合作开展羊绒可追溯体系并建立新标准，由CONTROLUNION共同推进。家乐福负责人多次来联宏考察，并且对供应链环节上的每个供应商也实地进行查看，将从牧场到羊绒原料，再到染色、纺纱和最后的成衣制作成微电影在家乐福卖场内播放宣传。联宏负责了供应链上供应商的技术验厂、社会责任审核和动物福利的推进，此项目推动了可追溯体系的建立，在推广家乐福品牌的同时也是对联宏的宣传和成长。通过多年的合作，家乐福认为联宏是一个现代化的管理工厂，具有染、纺、织的配套优势，企业有较好的管理水平和产品质量。法国家乐福合作开发模式，每年都在提高羊绒、羊毛高端产品订单。与零售商合作交流如图4所示。

图 4 联宏与家乐福的合作

另外，联宏与中国香港著名公司在柬埔寨开辟针织服装工厂。2018 年，考虑到国际贸易环境和国内生产用工成本，依靠当地纺织毛衣优势解决未来订单生产困难。

2.2 注重企业知识管理，依托软硬件设施，强化技术改造与创新

企业的产品设计与技术创新关乎产品的款式与新颖性，公司的技术创新是跨部门协同操作，需要市场部门、研发部门、计划部门、生产车间等多部门有机协同，在产品研发技术创新的过程中，多部门之间紧密合作，如图 5 所示。

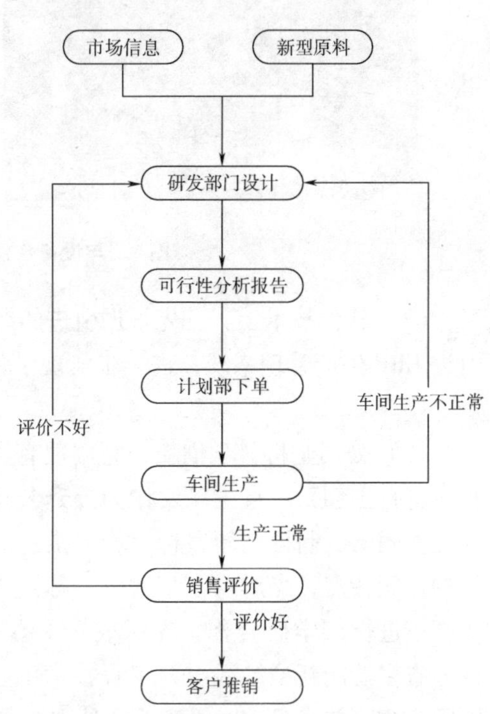

图 5 联宏多部门协同技术创新

（1）首先在硬件装备上的设备自动化改造，主要是淘汰落后低效能设备，更新改造国外先进设备。自 2010 年来，先后改造了精纺 25000 锭的德国细络联设备、自络筒、法国针梳机及混条设备等；同时淘汰了低效的粗纺国产线设备，引进了 6 条意大利进口粗纺生产线，提升了效能；近年来

更新了德国全自动斯托尔电脑针织横机120多台，实现了三系统全成衣的应用，提升了品质和效能。2016年引进中国香港盟雄的染色设备，配置意大利全自动大生产配料系统，进一步提升了公司产品的质量和交期。从而形成从染、纺、织一条龙的配套优势，在纺织行业中成为佼佼者，赢得一线品牌客户的青睐和信赖。

目前公司80%以上的纺纱装备已达到国际先进水平，为开发新品，打造品牌，为提高产品质量夯实了良好的基础，如图6所示。

图6　与设备合作商之间的互动

（2）软件技术上：首先根据引进的纺织先进设备，实现了自动化工序生产。引进ERP生产管理系统，进一步实现了信息化生产车间，逐步趋向于智能化生产工厂。

（3）公司坚持科学创新，利用现有资源，积极推进科技创新成果向量化进程，将自主创新、自主研发作为提升公司核心竞争力来抓，引进专业人才，成立开发团队，制订创新目标，着力推进产品的差异化，挖掘差别化和功能性纤维的性能特点，先后与东华大学、苏州大学、江南大学、江苏科大、常州纺院等高校进行产学研合作，先后成立了省研究生工作站、研究生社会实践基地，江苏省多功能新型纱线材料工程技术中心。公司聘请意大利工程师为公司技术顾问，攻克技术难题，提高毛纱品质档次。

（4）工程技术中心：得到多项市级、省级、国家级研发成果产品，至目前为止，联宏先后承担了江苏省工程技术研究中心、江苏省企业技术中心、江苏省企业研究生工作站等科研载体平台项目，获得中国纺织工业联合会科学技术创新奖三等奖1项，江苏省新产品鉴定1项，张家港市科技计划支撑项目1项。近年来，公司每年以50多项新产品研发进程推进，随着新产品的不断研发与品质提升的同时，通过不断创新和研发工作的推进，产品结构也进行转型升级，从传统中端产品逐步向中高端产品迈进，先后开发了纳米微晶功能性羊绒纱线内衣，300支超高支围巾纱线，精纺纯羊绒90支纱线，自主研发的断彩纱线等，累计获得授权专利48项，其中发明授权专利7项，实用新型专利41项，江苏省高新技术产品5项，同时新产品取得了中国毛纺织行业协会的品质奖和设计奖共计8项，其中“纳米微晶功能性高支羊绒混纺针织品”达到国内领先水平，2017年投入市场后受到了客户青睐，取得了良好的经济效益。相关资质证书如图7所示。

图7　企业技术创新成果

（5）公司鼓励员工全员参与工艺设备的改造和创新，如粗纺部包卷机和磨针机的改造有效改善纱线*CV*值1.5%左右；精纺部翻斗装置的改造大大提高了生产效率效能达50%，降低了劳动强度。这些投入不大的小改革和小发明解决了车间技术、安全、效能上的问题，为产品提档升级、节能降耗等方面提供了源源不断的生机和动力。

（6）技术人才引进方面：在粗精纺、染色技术上分别聘请多名意大利工程师常驻技术指导丹尼洛·拜乐、鲁卡·德·巴尔巴、乔治·贝恪、马立诺·卡梅棣、李威·祖恪理以及国内聘请很多专家教授，攻克生产技术难题，在技术方面大大提升了联宏的自信心，多年来通过人才、技术的引进，使得联宏的品种、档次、质量有了稳定提升，更加坚定了客户与联宏的合作信念。如图8所示。

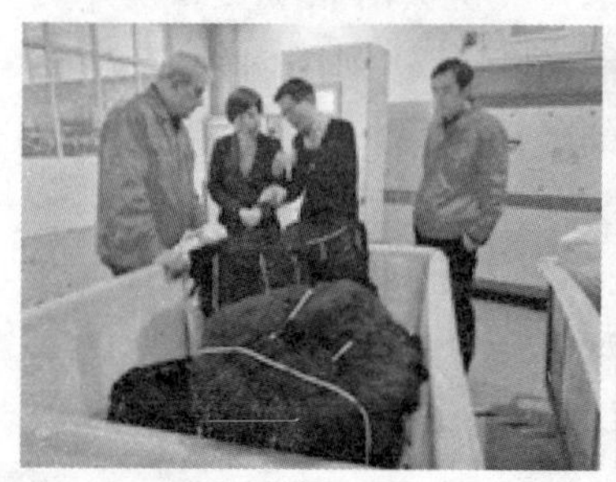

图8 与国外技术人员的合作

（7）纺、织、染的优良配套设施，形成织带动纺、纺带动染、染吸引织，从而形成了良性循环，最终赢得市场，占有市场，稳健于市场的竞争行列中，如图9所示。

图9 先进的一体化设备

（8）稳定产品质量，维护客户信誉，实现有效的客户关系管理：公司通过了国外多家客户的批厂验厂，使各类工序的流程、环节等管理走上了规范化的道路，目前经过的批厂验厂客户有Warp、Contempo、Glasson、BSCI、OCS、GRS、STWI。这样经过第三方验厂审核，一方面排除了客户对工厂担心，增强了合作信念，另一方面也是提升企业自身的规范化操作和管理水平，确保产品质量的稳定和提升，为客户群体建立良好的声誉口碑。如图10所示。

图10　相关标准的验证

2.3　建立健全员工培训及考评机制

2.3.1　人才引进和应用

公司非常重视人才的引进与培养，每年制订全员培训计划，提升素质，让每一位员工都能发挥其特长，并提供晋升空间。人才激励方面：对每位人才有相对应的职业规划；鼓励、支持在职员工参加各类培训，并对取得相关学历或证书的给予一定的奖励补贴；公司每年将会举行全员技能操作比赛的活动，使得公司上下形成了赶超比拼的良好氛围。同时公司还要每年组织中层骨干外派培训学习，提升综合素质，如图11所示。

图11　企业员工的培训交流

2.3.2　企业员工培训机制

实施员工思想素质教育的学习培训，定期组织观看著名杰出演讲家李强老师“快乐的工作”以及科普安全类等各类视频，得到了较为良好的效果，提升了全员素质意识。

2.3.3　绩效考核机制

全员实施绩效考核机制，以量化定指标，以结果论英雄，目标明确，核算精确；强化督查检查工作，对生产流程管理、质量流程管理实施全面监控，双重管理（企业和行政），坚决避免杜绝人为失误、无责任意识行为，做到管理顺畅，质量进一步稳定提升；全面实施生产链配套，从原料、染色、纺纱到成衣，从粗精纺乃至半精纺再到整个毛纺领域，联宏都拥有很好的设备和管理团队，做到快速反应（利用绿色生产通道交期快于同行）、精益生产（从原材料开始把控品质），为客户提供一站式服务，是吸引客户的一个亮点。全面实施信息化管理，公司倡导以“两个核心、一个协同办公平台、一套体系”完成整个经营管理过程，构建公司最适合经营模式的信息化系统，建立高校稳定、先进可扩展的网络架构，实施自动化生产、智能制造，收集足够的信息来提供管理决策，真正实现现代化管理。

2.4 实施信息化整合企业资源

工业化生产、品牌化营销与企业内在的信息化程度紧密融为一体，企业领导层非常注重企业信息化的工作，通过企业信息化工作，减少了沟通的障碍与部门屏障，有力地促进资源电子化、传输网络化和服务自动化，员工的信息素养较强，企业的智能化程度显著提高，无形之中给企业带来了助力和内驱力。

（1）以 ERP 系统为核心：ERP 系统贯穿整个公司的生产经营。ERP 系统如果不能良性运作，其他系统很难发挥应有的价值。

（2）以 MES 系统为核心：MES 系统是实现智能制造的基础，必须实现以 MES、ERP 和 PLM 的系统集成，实现数据流良性交换，实现智能制造，智能数据分析等。

（3）构建业务流程管理平台及移动化：通过构建业务流程管理平台，整合企业内部行政审批业务，集成多系统交互，实现移动化办公，提高运营效率。

2.5 构建独特的企业文化识别体系，增强企业软实力

企业文化具有内在的凝聚力，助力企业进行技术创新、产品研发、市场投放，提升企业的品牌声誉和社会形象。企业文化是企业的灵魂，是保证企业制度与企业经营战略实现的重要思想保障、企业制度创新与经营战略创新的理念基础，是企业活力的内在源泉，是企业行为规范的内在约束，这么多年来，公司注重营造良好氛围，创建优良的企业文化。

企业文化要外化于形、固化于制、内化于心，既要有公司显性的外在形象，又要有公司相应的规章制度，同时还要有强大的企业经营宗旨和理念。

联宏有严谨配套的企业愿景目标、企业精神、企业理念、企业方针等，形成了一体化的企业形象识别系统（CIS），包括公司的理念识别（MI）、行为识别（BI）和外观可视化识别（VI）等。这些配套的文化体系的构建，有力地推

动企业其他方面的改革创新。

在公司文化实施过程中，注重沟通机制的建立和完善：公司利用企业内刊《联宏纺织》和黑板报向职工传递党风党建、政策更新、安全教育、厂务公开等信息，同时建立了一个良好畅通的沟通平台。企业举办丰富多彩的员工活动，强健体魄，促进员工沟通，体现企业的人文关怀，提升员工士气，多渠道全方位关心员工的工作、生活和家庭，尤其是有困难的员工，给予物质帮助和精神抚慰，让员工愉悦地进行工作。如图 12 所示。

图 12　员工沟通渠道与丰富多彩的文化活动

2.6　响应国家号召积极实现企业社会责任

企业在自身做大做强，创优品牌，提升效益的过程中，还积极主动响应国家号召，尽其所能，实现社会责任。其中帮扶项目包括：2002 年，积极响应省政府苏南、苏北对口帮扶的战略决策，先后投入 5000 多万元在洪泽办企业，为当地经济发展做出了贡献。与东华大学、江南大学等纺织类院校合作，一方面寻求技术合作和协同；另一方面也体现了企业的职责，成立研究生实践基地、企业研究生工作站，助力高校培养理论与实践相结合的复合型人才。同时联宏还帮助周边社区，创造就业岗位，带动就业等，如图 13、图 14 所示。

图 13 联宏对口帮扶

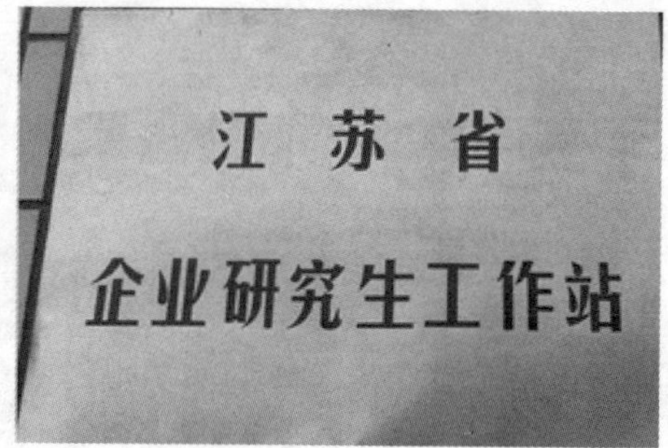

图 14 联宏服务社会的举措

3. 实施效果

在过去的一年中，从人才的培养与吸收到制度健全与优化，企业的管理水平有了很大提高，也更加深刻地体会到企业的管理是决定企业成败的关键，而且企业的管理要跟上时代的步伐，与时俱进，找到一套适合企业自身发展的管理模式。在企业发展中，联宏以道德为导向，倡导人文精神，实现人性化管理；健全员工沟通机制，充分吸纳员工意见，员工参与制度的制定，并及时修改不合理的制度，实行自我管理。正是基于不断地寻求技术创新和品牌与设计推广双轨发展，同时企业管理层持之以恒，坚持不懈，在行业稳扎稳打，既注重企业内部的精细化管理，又与不同的利益相关者进行紧密合作，形成独特的企业价值分销体系，才能取得良好的经济效益和社会效益。

3.1 树立行业标杆，引领毛纺行业绿色、生态、健康、创新发展

经过联宏人多年的开拓进取、努力和发展，不断健全完善现代企业管理制度，包括企业产权制度、企业组织制度、企业管理制度，它们融为一体，形成了公司独特的管理模式。从原料采购、半成品的形成、各道工序加工到最终产

成品的获取，企业按照现代质量管理的标准进行精细化管理，充分做到过程透明，严把质量关。将“绿色、生态”基本理念植入设计、生产等各个方面，纱线与羊绒制品高质量、品牌高口碑、客户满意度和忠诚度高，成为毛纺行业的领跑者，打造行业标杆，在2017~2018年度，被评为山羊绒行业竞争力10强企业。产品生产制造过程中优化产品结构，低能耗、低排放，减少污染物，在行业具有高显示度，引领行业生态有序发展。

3.2 树立优质品牌，并形成卓越的客户关系管理体系

联宏深刻地认识到，当前的竞争态势和行业竞争格局，凝练自身的核心竞争力和塑造良好的竞争优势，高度重视发展客户关系，将客户的满意和忠诚作为重要的标准。在同客户尤其是国外客户的贸易中，充分考虑不同客户的文化特征、习俗，设计具有独特个性的化多元化产品，满足客户的基本需要，增强了客户对产品与品牌的认同感。一是确保了企业生产经营的稳定和高效，二是提升了羊绒制品在国际市场的竞争力。通过羊绒制品的销售，实现了企业利润的获取，消费者需求的满足以及社会福利的达成。联宏在产品国际化的道路上，形成企业独有的品牌，拥有卓越的客户关系管理体系。

3.3 市场驱动型产品设计、协同化创新，塑造企业产品内在底蕴

联宏积极进取，开拓奋进，不断寻求设备的更新换代，为有序生产提供保障。同时时刻保有敏锐的市场洞察力和技术累积，多渠道、全方位、跨部门协同，进行技术改良，设计开发新产品，满足市场的需要，使产品在市场交易的生命周期中始终处于连续状态，不断为企业带来收益。纱线、羊毛衫等产品精雕细琢，花色品种齐全，倾注了设计师的创意和灵感，融合了联宏人的辛劳和汗水，具备公司独有的底蕴和文化特色，赢得了国内外市场。

3.4 全球共赢式合作，经济效益与社会效益凸显

多年来，联宏始终走在国际化合作的道路上，这正契合国家“一带一路”战略，以强有力的战略格局，寻求多元化的经营视野，赢得了合作伙伴的高度信任与肯定，开拓了国际市场，打响了独有的品牌，为企业带来了丰厚的利润，产生了一定的社会影响，得到了社会的认可和奖励，在行业内获得了赞誉，拥有自己独特的风格。

4. 结论

管理创新是永恒的追求，联宏集聚了良好的内部组织管理、技术创新、知识管理和企业文化等，今后将不断通过企业管理创新、制度创新和技术改进，进一步增强企业在行业中的地位和竞争力。在企业的快速发展过程中，联宏以

道德为导向，倡导人文精神，实现人性化管理；健全员工沟通机制，充分吸纳员工意见，员工参与制度的制定，并及时修改不合理的制度，实行自我管理提升。正是基于不断地寻求技术创新和品牌与设计推广双轨发展，同时企业管理层持之以恒，坚持不懈，在行业稳扎稳打，既注重企业内部的精细化管理，又与不同的利益相关者进行紧密合作，形成了独特的企业价值分销体系，取得了良好的经济效益和社会效益。

二、案例分析思路与逻辑

1. 启发思考题一

1.1 问题

联宏实施品牌与设计双轨发展模式，在品牌建设上做了哪些工作？

1.2 分析思路

品牌是企业独特且不可替代的竞争资源，以品牌战略带动企业转型升级是适应品牌经济时代发展的必然要求。品牌是一种无形资产，品牌就是知名度，有了知名度才可能具有凝聚力与扩散力，从而成为经济发展的动力。品牌建设要以产品质量和产品特色为核心。本案例中，在国家“一带一路”倡议背景下，联宏通过走国际化合作的道路，寻求多元化的经营视野，赢得了合作伙伴的高度信任与肯定，开拓了国际市场，打响了独有的品牌。

1.3 理论依据及分析

品牌建设是品牌拥有者对品牌进行设计、宣传、维护的行为和努力。品牌建设的利益表达者和主要组织者是品牌拥有者，而参与者则包括了品牌的所有接触点，涉及用户、渠道、合作伙伴等。品牌建设的内容有品牌资产建设、信息化建设、渠道建设、客户拓展、市场活动管理等。品牌建设能够增强企业的凝聚力，增强企业的吸引力与辐射力，提高企业知名度，强化竞争力，成为推动企业发展和社会进步的一个积极因素。

本案例中，联宏通过开展国际化合作，满足消费者差异化需求，对品牌延伸管理。先后与英国设计师合作，设计、品牌拓展一体化；在美国、德国、法国设立办事处与全球品牌合作，与美国 ALASHAN 深度合作开发羊绒高端自主品牌产品。在销售渠道方面，与法国家乐福密切合作，开展羊绒可追溯体系并建立新标准，借助家乐福推广的同时，对联宏及品牌进行宣传。通过牵手国际一线品牌，提供更完善的服务，树立走向国际舞台的品牌意识，将所有精致的理念融入纺织品牌中。

1.4 关键要点

品牌是企业竞争力的综合体现，是企业人格化的象征。通过品牌建设的过程，实现企业精神与企业文化的结合，凝聚企业独特的文化精神和经营理念，把企业产品打造成知名品牌，使之个性化、人格化、人性化，使品牌所代表的产品与消费者产生精神共鸣，形成品牌魅力。联宏高度重视发展客户关系，将客户的满意和忠诚作为重要的标准，充分考虑不同客户的文化特征、习俗，设计具有独特个性的多元化产品，满足客户的需要，增强客户对产品与品牌的认同感，形成企业独有的品牌。

2. 启发思考题二

2.1 问题

在联宏的快速发展过程中，产品设计与技术创新起到了怎样的作用？

2.2 分析思路

随着市场竞争以及全球化的不断加剧，市场要求更优质、更新、更价廉的产品。无论企业规模大小，都面临各种市场竞争和客户不断提升的需求，这都要求企业不断进行产品创新。而企业经济快速发展中最活跃的成分就是技术创新，提高企业自主创新能力对其发展起着至关重要的作用。

创新是人类社会发展的不竭动力，以市场用户为驱动的创新加强了企业与用户之间的互动，并对创新演绎出新的内涵，即创新不仅仅是指知识向新产品、新工艺和新服务的转化过程，也涉及对用户需求的满足和挖掘。联宏在同用户尤其是国外用户的贸易中，充分考虑不同客户的不同需求，增强了客户对产品与品牌的认同感，确保了企业生产经营的稳定和高效化。

2.3 理论依据及分析

技术创新是具有特殊含义的经济发展观，是指将生产要素的新组合引入生产体系，包括引进新产品、新技术，开辟新市场，控制原材料供应的新来源，实现工业的新组织。

创新是企业发展的动力，是企业发展的灵魂。创新是高科技企业永恒的主题，没有创新就没有高科技企业的生命力。技术创新是一个持续不断的过程，企业拼接具有竞争力的技术可以迅速占领市场。在企业的发展过程中，技术创新与企业的新产品开发、技术改造或扩散行为相关，决定着企业的产品市场拓展能力、成本水平和技术水平，从而构成企业竞争力的最重要的决定因素。技术创新能力的强弱是反映企业技术竞争水平的一个重要组成要素。在当今经济全球化的背景下，企业技术创新能力的落后，就意味着市场竞争力的丧失，意味着在竞争中被淘汰的必然。因此，技术创新对于获得和保持企业的竞争优势，提高整体竞争实力，从而加速企业的发展和拓展发展空间都具有十分积极和重要的作用。

联宏坚持科学创新，利用现有资源，积极推进科技创新成果向量化进程，将自主创新、自主研发作为提升公司核心竞争力来抓，引进专业人才，成立开发团队，制订创新目标，着力推进产品的差异化，挖掘差别化和功能性纤维的性能特点。随着新产品的不断研发与品质提升的同时，通过不断创新和研发工作的推进，产品结构也进行转型升级，从传统中端产品逐步向中高端产品迈进。

2.4 关键要点

联宏积极进取，开拓奋进，不断寻求设备的更新换代，为有序生产提供保障；同时时刻有敏锐的市场洞察力和技术累积，多渠道全方位跨部门协同，进行技术改良，设计开发新产品，满足市场的需要，实现企业产品在市场交易的全生命周期中始终处于连续状态，不断为企业带来收益。企业纱线、羊毛衫等产品精雕细琢，花色质地品种齐全，倾注了设计师的创意和灵感，凝聚了联宏人的辛劳和汗水，具备了公司独有的底蕴和文化特色，赢得了国内外市场。

（天津工业大学：王亚超教授、王洪秀博士）

以服务创新理念，助力产业园区高端生产经营综合体系建设

——浙江海宁经编产业园区管理委员会

摘要 浙江海宁经编产业园区通过构建以“服务是第一优势”的理念，在项目办理等方面提供“全程代办”服务，逐渐建立了主要由政府（园区）主导的专业化、工贸一体化的生产经营体系，提升产业园服务模式，树立海宁经编产业园区的新形象，为海宁经编企业的建设和发展提供支持和保障。

关键词 产业园；服务创新；服务质量；服务平台

一、案例正文

0. 引言

浙江是我国民营经济发展迅速的省份，改革开放以后，浙江各地注重发挥自身的资源优势和产业特色，形成具有区域特点的块状经济，海宁经编产业就是其中之一。当前，海宁经编产业正在对照浙江省委“八八战略”，进一步发挥经编产业块状经济特色优势，加快先进制造业基础建设，走新型工业化道路。但是在发展过程中，也面临着一些问题。

1. 产业园发展面临的新问题

1.1 产业链发展不平衡的矛盾越来越突出

经过多年的发展，海宁经编产业虽然基本形成从原料、织造到后整理的完整产业链，但“中间大、两头小”的局面始终没有改变，即大部分企业集中在中间的织造环节，受用能和环保等要素制约，前道的原料和后道的后整理发展相对滞后。而且，随着时间的推移，这种不均衡的产业链结构正在变得越来越严重。

1.2 行业科技创新缺乏大企业的支撑，产业整体创新意识不足

2017 年，海宁经编产业园区有经编织造类企业 300 多家（含 KS 经编和轴向经编）。其中，规上企业 120 余家，37 家销售亿元以上企业中，5 亿元以上企业只有 2 家，10 亿元以上企业只有 1 家，规下企业多达 200 多家。因此，尽管海宁经编产业园区经编企业数量比较庞大，但是大企业规模不够大，龙头骨干企

业的典型示范和拉动作用还有所欠缺，中等规模的企业数量偏少，其中具有创新发展意识的不够多，一些规模较小的企业创新发展能力不足，大多数小微企业只能生产技术含量较低的大路产品，相当一部分企业长期只生产坯布。

1.3 产业规模速度型粗放，增长方式已无以为继

经编产业作为一个传统产业，过去的发展主要是依靠投入大量资本和要素资源。在经济新常态下，随着土地资源越来越紧张，能耗和排放标准越来越高，经编产业必须转变经济增长方式。同时，低端产品正在向东南亚等劳动力成本更低的地区转移，海宁周边又出现了一些新的经编产业集群地，这些内部因素和外部因素都逼着海宁经编产业必须创新产业发展模式，从规模速度型粗放增长转向质量效率型集约增长。

在发展过程中，海宁经编产业园区认识到，要转变海宁经编产业的发展模式，生产性服务业是必不可少的一个部分。大力发展生产性服务业，建设经编产业创新服务综合体，对促进海宁经编产业的转型升级、促进海宁经编产业从块状经济向产业集群转变，扩大优势，参与国际化竞争具有十分重要的意义。

2. 充实海宁经编产业园区服务品牌，走访企业出对策

“三大”活动启动后，海宁经编产业园区 32 个走访组已经走访了 400 多家企业，截至目前，走访活动共收集了 141 个问题，其中 121 个问题已经答复解决。通过走访，鼓励年销售亿元以上的企业进行股份制改造，向资本市场靠拢；帮助企业提升内部管理，筹划管理人员培训班，助推企业转型升级步伐；谋划建设人才公寓，解决员工住宿住房问题；协调解决职工子女入学等问题。

国务院提出，“要支持有能力的企业发展大型工业云平台，推动实体经济转型升级，打造制造强国、网络强国”。通过“建平台”与“用平台”的有机结合实现双轮驱动，加快工业互联网平台体系的建立健全，抢占未来以工业互联网平台为核心的制造业生态发展主动权和话语权。

海宁经编产业园积极响应国家政策，实践工业云平台的建设工作，构建行业互联网生态，促进行业发展。建立涵盖经编行业内所有设备的设备模型，实现了行业设备的即插即采，完成底层数据采集和封装处理，实现最低成本的最便捷物联网实现。

从企业角度看，需要充分利用互联网+、标准化+、工业设计+、机器人+等手段，全面提升企业“机联网”、管理信息化等应用水平。通过设备的联网、数据采集、分析利用，整合产业链上下游资源，形成一个共融、共享、共赢的产业生态圈。

2.1 代办服务平台

海宁经编产业园区一直秉承“服务是第一优势”的理念，在项目办理等方面提供“全程代办”服务，多年来形成了一支懂业务、重服务、善沟通的代办队伍。2017年初，海宁经编产业园区积极响应省委“最多跑一次”的号召，在原有服务队伍的基础上成立了企业服务代办中心，提供从项目前期准备到竣工投产，整个项目事前、事中、事后全过程中涉及的各类审批申报及相关服务。代办中心按照“高效、务实、便捷”的原则，设置专门受理办公点，配备专人，为企业投资项目做好推进、管理、服务等工作，不断完善工作机制，按流程分工到人，实现企业在项目每个环节最多跑一次，企业只需提供基础资料和公章，代办员将全程代办材料填报、汇总、申报等工作。十多年来，代办人员对相关业务知识、业务流程已经非常熟悉，对当前政策也能够及时把握，这就避免了企业因缺少这样或那样的材料重复跑。一般情况下，一个新建项目从施工图完成到施工许可证办好大概只需要一个月时间。

2.2 科技服务平台

海宁经编产业园区一直非常重视科技平台的建设，始终把科技创新摆在突出位置。2009年底浙江省嘉兴经编产业技术创新服务平台经省科技厅批准成立，并于2013年初通过省科技厅验收。2010年，海宁经编产业园区成立了高性能产业用纺织材料技术创新战略联盟，由浙江海利得新材料股份有限公司牵头，联合21家产业用纺织品领域龙头企业组建而成。2016年，以海宁经编产业园区为核心的国家火炬特色产业基地——国家火炬海宁经编新材料及装备产业基地通过国家科技部火炬中心复核，为海宁经编产业园区产业用纺织品的发展指明了方向。在国家科技部、省科技厅科技项目的带动下，海宁经编产业园区的科技平台得到了快速发展。2010年，海宁经编产业园区成立了由中国工程院院士孙晋良教授领衔的院士工作站，下设有汇集国内主要经编院校及科研机构的20名行业顶尖专家、教授组成的专家委员会。2011年，海宁经编产业园区管委会成立了浙江省中纺经编科技研究院，专门从事技术研发、推广、交流及培训等工作，并与国内相关大专院校保持密切合作，积极搭建校企合作桥梁。2014年，上海工程技术大学国家大学科技园海宁园区落户经编园区，主要从事引进和孵化科技项目，2015年，成功引入全国知名创新型众创空间——上海苏河汇投资管理有限公司，并于2016年成为国家级“众创空间”。

2.3 质量服务平台

2008年，浙江省经编产业标准化技术委员会成立，秘书处设在海宁经编产业园区，截至2016年底，标委会已制修订国家标准9项（其中主导制修订2

项）、行业标准21项（其中主导制修订5项）、海关加工贸易单耗标准1项、“浙江制造”标准1项。同时，马桥经编行业协会积极组织会员企业制定联盟标准，到2017年底已制定及推广实施联盟标准13个，推广实施企业达到119家。2009年，“马桥经编”成为浙江省区域名牌；2016年，国家质检总局正式命名浙江海宁经编产业园区为全国知名品牌创建示范区。

2.4 商贸服务平台

建园初期，海宁经编产业园区就非常重视企业参展工作，经常组织海宁经编产业园区企业外出参展，主要是中国进出口商品交易会、中国华东进出口商品交易会以及中国国际针织博览会等国内主要纺织行业专业展览会。2010年，根据企业实际需求，海宁经编产业园区成立海宁华博会展服务有限公司，专门为企业提供会展服务，组织企业“走出去”，从境内展会走向境外展会，包括美国、德国、俄罗斯、土耳其等，开拓境外市场；同时，从2010年起，海宁经编产业园区每年举办一次经编交易会，将专业卖家“请进来”。2018年11月，海宁经编产业园区调整了办展思路，成功举办了中国海宁纺织柔性复合材料博览会。为了扩大企业商贸渠道，2016年，海宁经编产业园区与浙江万营科技有限公司合作，成立了海宁跨境电商产业园，是海宁首个综合性跨境电商产业园，引导企业贸易从线下走向线上，有机结合、相辅相成。

2.5 环境服务平台

早在2005年4月，海宁经编产业园区就引进了海宁马桥大都市热电有限公司（园区参股），为部分用能企业提供集中供热。近年来，海宁经编产业园区成立了多个公共服务平台，加强废水、废气、固废的集中处理。2013年，海宁经编产业园区投资400万元建设了再生物资利用中心，对海宁经编产业园区的工业废料进行集中收集处理，变废为宝。2016年，海宁经编产业园区参股成立了海宁锐捷环保科技有限公司（企业主导），作为第三方对企业工业有机废气进行治理。同时，针对环境治理，引进了两个“国千”项目，章伟博士的工业污染气体自动监控与处理系统的产业化项目和张克群教授的河道水处理项目已经投入运行。海宁经编产业园区还设立环境服务科，负责为海宁经编产业园区企业提供环保方面的咨询和指导服务；成立物业管理公司，负责海宁经编产业园区垃圾分类和清运、海宁经编产业园区绿化、卫生保洁和治安等工作。

2.6 金融服务平台

金融为实体经济的发展提供了有力的支撑。目前，海宁经编产业园区总部商务区现已集聚5家银行、1家融资租赁公司、2家担保公司、1家小额贷款公司和200多家基金公司。其中：荣年融资租赁（中国）股份有限公司成立于

2011 年，目前租赁规模在浙江省排名前列；海宁鸿丰小额贷款股份有限公司成立于 2012 年，目前是嘉兴地区小贷行业首家在“新三板”挂牌上市的公司；海宁嘉丰担保股份有限公司成立于 2008 年，担保规模全省行业领先。2016 年马桥商会设立了小微企业贷款周转金，共筹集资金 1000 万元，实行银会同管、专户核算、专项管理、专款专用，用于帮助小微企业解决贷款周转过程中的资金困难。海宁经编产业园区还经常性举办银政企对接活动，寻求金融机构对实体经济的支持，增进银行和企业的了解和互信，建议和鼓励银行间实行错位竞争，找准各自定位，改变传统信贷模式，对经编企业有针对性地推出金融产品，尽可能帮助企业降低成本。

2.7 合作交流服务平台

建园以来，海宁经编产业园区一直与中国纺织工业联合会以及中国针织工业协会、中国产业用纺织品行业协会等保持密切联系，积极组织企业参加展会展览、考察交流、技术论坛等活动。2017 年和 2018 年，第七、第八届全国针织科技大会在海宁举行，海宁经编产业园区管委会是这两次会议的承办单位。海宁经编产业园区依托经编协会、会计协会、女企业家协会、新生代企业家协会等平台，经常性地组织企业广泛开展国际国内的学习与合作交流活动。比如经编协会，根据市场行情的变化，及时组织会员企业召开行业会议，分析行业形势，制定产品指导价，加强行业自律，规范企业生产经营行为，规范行业经营秩序，组织企业外出考察学习，开展反倾销等行业维权活动等。

2.8 人力资源服务平台

人才是经编产业创新发展的根本，海宁经编产业园区一直非常重视人才体系建设，以满足企业不同层次的人才需求。建园初期，海宁经编产业园区就成立了职业介绍所，为企业招聘一线生产员工和为外来务工人员求职提供服务，十多年来发挥了很大的桥梁作用。2013 年，沪浙人力资源服务产业园落户海宁经编产业园区，覆盖中高端猎头、培训、咨询、外包派遣等领域，并于 2016 年成为省级人力资源产业海宁经编产业园区，目前已有入驻企业 47 家。海宁经编产业园区于 2008 年建立了和谐新村，作为公共的企业职工宿舍，配备食堂、幼儿园、阅览室、健身房、篮球场等设施，可满足 1000 余名外来务工人员的生活需求。接下来，海宁经编产业园区还将谋划建设人才公寓，进一步满足企业不同层次员工的生活需求。

2.9 教育培训服务平台

2010 年起，海宁经编产业园区下属的研究院实验工厂顺应企业的用工需求，开展了实景技能培训，为初学者提供免费的岗前培训，同时开展职业技能竞赛，每年组织一次劳动技能竞赛，2016 年，比赛规格升级为省级二类技能竞赛。通过赛训结合的方式，提升广大职工的技能水平，加强后备技能人才的培养，为经编产业的发展提供技能人才保障，形成尊重劳动、尊重创造的氛围。经编研究院于 2013 年建立了行业性技能人才自主评价标准化体系；2014 年又成立了海宁市中纺经编职业技能培训学校，实行技能人才“订单式”培养，根据企业需求，为企业开班培训，在加强实践操作培训的同时，加强理论知识的培训，并与人社部门联合开展职业技能鉴定，不断加强“工匠精神”的培育。同时，选拔优秀选手代表浙江省参加全国经编工职业技能大赛。在 2016 年的全国比赛中，18 名选手取得了优异的成绩，包揽大赛组委会设置的各种奖项。在全能奖项前 10 名中，浙江省代表队包揽除第 6 名以外的全部奖项，单项奖前 3 名全部被浙江省代表队获得，取得了我省在全经编技能大赛舞台上有史以来的最佳成绩。

2.10 咨询服务平台

早在 2006 年，海宁经编产业园区就成立海宁经编园正大会计税务服务有限公司，为小微企业提供代理记账、会计及税务顾问、审计、验资及评估事务咨询等服务。以此为起点，逐渐在总部商务区引进了律师事务所、商标专利事务所、认证咨询机构等，为企业提供法律、品牌商标、各类认证的咨询服务。近年来，5 家科技中介公司常年为企业提供科技中介服务，其中 2 家已在海宁经编产业园区设立办事机构。2014 年底海宁经编产业园区还成立了由 4 名高级技师、14 名技师组成的海宁市经编技术志愿服务队，免费为中小企业提供技术咨询服务，在实践操作层次为企业解决技术问题。两年多来，开展经编志愿者技术服务 1000 余次，组织经编技术沙龙 38 次，为经编企业分析样布 800 多个，解决设备故障 250 多次，帮助经编企业增加销售 8000 多万元，产生效益 1000 多万元，减少损失 2000 多万元。

3. 实施效果

3.1 提升海宁经编产业园区的公共服务能力

目前，园区已形成一批具有针对性和专业性的市场主体，并逐渐形成一些“园中园”，形成服务集聚优势。引育的市场主体和“园中园”在推动经编产业转型升级的同时，也走出了自身发展的道路，形成良好的产业生态，并且服务能力辐射到海宁经编产业园区周边地区。海宁经编产业园区内的沪浙人力资源服务产业园于 2016 年成功创建省级人力资源服务产业园，上海工程技术大学国家大学科技园海宁经编产业园区于 2016 年成为嘉兴市级科技企业孵化器，同时引进的苏河汇跻身国家级“众创空间”，海宁跨境电商产业园2016年入围省级产业集群跨境电商发展试点，海宁钱潮金融小镇于2016年纳入浙江省钱塘江金融港湾板图。

2015年下半年，海宁经编产业园区与世界500强企业浙江物产集团取得了联系，希望与浙江物产集团合作建设经编供应链项目，根据海宁经编产业园区每天消耗3000吨涤纶化纤丝的特点，建立流通领域的4.0版，即通过互联网把供应商、制造商、金融机构、物流企业等紧密联系起来，实现以需求为导向，专业化分工细化，为上下游客户在创造价值中实现自身价值，形成海宁经编产业园区独特的竞争优势。该项目建成后，将进一步细化经编产业链分工，进一步整合行业资源，进一步提升海宁经编产业园区的公共服务能力，从而提升经编产业的核心竞争力。经过两年多的努力，该项目终于在2018年4月正式落地，为海宁经编产业创新服务体系补上了一块重要的拼图。

3.2 形成工贸一体化的生产经营体系

整个经编海宁经编产业园区被当作一家企业来经营，整合经营资源，形成工贸一体化的生产经营体系，解决中小经编企业在采购、交易、仓储和流通中的一系列问题。

3.2.1 可以解决企业融资难

借助平台的金融工具，可以减少企业对资金的需求，降低融资成本，从而解决中小企业融资难、融资贵的问题，有利于企业资金正常周转。

3.2.2 增强行业话语权

通过平台统一采购原材料，可以增强与上游化纤企业的谈判能力，特别是议价能力，降低原材料采购成本，确保原材料及时供应。

3.2.3 促进生产循环化

通过平台对化纤原料的包装物进行改进，大幅提升包装物的重复使用次数，可以降低包装成本，同时大大减少工业废料的产生。

3.2.4 提高土地利用率

通过平台建立统一的仓储空间，可以减少企业的仓储空间，提高企业现有厂房的利用率，这也有利于企业违章搭建的拆除，促进“美丽园区”建设。

4. 结论

通过服务体系的建设，园区取得了丰硕的成果，包括构建了良性互动、平等合作、互利共赢的新型政企关系，进一步改善企业生态环境；为园区赢得了广泛的社会赞誉，园区工作得到社会各界的广泛认可。在发展生产性服务业的过程中，园区走出了一条政企合作的发展道路。一方面，园区鼓励市场主体和“园中园”做专、做精、做特。引导市场主体和“园中园”明确发展方向、精准定位、做出特色，同时为市场主体和“园中园”搭建交流合作的平台，分享成功的经验，共同发展。另一方面，园区则不断优化市场主体和“园中园”的发展环境。2018 年，园区将启动建设科创中心和商业街项目，为这些市场主体和“园中园”提供更大的物理发展空间，增添发展活力，在硬件上进一步完善生产性服务业的发展环境；同时园区也将出台新一轮的楼宇经济扶持政策，并积极向上级争取相关政策，在软件上支持生产性服务业的发展。通过政企合作，充分发挥政府“有形的手”与市场“无形的手”两只手的作用，促进生产性服务业更好地服务工业经济，推动海宁经编产业的高质量发展，从而为我国经编产业的发展做出更新、更大的贡献。

二、案例分析思路与逻辑

1. 启发思考题一

1.1 问题

海宁经编产业园区外部经营环境发生了怎样的变化，服务过程存在哪些问题？构建海宁经编产业园区服务体系的动因是什么？

1.2 分析思路

海宁经编产业园区需要改善服务体验环节，进行服务创新。一是园区建设吸引大量企业落户，客户对服务的需求不再局限于简单流程化、粗线条的服务项目和内容，而是呈现多元化、精细化、差异化的趋势，不仅需要服务质量进一步提高，还提出多样化的服务需求；二是园区现有业务办理过程烦琐，办理周期时间长，需进行流程优化以提供更便捷的服务。

1.3 理论依据及分析

综合考虑结合服务的概念以及产业园区的特性，将产业园区服务的定义描述为：把各项服务商品作为一种载体，用来进行交易和满足产业园区各种客户的需求，其自身是无形的且没有出现实物所有权转变的一系列活动。产业园区服务作为客户服务的一种，既具有服务的基本特性，也有其自身的特性，包括无形性、不可分割性、异质性、易逝性，也包括其独有特性、便利性和安全性。

海宁经编产业园区做实“四个一流”的理念，提升集聚“海宁智慧城”品牌效应。

1.3.1 一流环境

以经编总部大厦、商贸科创中心、中鑫创业园为核心，启动环境大整治，形成小镇经济社区化管理，以最优的布局、最优的环境吸引最优的项目。

1.3.2 一流人才

整合招商引资与招才引智资源，全面落实人才引进培育的“引强选优”战略，重点引育“国千”、“省千”和嘉兴领军人才等高端人才。

1.3.3 一流服务

坚持“服务第一优势”理念，建设集服务与管理于一体的公共服务中心，为企业提供项目洽谈、签约、落地、生产到职工教育、管理等“保姆式”全程代办服务，健全公共服务、社会服务、合作交流等创新平台，以精准高效服务推动“大众创业、万众创新”生根发芽。

1.3.4 一流产业

创新多元招商模式，突出产业招商、以商引商等优势，鼓励骨干企业借梯登高与世界500强企业、行业龙头企业和央企合作，聚焦生产性服务业和现代服务业，推进特色产业集聚和楼宇经济健康发展。

1.4 **关键要点**

服务的过程是无形的，即客户很难在购买前完全看到服务的产出与结果，也缺乏具体评估的准则，故很难客观地判断服务表现的优劣。尽管海宁经编产业园区经编总部大厦、商贸科创中心、中鑫创业园等具有有形的特点，但它们都是开展服务的凭借与依托，产业园区服务蕴藏在产业园区管理者、窗口人员和各种相关人员身上，只有用户在海宁经编产业园区进行各种服务需求时，各项服务才被生产出来。此外，服务前客户对服务的期望也会影响客户认知服务质量水平，因此口碑、企业形象等因素将对服务质量评估产生重大的影响。

2. 启发思考题二

2.1 **问题**

结合服务蓝图理论，分析海宁经编产业园区服务流程中的需要改进和提升的关键环节，体会海宁经编产业园区如何构建产业园区服务体系？

2.2 **分析思路**

海宁经编产业园区服务体系管理者结合服务市场调研的结果，制订新的服务蓝图。首先，重新审视园区服务的原有流程，找到需要改进和提升的关键环节；其次，根据园区入驻企业需求，从客户角度描绘所需的服务过程；再次，将企业需求的前台服务与园区的后台相连接，提出改进方案；最后，增加园区企业体验功能，通过有形化展示提升客户满意度。从客户角度，了解客户对服务的需求。从客户角度出发，跟踪客户行为，了解入驻对园区服务需求是如何产生的。服务开始于客户对扩业报装业务的申请，通过对服务过程的深入追踪，可进一步了解入驻企业对园区的服务期望。

2.3 理论依据及分析

服务蓝图理论是20世纪80年代美国学者Shostack和Brundage等提出的准确地描述服务体系的工具，服务蓝图是详细描绘服务系统与服务流程的图片或地图。服务过程中涉及的不同人员可以理解并客观使用它，而无论他们的角色或个人观点如何。其由四个主要的行为部分和三条分界线构成。四个主要行为部分包括客户行为、前台员工行为、后台员工行为和支持过程，三条分界线分别为互动分界线、可视分界线和内部互动线。服务蓝图有助于服务企业了解服务过程的性质，控制和评价服务质量以及合理管理客户体验等。

服务蓝图包括结构要素与管理要素两个部分，服务的结构要素，实际上定义了服务传递系统的整体规划，包括服务台的设置、服务能力的规划；服务的管理要素，则明确了服务接触的标准和要求，规定了合理的服务水平、绩效评估指标、服务品质要素等。

海宁经编产业园区具有全新的产业、全新的发展模式和全新的投资运行机制的特点。海宁经编产业园区要求重点发展战略性新兴产业、高新技术产业、生产性服务业；要求资源集约利用；要求遵循“市场化运作、公司化管理”原则，形成其服务蓝图独特的结构要素和管理要素。

2.4 关键要点

服务蓝图设计步骤为：第一步，明确指定服务服务蓝图的目标；第二步，辨别客户接受服务的过程；第三步，站在客户角度表述服务过程；第四步，描述为客户服务的前台员工及后台员工的服务行为、支持活动；第五步，把客户行为、服务及各项活动组合起来；第六步，在每个客户行为上加上有形展示；第七步，绘制出完整的服务蓝图并加以展示。

（天津工业大学：丁志忠研究员、王亚超教授）